U0916466

学术的秩序

——当代大学论文集

〔美〕爱德华·希尔斯 著

李家永 译

2019年·北京

Edward Shils

THE ORDER OF LEARNING

Essays on the Contemporary University

本书根据 Transaction Publishers 1997 年英文版译出

目　　录

第四篇:政策

第五篇:反思

致　谢

本书是为了纪念爱德华·希尔斯。我要向允许在本书中使用以前发表的材料的出版者表示感谢。我尤其要感谢《密涅瓦》现在的出版者、荷兰克卢沃学术出版社(Kluwer Academic Publishers)的彼特·德里埃夫德(Peter deLiefde)和《密涅瓦》的现任主编迈克尔·沙陶克(Michael Shattock)。他们两人从本项目开始之初就给予了支持。爱德华·希尔斯以前的学生斯蒂芬·格鲁斯比(Steven Grosby)给予了支持和帮助。爱德华·希尔斯遗稿管理人约瑟夫·埃波斯坦(Joseph Epstein)批准了这一项目。克里斯蒂娜·C. 史努森伯格(Christine C. Schnusenberg)和高登·B. 尼维尔(Gorden B. Neavill)整理了一份爱德华·希尔斯的著作目录,很有帮助。Transaction 出版社艾尔文·路易斯·霍洛维茨(Irving Louis Horowitz)是一位有影响的社会学思想家,他也为本书提供了帮助。乔伊斯·麦克唐奈尔(Joyce McDonnell)打印了本书的原稿。埃里克·阿尔特巴赫(Eric Altbach)、乔纳森·贝克(Jonathan Baker)和詹姆斯·JF 佛雷斯特(James JF Forest)帮助进行了校对工作。帕特里夏·墨菲(Patricia Murphy)整理了本书的索引。

衷心感谢允许使用下列文章。

1.《1865—1920年美国的学术秩序:大学的支配地位》(The Order of Learning in the United States from 1865 to 1920)。源自 *Minerva*,16(No. 2, 1978):159—195。Kluwer Academic Publishers 和 *Minerva* 主编许可重印。

2.《1900年以来的大学》(Universities: Since 1900)。源自 B. Clark 和 G. Neave 主编《高等教育百科全书》(*Encyclopedia of Higher Education*),(Oxford: Pergamon, 1992): 1259—1275。Elsevier Science, Ltd 许可重印。

3.《21世纪的社会服务和学术进步》(Service to Society and the Advancement of Learning in the 21st Century)。源自 *Minerva*, 30 (Summer, 1992): 242—268。Kluwer Academic Publishers 和 *Minerva* 主编许可重印。

4.《重压之下的学术精神》(The Academic Ethos Under Strain)。源自 *Minerva*,13,(Spring, 1975): 1—37。Kluwer Academic Publishers 和 *Minerva* 主编许可重印。

5.《美国的私立大学》(The American Private Universities)。源自 *Minerva*,11,(January , 1973): 6—29。Kluwer Academic Publishers 和 *Minerva* 主编许可重印。

6.《政府与大学》(Government and Universities)。源自 S. Hook 等主编《大学与国家》(*The University and the State*, Buffalo, NY: Prometheus, 1978): 177—204。Prometheus Books 许可重印。

7.《充足的梦想,匮乏的噩梦》(Dreams of Plenitude, Nightmares of Scarcity)。源自 S. M. Lipset 和 P. G. Altbach 主编《反叛的学生》(*Students in Revolt*, Boston: Houghton Mifflin,

1969)：1—33. Houghton Mifflin Publishers 许可重印。

8.《学术自由》(Academic Freedom)。源自 P. G. Altbach 主编《国际高等教育百科全书》(*International Higher Education: An Encyclopedia*)，(New York：Garland Publishing，Inc.，1991)：1—22。Garland Publishing，Inc. 许可重印。

9.《学术自由与终身任用》(Academic Freedom and Permanent Tenure)。源自 *Minerva*，33，(Spring，1995)：5—17。Kluwer Academic Publishers 和 *Minerva* 主编许可重印。

10.《社会科学研究与教学自由的局限》(Limitations on the Freedom of Research and Teaching in the Social Sciences)。源自《美国政治与社会科学院记录第 200 期》(*The Annals of the American Academy of Political and Social Sciences* 200)(November，1939)：144—164。American Academy of Arts and Sciences 许可重印。

11.《学术聘任的标准》(The Criteria of Academic Appointment)。源自 *Minerva*，14，(Winter，1976—1977)：407—418。Kluwer Academic Publishers 和 *Minerva* 主编许可重印。

12.《召唤恺撒》(The Invitation to Caesar)。源自 *Minerva*，10，(October，1972)：513—518。Kluwer Academic Publishers 和 *Minerva* 主编许可重印。

13.《评价的秘密性与匿名性》(The Confidentiality and Anonymity of Assessment)。源自 *Minerva*，13，(Spring，1975)：135—151。Kluwer Academic Publishers 和 *Minerva* 主编许可重印。

14.《大学追忆》(The University：A backward Glance)。源自 *A-*

merican Scholar（Spring，1982）：163—179。*American Scholar* 编辑和 Phi Beta Kappa 许可重印。

导言　爱德华·希尔斯和美国大学 ix

菲利普·G. 阿尔特巴赫

本书认为，传统的研究型大学在现代社会中发挥着核心作用，科学和学术必须因其自身而受到重视，政府不应干预大学的事务，不论是学生还是教师必须忠诚和笃信自己的大学和科学探索的理想。在这个重新建构、裁减人员和大学—产业合作的年代，这是些常常被丢弃的思想。爱德华·希尔斯认为，我们正在失去近代大学的精神。对爱德华·希尔斯有关高等教育的著述具有强大的吸引力的东西，是根据冯·洪堡对德国研究型大学的设想出现的高等教育机构，这些设想包括致力于科学的进步、对学生进行高级知识的教学和服务于社会。

对传统大学的辩护，以及应该为学术机构提供最大可能的自治来决定它们自身的目标和组织它们自己的事务这一观点，在今天并不特别受欢迎。因此，近年来爱德华·希尔斯在美国或欧洲的学术权力统治地域没有很大的影响。然而，他的观点具有一贯性，并依然在当前的辩论中具有意义。的确，我们需要更多的希尔斯式的声音——大学的传统思想需要强有力的捍卫者，因为它对现代大学有颇多可资借鉴的地方。20 世纪如此强有力的思想和科学革新，在相当大的程度上产生自大学从事的基础和应用研究。那些参与到研究活动中的教授对当代科学的发展起到了核心的作

x 用，并培养出了几代的确影响了这个世纪的一流科学家和学者。爱德华·希尔斯提醒我们，在上个世纪付出巨大努力在美国和欧洲建立起来的这一成功制度的精神，我们在今天却面临着要失去它的危险。

1995 年 1 月过世的爱德华·希尔斯，在对美国高等教育的分析上占有特殊的地位。他从一种大西洋中部的视角来看待美国大学。他身上浸透着欧洲社会科学的传统，其学术生涯同时在英国（先是在伦敦经济学院、后在剑桥大学）和美国（芝加哥大学）担任学术职务，他坚信以研究为导向的德国式大学构成了世界范围的高等教育的黄金典范（gold standard）。他在长期、杰出的生涯中对美国大学的诸多著述，充满着对学术自由、对严格的英才教育、对教学与研究之间的联系、以及对高等教育传统价值观的深信不疑。他刻板地坚守研究型大学的传统理想和对这种学术模式的配备，从这一意义上说，爱德华·希尔斯的声音是保守的。

二

在这里，我们的目的不是提供一个爱德华·希尔斯的传记，也不是要对他在几个学术领域产生的相当大的影响做出评价，而是要把他的观点放在当代高等教育的背景下，就他对高等教育的看法做一个评价①。但是，谈一点他的生平和他的学术兴趣的范围可能不无裨益②。爱德华·希尔斯 1910 年出生于费城，本科期间就读于宾夕法尼亚大学。尽管他从未获得过博士学位，他在芝加哥大学从事过研究生阶段的学习，其后在这里执教的时间超过六十载。

在芝加哥大学，在社会科学领域的几门具有标志性意义的本科生普通课程的设计上，他起了相当大的作用。后来，他是社会思想委员会的创立者，这是一个跨学科的单位，将社会科学和人文科学的几个学科融合在一起。他的同事包括索尔·贝娄、阿艾伦·布鲁姆和约翰 U. 奈夫。20 世纪 60 年代爱德华·H. 莱维担任校长时，希尔斯是他的一个主要顾问，尽管他在大学里没有行政职务，但他对决定大学对当时动乱的反应起了很大的作用。人们称他们为“两个爱德华”，两人都对学生和教师中的激进分子持强硬态度。对爱德华·希尔斯来说，芝加哥大学在许多方面都是一个理想的机构性家园。它传统上就坚持最高的学术标准，同时提供 xi
革新和跨学科研究的机会。尤其是在罗伯特·M. 哈钦斯(他聘用了希尔斯并给予他支持)做校长时，芝大因其在高等教育上的革新态度而声名远播。同时，芝大在很大程度上是一所保持着德国传统的大学。按照德国研究型大学的模式建于 1892 年的芝大，是一个受其资深成员和研究与学术的理想支配的机构。爱德华·希尔斯在很多方面都是一位典型的芝大教授——学识渊博、坚持学术的高标准、对有关教育和学科的思想感兴趣——并在有关教育问题上极其保守。

英国是希尔斯在学术和知识上的第二家园。第二次世界大战期间，他被所供职的战略服务处(The Office of Strategic Services)，也就是中央情报局的前身派往英格兰，负责讯问德国战俘。这个指派利用了希尔斯作为德语专家的知识(他把卡尔·曼海姆和马克斯·韦伯德语著作译成英文出版)和他的社会学知识。希尔斯发现，德国士兵愿意在困难的情况下参加战斗，在更大程度上是与他们对军队的集体和团结感、而不是与纳粹思想联系在一起——这个见识对他后来的研究帮助很大。他喜欢英格兰，遂在战后留了下来。他在伦敦经济学院得到一份教职，在这里不仅与英国当时许多重要的社会科学家打过交道，而且开始接触来自英国殖民地的学生。他对印度和对社会经济发展问题的长期兴趣就是在这时激发起来的。后来，希尔斯从伦敦经济学院转到剑桥大学，先在国王学院、后在皮特豪斯(Peterhouse)学院执教，一直到其生命的尽头。从 1946 年开始，希尔斯同时受聘于英国和美国，一年中差不多一半在芝大，一半在剑桥。

希尔斯终其一生对学术工作的政策意义怀有兴趣。其著作对希尔斯产生了深刻影响的马克斯·韦伯，也有类似的思想[3]。他在战时与德国战俘打交道的工作事实上是一种应用社会学。战后，他与芝加哥大学的科学家一道从事与原子弹有关的工作，并多年担任《原子科学家公报》(*The Bulletin of the Atomic Scientists*)的编委。他与在试图组织科学界人士对政府的核武器政策施加影响方面发挥了关键作用的物理学家利奥·西拉德(Leo Szilard)关系密切[4]。希尔斯对学术自由、对高等教育机构的自治和对公民社会的信念，驱使他在麦卡锡时期写出了最富有思想的著作《秘密的痛苦》(*The Torment of Secrecy*)[5]。到了晚年，希尔斯定期参加由罗马教皇约翰·保罗二世在卡斯特尔-甘多尔福(Castel Gandolfo)举行的年度研讨会。据约瑟夫·爱泼斯坦(Joseph
xii Epstein)讲[6]，希尔斯和教皇相互高度尊重对方。

1962 年，希尔斯创办了《密涅瓦》(*Minerva*)，这是一份致力于科学、政策和高等教育的季刊。从刊物的创办到他 1995 年辞世，他一直不间断地主编这份刊物，这无疑是学术界的编辑生涯之最了。《密涅瓦》很快就成为它所关注的领域内最严肃的出版物之一。同样，它将学术与政策联系在一起，反映了希尔斯对科学、政策和大学之间的联系以及对这些要素与政府的相互联系的关注。《密涅瓦》也体现出希尔斯的国际性，因为它是为数不多的具有国际视野的自觉意识的刊物之一。希尔斯是一位积极的主编，征集所涉及领域最好的研究，然后在文体和内容上大刀阔斧进行编辑工作。一篇文章在《密涅瓦》登载出来时，它不仅有作者的、也有了爱德华·希尔斯的印记。本书的大多数编章重印自《密涅瓦》。

爱德华·希尔斯首先是一个社会学家。通过他的原创性研究工作、他的翻译和编辑工作，他对这一领域作出了具有重要意义的贡献。他是一位宏观社会学家——作为一名学者，他研究的是广泛的思想和理论。尽管他也做过某些属于“芝加哥学派”传统的研究，但他的主要贡献可能更多的是在理论领域。他受到欧洲重要思想家的极大影响，并的确是欧洲和美国社会学思想的重要联系纽带。他在美国诠释欧洲的思想，同时把美国的社会学思想带到欧洲。他把马克斯·韦伯和卡尔·曼海姆的某些著作译成了英语，以此使这些重要的思想家引起美国和英国的读者注意。他和塔尔科特·帕森斯在20世纪60年代的著作对当时的社会学思想做了总结⑦。爱德华与帕森斯等人一道帮助确立了当时占支配地位的社会学范式。

正像伦敦的《泰晤士报高等教育副刊》(*Times Higher Education Supplement*)曾经指出的，爱德华·希尔斯是一个“跨大西洋的博学者⑧”。他在一系列领域的知识的广度和深度得到过很多人的评论。那些他在芝大和剑桥主持的研讨班的经历者，可以见证他在历史和社会学领域具有百科全书式的知识，并能当场说出有关很多国家和历史时期的信息。他的兴趣广泛，他三卷本的文集反映了他的知识范围[9]。他晚年有一篇文章是有关“公民社会和中国知识传统中的礼节的反思”，对中国社会做了细致的分析，反映了希尔斯的学术功力和对知识的比较方法[10]。他还写过一本具有敏锐的理解力的关于印度知识分子的著作[11]。

在希尔斯的著作中，一个经常出现的主题是国际性。他熟悉欧洲和美国，是同时代人中为数不多的对欧洲思想有真正的兴趣
xiii 和受尊重的美国社会科学家之一。在这一方面，他让人想到19世纪末留学德国的那一代社会科学家，他们把德国研究型大学的理想带到了美国。希尔斯依然恪守着德国研究型大学的理想、科学的客观性以及研究的重要性作为大学的一个目标。希尔斯关注跨越大西洋的高等教育和科学的制度模式，也同样关注社会科学领域欧洲的思想趋势。他在把美国社会学思想介绍到英国，后来又介绍到欧洲大陆方面起了核心的作用。希尔斯也极度关注发展中国家，的确，对于他称之为“新国家”的社会经济发展问题，尤其是在这些国家产生公民社会的问题，希尔斯是最早予以严肃思考的美国社会学家之一[12]。他对非洲知识分子所面临的问题的著述也富有见地。他对印度有特殊的兴趣，在20世纪50和60年代对印度做过数次广泛的考察。他对印度高等教育有大量的著述，包括一篇关于印度学术职业的重要文章[13]。《密涅瓦》发表了许多许多关于印度的文章，并对南亚的大学发展做过广泛的报道。希尔斯尤其同情处在转型社会中的学者和知识分子的困境，指出了他们面临的问题，并强调他们对科学和公民社会发展的重要性。

三

关注传统对社会的重要性，是希尔斯的著作中经常出现的一

个主题[14]。这使他的著作凸显出深度的保守取向。希尔斯担心无论是来自右翼还是左翼的社会破坏，认为社会的基本中心必须得到保护。或许是受到20世纪30年代法西斯主义在欧洲兴起的影响，并在大萧条时期作为一个在芝加哥的社会工作者目睹了当时的社会混乱，希尔斯首先看到了社会破坏的危险。他在好几篇文章中对20世纪60年代的学生激进分子持尖锐的批判态度，包括在本书中重印的《充足的梦想，匮乏的噩梦》(Dreams of Plenitude, Nightmares of Scarcity)。他一再强调社会和谐的重要性，强调知识分子和学术机构在有助于形成核心的社会理想上的重要性。他对所看到的知识分子、学者、学生和总体上大学界的反律法主义，持相当批判的态度，认为那些有能力影响社会的基本思想的人应该尊重社会的传统，有建设性地依赖这些传统，而不是对社会的机制和规范不断提出批评。

尽管希尔斯不是一个传统的保守者，但他对社会的基本理解使他在对待当代问题上具有保守的立场。他坚信社会是一种需要 xiv
培育的脆弱机制，这导致他强调社会和谐和传统。他对表现出很强的和谐感的以儒家思想为基础的社会进行考察，试图发现从中可以学到什么东西。就像他坚信个人需要对社会尽责一样，他也相信社会必须赋予个人在思想和行动上免受不当限制的自由。与此类似地，学术界的成员要忠实于其学术机构，但同时学术机构有责任为教授们提供学术自由和让他们管理大学的自主权。

四

高等教育和科学是希尔斯毕生关注的主要问题。收入本书的其中一篇论文《社会科学中研究与教学自由的局限性》,最初发表于差不多六十年前的1938年。它在今天依然有意义,也表明爱德华·希尔斯在长期的学术生涯中对所集中关注的问题始终如一。希尔斯受到马克斯·韦伯的经典文章《以科学为业》的极大影响,他强调客观研究的价值、科学和研究的权威及其在高等教育中的核心地位。

当然,收入本书的篇什,都有其特定的时间和空间,必须结合这种背景来理解。下列的因素是影响战后时期高等教育最重要的一些动态,它们对希尔斯关注的问题有重要意义。

除了一个例外,这些篇章都写于美国高等教育发展的一个相当独特的时期——开始于20世纪50年代并一直延续到20世纪70年代的大发展时期以及随后的巩固时期。这个阶段是美国高等教育的分水岭,而爱德华·希尔斯对这一时期的学术发展提供了一个一以贯之的视角。这一时期的特征,是学生人数的扩大、公共高等教育的发展(公立机构占学生总数的比例从这一阶段开始时的不足50%达到这一阶段末的80%)和学术职业的急剧扩展及与此相伴的多样化。在这一时期,学生人数从不到400万扩展到超过1200万。学生的构成也发生了重要的变化,种族和民族上的少数族裔的学生大量入学,女性的比例达到总数的一半。

美国的大学在这一时期担负着在科学和学术上领导世界的职责。研究经费急剧增加,联邦政府对基础研究提供了重要的支持。
xv 美国的前一百所大学成为科学和学术重阵。科学上的领先地位从欧洲尤其是德国转移到了美国。研究的文化开始前所未有地主宰着这些顶尖的院校。英语成为科学界占主导地位的语言,全世界一半以上的研究与发展支出发生在美国。

到20世纪70年代中期,学术的繁荣走到了尽头,十年之后美国的高等教育面临着严重的财政问题。然而,美国在学术上的领先依然势头强劲,就这部分来说是由于美国学术体系的规模和美国高等教育要比其他国家更早地遭遇到数量扩展、人口多样化和研究、教学与服务相结合的挑战这一事实。

美国学术体系在扩展的同时,也面临着几个严峻的挑战——包括爱德华·希尔斯本人关注的问题和《密涅瓦》在这一时期的大量篇幅所反映出的问题。由于在研究经费、拨款、贷款和其他资助学生入学计划的形式上,政府对高等教育提供的经费比重不断上升,因此对问责制的要求也不断提高。政府对高等教育很多方面的管理急剧加强。爱德华·希尔斯一贯地主张,大学要办得成功就必须有自主权。希尔斯强烈呼吁,政府当局应该支持高等教育,并同时允许学校有相当程度的自治。他还主张,大学必须值得享有大学赋予的自治。他的观点只代表了少数人的看法,因为事实证明学术界的领导者为了得到经费愿意接受相当程度的问责制。撒切尔之前英国政府的做法,是由大学拨款委员会来分配政府经费,这是一个在大学和政府之间起缓冲作用的机构,或许是受到这种做法的影响,希尔斯依然主张大学的自治。

爱德华·希尔斯是学术精英制度和同行判断的笃信者。这越来越把他置于肯定行动和其他一些旨在增加特定人群在各个水平的高等教育入学机会项目的对立面。当这些项目在美国高等教育中更为根深蒂固时,他发觉自己越来越孤立[15]。他反对肯定行动,认为这是政府对学术机构事务不适当的干预,他认为这也干预了大学自然的英才教育。

爱德华·希尔斯的时代也是一个冷战的时代。美国与苏联之

xvi 间的对抗以及它们各自的意识形态，在这一时期对希尔斯的思想和行动有重要的作用。对于这一时期在意识形态上的对立，希尔斯是西方的坚定支持者。他参与了文化自由大会（Congress for Cultural Freedom）的活动，这是一个主办高质量刊物、会议和其他活动的知识分子组织。他非常投入地参与了几份刊物的工作，尤其引人注意的是他的同事迈尔文·拉斯基（Melvin Lasky）主编的《文汇》（*Encounter*）。他还是大会委员会的委员。这个组织是这一时期参与意识形态斗争的主要团体之一，在其存在的大部分时间内它的主要经费来源是中央情报局。这个组织与中央情报局的牵连在20世纪60年代被曝光后元气大伤[16]。

20世纪60年代带来了一个前所未有的学术上的骚乱时期。爱德华·希尔斯再一次表现出强硬的观点，并在几个层面上参与其中。这一时期的学生造反行动导致校园相当骚乱。当时在美国和其他国家也出现了大学改革运动，在许多情况下这些改革与学生和部分教师的要求有关。学生要求参与学术管理，在课程的决定上有发言权，他们并且要求大学直接参与当时的社会和政治冲突。在美国，这意味着强烈地反对越南战争。这一时期的一个主要口号是"参与"——学生对学术管理的参与。在几个欧洲国家，包括瑞典、法国和西德，学生在管理上被赋予很大的发言权——在很多学术机构中占三分之一的表决权。在法国和西德的许多州，学生在校长和主要学术官员的选举上有三分之一的表决权。

希尔斯反对学生的激进主义和学生对学术管理的参与。他还认为，学术机构不应该对政治问题有作为机构的立场。这种反对意见与他对洪堡式大学理想的支持是一致的，在这一理想中包括了教授自治和资深教授对大学管理结构的控制。在他看来，学生激进分子反对正统的社会体制，他们在大学中的影响是负面的。在他的朋友和同事爱德华·H.莱维执掌芝加哥大学期间，学生的造反行动达到高潮，希尔斯在这一时期对学校的行政管理有很大的影响。与当时的许多美国大学不同，芝加哥大学没有对学生的要求做出让步，对抗议者态度坚决，并开除了大量的学生。希尔斯对支持学生的政治激进主义的教师同样持批判的态度。

20世纪60年代和70年代初关于高等教育的争论非常激烈。公众对大学事务表现出前所未有的兴趣，政府从这个时候开始加 xvii
强了对高等教育机构的控制。几种力量集合在一起造成了这种局面。媒体对学生激进活动的广泛关注，刺激了公众的兴趣。再者，同年龄组中有更大比例的人在接受高等教育，大学的发展影响着更大部分的人口。学生激进主义吸引了媒体的关注，在一段时间内构成了主要的新闻。高等教育的问题，诸如改革、校园政治和相关的大学问题，出现在全国性新闻中，在美国或许这是第一次。

20世纪60年代的动荡时期过去之后，就很少有传统的研究型大学的捍卫者了。公众在动乱之前对高等教育相当高的信心一落千丈。公众中有很多人觉得学术界，包括学生和某些教师行为不负责任。其他一些人对学术机构如何对待激进主义和其他破坏性活动没有留下什么印象。政府中的很多人对学术机构有效的自我管理的能力失去信心。与此结合在一起的，是学术机构不断要求更多的经费以应付学生人数的不断增加和支持不断扩大的研究基础设施。公众不愿意交更多的税、对高等教育负面的公共舆论以及其他方面的紧迫需求，都加剧了对高等教育前所未有的财政压力。政府或媒体方面很少有人站出来为高等教育体系说话。

高等教育机构自身变得沮丧气馁，四分五裂。过去拥护大学和学院的自信的高等教育领导层处在防守的地步，对未来没有明确的把握。例如，曾创造出“巨型大学”(multiversity)这个术语的克拉克·科尔，对高等教育的未来越来越悲观，认为20世纪80和90年代的消极趋势是长期的现实。[17]公立大学的领导人基本上都小心翼翼地谨防着经费被进一步缩减。很少有大学的传统自治的积极捍卫者。大多数人承认政府对高等教育的管理不断扩大不可避免，这或许是继续得到经费支持所要付出的代价。虽然高等教育机构的大多数人对问题的构成有一致的看法，并认为大学面临着长期的困难，但很少有人对高等教育做过透彻的分析。

过去的二十年，对美国或欧洲的高等教育是“充满麻烦的时代”。[18]在美国，财政问题和方向不明确成为这一时期高等教育机构的特征。由于教授们的就业市场的恶化，教师的精神面貌出现滑坡。媒体对高等教育的报道依然基本上是负面的。学院和大学
xviii 缺乏富有创造力的领导层人士。欧洲的境况也有类似的困难，并且在某些地方情况更加糟糕。尤其是在英国，保守的撒切尔政府推行的政策变化对英国的大学产生了毁灭性的影响。大学拨款委员会的废止破坏了机构性自治。取消终身教职和工资不断下降的压力，使从事学术职业的人士的士气受到沉重打击。在整个欧洲，由于要求入学的势头依然不减，学生人数也在继续增加，但新增的资源很少。这导致学习条件的恶化，包括班额更大了，与教师接触的机会更少了，图书馆和实验室的条件更差了。

五

爱德华·希尔斯在这一困难时期坚守着他的信念。他著述的

话题经常涉及自治、学术自由、问责制、教师和学生的责任、研究的重要性及相关问题。他依然清晰地表达着与洪堡和韦伯一致的对大学的看法。他坚持传统的学术价值观，提倡学校的自治，教师的“天职感”（如韦伯所说），学生的守规矩和尽职责以及对学术机构的公共支持等这些构成现代后工业社会基础的东西。他虽然对学术机构的缺点提出批评，公共政策的导向也有些让他失望，但他依然忠诚于高等教育的传统价值。

爱德华·希尔斯对美国大学的发展是否有重要影响、他的看法是否得到大学内部和大学之外的决策者严肃对待？他创办的《密涅瓦》，尽管发行量不大，也不为政策圈子的人所广泛考虑，但它或许依然是关于科学和高等教育问题唯一最好的有思想深度的著述来源。希尔斯本人的著述为这一争论提供了一个前后一致的视角。他的著作，得到了高等教育和科学政策领域的学者的严肃对待。他的著作也进一步得到国际范围的尊重，他参与了世界范围的政策论争。

然而，公平地说，他的观点并不为当时的高等教育机构或政府的决策者所认同。从19世纪末到20世纪后半期甚有影响的德国模式的研究型大学，已不再是占支配地位的机构。希尔斯关于学校自治、学术自由、高尚的学者和科学家以学术职业为“天职”以及学者共同体的思想，在今天这个缩减规模和问责制的时代似乎已经过时。更重要的是，大学应该成为基础科学和研究之家的思想，已经不再有优势。

然而，爱德华·希尔斯为高等教育界带来了一个重要的启示。毫无疑问，他的观点依然有意义。甚至，21世纪的大学有可能需要复苏爱德华·希尔斯穷其一生所强力倡导的思想。

注 释

① 在20世纪60年代,我曾在芝加哥大学师从爱德华·希尔斯,参加过他主持的几个研讨班。在我决定以印度高等教育作为我的博士论文选题方面,他尤其给了我很大帮助,这个题目他在十年前率先做过研究。

② 由爱德华·希尔斯创办并做了三十年主编的刊物《密涅瓦》(*Minerva*)出了一期"纪念爱德华·希尔斯"的专刊。该期刊物有介绍希尔斯在社会学、科学学、高等教育研究上的影响及他作为《密涅瓦》主编的贡献的文章以及几篇个人回忆性文章。参见 *Minerva* XXXIV, 1 (Spring 1996): 1—129.

③ Edward Shils, ed, *Max Weber on Universities: The Power of the State and the Dignity of the Academic Calling in Imperial Germany* (Chicago: University of Chicago Press, 1974).

④ See William Lanouette, *Genius in the Shadows: A Biography of Leo Szilard* (New York: Scribners, 1992).

⑤ Edward Shils, *The Torment of Secrecy: The Background and Consequences of American Security Politics* (New York: The Free Press, 1956).

⑥ Joseph Epstein, "My Friend Edward", *The American Scholar*, LXIV (Summer 1995): 371—394.

⑦ Talcott Parsons, Edward Shils, et al., eds., *Theories of Society: Foundations of Modern Sociological theory* (Glencoe, III.: Free Press, 1961).

⑧ Peter Hennessy, "Preserving the Faint Precipitate of a Humane Tradition", *Times Higher Education Supplement*, July 19, 1974, 6.

⑨ Edward Shils, *The Intellectuals and the Power and Other Essays* (Chicago: University of Chicago Press, 1972); Edward Shils, *Center and Periphery: Essays in Macrosociology* (Chicago: University of Chicago Press, 1975); and Edward Shils, *The Calling of Scociology and Other Essays on the Pursuit of Learning* (Chicago: University of Chicago Press, 1980). See also Edward Shils, *Tradition* (Chicago: University of Chicago Press, 1981) and Edward Shils, *The Constitution of Society* (Chicago: University of Chicago Press, 1982). This latter volune appeared in the Heritage of Sociology series edited by Morris Janowitz.

⑩ Edward Shils, "Reflections on Civil Society and Civility in the Chinese Intellectual Tradition", in *Confusion Traditions in East Asian Modernity: Moral Education and Economic Culture in Japan and the Four Mini-Dragons*, ed. Wei-Ming Tu (Cambridge: Harvard University Press, 1996): 38—71.

⑪ Edward Shils, *The Intellectual Between Tradition and Modernity: The Indian Situation* (The Hague: Mouton, 1961).

⑫ See, for example, Edward Shils, *Political Development in the New States* (The hague: Mouton, 1965) and Edward Shils, "The Military in the Political Development of the New States", in *The Role of the Military in Underdeveloped Countries*, ed. John J. Johnson. (Princeton, N. J.: Princeton University Press, 1962): 7—67.

⑬ Edward Shils, "The Academic Profession in India", *Minerva* VII (Spring 1969): 345—372.

⑭ Edward Shils, *Tradition*.

⑮ 希尔斯对当代大学的全面看法，参见 Edward Shils, *The Academic Ethic: The Report of a Study Group of the International Council on the Future of the University* (Chicago: University of Chicago Press, 1983).

⑯ Peter Coleman, *The Liberal Conspiracy: The Congress for Cultural Freedom and the Struggle for the Mind of Postwar Europe* (New York: Free Press, 1989).

⑰ Clark Kerr, *The Uses of the University* (Cambridge, Mass.: Harvard University Press, 1995). 这一经典著作于 1963 年第一次出版，它描绘了美国研究型大学的前景。在以后几版的序言中，克拉克·科尔对高等教育机构的未来越来越悲观。

⑱ Clark Kerr, *Troubled Times for American Higher Education: The 1980s and Beyond* (Albany: State University of New York Press, 1994).

第一篇

学术的秩序

1 1. 1865—1920 年美国的学术秩序：大学的支配地位

南北战争结束与第一次世界大战结束这一段时间里，美国学术秩序(order)的历史，大致可以视为学术机构重大变化的历史。某一特定类型的机构变得比其他类型的学术机构更有优势，并且新近取得优势地位的该类型中某些机构变得尤其具有优势。作为学术重镇的大学，在知识的发现与传播上取得了支配地位。

业余者的被取代

从一个方面而言，这一时期的历史可以视为业余学者和科学家被取代的历史。它可以视为那些将大部分时光投入其中并以在复杂的机构中以研究和教学为业的学者和科学家取得胜利的历史。它也是通过机构培育学术的历史——在这些机构中，这些活
2 动是其成员的主要职责。成果颇丰的美国学者和科学家愈来愈多地成为学术机构的成员。他们的工作不再依赖自己的家财、利用自己的书籍和工具，也不再是在家中或个人实验室抑或私人学术社团的实验室中从事研究。到这一时期的后期，新型的学者和科学家，基本上以供职于某所学院或大学来维持生计。他们主要使用所在机构提供的书籍、刊物或实验室与设备。这一方面的重大

变化,马克斯·韦伯在《以学术为业》(*Wissenschaft als Beruf*)中做过形象的描述。但韦伯并没有对与此相伴随的大学的支配地位给予同样的强调。这或许是因为,类似的转变在德国已经完成,他觉得大学在学术秩序中的优势地位自在情理之中。

那些认为没有义务将自己看作是某一机构的成员、并通过学术论文、授课和研讨班来与自己的同行和晚辈发现并交流真理的学者或科学家,人数愈来愈少,影响式微。那些靠私人积累或继承的财富为生的学者或科学家、或者那些业余从事学术活动同时又供职作为行政公职人员或外交官、或从事新闻、或受雇于私人企业、或从业于某一无论是圣职或世俗的学术行业而取得收入的学者或科学家,在美国内战结束后的五十五年中变得愈来愈罕见。的确,在这一时期,业余的科学家和学者逐渐被取代,或被政府的研究机构所吸纳,如农业实验站、地质调查中心,还包括人类文化学调查局,或者在这一时期后期被诸如华盛顿卡内基研究所、纽约洛克菲勒研究所、贝尔电话公司的各个实验室以及位于谢尼克的通用电气实验室等机构所吸纳。然而,现在回顾起来,在学者和科学家被广泛吸收到研究机构的过程中,大学在美国学术界优势地位的上升确是这一时期意义最为深远的一个特点。

在这一时期的开始,这个国家大多数严肃而丰富的学术活动,是在大学以外开展的。在这一时期早期还健在的最有声望的学者和科学家中,亨利·亚当斯*、J. L. 莫特利**、乔治·班克罗夫特***、

---

* 亨利·亚当斯(Henry Adams, 1838—1918),美国历史学家,著有自传《亨利·亚当斯的教育》(*The Education of Henry Adams*)。——译注

** J. L. 莫特利(Motley, 1814—1877),美国历史学家。——译注

*** 乔治·班克罗夫特(George Bancroft),美国历史学家。——译注

约瑟夫·亨利* 、亨利·C. 李** 等都不是大学教师，尽管亚当斯和班克罗夫特在哈佛承担教职的短暂经历，J. W. 鲍威尔在伊利诺伊卫斯理大学和伊利诺伊师范大学从教五年，查尔斯·皮尔斯*** 在约翰·霍普金斯大学从教五年。

美国有从事私人和业余学术活动的传统。这有很长的历史。然而这种业余学术的传统，没有能够保持其曾经享有的优势地位，
3 也无法满足对日益增长的学术和科学研究与培训机会的需求。即使在当时有更多的实践者，也不能满足导致学术在大学中的制度化的要求。它的影响在美国达到巅峰时期，在规模和成就上也落后于欧洲，尤其是法国和英国。美国与英国和法国的显著区别在于，美国没有像英国和法国那样出现大量的天才人物，使得英国和法国在18世纪和19世纪大部分时间的科学和学术如此伟大。英国的业余研究形成了一座座绵延巍峨的高山，威廉·哈维**** 、罗伯特·波义耳***** 、约瑟夫·普里斯特利****** 、约翰·道尔顿******* 、汉弗莱·戴维******** 、查尔斯·达尔文、爱德华·吉本、大卫·休谟、

---

* 约瑟夫·亨利(Joseph Henry, 1797－1878)，美国物理学家，设计和制造成最早的电动机，并发现电磁感应现象。——译注

** 亨利·C. 李(Henry C. Lea)，美国历史学家。——译注

*** 查尔斯·皮尔斯(Charles Peirce, 1839－1914)，美国哲学家。——译注

**** 威廉·哈维(William Harvey, 1578－1657)，英国医生、生理学家，创立血液循环理论。——译注

***** 罗伯特·波义耳(Robert Boyle,1627－1691)，英国化学家。——译注

****** 约瑟夫·普里斯特利(Joseph Priestly, 1733－1804)，英国化学家，氧气的发现者。——译注

******* 约翰·道尔顿(John Dalton,1766－1844)，英国物理学家和化学家，原子理论的创建人。——译注

******** 汉弗莱·戴维(Humphrey Davy, 1778－1829)，英国化学家，弧光灯的发明者，曾任英国皇家学会会长。——译注

T. B. 麦考莱*、乔治·格罗特**、大卫·李嘉图以及詹姆斯·斯图尔特·穆勒和约翰·斯图尔特·穆勒等就是一座座山峰，而美国从没有取得如此伟大的成就。或许是缺乏天资，或许是美国的家庭不够浓厚、传统与非正式的地方学术团体不够强大、地方学术机构要求不够严格，不足以产生出现于 17—19 世纪的英国那样的成就。

美国的学者和科学家通常非常清楚他们与欧洲相比所处的边缘地位，这可能抑制了他们的进取心。美国学者和科学家似乎没有想到，他们自身有能力取得与欧洲同行同等水平的成果。在研究中心没有集中足够的人才。事实上，学术界极其软弱，缺乏必要的自信。

彼此之间的长距离以及由此带来的相互之间的遥远感，阻碍着构成学术共同体的交往纽带的形成。此外，受过良好教育并且家境优越，可以投身于学术追求的人士可能太少。即使在费城、波士顿和纽约这样的城市，能够在学术上锲而不舍、精力高度集中的人为数太少，无法以一种有力的方式体现和表达出他们的标准，使之能够在争取人才方面与具有即时的吸引力的实践的、专业的、政治的和商业的领域相抗衡。地方和州的研究机构没有足够的声望可以强使那些学术禀赋不高的人达到最高的标准。或许，没有足够多的投身于科学或学术的天才，可以提供一个取得杰出成就所需要的精神和做事方式的样板。无疑，这具有连锁反应。不管怎 4
样，或许除了历史研究，美国没有任何一个领域有众多杰出业余学

---

* T. B. 麦考莱(T. B. Macaulay)，英国历史学家。——译注

** 乔治·格罗特 (George Grote, 1774—1871)，英国历史学家，著有《希腊史》(*History of Greece*)等著作。——译注

者能达到欧洲顶尖水平。

但是,即使有更伟大的成就也不可能挽救业余学术与科学研究的传统。它注定要失去其优势,就像成果更丰的业余研究实践在欧洲要让位于与此竞争的学术制度化,或者说是——用马克斯·韦伯可能称之为的——学术的官僚化。比能够通过自己的私人财源支持自己的更多的年轻人想从事研究,并且,德国大学是如何能够做到如此的这方面的知识的传播,使得有志于从事学院和大学教学的人数增加。

在业余研究淡出的过程中,业余研究的同类机构,即地方的科学与学术机构,也走向衰退。与大学,尤其是作为更大的、跨地域的学术团体的最基本机构的大学的系科和实验室所提供的交流与研究机会的贡献比起来,它们所贡献于社会的太微不足道。偶尔召开的会议或私人财源的局限性,不能满足人们热切的学术愿望。地方学术机构不能满足更专业化人士的愿望。它们的资源太匮乏,不能使之成为研究机构。即使它们基本上成为研究机构,也无法在与大学的竞争中取得胜利。

失败的对手

20世纪初期开始出现、并同样采用专业化原则的独立研究机构,也没有能够与大学形成有力的竞争,即使在它们做出重要工作的自身领域也是如此。它们的成就不足以使它们能够与大学抗衡。它们依赖于大学,是对大学的补充。卡内基研究所的主管者为了支持学术研究的目的,决意不让它成为大学的附属物——就像洛克菲勒和古根海姆基金会在两次战争*之间所做的那样——但它并没有为一个更好的或独立的体系铺平道路。

关于这一时期大学与独立研究机构之间的关系，伍兹霍尔海洋生物实验室的发展提供了一个很好的例证。它始建于 1888 年时只有十七名工作人员，到 1919 年有几百人，研究领域涉及发展生物学、遗传学、优生学和生理学。像在大学的情况一样，它采用 5
了德国的模式。在这个例子中，它的运作方式首先是由卡尔·沃格特在 1844 年的暑期海洋生物班上初步拟定，后再由耶拿大学的安东·杜恩创建的那不勒斯动物学实验站（Stazione Zooligica）以更完善、稳定的方式得到确立。海洋生物实验室的首任主任查尔斯·奥蒂斯·惠特曼从莱比锡大学获得博士学位，曾在动物学实验站工作过。他赞成对该美国机构给予支持，理由是，否则美国在相关领域的工作就会永远劣于德国。

海洋生物实验室没有打算成为一个具有自己的永久研究人员和完全独立的财政资源的自治性机构。它所基于的模式，是在学术秩序已经变得具有支配地位的情景下发展起来的，并且设在那不勒斯的机构除了想成为某些科学领域不可或缺的辅助之外并不打算越雷池一步。美国的这一机构依赖于大学，无论是资深的或是年轻的研究人员都来自大学，他们暑期在这里开展工作。第一次世界大战之前的一段时间内美国一流的生物学家都在伍兹霍尔工作过——他们包括威廉·帕顿、霍华德·艾尔斯、A. C. 阿莱什莫、D. S. 斯特朗和威廉·M. 惠勒——但他们在此的逗留只是他们学术生涯的一个插曲。

---

* 这里指的是美国南北战争与第一次世界大战。——译注

海洋生物实验室对大学的依赖，可以从惠特曼的生涯中得到说明。在他还年轻、尚未成名前，他将该实验室视为对大学研究不足的一种补充。当他成为芝加哥大学的名教授后，他将其视为对大学工作的辅助或补偿。它获得了一种以大学的先验存在为前提的双重功能。它有点像是一系列联系紧密的专业学术团体为期三个月的集会。它也是大学教师可以在此就某些特别的课题开展研究的一个实验室——这些课题在别处难以研究——并同时进行连续、非正式的信息交流与解释。它成为一个大学间的机构，有点像第二次世界大战后在布鲁克海文、阿贡和韦斯顿围绕加速器建立起来的联合实验室。

它成为学术秩序的一个特别部分。它从未成为像华盛顿卡内基研究所和纽约洛克菲勒研究所那样的独立研究机构。如果没有大学先前的和继续的存在，这两个机构中的任何一个都无法坚持它现有的活动。史密森研究院(Smithsonian Institute)与此有些不同。纽约自然历史博物馆、菲尔德博物馆和国家地理学会在大学的胜利中生存下来，但它们没有发展成为一个全国性的学术组织体系。它们发起重要的研究和其成员成果的出版，它们的成员
6 也是它们的收藏品的监管者。它们维持成系列的学术专著的出版，开发它们的收藏。然而，对于大学在它们的领域所开展的大量的高水平的工作而言，它们的工作仅仅是边缘和辅助的。就这一点来说，它们仅涉及相对狭窄的学术范围。它们从来没有达到成为专业学术机构的全国性秩序中的某些部分的地步。因此，如果它们是大学的对手，也只是相对少数领域的对手。它们从来没有获得作为学术重镇的一流大学作为一个整体的声望，尽管它们在各自的领域以其专业化研究的质量受到高度尊敬。它们对大学的

依赖是不可避免的,因为除非它们由有学问的业余者——这类人士已经基本上失去声望——所构成,否则它们就必须从在大学受过训练并继续将大学视为学术产出中心的人士中录用其成员。这些自治研究机构最重要的出版物的主要读者对象也在大学里。由于上述所有原因,自治的研究机构无论其成就多么卓著,都不得不在学术秩序的稍微边缘部分发挥作用。

各州的农业实验站也未能在学术体系中取得突出的地位。它们用了几十年的时间才超越了满足其服务对象对常规分析的需求,而在这一时期大学的成就、自豪感和声望不断攀升。它们所附属的大学对它们很是蔑视,好像它们与为农民劈柴挑水的人差不多。它们很少研究"基础性"问题。它们研究的问题既是专门化的,也是实践性的。结果,它们也走到了研究更为基础性的问题并覆盖全部学术范畴的学术秩序的边缘。

图书馆也以一种不同的方式被限制在边缘的位置。大学图书馆从一开始就很显然具有辅助性。主要的公共和私人图书馆发挥了不可估量的功能,但主要是作为学术秩序的附属物。没有图书馆,学术世界就不可能存在,但图书馆本身不能替代大学。它们从本质上说不能发挥大学的功能。在我们这个时代,图书馆不再是主要为了使人类创造性的结果有一个永久的所在而集中起来的收藏品。它们不再是自身的目的,而成为服务于使用者的愿望的工具。但是,不论是国会图书馆、公共卫生图书馆、法国国家图书馆,抑或是大英博物馆或普鲁士国家图书馆,都不能成为全国性学术体系的中心。一座图书馆的任务是监管性的,因此对其所保管的图书、手稿等使用具有辅助性。图书馆不从事教学。图书馆对馆 7
长、档案保管人员以及古文书学家等人员的培训不能改变这一状况。在图书馆配备研究人员,无论他们是从事全职研究还是将其作为他们的监管职责的补充,也不能改变这一状况。纽布利图书馆、芝加哥图书馆和纽约公共图书馆的经验说明,一个好的图书馆能够比收集、保管和帮助找到出版物与手稿做得更多:但它充其量也不能比成为一个研究机构做得更多。像公共卫生图书馆和克瑞尔图书馆等科学和技术类的图书馆,不能够像社会科学和人文类的图书馆那样提供研究。与广泛涉及全部学术范畴的各个学科的研究与教学的结合形成对照,图书馆受制于集中有限的功能和——通常如此——兴趣的缺陷。

独立的和专门化的学校,尤其是医学领域,也在这半个世纪里几乎被大学所压倒。像麻省理工学院和加州理工学院更高级的技术学院,是在同类学校中仅有的赢得了接近一流大学的显赫盛名与中心地位的几所学校,并且它们是通过在研究兴趣的基本性质上接近大学而做到这一点的。像伦斯勒等独立的工程学院,尽管开办得很早,但却在中途退出。一旦进入法律行当须以系统的学习为前提条件,独立的与大学相分离的法律学校再没有从低微的层次中凸显出来。大学法学院在法律培训中取得了优势地位。在这一时期末,只有几所独立的医学院生存下来,没有被并入大学。德国的模式再一次指明了方向。学术专业的教育需要系统的、基础性的训练这一点越是得到普遍承认,专业学校成为大学的一部分就越势在必行。其他另类的模式注定要走向衰退。

提供本科教育的独立的文理学院,是在大学具有无所不及的支配地位的景况下设法挺过来的唯一的一类机构。它们主要是通过集中于教学避免与大学的竞争并避开研究而做到这一点的。它们的支持者为此进行了多年的保卫战,其中部分很成功,部分不成

功。它们通过将大量的毕业生输送到大学从事研究生或专业学习 8
并通过吸收来自大学的部分教师,成为大学的附属。那些成长为大学的学院,像哈佛、普林斯顿、耶鲁和哥伦比亚做到的那样,能够保持其某些特性,但它们是通过抵制与让步做到这一点的。

接下来的问题就是:在科学和学术制度化的阶段,为什么大学能够成功确立并保持在学术制度体系中的优势地位?答案的主要部分是大学既从事研究,也从事教学。培养自己的新生力量(*nachwuchs*)并为其他学术机构培养人员的一类机构能够确保自身在学术体系中的中心地位。它能够激发起人们对它的认同感和忠诚,以后的经历也不会使这种认同感和忠诚消失。它促进了教派的传统,这为它确立取得令人更广为称赞的成就的志向赋予了动机。通过教学,大学引领着它们的学科的未来,将其影响渗透到下一代人,同时使这种影响的传授超越它们教授的内容,并按照它们自身的教学与发现的传统来做到这一点。教师们因其与学生的关系而变得生动活泼。教学并不阻止研究的专门化,而是使其维系与更广泛的学科的认同。大学的复合性给人以一种强大的集合体的印象,不同学校之间的联系更是强化了这一点。一个学校培养的年轻学者和科学家常常到别的学校谋求发展。在那些具有这种多重联系的人们的思想中,一种超越地方的认同感得到加强。其中一个结果,就是参与者感到他们自己是投身于一种广泛的、全国的和国际的精神运动。

尽管存在研究的专门化的进展,学院中各个学科的从业人员的共存和大学中各个学院的共存,形成了学术交流的密度和范围,这促进了人们的一个普遍认识,即知识的进步是一个具有最高价值的目的。在一个"实用性"和经济发展受到如此巨大推崇的社会中，大学有助于提供对不存在即刻的实用性或经济上的重要性的事物的献身精神能够兴盛不衰的条件。大学的系科维系着它们的动机，如果处在业余学者和科学家那种生活与工作的孤立隔绝的条件下，这种动机经常可能会松懈下来。

与任何其他类型的学术工作的组织方式相比，大学还有一个优势——它们的综合性。它们的教学和研究覆盖整个学术范畴。这不仅使它们与众多不同的、专门化的兴趣联系在一起，也使它们能够得到一直到今天人们给予教会那样的如此广泛的尊敬。它们
9 在同时涉及所有严肃的对象，这使得它们从所有其他具有更为专门化的研究范围和活动领域的学术机构中脱颖而出。

另外一个与学术秩序中的支配地位紧密相联的因素，是大学研究基础性的问题。它们的工作不受必须具有实用性的限制。这不仅提高了它们在一个表面看起来务实的社会中的声望，而且创造出了能够赢得尊重的科学与学术成果。在人们宣称是务实和“物质主义”美国社会的内战后的这个阶段，也还是有一种不再由基督教教条所垄断的深深虔诚。追求基础性知识的严肃认真的态度，博得了那些对这种虔诚矢志不移之士的钦佩。由于其对基础性学问的关注，大学在某种意义上能够作为宗教的继承者。更为专门化、实用性的机构则不能够说也有这种继承性，也不能得到私人资助和州立法的支持。

在一个专门化和实用性的时代，大学设法达成了专门化与广泛性、实用性与基础研究的协调。此外，大学能够自我再生和自我扩展。研究与教学的结合可能具有偶然性，但它一旦确立并付诸实践，所产生的结果就不可超越了。它是发现、传播和发挥影响的理想方式。

在所有这些产生作用的条件中,至为关键的是所有的条件都浸透着对学术的热爱。舍此则任何一项有利的制度条件都不会发挥多大作用。学术之外的条件也是如此。

人们常常说,美国秩序中科学的一面,是为了适应个人资本主义的需要而发展起来的。在美国,尤其是在化学方面,真实的情况并非如此。从德意志帝国形成甚至更早以来在德国化学界出现的任何事情,并没有在美国发生。甚至晚至 1900 年,在美国的 9000 名称职的化学家中,只有 276 人全职受雇于化学工业。美国钢铁公司直到第一次世界大战还没有建立研究机构。通用电气公司是个例外,它有一个 102 人的工业实验室,涉及街道照明、X 射线、冶金、无线电等方面。在一个单个业主和合作依然流行的年代,企业规模太小,不足以支持研究。

在这个世纪的头十年,关于科学研究对工业进步的积极贡献
人们有很多讨论。政论家和各种仪式上的演说家们再三称赞科学 10
知识的实用功能。学术界的科学家们开始越来越多地通过研究能够带来的利益来证明他们的科学研究的正当性。对管理中引入“科学方法”的热点讨论变得流行起来。但是,即使是在大的公司里,弗雷德里克·泰勒的思想直到第一次世界大战之后也没有被人放在心上。假使工业界能够坚持不懈地利用科学研究的结果,则学术界的结构就会是另一番景象了。如果工业企业对科学研究的推进和应用更有兴趣一点,附设在某一公司的工业实验室和按照合同研究科学问题的独立实验室就会更为普遍。但事实并不是如此。

正如它表现出来的那样,科学研究的动力存在于大学。它存在于科学家自身,存在于强有力的大学校长,校长们愿意——如果

不是出自他们主动的愿望——允许他们的学术人员从事与学术活动预算相匹配的研究。社会科学和人文学科方面的景况也与此没有区别。社会科学在美国一流大学很早就因为知识上的探究欲开始繁荣起来。社会改进的愿望是一个辅助的因素，它不是第一位的。第一位的因素是不可抑制的理解事物的愿望。

学术秩序支配地位形成的另一个原因，是大学与当时盛行的其他提供研究的模式比较起来更有优势。其中一个优势源于大学的教学功能。对大学的支持针对着它们提供的教学。给大学的明确的和完全用于研究的经费很少。但是，不管从20世纪中期的一流大学的奢侈标准来看辛辛苦苦的教学会怎么样，那些希望做研究的人，尤其是讲师职称以上的人，都能找到做研究的时间。给他们的工资是教学的报酬，但他们还能在教学的"间隙"从事研究。

这是一个对研究的经费要求不高的时期。当时很少有需要许多助手的大型项目。许多研究是由教师个人进行，有时是一个教师带一个学生进行。设备鲜有复杂的，花钱不多，并且有很大一部分可以从教学需要的实验室的维护费用中开销。

结果，大学的研究几乎是无意中从用于教学的经费中得到补贴。州立大学的情况就是这样。在一流的私立大学，有时有专门
11 拨出款项支持研究的善举。但在这些学校也同样是这种情况：没有专门研究款项并希望从事研究的具有较高职称的教师，会设法从所在系的经费且有时是从自己个人的财源中得到帮助。

1880到1900的二十年是称赞科学的时代，但不是愿意为它，尤其是纯粹的或基础性的研究花很多钱的时代。工业企业在实验室的建立上动作很慢。它们依然指望购买个人发明者向它们提供的发明。它们的所有者不认为捐资于大学的研究这件事有很迫切

的需要，尽管它们的确用所有方式来帮助大学。联邦和各州政府认识到了研究的价值，但它们通常将其理解为调查、化验、测试和常规分析。农业和采矿业的"利用者"想要的恰恰就是这些服务。到处都有像 J. W. 鲍威尔这样的从事行政事物的著名知识分子想设法做得更多。各州和地方的科学院和三个全国性的科学院，很少有钱用于研究。它们的主要目的是向那些不用它们的钱就完成研究的人士颁发各种荣誉。

因此，大学处在一个有利的位置，是因为它们有相对大量的人员，可以在有图书馆和实验室的地方，带薪从事与研究接近的专业活动。此外，大学越来越致力于创造一种氛围，其中作为知识进步的手段的科学和学术研究具有很高的位置。许多学术人员、大学的校长和院长，都曾留学德国，当时的德国大学已经有明确的支持研究的预算。他们对大学的认识自然包含研究的表现如何。

可以推测，大学花在研究上的钱，要比工业界花在研究上的钱多得多。在大学里，研究后来被称之为实施教学的"副产品"。钱的总数可能没有科学家们期望的那么多——尽管人们不会听到关于数量太少的很多抱怨——但是，由于它隐含在"不需要凭证"或"不指定款项用途"的预算中，这种自然产生的安排方式可以使科学家们从事他们自己感兴趣的和确信在科学上重要的研究。与农业实验站的科学家不同，他们没有一个由苛求的"使用者"构成的特定公众对象，这些"使用者"要求立刻就有实用性，但常常在科学上没有旨趣的研究结果。"纯粹研究"的传统是从德国大学引入的，但培育它的制度条件却是允许这样做的大学的组织机构。

此外，大学没有可以为它们指定实用或常规研究的事主。它 12
们受到自身的能力、想象力和教学要求的限制，教学无论如何不会占尽所有的时间和精力。政府部门和工业企业的科学家不能选择他们的研究课题,也不总是能够自由地出版研究结果。在大学做研究的人再一次具有优势。他们有一个由在自己的领域内其他大学的教师组成的特定公众对象,可以在整个学术秩序中这些领域内成名。这对那些没有预先设定的公众对象这一优势和缺乏交流手段的人来说,要困难得多。

所有这些特点,导致了学术研究的显著性的增强,学术秩序中的成员之间的相互知晓程度的增强,以及跨越机构和学科界限的以及在这一界限内部的科学家和学者的团体感的增强。大学在公共舆论对象中成为一个强有力的存在。它们为公共舆论机构所追捧,并随着科学获得越来越高的声望而愈发显赫。在公共舆论中科学和大学几乎变成同一件事情。人文和社会科学各学科的学术性也从与科学的联系中获益。因此,在这个世纪早期,尤其是在第一次世界大战期间,当对科学的"需求"增加时,首先是大学满足了这一需求。这增强了大学的优势地位。

美国在1865年至1915年走过的道路,并不是唯一的一条学术事业之路。假使联邦政府选择用法国政府在17世纪的方式,通过巴黎科学院和颁发各种荣誉和分配资源,或者像苏联政府那样,有意将科学院提升到高于大学的地位,让它控制除政府各部实施的研究之外的所有研究,则结果就会是另外一个样子。尽管对"艺术与科学"所带来的进步有普遍的信心,但美国政府一点也不愿意这样做。它没有综合性的研究计划,因为它相信,就如同经济生活一样,"艺术与科学"可以通过个人的主动性而发展起来。它的科学兴趣局限于非常具体的事情,诸如海岸调查、地质调查和海军部的永久委员会。史密森研究院曾经要交给政府,可以用来促进科

学研究,但政府从未打算要将它做大做强。这也就是直到这一时期的末期全国科学院几乎没有发挥令人称道的作用的原因。由于 13
它没有支持研究的资源,它很少能够做什么来普遍地或在某些方面提升自身。

在某种意义上,联邦政府放弃将全国科学院提升到一个可以通过其成就、范例和声望发挥影响的地位,为学术秩序获得支配地位敞开了大门。由于其所在地与其成员遥遥相隔,全国科学院甚至无法像伦敦皇家学会或德国的各个科学院那样作为一个聚会的场所。在全国研究委员会成立之前,全国科学院甚至不能发挥为政府——它很明确地是为政府而创建的——提供咨询的功能。

关键的一步:研究生学习的确立

中西部的一些很好的大学在开始创建时,从事研究在立法者和公共舆论为其所指定的责任中并不突出。它们被视为首先是传播改进中的知识的机构。改进的概念既含糊又广泛。这种改进不是实用型的改进,它是精神的改进。大学被视为是继承下来的最好的知识传播者,作为新知识的创造者仅被摆在非常次要的位置。新知识的创造是辅助性的,它必须在时间"空隙"中来做。对实用性改进的兴趣与对研究的兴趣也不一样。农业和机械学院要像德国的矿业、农业、动物饲养和医学学院,也就是技术学院,但是——与德国不同——它们其中的一种,至少在每个有一所州立大学的州中,要附属于一所大学。大学的中心部分致力于不那么实用的知识。苏格兰的大学是独立的文理学院和东海岸一流的私立大学本科生学院的模式,在课程问题上的确如此。

南北战争后，随着留学德国大学的年轻人满怀诚意开始回到国内，他们中间也听到了一些抱怨。有的抱怨大学不做研究，有的抱怨对教师应该做研究的要求不够严格，有的抱怨研究成就，不论是过去的还是预期的，在任用和晋升时都应该给予承认和奖励。

然而，随着约翰·霍普金斯大学在1876年、克拉克大学在1887年和芝加哥大学在1892年的建立，才开始出现非常显著的转折。约翰·霍普金斯大学的建立，或许是西半球学问史上最具
14 有决定性的一个事件。正是来自约翰·霍普金斯大学竞争的影响和与约翰·霍普金斯相比较所带来的困窘，大学的校长们开始对他们的教师们的某些要求做出回应，采取各种措施让他们从事研究。哈佛在约翰·霍普金斯成立之前就有所行动，但在约翰·霍普金斯威胁到哈佛的声誉之前，这场震动对埃利奥特校长并没有产生多大影响。埃利奥特校长不反对研究。他在1869年的确说过，“最强有力和最具有献身精神的教授们将会对知识的遗产有所贡献”，但他没有采取行动，使这一点变得容易些。他只是注意到除了一个天文台，“大学没有任何经费可以主要用于保证饱学之士有闲暇和手段从事原创性的研究”①。

尽管吉尔曼校长很明确地希望约翰·霍普金斯应该像德国大学那样，对科学和学术研究给予充分的机会，但他并不期望把教学放在次要的位置上。“大学是一个为已经通过低一级学校的训练做好准备的青年人提供高等和专门教育的地方”。大学必须有做研究的“自由”，它也有教学的“义务”②。但是，尽管有这些限定条件，约翰·霍普金斯大学实际上从一开始就将其教师的研究置于一个前所未有的突出位置。到1890年，哈佛大学建立了一个文理科学研究生院，打算就此培养年轻人从事所有领域的研究，并让自

身做研究的教师负责研究生的培养。约翰·霍普金斯大学和克拉克大学的存在,使得芝加哥大学能够更容易地开始它作为一所大学的生涯,其中研究是任用和晋升不可或缺的条件,很大一部分教学无论是作为培训还是内容都旨在与研究相联系。

美国的大学在我们所关注的半个世纪中并没有放弃它们的教学义务。它们只是在这一时期的后半段决意要比先前更为重视研究成就,并宣布要将其作为它们的计划的一个主要部分。它们创造了一种期望大学的每一个人都应该做研究的氛围。

它们没有取得成功。不是每一个人都做研究。那时与现在一样,有些人做了很多,有些人做得很少,有些人没有做任何研究。还有些人伤心地或激烈地抨击对研究的越来越欣赏。他们的批评有时与人文学科学者对自然科学的不满交织在一起,这看起来像是最有害于维持有教养之士的传统文化的一个缩影。

在某些方面通过劳动的分工达成了某种妥协。首先是大学和 15
文理学院之间的劳动分工。大学既做研究,也从事教学,并明显地对后者坚定不移。文理学院主要集中于教学,对研究既很少践行,也没有规定。在大学内部,开始出现教更多的基础课程的年轻教师和教更多的与研究有更大关系的高级课程的年长教师之间的劳动分工。(马克斯·韦伯 1904 年在美国旅行时观察到了这一点。)年轻教师很少有时间做研究,年长教师教学量少,并且他们的教学与他们的研究更为适合。年轻教师也被期望从事研究,尤其是在中西部的州立大学和新建立的私立大学。在像哈佛、哥伦比亚、普林斯顿和耶鲁等大学,有一大批教师将本科生的教学看作首要的义务,对他们的那些更具研究成果的同事在声誉和工资上得到的优待感到不安。

尽管如此，大学并没有不忠实于它们义不容辞的职责。这些职责首先使他们获得了优势，并在使得学术秩序在学问秩序中获得并保持着支配地位。除了文理学院与大学在劳动分工上的妥协，教学与研究之间的平衡无时不存在压力。它是一种很微妙的制衡，其中任何一方随时都可能发生偏离。然而这种分离从未发生。这一平衡尽管微妙而令人焦虑，还是在大学作为一个机智的机构控制中坚持了下来。它也在大学应当如何的理想中得到维系。这一理想包含在德国的传统中，又被18世纪最后三分之一的时间里在德国学习的数百名年轻人带到美国。

提供合格的受众

科学家和学者人数的增加以及他们的全国性科学与学术社团和刊物的地位日益突出，是18世纪80年代到第一次世界大战结束这段时间中的显著特点。这两件事情是齐头并进的。与先前建立的德国博物学家与物理学家协会和英国科学促进协会一样，美
16 国科学促进协会在南北战争前以及南北战争后的二十年中的活动，在很大程度上是努力赢得各自国家更多公众的注意、尊重和支持。它们也希望提供学术交流的机会。人们非常渴望界限松散的学科内部之间的相互联系，这就是这些组织的构成部分得到繁衍的原因所在。它们先前不够完备。

大致在1880年至1900年间，在美国大学获得博士学位和曾在德国大学留学的人——两者人数都不断增加——开始意识到他们作为特定学科的从业者所共同具有的特点。在这个世纪的最后四分之一时间里成立的经济学、历史等方面的学科性学会，就体现

出人们要消除将分散在全国广袤地域上的学问中人隔离开来的遥远距离,进行更为正规和频繁的学术交流的愿望。

学者和科学家已经更强烈地意识到,在远处还有很多其他人对同一现象有兴趣,并投身于相似的学问理想和学问在公共生活中的影响。他们愈来愈期望互相取得联系。这是一种对许多人来说由于在小规模的德国大学城里或在更大城市中的大学所在地的学术经历而受到激发的愿望。他们发现在那里与自己相处的是一些对增进事物的理解和增强自己的知识同样具有满腔热情和献身精神的年轻人,在那里"教授"看起来就是最崇高的形式上的学问的化身。这一理想看来深深地植根于德国的某些地方,并通过诸如全国社会政策学会等全国性科学和学术团体——比如社会政治学会——的存在和活动很显著地成为一种全国性的现象。他们在美国本土从未有如此强烈的学术交流的经历。这种经历在他们的记忆中留下了挥之不去的印象。

对这些年轻人而言,回到美国就像是进入到一种尽管有激动人心的事件、但知识的空气非常稀薄的生活。那些在大多数学院和大学谋到职位的人发觉自己几乎是孤立的。他们所知道的事情,老一代的人中知道得不多。为了管理上的方便随"选修课"制度首先产生了系。在大多数学院和大学,没有或很少志同道合的同事。像他们那样在求学时严肃认真的学生非常少。"德归派"("Germany—returned)美国人——用一个类似"英归派"(England—returned)这样在印度流行的术语——感觉自己至关重要的学术本源被切断了。但与"英归派"印度人不同,他们处在一个更 17
加鼓舞人心的环境中。他们感觉到不仅需要在他们选择的领域从事教学和研究,还需要分享知识界的经验。他们没有抱怨,也没有在不切实际的幻想或无助感中迷失自我。他们通过自己在学术和科学上的努力和创办学会与刊物等机构，着手弥补存在的缺陷。这些学会和刊物帮助他们填补了周围空虚、孤立的空间。

19 世纪 80 年代以来，科学和学术学会与刊物的组织，不仅仅是一种赋予新的学术专业以正当性、提升其地位并增强其公共影响的努力。它们至少同样期望能支撑在本国稀少的学术领地上感到不自在的新一代学人的士气。它们为知识的共同体提供了条件，赋予他们一种由他们的手段和能力带来的科学和学术进步的力量感。他们创办的刊物自然是一种交流的手段，也是一种向他们保证还有许多人像自己一样顽强、勇敢前行的手段。通过其他人相似的兴趣与活动在他们的头脑中带来更深刻的印象，这些机构、学会和刊物通过有助于他们坚持对所从事事业的价值而充满信心。

他们幸运地生活在这样一个时代：先前和自己所处的时代的大趋势对他们的事业有利。他们的好运气的基础正是基督教信仰的现状。他们自身对道德与知识上的事物的严肃认真有赖于此。他们依然生活在一个有坚定的基督教信仰的时代，他们自身对字面意义上的神学和历史教条的背离，并没有消解这种信仰造成的更为普遍的意义和积极的品格力量。他们相信发挥努力去追求终极真理和据此改变世界——无论在什么范围内——的崇高目的的价值，并且，他们相信这种努力会带来相应的回报。他们已经不再相信基督教对世界万物和人类存在的解释，决心要用科学和学术知识取而代之来补救这一缺失或用科学和学术知识来支撑它。科学和学术知识如果说不能揭示上帝的设计，起码能说明自然与社会活动的合法性。

他们的幸运也体现在，在他们回到美国的时代，大学和学院当局开始以赞许的眼光看待“现代学科”，至少愿意聘用学习过这些学科的年轻学者。他们一旦发现有研究的时间，系的组织模式就会给他们着手进行专门化研究的机会，他们在德国的训练告诉他 18
们，这种专门化的研究是学问进步的决定性的要求。大学里系的组织并不是旨在创造地方性知识社团，但它通过将有限空间内的兴趣重叠和志同道合的人聚集在一起，可以使这种知识社团更容易形成。

他们幸运，还因为他们的研究花费不多。在一个很少有明确用于支持研究的财政资源的时代，研究所需要的设备与材料相对来说数量很小。在很少甚至没有任何拨款的条件下，他们能够投入研究。从事研究可以使他们头脑保持冷静，加强他们作为从事某一学科的科学家的身份认同。的确，他们没有德国无薪讲师(*Privatdozent*)那样的闲暇和自由，他们必须教授基础课程，每周必须教更多的课时，但他们也有获得薪酬的有利条件。不管如何在学术阶梯的最底端摇摆不定，他们总是在学术生涯的开端。一个系中职位数量的增加和职称的等级化提供了——不肯定，但至少有可能——晋升的承诺。一位年轻学者或科学家不再是一个学校教师，一个听命于校长的助理教师。学院或大学教师不再是一个无足轻重的人，一个招之即来、挥之即去的“助手”。他开始成为一位“学院教师”或“大学教师”。在这一地位中有一种新的尊严、新的关于自我、权力、特权和义务的观念。“实用的人”可能会对他们嗤之以鼻，但他们常常觉得自己从事的是一项崇高的事业。

如果没有另一个与此密切相关的变化，这些事情就不可能发生。南北战争之前，学院的院长们专横跋扈、大权独揽。他们是学院管理机构的首领。所有的教师都是他们的“助手”。院校长们虽然在他们的学院和大学里有很大的权力，但他们没有多少代表学术的权力。他们视自己负责学校的管理，在这里被挑选出的年轻人的道德品质得到形成。正是在这一点上，大约从 1870 年开始发生了一个重大变化。学院和大学的院校长依然很有权力，但从此时开始代表学术行使这一权力。只有几个人是如此。丹尼尔·科伊特·吉尔曼[*]是第一位也是最重要的一位。安德鲁·怀特[**]是另一位。斯坦利·霍尔[***]和威廉·雷尼·哈珀[****]是另外两位受他们影响的人。查尔斯·埃利奥特朝着同一方向变化。同他们的晚辈一样，他们相信学术生活是人的最崇高的职业之一。

就像年轻教师能在其学术生涯的开始感到充满潜能一样，校长们也获得一种相似的自身的潜能感。这是一个行业和商业巨头
19 的时代。在受过教育的人看来，这些巨头们代表着这个国家走向伟大的汹涌波涛，尽管他们的方法很粗糙。院校长们吸收了要在强有力的道德进步和国家走向强盛的大潮中做弄潮儿的这种思想的某些成分。院校长分享着杰出的商界人士、政治家和政论家对全国共同事业的庄严伟大的信心。他们特定的权限是学术世界，并且他们得益于美国社会很多名流对他们庄重的嘉许。美国有许多“反智”趋向——正统派基督教的信徒，粗野、庸俗的政客，像葛

---

* 丹尼尔·科伊特·吉尔曼(Daniel Coit Gilman)，约翰·霍普金斯大学首任校长。——译注

** 安德鲁·怀特(Andrew White)，康奈尔大学创办人。——译注

*** G. 斯坦利·霍尔(G. Stanley Hall)，克拉克大学首任校长。——译注

**** 威廉·雷尼·哈珀(William Rainey Harper)，芝加哥大学首任校长。——译注

播硬*一样的商人,文化上的庸俗之辈、衰退中的上流社会传统的守护者——但他们并没有主宰新建和重组的大学。各州立法表现出的合作态度和中部与远西部的伟大商人们的仁慈慷慨向大学校长们保证,社会潮流在向着有利于他们的方向发展。尽管偶尔与政客、商人和校长们有些摩擦,但大学的教师们并不觉得他们面临着不可克服的障碍。

年轻的"德归派"美国科学家和学者不是回到一片贫瘠的荒原。即使是阻碍他们进步的因素也处在不断变化之中。他们意识到他们的志同道合者及其处境并因此振作起来。他们知道还有其他人面临着相似的问题,具有相似的决心要在学术世界中证明自己,并要使学术对社会中的缺陷产生影响。他们被吸引到有这样的校长、并已经吸引了一些多少比他们年长的学者和科学家的大学。他们看到了德国传统之灯在照着他们,灯光对有些人暗淡些,但对有些人更明亮些。

大学层级的形成

在大学对其他学术体系的优势地位内部,有些大学开始获得在全国学术秩序中的优势地位。新一代大学的活动并不是在空间上平均分配的。科学和学术论文的数量不是在学术秩序的所有部分同等增长的。它们也不是针对所有的部分和领域。它们的读者对象是不均匀分布的,就像它们的作者一样。科学和学术活动有某些更大程度上的集中点,某些交流的发源点和接收点。某些地

---

* 葛播硬(Gradgrind),狄更斯小说《艰难时世》中的人物。——译注

方结果就在认知版图上突显出来。这些可以是像约翰·霍普金
20 斯、克拉克、芝加哥和斯坦福那样的新大学，缓慢地自我改造的东海岸的老大学，或者是中西部和加利福尼亚的州立大学。这是一些中心。它们的影响有助于形成对每一领域的问题和程序的学术上的一致看法。某一特定领域对什么是正确和重要的一致看法，发源于它的中心。那些不具有一个占支配地位的中心的领域，往往更加难以归类。一个学科的发展，有赖于它有一个或更多的中心，在这里杰出的个人的工作是作为杰出的学生的教师，并作为其成果被认真学习和创造性地仿效的研究者。

少数几个中心构成的中心群的出现，促进了学术秩序发展成为一个共同体。这是学术界在知识秩序中的优势地位的一个必要条件。某一学科的知识成果以及在此基础上的显赫地位，在实际中永远不可能完全集中于一所大学。在某一学科的杰出教师和研究人员、授予博士学位的数量上，一所大学可能领先于其他大学，但它绝不可能有垄断地位。即使在芝加哥大学授予了24％的数学领域的博士学位时，在其他大学也还是有许多杰出的数学家，并且数学上四分之三的博士学位是由芝加哥大学以外的其他大学授予的。因此，不是仅有一个机构中心，而是有一个中心群，它们互相竞争，并同时将它们的观点传播到周围的大学。

从一所大学到另一所大学的流动，在美国是一种普遍的做法，尽管美国的学术秩序从未接受德国的游学（*Wanderjahre*）惯例。一个大学毕业想继续深造的学生，很少在他获得第一个学位的机构从事研究生学习。有时，一个研究生在一所大学攻读硕士学位，在另一所大学攻读博士学位。然后，如果他能成功地进入到学术专业领域，他相对来说极少选择在他攻读高级学位的大学。随着

他学术生涯的攀升,他也从一所大学转到另一所大学。美国的大学没有那种成为英国古代大学传统的“近亲繁殖”,美国精神中的更大程度上的平等主义,使得一个毕业于学术中心的年轻人,能比在当时的英国更容易地习惯于到一个有些遥远的机构。当然,一旦进入到他们的学术生涯中,个人在大学之间的流动在美国要更 21
容易些,因为美国有比英国或德国更多的大学,还因为在美国学生和教学职位数量的增长要比其他地方更快。

中心群内部之间的流动和中心与周围边缘区域之间的流动,巩固了学术秩序的集体自我形象和中心群在其中的地位。它使它的许多成员将自己视为一个强大群体的一部分,有些不同于美国社会的其他部分,他们贡献于美国社会,批评它,受它支持并为它所困。它也导致这些学院派团体产生一种与学问和文学界的其他知识机构区别开来的自我形象——区别于学院派仅有非常规和不稳定的联系的工业实验室和政府科学服务机构,也区别于他们与之很少有联系的艺术家和文学家的圈子,即使在纽约和芝加哥也是如此。

学术体系内部的流动,培植了集体身份感的形成。这种流动赋予其参与者对学术秩序和他们自身的科学与学术界的更广泛的经历。其结果就是形成了一个共同的论域。在科学和学术学科界至少与维持共同论域同等重要的,是来自中心群的成果的优势地位。正如在这个世纪末所表现出的那样,学术界被分成不同的领域,领域内又有专门分化,但通过阅读共同体系的科学和学术文献,它们也跨越机构界限而联系在一起。刊物数量的剧增与此并不冲突。在任何一个领域,有些刊物比其他刊物更受推崇、读者面也更广,并且不论如何,在这个时代,刊物的数量并没有像以后做到的那样，极大地超出了学者和科学家个人的阅读能力。

一个系提升到一个中心的地位，往往是某一个人的杰出成就所致。在某一重要的知识分支上同时有四五个系地位提升，或者在一所大学作为一个整体有八到十个这样的系，就使该大学成为一个受到特别注意的中心。研究生纷至沓来，人们来此求职并得到接受。然而，尽管结果是该机构作为一个整体地位显赫——被模模糊糊的感觉到——但实际上起作用的是杰出的个人的工作。

哥伦比亚大学就是这样一个中心。例如，在人类学领域，它的领先地位是由于弗朗兹·博厄斯超过所有其他人。哥伦比亚大学人类学系产生了一系列学术出版物，培养了一批著名的研究生。博厄斯的工作不仅是对知识的不朽贡献，也为该领域的其他人树立了一个典范。在博厄斯之前人类学就在美国存在，但它成为一
22 个训练未来人类学家的系并培养出像克娄伯、罗维、萨丕尔等人——他们每个人都在自己的时代成为人类学研究的具体化代表——的系，将松散的"同类意识"转变成作为一个普遍有效性的学科的一个部分的认识。经济学领域的 H. L. 摩尔和塞利格曼、政治学领域的柏吉斯、哲学领域的杜威、遗传学领域的摩尔根、史学领域的查尔斯·比尔德和詹姆斯·哈维·罗宾逊，是一些使他们的系和哥伦比亚大学作为一个整体发展成一个中心的人物。

芝加哥是另一个这样的中心。数学领域的穆尔、物理学领域的米切尔森和米利瀚、生理学领域的洛布、英语领域的曼利、社会学领域的托马斯和帕克、政治学领域的弗洛恩德和梅里亚姆、古典学领域的肖里等，就是一些在该机构的其他人中光芒四射的人物。

哈佛、约翰·霍普金斯和加州大学伯克利分校是其他一些这样的中心。稍稍有些边缘的有威斯康星、伊利诺伊、密执安、耶鲁、普林斯顿和宾夕法尼亚，它们与中心的距离各不相同。

芝加哥大学的社会学可以说明一个研究与培训中心的作用。在成为一个有独立体系的文献的学科之前，社会学是一种思想的“运动”。这些文献随着在学术上的成长，巩固了这一学科，加强了它的从业者的身份认同。以W.I.托马斯和帕克领衔的芝加哥大学社会学系，在这一过程中起了关键的作用。在它的自身领域，它的地位就如同哥伦比亚大学人类学系在人类学领域一样。然而，“芝加哥社会学”就像“哥伦比亚人类学”一样，从未垄断它的领域内的所有活动。它所做的是拟定并强调某些主题和方法。它集中关注于某些方面并通过它的成员的成果提供一种普遍的观念。

约翰·霍普金斯大学和哈佛大学的历史研究，约翰·霍普金斯、哈佛、芝加哥、哥伦比亚、威斯康星的经济学，在这些学科发挥了类似的作用。在社会科学如同在其他学科一样，学术上的系的发展，将异质的、未臻完善的学术活动和信念体系转变成了学科。

中心并不永远是中心，在中心群的内部，有些机构增强和衰落了。辅助性的地位也不总是如此。有些弱势的机构凭借自己的努力成为独立的中心，它们中的每一个都分享和强化了各自学科的共同文化，并发展了自身的特色。

学术忠诚：中心与边缘

在为其学科作为普遍有效性的知识体系的正当性以及每一学

科为社会和人类带来的更为普遍的终极利益公开辩护的背后，在
23 美国学术界存在一种敏感的机构地方观念。像所有对集体的忠诚每个人感受不一，它在学术界的表现也非常不平衡。不能期望新录用的年轻教师与那些已经在此较长时间的教师对他们的大学具有同样的忠诚。那些年复一年待在一所学校并在职位、资历和成就上取得突出地位的人，对“他们的”大学和学院更忠诚有加。正像人们对自己的学院或大学的声誉和好的口碑有争强好胜的自尊心和敏感度，在南北战争后传播并得以深化的“认知革命”以前就已经存在一样，校长和教授们的忠诚感是受到他们的大学作为科学和学术事业的中心地位的触动。威廉·雷尼·哈珀在创办和执掌芝加哥大学时，很显然打算把它办成一个具体来说是“美国的”、但却有德国大学水平的机构，德国大学是他心目中的标准。丹尼尔·科伊特·吉尔曼希望做到同样的事情。他们希望他们的大学成为“最佳”。大学的校长们肩负着使他们的大学尽可能“伟大”的责任，教授们希望把他们的系办得尽可能的“伟大”。对前者来说，“伟大”不仅是学术成就的伟大，也是公众声誉和这种声誉所带来的财政利益上的伟大。在教授之中，对他们所在系的伟大抱负可能交织着个人的虚荣心和集体的自豪感，但他们相信这种抱负只有通过学术成就才能得以满足。这意味着在美国和国外的其他科学家和学者中抛头露面。这些人现在主要在大学里。因此知识界的学术等级的自我意识，与中心与边缘的层级意识一样变得更为明确。

要做到在更大范围的学术秩序中出类拔萃，只有通过系的成就，这对教师个人而言意味着他们自己的系的成就，而对校长和某些教师而言是大学里的许多系的成就。主要由校外赞助人提供的研究经费在第一次世界大战之前要比后来更为稀缺，通常必须来

自于大学的内部预算。由于大学校长们对科学声望在大学“建设”努力中的作用程度变得很敏感，这也导致他们愿意支持对杰出人士的任用。许多不那么有名的学者和科学家必须任用以提供不同学科各个部分的常规教学，但在教授这一级别上，更有进取心和更为成功的系，由于他们的富有自豪感和抱负心的校长，能够在可以自由支配的资源的范围内吸引最好的学者或科学家。那些仅仅满足于根据分配给的名额“添满空缺”的系和大学，在层级中往下滑 24
落了。一些资源更为有限的机构，或那些人们欠缺对自身机构荣誉的竞争意识的机构甘愿如此。这些机构“退出”了竞赛。他们接受边缘的地位，尽管在这些机构中有时也有一些杰出的系。

只有少数大学决心要走向前沿，并进而达到了德国的标准。它们决心要做到如此，不仅是为了学生的利益，使他们可以获益于得到各自学科的最杰出人士的教学、指导和激发，也不仅是为了使机构成员受到他们的杰出同事的促动，它还因为个人的自尊感要求取得与一个“伟大”的系和一所“伟大”的大学联系在一起的显赫声望。

作为一个整体的机构或作为一个系进入到最佳阵营的努力，受到研究的地位日益显著的驱策。只要大学和学院将自己限定在教学、限定在品格的形成和“人的塑造”的范围内，它们就只能在地方上或在那些与此有直接经验者中为人所知晓。这些教学活动中鲜能产生较易广泛识别的标志性成就。对研究成就而言，更大范围的公众对它的识别程度没有那么大，但相同或相近领域的人士构成的公众可以有公开的识别。全国性科学和学术界的存在以及体现它的具体表现形式的各种组织、机构对这种比较和评价提供了帮助。通过研究结果的发表，个人和他们的工作被置于一个能提升他们的显著程度的舞台。对某些特定的研究工作及其研究者的评价与对他们的系和整个学校的评价合为一体。相对于那些首先关注教学的学者来说，从事研究的学者头脑中印象深刻的是其他大学从事研究的同行。后者的受众是学生，受地方局限。前者的受众有全国性和国际性。超越地方的学术和科学界，尽管外在形式上松散和模糊，但要比那些在学院和大学里紧限于教学的人们之间的联系更能为人所感知。

中心和边缘大学的产生，是以存在超越地方的学术界为条件的。工作、个人、系和学校的层级化，是强调研究的结果。有些人推出了竞争，有些人从没有投入到竞争中。处于中心或距中心更
25 近的其他一些人，对他们的声誉很敏感，并且他们与声名显赫之间的距离，近到足以使他们相信这种突出地位的价值。在要任用人、并有机会通过吸引某一杰出的科学家或学者来提高一所大学的声望时，这种信念特别奏效。大学被归类到一个全国性层级体系中的不同等级，受到那些有意识地要维系或提升边缘学校的地位的校长和教授们的政策的影响。他们通过招贤纳才的决策，自觉地要努力领先于别人。

美国大学的教师和管理者们在这一时期，制定了“追逐”贤能之士、做出有意的努力，争取把目前或预期在他们各自领域里最好的学者和科学家引进到他们大学的决策。当招聘(*Berufung*)的做法开始在美国实行时，它已经在德国存在很长时间了。新大学想方设法说服老大学中的新人为他们效力。当这个国家的其他大学停滞不前时，约翰·霍普金斯、芝加哥和斯坦福等大学，能相对容易地跃居前沿，而那些雄心勃勃而又才华横溢的年轻人，受困于他们所在的更为传统的大学强加于他们的种种羁绊。比较老的大学重新振作起来，它们做出种种努力，以满足那些希望作研究的人，并

重新召回它们一度失去的最优秀的人才。对于像约翰·霍普金斯、芝加哥和斯坦福等比较年轻的大学与哈佛、哥伦比亚等曾经具有牢固的卓越地位的大学之间的竞争,老的大学开始变得警觉起来。

美国的大学校长们决意要积极地提高他们大学的声誉,并进而扩大学校的知识和物质财富,这与英国老牌大学的做法形成鲜明的对照,这些英国大学对他们的优势地位非常自信,根本不用费心去吸引一流的科学家和学者。

从 19 世纪 70 年代到第一次世界大战,大不列颠的学术生涯相对简单:从牛津、剑桥或伦敦毕业,然后到一所诸如曼彻斯特或利物浦的地方大学工作一段时间,接下来那些最出类拔萃者再回到牛津、剑桥或伦敦做教授。地方大学只能竞争那些还没有达到最高成就的学者或科学家,一旦他们功成名就所有的好处都被南方的三所大学占去。在美国没有这种预先设定的途径和不可改变的层级,对顶尖人才的竞争也因此更为激烈。现代英国大学的副 26
校长没有或者不去行使美国大学校长所具有的权利。在这方面,美国的学术秩序更像在德国盛行的学术秩序。普鲁士的弗里德里克·阿索夫*,很像一位不断被求见者所打扰的美国大学校长。在德国的一些州,这些事物由决意要把德国任何地方的最优秀人才吸纳进来的少数教授承担。他们也是从君主国家时期继承下来的一种传统的受惠者,那时各个贵族为了一所著名大学的更大荣耀而互相较量。法国与美国或德国的体系没有一点儿相似之处,法国的索邦与外省大学拉开的距离太远,以至于它们不得不屈从

---

* 弗里德里克·阿索夫(Friedrich Althoff, 1839－1909),曾担任普鲁士的教育部长。——译注

于次等的地位。只有图卢兹大学主要在保罗·萨巴捷的倡导下曾经试图摆脱这种状况,但最终这一努力没有成功。由于它带来的结果,并且尽管事实上国立大学系统是一个法律实体——这与这一时期的主要西方国家不同——学校之间缺乏竞争的刺激。重点高等学校(grandes écoles)、法兰西学院(Collège de France)和高等研究应用学校(Ecole Pratique des Hautes Etudes)的优势,阻止了大学在法国取得像在美国、德国和在较小程度上的英国大学那样的支配地位。

如果没有校长和教授们对他们的大学和系的深情拥戴和对其声誉的用心呵护,所有这些竞争性举措都不可能出现。这是一种与对远远超越单个大学界限的科学和学术界的拥戴十分完美地协调一致的地方观念。

辅 助 机 构

这些大学中心的支配地位,被它们的出版社所加强。像约翰·霍普金斯大学出版社、芝加哥大学出版社、康奈尔大学出版社、哥伦比亚大学出版社、哈佛大学出版社和加州大学出版社,首先是出版本校教师的研究成果和他们主编的学术系列与刊物的工具。从 19 世纪的最后若干年开始,处在大学系统中心的学校能够把美国学界的注意力集中于它们的出版物。不是大学的出版社导致了这些学校的中心地位,但它们给学校带来了更大的声望和权威。各种出版系列,如约翰·霍普金斯大学的历史与政治学研究、哥伦比亚大学的公法与政治学研究、哈佛的东方系列等等,为各个学科的新成员提供了一个向世界展示他们的研究成果的机会。它

们也突显了这些年轻学者接受教育的大学和其中某些人执教的大 27
学的身份。这些出版物将这些学校和系在学术和科学上的崇高威望，与某些特定学者的名字联系在一起。它们强化了限定中心的界限和从中心到边缘的界限。

在地方性科学团体作为学术机构被普遍取代的情况下设法生存下来的那些团体的学报和文献集，无法与发源于大学、并由大学出版社、科学和学术性学会、有时是由学术人员担任编辑的商业性机构出版的专业学术刊物展开竞争。日益密切的学术交流，从这些地方团体发起组织的活动中吸收的东西很少。业余科学家和学者构成了它们比例不断下降的一部分受众。到这一时期已经得到确立的工业研究也同样对学术交流贡献不多。独立的博物馆，如像菲尔德博物馆和美国自然历史博物馆，在它们的特定专门领域，出版了一些受到人们关注和尊重的作品。政府研究机构的某些部分，如文化人类学调查局，出版了一些成为所属学科标准文献的报告。就整体而言，科学和学术界网络充满了从大学崛起的出版物。构成这一网络各个节点的机构的拥有者，往往是大学或以学术为业者构成的科学与学术性学会。简言之，大学占据了学界的很大空间，并且它们还在扩大这一空间。

与地方性学术团体形成对照，最早的学术性社团是围绕专门化的学科而形成的，相对来说独立于大学。它们代表了业余人士和科学与学术组织者想要打破地方界限并跨越空间形成全国性共同体的一种努力。随着大学作为科学和学术中心的优势地位的形成，学院派人士日益在其中发挥主导作用。它们与特定的大学的联系没有与大学出版社的联系那样紧密，但发挥着类似的功能。它们成为来自各个大学的学院派人士定期聚会的场所。它们也成为学术交流的工具。

专门化(specialization)

大学对业余者的胜利,得益于大学在财富和人数上的更多资
28 源和它们与教学的结合。这一胜利也得益于科学和学术成就所要求的专门化的出现。较之于业余者的自我教育,大学里系统的尤其是研究生阶段的培养,更有利于专门化。专门化人员有其他专门化的同事可以与之交谈,他的同事全面掌握有关很小问题的众多微小的细节和大量的出版物。他的实验室附近有大量的科学期刊,他的图书馆里有大量的学术期刊。如果他不能表现出对此胸有成竹,就会被认为是在偷懒。供职于其他行业并行动更为从容的业余者,无法以同样的速度取得同样的进展。专门化对工作的进展速度提出了要求,这在业余学问家的传统中是不存在的。随着在范围相对狭窄的专门化领域内,从事范围有限但联系密切或类似问题的研究的人数不断增加,速度的要求就变得成为必要。如果一个人在科学发现上要获得承认,就不能将其成果锁在抽屉里。对成就感的需要、对获得认可的渴望、对自己的系和大学的忠诚、个人的抱负、科学的精神,所有这些都驱使他尽快将成果发表。人文学科则没有那么急迫。

新的学院派的科学和学术,即使在被教学和管理分散精力的情况下,也比业余者慢条斯理的做事方式能在数量上取得更丰富的成果。专门家的成果愈丰富,专门化就愈变得势在必行,因为否则的话,他们就不能掌握不断窄化和增加的科学文献体系。新刊物的出现和新刊物的创办所带来的投稿人数的扩充,导致某些特

定专题文献体系的扩大。大学图书馆馆藏量的增加,也同样使得“跟上文献”的要求更为困难。这只能通过牺牲一般性阅读才能做到。

专门化既有其光芒,也有其阴影。它的光芒是目的的严肃性的光芒,是要有所贡献的意图的光芒,有所贡献,即意味着得到那些有资格判断某项特定的研究工作是否增加了该领域有意义的知识体系、是否使得更大的进展成为可能的其他人的承认。对“真理总是存在于细节”的愈来愈深信不疑,意味着必须对细节进行愈来愈完全彻底的探究。德国的专家范式(*Fachmenschentum*)就在人们跟前,一个人要成为一个严肃的科学家或学者,就要求他是一个专门家(*Fachmann*)。业余爱好者一词成为了一个受人嘲笑的术语。专门化具有苛刻的道德色彩。它意味着不能浅薄轻浮,不能自我放纵,对工作要恪尽职守,它与妄自尊大和无所不知水火不容。专门化与第一次世界大战之前的二十五年里,世俗化新教徒 29
的清教主义非常一致。

不能忽视的一点是在 19 世纪 80 年代和 90 年代进入到美国学术界的这一代学者和科学家中,有许多人有极其广泛的哲学和文学阅读面。尽管当时在德国到处都能听到对专门家的赞誉,但在年轻的美国人看来,德国教授们的阅读面之广令人敬畏。在 1867 年写回国内的一封信中,威廉·詹姆斯对狄尔泰的描述向数以千计的后来者证明了这一点。许多美国年轻人在来德国之前,就已经怀着极大的热情博览群书。除了科学学科,他们也已经学习过现代文学和古典学科。在德国时,他们有时不仅在自己的学科,而且在非常广泛的范围内沉醉于阅读。在后来的若干年中,那些在德国学习的人保住了他们的德语知识。这也使得他们不致流于狭隘，因为文化教养（*Bildung*）的观念还没有被专家范式的观念所完全压倒。然而，在关注范围不断窄化的阴影下，专门化的影响与日俱增。通过教学的专门化措施，系的制度助长了专门化的进展，但教学从未有研究那种明显程度的专门化。所有的教师都必须教本科生，而且这种教学从不可能像研究所要求的关注焦点那样狭窄或集中。

研究中的专门化，与超越自己大学或学院界限的兴趣范围的扩展齐头并进。与教学形成对照，研究即使在还没有后来表现的那么专门化的时候，也要求对本国和外国别的大学里的同行予以更多的关注，只要事实上这些地方也在进行类似的研究。希望密切追踪所研究的问题的最近文献的个人研究者，就不得不进入到一个全国性和国际性的共同体——或亚共同体——和它所带来的知名程度的层级。学校的名声和个人的名声从来不是完全分开的，每个个人因其各自的成就而赢得的尊敬会扩散到他们的学校。这样，研究的专门化助长了科学和学术共同体的超越地方的特点
30 及其层级。专门化要求有外向性的注意力，这导致更易于确定注意力集中的中心，确定来自这些中心的研究课题，提出、应用和建构观点、诠释和成就标准。

用以确定中心地位的形象，是由来自多个研究领域的成就形成的。多个专门的领域构成了一所院校整体的声誉。专门化并不是仅仅靠自身研究领域的卓然超群而形成自己的中心形象。专门化没有导致学术秩序的断裂，尽管它确实降低了大多数学者所共有的文化的重要性。在某些方面，它巩固了学术秩序，强化了它超过业余人士和大学以外的学术机构的霸主地位。

全国性体系的形成

在约翰·霍普金斯大学成立之前，美国的学界还很不成熟。它没有中心，没有层级。学界相当分化。当时有政府建立的各种科学局和在几个工业企业刚刚起步的研究；学术性的学会或协会很少，科学或学术刊物不多；有一个半官方的全国性科学院，若干个地方性质的科学院，两个自称是全国性的老科学院；有一些博物馆、几家大图书馆和许多大学与学院。学界是一个各种机构和活动的大杂烩。这些机构和活动不仅数量少，分布地域广，而且彼此之间的联系不多，其重要性微乎其微。

当时有一些卓越的个人组织者，如阿萨·格雷*、刘易斯·阿加西斯**、约瑟夫·亨利***、西蒙·纽科姆****等。没有任何一个机构或机构的地位是主导性的，在这些组织者认为应该有一些主导性的机构时，他们就把这一职责赋予了全国科学院或史密森研究院。他们认为全国科学院应对过去的成就给予承

---

* 阿萨·格雷(Asa Gray, 1810－1888)，植物学家，哈佛大学植物学系创始人。曾担任史密森研究院董事、美国全国艺术与科学院院长、美国科学促进会会长，也是美国科学院的创建人之一。——译注

** 刘易斯·阿加西斯(Louis Agassiz, 1807－1873)，自然科学家，研究领域广泛涉及动物学、解剖学、考古、冰川学等。出生在瑞士，在瑞士、德国、法国接受大学教育，后移居美国，在哈佛任教，在哈佛创办比较动物学博物馆。他是史密森研究院董事和美国科学院主要创办人之一。——译注

*** 约瑟夫·亨利(Joseph Henry, 1797－1878)，美国科学家，新泽西学院(普林斯顿大学前身)教授，曾担任史密森研究院第一任院长、美国科学促进会会长，美国科学院主要创办人之一并任第二任院长。——译注

**** 西蒙·纽科姆(Simon Newcomb, 1835－1909)，美国数学家和天文学家。曾担任美国数学学会会长和美国天文学会首任会长。——译注

认和表彰,并就涉及科学和科学技术的问题向政府建言献策;他们还认为它应该通过它的奖励和宣言来引导和鼓励科学家研究某些领域和问题。他们没有规划和预见到学院派的支配地位。

约翰·霍普金斯、克拉克和芝加哥大学的出现,不经意地改变了这一情形。政府的科学机构从原来相对显著的地位,退缩到主要从事应用性服务和调查。在大学找到新的发展道路时,政府的科学机构就不是对手了。它们变成了没有竞争力的机构,做一些大学不做的事情,或者说它们变成了大学的补充性机构,为大学的毕业生提供就业和为大学出版研究成果提供方便。在它们和学院派都涉及的领域,当它们的研究工作在数量上被学院派超出、在质
31 量上学院派至少可以与之媲美或将其超越时,它们就失去了曾经有过的显著地位。此外,政府研究机构从很多研究领域退出,这样大学就在这些领域有了一片自由的天地。

在本世纪初*,华盛顿卡内基研究所的建立,似乎展现出另一类支配性秩序的机会,即以独立研究机构为中心的支配性秩序。这一抱负无法得到实现。这一新的机构无从生长,它实际上没有类似的机构可以联合,没有作为一个共同体的意识的成长,它也不像大学那样是一个在学术上独立自足的秩序中的一部分。这类机构的数量太少,无法形成与学院派秩序的有效竞争。后来建立的洛克菲勒医学研究所增加了一个成果颇丰的新的中心,但这两个机构加在一起,还不足以构成一个结晶点。独立研究机构作为在整个学术秩序中的自治和具有支配地位的秩序的组成部分,还没

---

* 指20世纪。——译注

有先例。卡内基研究所成立时,威廉皇帝协会*(Kaiser-Wilhelm Gesellschaft)尚未建立。帝国技术物理研究所**(Physikalisch-Technische Reichsanstalt)基本上是官办的,就像国家物理实验室***(National Physical Laboratory)一样。皇家协会****虽然有些杰出的会员,但它从未表现出是被公共舆论认可的科学研究和教学应如何组织的典范模式。

大学可以通过不断将最符合条件的毕业生充实进来而得以自立。大学的数量已经很大,它们的存在本身,就是对那些想改革大学的人的挑战和支持。大学在取得优势地位之前必须进行改革,但它们先前的大量存在使人相信,它们天生具备经久不衰的力量。在其他一些国家,大学经历了改革。在英国,各种皇家委员会促成从大学内部发起的改进过程;德国有洪堡的改革成就。对这些改革的收获的某些了解,促使美国人觉得现有的大学不是必须按照过去的做法一成不变,或者,新大学也不是必须像老大学过去那样。

大学较之于独立研究机构还有一个优势。尽管大学的每一个部分在其兴趣和活动上是专门化的,但大学作为一个整体涵盖了整个的学术范畴。因此,一个对相邻领域或者偶尔对相隔很远的领域发生兴趣的专家,总有机会向那一领域的同事讨教。独立研究机构,不论是私立的还是官办的,都旨在涉足要比大学狭窄的一些问题,因此它们对最好的大学毕业生的吸引力比较弱。它们的 32

---

* 指德国的威廉皇帝协会,成立于 1911 年,后发展成今天的马克斯-普朗克学会。——译注

** 指德国的帝国技术物理研究所,成立于 1978 年。——译注

*** 指英国的国家物理实验室,建于 1902 年。——译注

**** 指英国的皇家协会(the Royal Institution of Great Britain),成立于 1799 年,不同于 1660 年建立的英国皇家学会(the Royal Society)。——译注

专门化也削弱了它们的地位；专门化有崇高的声望，但它不是绝对的。尽管专门化是一种道德自律的形式和一种更有效的做研究的方式，但更古老的视野宽广的思想依然很有生命力，专门化的研究机构的地位因此而受损。

工业研究实验室就更没有资格与大学较量。它们数量很少，规模比较小；它们专注于范围狭窄的专门化问题；它们不赋予它们的科学家出版的自由，而且它们的主要工作集中于应用或实用性研究。它们被认为是服务于利润的要求，而非无私地追求真理的理想。它们在公共舆论中被认为值得保护的程度要低于大学。

非学术性边缘对学术中心的依赖

在政府的研究达到最高点的农业方面，后来随着时间的推移做出了杰出工作的农业实验站，在当时却必须等到大学取得优势后才正式出现。第一批农业实验站，在时间上多多少少与约翰·霍普金斯大学的建立相重合。第一批赠地学院大约比这早了十年。在某种程度上，赠地学院和农业实验站，都是激发了那些创办新型大学的人的同一思想的产物。这些思想被发现——或者说被认为发现——在德国的做法中有真正的体现。甚至在南北战争之前，这些思想就得到伊万·皮尤和塞缪尔·约翰逊这样一些人的倡导——他们直接提到了德国大学；他们相信像在德国大学已经取得的科学的结果，可以为美国农业质量的改善作出贡献。然而直到新型大学的发展已经进入良好的状态，这两类机构——农业学院和农业实验站——还几乎没有什么进展。在 1887 年《哈奇法》(Hatch Act)通过之前，在为数不多的农业实验站很少有做研究的机会。在赠地学院和州立大学的农业学院中，教学是主业，很少有做研究的时间。正是对科学的忠实信念导致了它们的出现，但无论是它们的第一批员工，还是它们的公众对象，都没有对科学有如此程度的“相信”。需要他们的服务的农场主们，对基础科学研究能对他们的农业活动作出什么贡献真正是一无所知。他们想得到有关购买的种子质量如何、他们的土地是否肥沃的信息。他
们想要的不是科学研究：他们想要的只是应用具体而可靠的方法 33
的检测。他们觉得农业学院应该提供农业种植的实用培训。

一批创业者中的行政主管人员，像尤金·达文波特、威廉·A. 亨利和尤金·希尔加德等人，花了很多时间，试图提高农场主，尤其是农场主组织的领导人对农业实验站的兴趣和认识。他们试图创造对他们还没有能够做出的科学结果的需求；他们还没有做出结果，部分是因为他们还没有这样的科学家，这样的人很缺，而且他们没有钱来雇用他们和为他们提供研究所需要的资源。

1887 年之后，当资金更充足时，他们就求助于大学来提供科学家。他们引进的科学家，受到新大学精神的影响。对于他们应该做检测和分析或管理示范农场的期望，他们感到很不愉快。他们认同虔诚的先驱者皮尤和约翰逊的思想。他们希望从事科学研究，希望别人把他们看成是科学家；他们对与自己在同一所州立大学里的人文和科学教师的轻蔑态度感到不愉快，就像对外行人相信他们不过是分析师感到不愉快一样。大学是一个基础学问的所在这一思想深深地吸引着他们，他们希望遵从这一思想的绝对要求。

美国农业部对促进农业研究的参与和在农业实验站工作人员中的年轻科学家之间建立起来的联系——通过在美国科学促进会中建立分支机构、建立专业的科学学会和创办刊物——强化了这

一思想的力量。这使他们对自己作为科学家有了更加强烈的意识。通过参加研讨会、阅读科学刊物，他们加强了自己作为科学家的认识，这使他们对科学理想的忠诚更为牢固。在这一因果关系中值得指出的是，阿尔弗雷德·C.特鲁，美国农业部实验站办公室主任，在成为一个积极推动农业科学研究的行政管理者之前，是威斯理安的一位正统学者。他的前任威尔伯·阿特沃特，是一位在德国大学深造过的化学家。

推进基础科学研究的运动，在《亚当斯法案》(1906)中得到了体现——它最初由特鲁起草——联邦政府给每一州拨款三万美元用以"原创性"的科学研究，这证明了大学的水准较之于其他学术机构的优势地位。亚当斯本人在成为国会议员之前，曾是威斯康
34 星大学的学生，他在这里接受了科学对人类进步不可或缺这一信念。"正是科学学科的集体价值，激励和形成了参与推动《亚当斯法案》得以通过的美国科学家和行政管理者的雄心壮志"[3]。

农业部为那些感到被学术中心排斥在外的科学家提供了一个中心。它给他们带来了与志同道合者团结一致的经历；它体现了他们为之献身的理想。但是，如果没有大学的存在，他们就不会是这个样子。就一点来说，他们不可能有一个与大学所培育的完全分离的科学体系。他们在大学接受了培训，其中有些还曾在大学执教，他们所利用的基础科学是在大学发展起来的，并且大学对他们来说代表着科学理想的实现。他们希望得到自己的科学学科的同事的认可。他们在遗传学和植物病理学上的最重要的成就，是从大学的科学中衍生出来的：

实验站的领军人物从来不怀疑，最终的进步，无论是从农场实践

还是从绝对知识的角度看,只能来自自愿坚持法国和德国的学院派的科学家所认可的标准。④

学术优势的逆流

学院派地位上升的经历,并不是像在单一的战线上平稳、畅通无阻地前进。在公共舆论和学界内部,有反对大学的支配地位、反对在学院派的支配地位中表现得最显著的主要大学的对立趋势。激进者批评大学太屈从于世俗的权力,保守者又批评它对世俗权力过分吹毛求疵;"务实者"对大学的批评,认为它的兴趣与日常生活中的平凡之事离得太远,文学家则认为它与此靠得太近。离乡村更近的大学批评东海岸的大学。对大学的指责,包括了专门化与狭窄性、"功利主义"、浅薄琐屑和"象牙塔"、对资本主义和不负责任的激进主义的反动支持、极度的世俗主义和极度的宗教虔诚等。近年来的批评,没有一点是新东西;它们都是更为尖刻地重复七十五年前的断言。

所有这些指责都有一个真实的核心。如果用不那么带有贬义的意思来表达,美国的大学有被这些批评说中的特点。美国的大
学,有时屈从于那些认为大学教师教授的学说对现有的制度和安 35
排具有破坏性的当权者。斯坦福的爱德华·罗斯*事件、宾夕法

* 爱德华·罗斯(Edward Ross)是斯坦福大学的经济学教授,他的某些言论引起学校创始人的遗孀斯坦福夫人的不满。由于斯坦福夫人的坚持,斯坦福大学在 1901 年将爱德华·罗斯解雇。此事在美国学界引起轩然大波,斯坦福的部分教授愤然辞职,以表示对学校的不满和对爱德华·罗斯的声援。正是这一事件,直接导致了捍卫大学教师学术自由的组织美国大学教授协会(AAUP)在 1915 年的成立。——译注

尼亚的斯科特·尼尔林*事件、蒙大拿的刘易斯·莱文**事件，以及哥伦比亚的查尔斯·比尔德***和麦基恩·卡特尔****事件等说明，这些批评不是没有根据。同时，对现存秩序的激烈批评者，如索尔斯坦·凡勃伦、约翰·杜威、理查德·埃利、西蒙·帕顿和他们的许多学术后辈——在我们所关注的这一时期之后的半个世纪中，他们的思想对美国社会的集体变化作出了显著的贡献——大学表现得宽容大度。那些认为"大学"宣扬"社会主义"的实业家和政论家话说得过了头，但也不是完全不着边际。美国的大学也做所有没有什么价值的事情，从场面壮观的半商业化的橄榄球比赛、

---

* 斯科特·尼尔林(Scott Nearing)在宾夕法尼亚大学学习期间接受了社会主义和和平主义思想。他在该校获得博士学位后留校教授经济学。他关于童工问题和美国经济的某些激进言论引起校方不满，1915年被宾夕法尼亚大学董事会解雇。1916年他转到托莱多(Toledo)大学任教，但因公开发表反对美国参加第一次世界大战的言论，1917年又被学校解雇。——译注

** 刘易斯·莱文(Louis Levine)是蒙大拿州立大学(现在的蒙大拿大学)经济学教授。他因在一本著作中公开批评蒙大拿州对采矿业的税收政策而于1919年被停职，后经过调查又恢复了他的工作。——译注

*** 查尔斯·比尔德(Charles Beard)是美国著名的历史和政治学家，哥伦比亚大学教授。1917年因抗议校长巴特勒解雇达纳(Dana)、卡特尔和弗雷泽(Fraser)等学者而从哥伦比亚大学辞职。这一事件有两点耐人寻味。第一，达纳、卡特尔和弗雷泽等人被解雇，是因为他们反对美国政府参加第一次世界大战，而比尔德对美国参加第一次世界大战持支持的态度，并对这些学者的言论提出过批评。第二，比尔德与弗雷泽是一个系的同事，弗雷泽到哥大应聘当时是由巴特勒推荐的，比尔德持反对意见。可见比尔德的辞职是因为他不能容忍学校对学者自由言论的压制。——译注

**** 麦基恩·卡特尔(McKeen Cattell)是美国著名的心理学家，美国大学里的第一位心理学教授(时在宾夕法尼亚大学)和美国科学院第一位心理学院士，曾担任美国心理学会主席。卡特尔在哥伦比亚大学任教时，据说与同事关系很糟糕，是个令校方头疼的人物。美国卷入第一次世界大战后，他致信部分国会议员，反对政府强制性地派兵，认为应由士兵自己决定是否愿意参战。1917年，哥大以发表违法言论为由解雇了卡特尔。——译注

没有多少值得尊重的学术内涵的各种实用课程到有价值但分散精力的校外教学与服务。然而,从南北战争到第一次世界大战结束之间的半个世纪里,这些批评和分散精力的事情,没有使大学偏离由"德归派"一代怀着对学问的热情而开始的事业,也没有偏离随之产生的它在学术和社会中的景况。它们经受住了批评、反对和较量,在第一次世界大战之前发展了经济理论、东方研究、社会学、遗传学、理论物理和一些最深奥的数学分支。

尽管在把所有培养——既包括发现也包括传播——学问的其它组织模式远远甩在后面并取得学术上的支配地位方面,大学做得很成功,但它们在与其他思想和表达模式的关系上就不那么成功了。组织上的对手跌到了"上帝召唤他们去"的地方,但它们在智力上的对手就不那么善待大学地位的提升了。地方性科学院、业余研究者、图书馆馆长、学术社团的领导、独立研究机构的主管、受雇于政府的科学家等,对大学优势地位表现得很有气度。神职人员、放荡不羁的文化人、社会主义者、文学家和艺术家、神秘主义者和神秘之术的狂热分子,就不那么甘心了。他们的反对从来没有形成统一的力量,甚至在每一个组成部分内部也是如此。基督教的对手在反对大学方面不统一,因为基督教内部有那么多的派别;民粹主义者不完全统一,因为大学里就有那么多的民粹主义者。大学里甚至有一些小说家和诗人,尽管他们的任务是做研究和从事一般知识体系的教学。大学里有神秘主义者和泛神论者,但他们必须从事科学和学术。艺术表达和与神灵的交流是不适合 36
在大学进行的;那些要这么做的人必须把它放在业余时间。大学的工作安排上没有这类活动的空间。激进主义者和放荡不羁的文化人被大学排除在外。大学与这两类人都保持着一定的距离,不让他们进入大学，或者在这一时期即使他们成功地进来了也会被大学逐出。如果不是同时产生了劳动的分工，文学家这一行当将会与大学有更严重的冲突。大学以一种学术的方式、从历史和哲学的角度对文学进行研究；文学家就当代文学和当代作家进行著述。大学研究文献学、编辑文本、撰写有关作品类型、传统、重要时期和以往各个作家的历史著作；文学家一般来说对这些事情兴趣不大。当诸如艾勒里·西奇威克(Ellery Sedgwick)和保罗·埃尔默·摩尔等文学家们还主要致力于高雅斯文的传统时，他们和大学之间曾经有一段时间的休战或结盟。小说家很少讨好大学和大学涉足的学科。他们之间的决裂，首先出现在文学王国的外围领域。但在这一阶段结束时，大量的大学英语和现代语言与现代文学系开始研究现代作品。文学家们，尤其是 H. L. 门肯，变得对大学和大学教师极为蔑视。冲突开始爆发。学院派普遍反对“现代”文学，文学家则普遍支持它。大学里学习文学的学生尽管受到来自校外的很多批评，他们自身对大学的很多重要特点持批评的态度。他们中有些人激烈地批评大学在科学和学术方面的活动。他们反对研究生的研究和本科生的教学。他们认为科学方法使人“非人性化”。

与宗教不同，在文学领域，外部的批评家最终胜出——但不是在我们关注的这一时期。学术胜过了高雅斯文的传统，在第二次世界大战后，学术自身又被“现代主义”所动摇，放荡不羁的文化人的观点被引进大学又终结了现代主义。但这属于后面一章的内容了。

欧文·白璧德是一位属于具有优势地位的学院派秩序的学者，但他对在大学里看到的科学主义和功利主义持敌视态度。他是个反功利主义者。在这一点上,他与那些确实不喜欢研究生院的研究活动而致力于本科生学院的活动的高雅斯文传统的倡导者有共同之处。高雅斯文传统的幸存者成为大学里“人文学科”的捍卫者,并继续防御着科学、技术和社会科学。

认知扩展的原动力与受益者 37

无论是内部还是外部的激烈批评,都没有使大学偏离从约翰·霍普金斯大学、克拉克大学和芝加哥大学建立以来走过的道路。哥伦比亚大学和哈佛大学对学校的力量做了重新组合。耶鲁做了同样的事情。它们的同伴还有利兰·斯坦福大学、密执安大学和加利福尼亚大学;伊利诺伊、威斯康星和印第安纳的大学与中部和远西部的姊妹大学相比也不逊色。只有克拉克大学在向前的行进中掉队了,但这不是因为它的信念与具有优势地位的学院派秩序的信念不一致。

在这一取向的背后有一种巨大的舆论力量。这一舆论的趋势是对知识的赞赏,尤其是具有科学特点的知识。一种普遍认可的看法是,只有经过实证的检验、严格的评价和理性的分析的知识,才能被认可为是知识;这是那种值得投入为获得它而需要的一切努力和资源的知识。伟人的实业家、各州主要的政治家、一些主要的全国性政治家和重要的政论家,以及在一种不甚明确的方式上包括全体选民的很大一部分,都对这种知识和作为它的恰当机构的大学给予赞赏。大学受到支持是因为它们能发挥双重职能:一是向年轻人灌输知识,使他们可以在自己的职业中应用它,并且他们的生活会因对知识的掌握而得到启发;一是对知识积累的进步作出贡献，越来越洞悉现实的本质。为人所赞赏的知识是世俗的知识，它延续着宗教性知识的使命，并且补充它、导向它和取代它。基础性的、系统获得的知识，被认为在某种程度上是迈向救赎的一步。通过提高人们对自然资源的控制和对能够削弱他们的身体力量的控制，这种知识展现出改变人们的生活的希望；它提供了更好地理解社会的希望，而这被人们认为将导致社会的改善。人们认为人类要进步，就必须提高理解力，将其作为只是一种存在的状态，而非仅仅是行动的工具。一个促进对这种知识的获取的国家必定得到尊敬和荣耀；它的力量和影响会得到相应的和应得的提高。

这就是把大学推向前进的信念上的趋势。一流的学者和一流的大学管理人员相信大体一样的事情。当然，在这一点上以及对
38 与实践上有用的发现相比较的理论和基础知识的侧重程度，或者在即时介入实践性事务还是在知识足够可靠之前推迟或避免对实践的介入这一问题的价值观念上，人们存在着分歧。某些研究有时比其他研究更受偏爱，因为人们认为它们可能吸引更多的经费支持，或至少不会起反作用。也还有其他方面的分歧，而且不是所有的学校和学科在同一方向上以同等的速度取得进展。不管怎样，这一趋势在继续着，那些中心将其影响扩散到周围，中心之间在互相竞争，而且这些中心有时变换地点。处在中心位置的大学进入到新的精神领域，将学术次序的其他部分拉到自己一边。

大学被赋予这一使命，因为它们看来是能想象到的发挥这一双重认知职能的最佳工具。在这一方面，没有任何其他一种智力活动的安排方式能接近大学。大学能够以更可靠、更连续的方式生产更多的知识，它们可以传播知识，因而为知识进步的持久性做

好了准备。此外,大学可以向全部正当的认知领域进军。它们的工作方式,可以借助于与来自许多国家的大量个人和机构之间的最富有成效的合作。图书馆成为它们的工具,工业和政府的实验室成了它们的执行机构。在大学学术次序的优势地位中,通过一部分大学对大多数其他大学的优势地位,次序得以维系并保持动态。

这就是第一次世界大战结束后的形势。在此之前的半个世纪建立和强化了思想传统和忠诚。在接下来的半个世纪中,这些传统和忠诚就要结出果实,并且它们常常要面临沉重的压力,而这恰恰是因为它们非常成功。

注 释

① Eliot, Charles William, "Inaugural Addresses as President of Harvard College", *Education at Reform: Essays and Addresses* (New York: The Century Company, 1898), p. 27.

② Gilman, Daniel Coit, "The John Hopkins University in its Beginnings", in *University Problems in the Unites States* (New York: The Century Company, 1898), p. 13.

③ Rosenberg, Charles, *No Other Gods* (Baltimore, Md.: John Hopkins University Press, 1976), p. 174.

④ Ibid., p. 179.

39 # 2. 1900年以来的大学:历史的视角

第一次世界大战之前的大学

1900年的状况

20世纪初的世界主要大学,带有大约一个世纪之前的德国思想家所传播、并在19世纪的德国大学体现出来的大学的思想印记。德国大学的知识成就及在德国和全世界的声誉之隆,达到了顶点。牛津和剑桥此时完全从几个世纪的沉寂中觉醒过来。在整个欧洲大陆,大学处在兴盛期。法国最终具有了在法律上认可的作为学术实体的大学,取代了地方性质的彼此没有联系的学院和法兰西大学这一名称容易引起误解的部级集权管理机构。在加拿大、澳大利亚和新西兰,大学开始培养出后来以其研究工作和带出的学生而闻名的学者,这些人大部分在英国大学做教授,再后来回到自己的大学。俄罗斯的几所大学、奥地利的维也纳大学以及在奥地利所属的波兰的古克拉科夫(Cracow)大学,是国际知名的科学家和学者以及前程远大的青年才俊的摇篮。在印度,由政府和传教士建立的几所学院,开始开设水平与它们的英国母体大学相当的本科生课程。在加尔各答,伟大的阿苏塔什· 穆克赫吉

(Asutosh Mukherjee)副校长,即将发起一场建立研究阶段学习、
使学生在研究的基础上获得高级学位的运动。在北京,1898 年创 40
建了京师大学堂,目的在于向中国年轻一代的最优秀者传授西方的所有学问和中文。日本已经开始实施其经过深思熟虑的创办帝国大学的计划,这些大学将向日本的年轻人教授所有的现代——西方——知识。

在美国,由于它的财富、道德上的严肃性、对国家和教派的虔诚、自尊与抱负等所有这些原因,大学和学院的发展蒸蒸日上。东海岸的老大学的办学目的依然是把出身于上等和中上等阶层的年轻人变成体现基督教精神的绅士和社会的领导者,但它们也致力于学术和科学知识的进步。在中西部的几所州立大学,如威斯康星、伊利诺伊、爱荷华、密执安等大学,由于过去四分之一个世纪的学术性和社会性成就所打下的良好基础而充满乐观。走在所有学校前沿的是新建的私立大学。深深带有德国模式特征的芝加哥大学和巴尔的摩的约翰·霍普金斯大学,已经在新一代科学家和学者的培养上处于全国的领先地位。在西部,加州大学伯克利分校已经是一所成就斐然和前景美好的学校。

现代大学的思想是 18 世纪末、19 世纪初的一个创造。在 20 世纪初,这一思想已经接近实现。

大学作为一个独特的世界:大学的本质

从内部来看,在大学思想的进步上,20 世纪头二十年的大学与它们在半个世纪之前就已达到的没有明显的分别。

不可削弱的联系与分离。从外部来说,在这一时期,大学的相当明

确的界限使之与所处社会的其他部分区别开来。它们有包括社会的下层和上层都能接受的界定模糊但又特殊的目的。它们向在年龄和社会出身上特定的一部分人口提供高级教育。它们向年龄在十八和二十二岁之间并来自中上阶层家庭的年轻人——主要是男性——提供教学。它们的教师从事研究。

41 在大学所教授的知识中,有一部分被认为是在某些职业从事研究和工作的必要前提,这最明显地体现在医学、法律和神职等职业上。高级的行政事务同样是由大学提供必要的教育的职业。在少数国家,工程也是由大学提供预备性培训的职业。某些国家的大学——或许美国的大学比其他任何国家的大学更是如此——提供旨在培养其毕业生从业于私营的商业和工业领域的学习计划。在许多国家,大学教育的一个作用是使年轻人成为合格的高级中学教师。

*教学与内部的重点。*大学提供旨在满足从事实践性职业的知识要求的某些学科的教学。除此之外,大学还必须提供从事教学和研究的训练——对那些认为这种知识具有真正价值的人。与此紧密相联系,它们会改进和传播对世界、社会和人类活动的理解和领悟。大学在各种不同的程度上,成为由于对学问的共同热爱而维系在一起的学者和科学家、教师和学生的共同体,这种学问由人们已经知道的和能够通过“原创性研究”洞察到的所构成,而不论此后对这种知识的利用或应用如何。这一共同体是大学的核心和内在中心,尽管它不完全等同于大学的全部。

在这一时期,大学的规模也有助于使它能够自制,即像一个按照声称具有普适性(像科学工作)或为了整个社会或整个文明(像社会科学和人文学科)的传统运作的机构所能做到的那样自制。

研究相对花费不多、并且研究计划小规模的开展,这是维系大学和各种全国性社团的界限的一个重要因素。即使在大学由政府官办的国家,除了服务于大学的几个目的的总体性拨款以外,政府很少对学术研究提供专门的财政支持。

大学教学已经成为一份全职工作,这排除了从事大学以外的活动以挣得一份收入的必要性,这一事实促进了 20 世纪初大多数西方国家大学的独立自足。大学教学也成为一个终身的职业,而不仅仅是寻求另一法律和宗教职业之路上的中转站——在上一个世纪,牛津和剑桥的学院里的许多教职人员就是如此。

*自治和向外聚焦。*大学的外部特征是它的自治。从这一时期一 42
直到第一次世界大战,大学扩大并巩固了它们的自治。在西欧、南欧和北美,宗教对大学从共同承担管理大学的责任中逐渐退出,加强了大学的自治。事实上自治也在世界其他地方的大学中盛行起来。

然而,在大学和社会的界线中,存在着某些缺口。其中之一与财政支持有关;这里的这一缺口,体现了大学作为不能或不打算通过出售其服务来支持自身的机构的本质特征。

大学的内部:权力的分配

*内部权力的集中。*大学的自治要求不能有来自外部的对大学的干扰。决定权的中心限定在大学内部。这并不意味着在大学内部权力有平等的分配。在相当程度的学术自我管理的德国大学里,权力的分配是很不平等的。在每一学院和大学的主要分支机构中,正教授具有决定性的权力。在英国的现代大学里,在所有正教授都是当然成员的大学评议会(university senate)中,低职称的教学

人员在其中的代表性很小。在美国,公立大学和私立大学的情况相似。它们有很大程度的自治,但在内部事务上,“全体教职人员”(the faculty)——即使是正教授——没有作为一个实体的权力。校长,有时通过与院长或系主任们商议,在具有最终决定权的董事会的领导下行使大学内的权力。教学人员中的低资历者、甚至正教授们也往往对强势的校长不能产生影响。

美国大学的中心权利,有助于强化它的界线。校长对外界代表大学。通过控制大学、监督教学人员的活动,校长希望保证他们不会做出任何“使大学陷入争议”或“损害其声誉”的事情。这就是为什么当有些教师参与大学外的极端政治活动时,会受到校长的粗暴对待。

在 20 世纪初,大学校长的权力,受到对上来自董事会、对下来自院长和系主任的限制。由于后者由校长任命,他们之间通常存
43 在和谐。这一有次序的权力金字塔,使得大学在其成员看来是一个协调的实体,或许比它实际上还要协调,因为在科学领域和各种专业学院的兴趣领域的专门化会导致内部之间的屏障。

在 1900 年的英国老大学里,学院在大学中的权力与五十年前相比受到了削弱。因而,学院中资深成员的贵族民主,意味着在英国两所老大学中没有那种在美国存在的权力集中。

大学的内部:系与学科

知识的分支化和相应的大学的分支化是不可避免的。尽管哲学家和神学家试图发现构成所有各种有秩序的知识的基础的唯一原则,很显然这种统一性,即使被找到,也不能战胜自然现象和人类活动的多样性。最早的欧洲大学始于哲学、法学、医学和神学四

个学院的架构。不是所有的大学都有这四个学院,但一所完备的大学必须有这四个主旨或主题上互不相同的学院。到19世纪末,将大学分为部、系和教授职位被认为不可避免或在实践上有必要。没有任何一位教授可以被认为能够掌握所有的知识,而在大学时间有限的学生无疑永远做不到这一点。随着新的教授职位和新的系的设立,大学里教授的课程明显多样化且数量增加。

大学在这一时期把曾经主要属于业余者领域的学术性主题纳入进来。在将其纳入自己的活动范围时,大学对这些主题做出了改变。它们赋予研究方法更大程度的严格性。它们使研究成为一件应用标准程序的事情,而不是一连串即兴发挥和高明的推论。考古学、民俗研究、人类学和其他一些学科成为大学的研究对象。这些学科的研究变得更注重系统的方法。上述扩展、分化、结合和新学科的出现,其中的每一条都要求设立新的课程、常常需要新的教师、有时需要设立新的系和教授职位。

在大学内部,各个学科之间通过系和教授职位被划分出相当严格的界线。在欧洲大陆的大学里,学科是根据教授职位确定的。一个学科通常有一位教授——在一些学科,如果政府觉得不够重要或学习的学生人数不够,可能根本就不设立教授职位。 44

当然,"学科"之间互相重叠,尽管许多学者,尤其在德国和美国,试图以一种能降低重叠程度的方式划出每一学科的界线,但这一努力始终没有取得学术上的定论。然而,这种界线无疑对大学的管理结构是至关重要的。越过界线的人会被视为半吊子。有时,对他人领域的擅入,会引起这些领域人士的反感。在一些国家对学生许可的选修制度——例如在美国和在一种不同方式上的德国——对教授们则被认为是不适当的。

尽管学科或者起码是学科的思想得到接受，但大学不可能不做任何改变地保持现有的学科模式。创立新学科的主要推动者是这样一些大学教师，他们吸收在若干别的学科所应用的知识和方法开始一个新的方面的研究，并在一个新领域的发展上得到其他科学家的充分响应。

到第一次世界大战结束，大学里的专门化和学科界线引起了怀疑和批评。这在美国比在欧洲表现得更明显。

大学的内部：道德意图

即使在第一世界大战之前，大学里学生人数的增加和相应的教师人数的增加，意味着在期望大学教师做研究的地方——就像研究在自然科学中几乎成为一个普遍现象一样——学术出版物的数量相应地有显著的增长。这种增长，是增长某一特定学科的详尽知识和限定研究范围甚广的学者的知识和兴趣范围的强大力量。

知识的生产，伴随着训练年轻人从事知识生产和训练他们从事学术—实践职业，已经成为大学优先的职能。

大学，就像威廉·冯·洪堡所设想的，旨在通过研究的经历塑造品格，形成对生活的态度。这是19世纪和20世纪的大学没有成功实现的大学思想的一个重要部分。但是，通过学术研究塑造品格这一理想的一个方面的确保持了下来——这就是科学上的正直和科学精神。

在这一特定的方面，欧洲和北美的大学，的确成功地做到了向
45 学生谆谆教诲道德态度的一个很有价值的要素，这就是在科学和学术研究上必须诚实。这要求愿意承认同一领域里他人的成就的

价值。这种对任何领域目前的看法和理论、包括自己的看法和理论的重要态度,是以对真理价值的肯定为前提的。客观性是一种与此同源的价值,尽管它有时被用来证明拒绝,甚或摒弃道德判断的正当性、甚至被用以否认道德判断的有效性,它不管怎么说是对真理的道德上的赞赏。这样,科学精神成为学术伦理的一个部分,这确立了大学作为一个机构的价值。它以此加强了学术活动不同于市场和政治舞台形象,使它起码与其他领域的活动同样有资格要求得到尊严。这可以视为大学在 20 世纪最初几十年中取得的道德上的成就。

学术秩序中的大学

在每一个国家的社会中,大学彼此之间互相联系。在每一个学科和对作为大学的认识上,它们具有共同的学术传统。它们具有共同的学术文化和对它们作为独特地集中关注于学问或有秩序的知识的与众不同的机构的共同认识,同时它们也在一个层级中被分成不同等级。在每一个国家,少数大学脱颖而出,具有其他大学希望效仿的范式。

同时,也存在一个将大学,尤其是那些在各自国家最著名的大学联系在一起的国际学术秩序。这种联系的手段,是某些科学和学术出版物、个人之间的友谊、客座教授和旅行研究奖学金、外国研究、国际科学和学术社团和会议。

大学的国际性,对大学在机构上的独立自足性是一种必要或本质上的限制。就像大学由于在财政支持上对外部的个人、政府和私人的法人团体的依赖,由于它们训练年轻人从事学术—实践职业的义务而使大学在独立自足上具有内在的局限性一样,学问的本质也给大学带来独立自足上的限制。学问的增长是一种集体活动，并且由于得益于印刷和其他物质形式的交流，推动学问进展的集体行动的空间范围大大超越了任何单一大学的界限。

46 在20世纪的头二十年，德语依然是科学出版物中占据支配地位的语言。人们对德国大学的工作成就表现出如此的尊重，以至于认为要投身于科学和学术事业，就必须将德语至少掌握到能熟练阅读的水平。法语和英语也必须掌握，但没有德语那样重要。第一次世界大战，动摇了德语作为各国大学间进行国际联系的语言基础的至高无上的地位。

这证明了那些具有普遍的有效性、意义和说服力的知识分支具有不可抗拒的国际性。自然科学的出版物，必须为任何这样的科学家所知：他们希望获得最先进的知识，并不希望在研究中探索被证明是虚假的问题或发现事实上先前在别处已经被发现的结论。

与各个大学的自治相对应的独立自足——它充其量也就是局部的——是一种在外部的非学术要求和标准方面的自治——不是外部的学术方面的要求和标准的自治。全国性和国际性的学术秩序是对每个大学的独立自足性的限制，但它们对任何一所大学发挥其职能是必要的。

世界范围的大学：商业与工业

大学在弥合与工业和商业的隔阂上行动迟缓。在德国，大学有意识地与商业保持距离。在法国，无论是大学校还是大学都明确地把商业课程排除在外，技术课程除了是大学校的兴趣对象，也为大学所回避。事情的另一个极端，是到1900年，一批美国大学不但有了工程学院,也有了发展完善的商学院。在这些学院的毕业生中,的确有很多人进入了商界,但也还有许多没有经过专门的商业学科培训的大学毕业生进入了商界。

化学是第一门工业界与大学的系走到一起密切合作的科学。工程学也获得了类似的联系。大学的其他部分通常对"做生意"依然很冷淡,躲着它,而不是接受它。

美国的州立大学常常有作为它们的一个部分的州立农业学院。(在某些州,州立大学不包括单独作为高等教育机构而建立的 47
"农业和机械学院"。)农业科学家和利用他们在大学的研究成果的农场主之间,往往有密切而又常常是富有成效的合作。

设在工业地区的英国现代大学,情况与此有些不同。当地的工业家偶尔会捐资在科学学科设立与工业问题有关的教授席位。

在法国,工业与大学之间存在着明显的隔阂。由于学院派科学家和地方工业家的努力,图卢兹大学在19世纪早期的一段时间内的确开启了两者之间的联系,但这种努力的实例少而短暂。

通往世界之路:社会调查与政治学

通过有条不紊的经验主义研究来发现社会,最初不是大学的工作。当大学开始这种研究时,与在它们之前的业余者一样,它们对社会的注意力集中于最令人忧虑的方面,如富裕与贫穷的悬殊或犯罪与堕落。

学院派社会科学,就像在19世纪后期在德国和美国发展起来的那样,不管人们是否愿意,已经成为公共舆论的一个部分。一些国家的大学教师,通过出版他们对贫穷者——工人阶级和流氓无产者(*Lumpenproletariat*)——的生活状况以及与此相联系的家庭分裂的状况、轻微犯罪、酗酒、流浪和其他被认为背离正常社会生活行为的研究成果，成为试图影响公共和政治舆论的努力的参与者。大量的经验主义学院派——也有非学院派——社会学研究集中于这些主题。许多作者针对这些令人不满的现象开出了他们的良方；其他一些人研究它们，是因为这些现象引起了他们的学术兴趣，因为这样做已经成为学院派和学院派社会学和政治学的传统。

在 19 世纪末，一部分大学教师、学生和毕业生试图将高等教育带给没有或不能读大学的人民大众。将大学教育的受益面扩大到超越大学界线的形式包括成人教育、工人教育、公开讲座和课程以及街坊文教馆（settlement house）。

另一个与此有密切联系的对大学与它周围社会分界线的突破点，产生于学院派人士高度的政治兴趣。这在 19 世纪就已经有高度发展。有些人想在议会中寻求发展，而有些人出版了政治著作。还有些人变得活跃于有关知识和学术问题的公共论战，例如像有
48 关进化论、对《圣经》的“高级批评”（higher criticism）、科学研究的自由、或一般的学术自由的争论。但是，他们人数不多，只有一小部分学院派人士通过在公共讲坛发表演讲或通过做公职候选人参与政治和公共论战。他们中还有人偶尔做做政治评论员。其他人，无论他们站在哪一边，都不参与政治活动。

大学从来就不是它们的批评者所指责的象牙塔。这是不可能的事情。然而，它们也不是根据要求派送知识和技能的“服务”结构。民粹主义批评家以此来反对它们，但不是很有说服力。

大学模式的扩展

19 世纪最重要的进展之一，是德国大学的模式扩展到了美国

和德国模式在法国和英国高等教育改革中产生的影响。到这个世纪末,直接来自德国的大潮已经衰退。美国大学停止了对德国模式的效仿;到德国大学留学的美国学生人数大大减少,美国在第一次世界大战中的卷入则完全终止了学生的流动。俄罗斯也受到德国模式的影响。

美国的学院模式对中国和日本有明显的影响。这两个国家建立了许多新的学院和大学,得到基督教传教士的很大帮助。在印度,受英国地方大学影响的单一大学建立起来,与受伦敦大学模式的影响而建立的联合大学一起占有一席之地。

这样,源于德国的新型大学,成为了世界范围的模式。

两次世界大战之间的大学

战争的影响:重建的使命

第一次世界大战的爆发和接下来的几年给大学带来了突如其
来的变化。学生和年轻教师参加了军队。年纪大的教师,尤其是
科学家,将他们的焦点转移到有益于各自国家军事行动的问题上。
金属强度、炸药、化学战和防御、航空学、医学、内科学和外科学等,
引起了学院派科学家的注意,他们中有些人穿上了军装,有些人依
然在自己的大学工作。历史学家、语言学家、古典学者、经济学家 49
从事对密码技术和密码分析、国际法问题、食品供应、交通、行政管
理以及武器和飞机生产等问题的研究。

当战争结束时,应付战争的组织被解散,大学试图从原来停下的地方重新开始。大学的组织模式依然如故。支持模式发生了重

要的变化。

第一次世界大战结束之后的若干年在某种程度上是复原期。大学花了一段时间恢复到原来的进展。这一恢复并不是在任何地方都做得成功。欧洲大陆畸形的民族主义用了若干年的时间才得以消除。战胜国的大学对德国大学的联合抵制,20 世纪 20 年代前半段的很大一部分时间里一直持续着。科学和学术的正常的国际性恢复得很缓慢。美国的一些大慈善基金会,在常态的恢复中非常积极。

不过,总体来说恢复工作还是成功的。欧洲和美国的大学,至少在一段时间内,回到了十五年前第一次世界大战爆发前夕的状态。大学又成为"自己家里的女主人"。

在这一恢复过程中有两个缺席者。战前就已经日益成为欧洲科学和学术共同体成员的俄国大学,遭到由于饥馑和第一次世界大战结束之后的国内战争带来的物质性破坏的重创。由于共产主义政权的混乱和故意的政策,结果导致俄国大学在某些领域实际被废止。随着苏维埃政权的慢慢建立,许多杰出的教授遭到流放,许多留下来的人受到折磨和贬低;然后斯大林主义的兴起和"审判"与"清洗"的开始,使大学无法恢复元气。

法西斯主义者的势力在意大利的确立,对大学产生了几乎像共产主义政权在俄国那样的灾难性影响。

德国纳粹政权,破坏了德国大学恢复第一次世界大战之前就已取得的某些卓越地位。这一恢复仅仅是局部的,但在某些领域,比如物理学、数学、化学、古典学科、古代中东研究等,它们成功地恢复了先前的突出地位。纳粹政权在得势后,立即开除了所有犹太人或有犹太血统的人的学术职位——很少有例外。教师中的自

由主义或社会主义者也被开除或被允许退休、辞职。那些要么被
开除、要么被解雇的人占到德国专业学者的大约三分之一。那些 50
例外者在大约五年后也被开除。这对德国大学是一种毁灭性的打击。

这样,由于新生力量——学术连续性——的毁灭,由于许多年轻而大有希望的学者和科学家死于第一次世界大战的战斗,两次世界大战之间的欧洲大学遭到瓦解。他们遭受了狂热的民族主义浪潮,它使诚实、严肃的研究和教学难以进行。第二次世界大战和此前的极端民族主义,也再一次破坏了国际的学术共同体。纳粹对欧洲大陆大学的关闭产生了极大的危害。苏联在波兰的所作所为也绝不会比此要好。东欧的大学,遭受了来自苏联和本国的共产主义者的极大危害。

政府的财政支持

在那些或多或少能维系自由—民主体制的国家,大学能成功地恢复到第一次世界大战之前所认为的正常状态。这一时期的主要革新,是对大学和科学研究的财政支持模式上的革新。在德国,一项重要的革新是第一次世界大战结束后不久就建立的德国科学基金会(Notgemeinschaft der Deutschen Wissenschaft)。更晚些时候,法国沿用同样的模式建立了国家科学研究委员会(Conseil National de la Recherche Scientifique)。在英国,大学拨款委员会也是一项成功的革新。

在两次世界大战之间的二十年中,大学拨款委员会对大学所做的,就是大陆国家的政府在支持大学方面已经做了很长时间的事情。大学拨款委员会的独特性,在于它不是政府部门的一个分

支机构，而是一个从政府获得基金的独立机构。英国的大学还不能像德国大学那样几乎完全仰仗政府的财政支持。到第二次世界大战爆发时，除了牛津和剑桥，英国的大多数大学在对政府的财政依赖上，已经在很大程度上走上大陆大学的轨道。

美国和加拿大的州立或省立大学，继续从州或省立法机构的拨款表决中得到几乎全部的支持。它们中的大多数学校，只有很少的捐助，从学生的低学费中也得不到多少收入。它们中的一部
51 分学校，开始从慈善性质的基金会获得用于专门目的的赠款。在美国，私立大学从中央或州政府得不到任何支持，它们的大部分预算从捐款和学生交纳的学费中提供，辅之以个人和私人慈善基金会的赠与。

这一时期也出现了其他一些迹象，这些迹象表明大学在受到包围，这危及大学的独立自足性，危及它们对“分心事”的绝缘，即洪堡所指的与世隔绝(*Einsamkeit*)。在第一次世界大战后不久，英国政府就建立了医学研究委员会，并为其提供经费以支持该委员会建立的研究机构或大学、医学和医院等独立机构的科学探究。紧接着在 1916 年又成立了科学和工业研究委员会。它承担着与医学研究委员相同的责任，只不过它是对有关工业问题的研究提供支持。大学的科学家在研究对工业企业有意义的问题时，可以从该机构得到经费支持。德国的科学基金会和法国的国家科学研究委员会，主要对大学里的个人提供资金支持。

上述变化的结果，就是 19 世纪 20 年代的科学家和学者为了获得他们的研究所需要的资金，开始使自己的眼界超越了他们自身大学的藩篱。

私人慈善基金会的作用

大约在同一时期,私人慈善基金会开始变得活跃起来。在美国,卡内基教学促进基金会和(洛克菲勒)普通教育委员会在第一次世界大战之前就开始运作。它们都对大学有兴趣。前者建立了一个为大学教师提供养老金的方案。后者为大学提供大笔的一揽子资金。卡内基基金会还出资进行了一项对美国医学院的改进非常具有影响的医学教育调查。

1929 年之前,几个洛克菲勒基金会对大学或大学的某些部分提供支持。1929 年后,它们直接支持教师个人。这一政策上的变化,也预示着大学从作为它们在第一次世界大战之前的特点的独立自足或自治的转向。

在两次战争之间的这一阶段末,基金会的主管们负责大量项
目的启动,而不是让大学或大学里的个人做出这些决定。确实,他 52
们让学者个人自由地从事基金会的项目,甚至不是按照他们所希望的来进行。但是,公布这些问题的并不是学者个人。这样,重心就稍稍移到大学外面,这降低了基本上作为独立自足机构之大学的自治程度。

大学的内部:重心的初步分散

大学重心向外的轻微移位,同时伴随着美国大学内部中心的初步分散。慢慢地,非常强势的校长不得不放弃一部分权力。没有行政职务的各位教授在大学的决策中开始有了更多一点儿的发言权,这更多是通过默认的惯例,而不是通过改变大学的法规和内部章程实现的。但是,在两次战争之间的这一变化,相对来说依然

微不足道。

两次战争之间的时期,也是各种研究所和研究委员会开始在美国大学里建立的时期。德国大学里的研究所不那么算是一种革新。它们在过去通常附属于教授职位:它们是大学组织结构的一个部分,而不是大学中心向外移位的一个阶段或部分。

大学模式的扩展

在两次战争之间的时间内,除了英国,欧洲国家都没有在其殖民地建立任何大学。同时,最早源于欧洲大学模式的欧洲和美国大学模式的传播,没有先前和此后那样广泛或集中,移植在按照先前确立的路线进行。

同时,思想和人的活动在继续着。英国人和别的欧洲人依然在公立的和由欧洲传教士开办的印度学院里做教师。美国人、某些英国人并且有时是欧洲大陆人执教于美国传教组织建立和支持的中国学院。燕京大学就是这种扩展和移植的一个在学术上很有价值的例证。完全由中国人发起建立的北京大学,就把移植作为它的一个具体目标。它对思想运动作出了巨大贡献,它最大胆的举动之一,就是把约翰·杜威请到中国。

53 在日本,重要的大学是帝国大学,配备的全部是本国的学者和科学家,他们中的许多人用在欧洲获得的方法从事研究活动,其中有些人达到了很高的水平。同样,日本也有由传教士建立的欧洲和美国模式的大学和学院。

在中东,大学和学院沿袭欧洲——法国、英国和德国——的模式。在20世纪二三十年代,美国模式只被移植到受美国启发或由它提供经费支持的一些学院。开罗美国大学建立于1920年。

贝鲁特美国大学也在同年建立,但它的前身是一所更老的传教士办的学院。中东国家的国立大学必定是按照欧洲模式建立的。传统的阿拉伯艾资哈尔(Al Azhar)大学没有成为这一地区的大学模式,它也经历了朝着欧洲模式的改革。

学术秩序扩展中的大学

知识秩序从大学初步向外位移的另一个标志,起码在美国来说,是新泽西普林斯顿高等研究院的建立。它的目的是要成为一个完全致力于人文学科和那些不需要昂贵设备的科学学科研究的机构。尽管起初它只有面向研究生这样一个小小的愿望,但把它办成一个完全致力于研究的机构这一思想是成功的。高等研究院是向少数杰出的科学家和学者提供自由和与世隔绝(*Freiheit und Einsamkeit*)的机会的一种努力。它的建立者认为美国的大学不能为天资绝顶之士提供这种有利条件。

纽约市的各个贝尔电话实验室和纽约州斯克耐克塔迪的通用电气实验室,是第一批附属于工业企业、研究水平可与最好的学院派科学家相媲美的重要实验室。除了化学和电气工业,战后时期工业企业界和学院派科学家之间的合作相对很少。与化学相联系的制药工业,是发展应用性研究与工业生产之间新型关系的先锋之一。

农业是唯一生产与科学研究有密切联系的一个长期稳定的经济分支领域。美国联邦政府在建立州立农业和机械学院以及与这些学院联系密切的州农业实验站方面的鼓励措施,和作为研究与实际农业耕作之间的中介的县级机构的活动,结合起来非常有效 54
地激发了学院派科学家对实际事务的贡献。

第二次世界大战中和之后的大学

对大学的新要求

1939 年至 1945 年的战争的到来，给世界带来很大变化。它也对大学产生了影响。对战争的应付，削弱了大学作为一个其指导原则由冯·洪堡一再阐明的机构的界限。

在战争期间，大学、大学教师和学生以前所未闻的规模被拽到实际事务上。与第一次世界大战时一样，大学生和教师应征入伍，只是时间更长、范围更有过之而无不及。在英国和美国给人以更深刻印象的，是那些主要由学院派科学家组成的著名研究小组，他们制造出原子弹和雷达，改进了军事内科学和外科学，执行了大规模的经济项目。学者——主要是数学家和人文学者——在其中发挥了重要作用的著名的密码分析项目和一些更传统意义上的技术成就，表明学术训练和经验对战争和和平时期的实用性项目可以作出重要贡献。德国的学院派科学家，对德国的军事行动没有作出可以与此等量齐观的贡献。

英国和美国学者这些经历的结果和对他们成就的赞赏，是大学的社会作用的一个深刻变化。对大学的期望变得更为崇高、综合和紧迫。大学在过去作为有益于人们的训练有素的真理追求者、作为对世界以往之成就的理解者和诠释者受人景仰，而现在大学及其教师的形象和地位发生了深刻变化。尊敬被实际利益的期望所取代。学者对大学的信念也在同一趋向上发生了变化。的确，学者通过自身对实际事务上的能力的自信，助长了人们的更高期望。

在所有那些为了各种原因——为了培养公务人员、律师、医师、教师、牧师和做学问的人;在一些国家是为了培养工程师和商业人员以及为了改进农业和健康——政府承担起支持大学的责任 55
的国家,政府为大学提供了更为大量的经费。

大学似乎成为使社会富足、防止和治愈社会疾病、为它提供更好的食物并提升它在世界舆论中的地位的机构性工具。没有什么工业的国家雄心勃勃地要发展它们的工业,大学则被认为是实现这一目的的有效工具。它们可以培养规划人员和技术专家,无论是在富国还是穷国,这被视为是大学的责任。

还有一个因素促使了大学与公共和政治领域中心离得更近。大学被看作是实现社会平等、或至少是实现从社会下层跃升到中产阶级这一抱负的工具。许多年以来人们普遍认为,出入大学的主要是出身于经济更为富裕的家庭或更受尊敬的社会阶层的学生,大学一般不是社会下层、甚至不是中下层的后代能进得去的。(美国的州立大学部分来说对这一状况例外。)尽管有对这一状况的公共意识,但它似乎成了人们对此很少想要做点什么的一个生活中的事实。在第二次世界大战之前,大学和政府没有为此给自己找麻烦。

第二次世界大战改变了所有的这一切。战后出现了平等主义的浪潮,它首先体现在《退伍军人权利法案》(GI Bill of Rights)中的"复员军人拨款"和允许曾在军队服役的年轻人上大学的类似措施。这使许多否则就永远不会上大学的人上了大学。此外,还有一部分年轻人,如果没有战争的干扰、如果没有参军服役若干年——在很多情况下是在欧洲,长达六年,他们本来应该上了大学。现在,在这两类人中,有大量的人成为大学生。

在所有的国家,政府的政策决心要提高十八到二十四岁年龄组上大学的人数的比例。它们为此而采取的措施包括扩大中学的规模,提供奖学金、生活费用和津贴。

这许多要求和动机所带来的一个结果,是大学人满为患。课堂和研讨班的规模比以前大得多。战争期间学校建设停滞下来。在有些欧洲国家,大学建筑损害或毁坏严重。另一个与此密切相关的结果,是学生尤其是在大学的最初几年得到教师的关注较少。

56 政府财政支持的增加

所有上述因素综合在一起——针对大学和平时期在研究上取得像在战时那样为它们的国家在发现和发明上取得的功绩的要求、平等主义的浪潮、满足这些要求在物质设施和设备上的不足以及教师和学生人数的增加——导致政府对大学支出上的巨大增加。私人和基金会——尤其在美国但也包括英国和联邦德国,在政府提供的更多经费之外也大大增加了经费的总量。

在每一个国家,大学的数量增加了。在新大学建立的重要时期——宗教改革和反宗教改革时期以及 19 世纪——从来没有与此相像的情况。大学数量像发生裂变一般增加。一些州的州立大学通过在州内很多地方建立分校,将自身分成很多部分。在其他一些州,次一级的高等教育机构——农业和机械学院和教师培训学院——升格为大学,它们或者成为州立大学的分校,或者成为单独的大学。学院通过研究生培训而成为大学。英国的大学数量成倍地增加了,许多是全新的,有些是由大学学院和地方技术学院升格为大学。在德国、奥地利、意大利、荷兰、丹麦、挪威和芬兰,大学和学生的数量也有与此相当的增加。在整个撒哈拉以南的非洲地区,第二次世界大战之前有一所大学学院——福拉湾(Fourah Bay)学院,这一时期建立了几十所新大学。战前只有不到二十所大学的印度,大学数量增加了五倍多。战前有两所主要的帝国大学和一些地方性和私立大学的日本,大学数量有相似的增幅。在加拿大、新西兰、澳大利亚和南非,大学数量也同样成倍增加,并且原有大学的规模得到扩大。

在第二次世界大战后的头几十年,尽管许多国家的政府在对大学提供经费支持方面慷慨大方,但拨付的经费总量从来没有大到可以满足当时对入学人数或教师工资及辅助性与行政性服务的要求。同时,就像保持实验室和图书馆有良好的工作条件所需要的书籍和工作人员成本增加一样,研究的成本也增加了。这些是任何地方的大学的共同特点,而一所大学如果不能支付足够高的工资和满足装备与维护实验室和图书馆的费用需 57
求,就会在世界范围的大学竞争中落在后面。然而,无论在最后一个方面大学是否幸运,学生人数在大部分年份都比上一年继续增加。

政府势力的增强和大学内部的更加忙碌

随着经费的增长,政府也增强了与大学事务的利害关系。它们所要求的,不仅仅是对这些比过去大得多的经费是如何使用的有严格的账目清算,并保证没有侵吞公款或疏忽行为。它们要求"吸收"更多的学生。它们已经决定着大学管理机构的构成。在美国,政府已经插手人员的任用。它们首先是增加了大学里任务导向的(mission-oriented)的研究的比重。这种插手的情况在所有国家的表现并不完全相同。但不管怎样,政府在大学中的势力变得比过去更为坚固了。

结果,大学里的行政事务工作增加了,并且与之相伴的是,官僚主义的事务性工作有了显著的增加。为了申请经费和对经费的使用情况做出说明,需要填写更多的表格。政府对教授们如何利用他们的时间变得好奇。过去往往在大企业看得到的“管理”,现在已被引入到大学里。大学成了一个比过去忙得多的地方。教师和学生的绝对数量、各个大学和系的规模的扩大、课程、讲座、研讨班数量的增加、辅助人员、秘书、行政人员、技术人员的增加等等,使得大学呈现出一派复杂、忙碌、仓促的景象。

大学教师的工作日排得更满了。他们要接触更多的学生,不仅是在课堂上,而且还有直接的咨询。研究生人数的增加意味着要花更多的时间与他们讨论,评阅他们的论文草稿。他们要为求职的学生写更多的推荐信,为同事和过去的学生从各种基金会申请研究基金、经费和到别的大学求职写更多的推荐信。权力向系一级的下放意味着要到系里开更多的会,并且,随着系的规模的扩大,要阅读更多的求职和晋升申请人的材料。

与同事和助手合作开展的研究在数量和范围上的增加,意味
58 着除了研究自身,还要在研究的管理上花更多的时间。很多学者同时参加几个研究项目,而这些项目都配备了助手,并且支持研究的经费是有规定期限的,到时研究必须完成,因此作为项目负责人的学者必须调整自己的工作使之适应研究项目在各个阶段的时间安排。由于研究所要求的不仅是最新观察资料的汇集,还要有对文献的把握,因此要阅读刊物上的论文和专著或至少要浏览一遍。

随着每一个领域的人数越来越多,就有了更多的刊物和更多的论文,这就要求那些担负严肃的学术责任的审阅人花更多的时间对论文做出评价。

所有这些方面结合在一起,就导致与冯·洪堡所认为对大学教师必要的"免于分心"相去甚远。

大学与外部世界:经济

经济学家,不论是作为学者、政策评论家或者是公务员,从 19 世纪初以来就试图通过他们的著述、通过在政府的各种委员会面前表达自己的观点并偶尔通过参与行政管理,来影响政府的经济政策。

政府的首席经济顾问或财政部长是学院派经济学家并不罕见。从休·道尔顿*、约翰·梅纳德·凯恩斯**、休·盖茨凯尔***、路德维希·艾哈德****、雷蒙·巴尔*****到马丁·费尔德斯坦******,可以开出一长串名单。政府的金融政策受到学院派经济学家思想的

---

* 休·道尔顿(Hugh Dalton, 1887—1962),英国经济学家,1945— 1947 年担任英国工党政府的财政大臣。——译注

** 约翰·梅纳德·凯恩斯(John Maynard Keynes,1883—1946),英国著名经济学家,曾在政府的印度事务部和财政部任职,第一次世界大战时任英国财政部凡尔赛和会的首席代表。——译注

*** 休·盖茨凯尔(Hugh Gaitskell,1906—1963),英国经济学家,曾担任工党主席。——译注

**** 路德维希·艾哈德(Ludwig Erhard,1897—1977),德国新自由主义经济学派的主要代表,20 世纪 60 年代曾担任西德总理。——译注

***** 雷蒙·巴尔(Raymond Barre, 1924—),法国经济学家,1976—1981 年担任法国总理。——译注

****** 马丁·费尔德斯坦 (Martin Feldstein),哈佛大学经济学教授,曾担任里根政府的经济顾问委员会主席。——译注

影响，无疑是常见的事情。学院派经济学家还投身于"发展经济学"，尤其是投身于亚洲和非洲新独立国家和拉丁美洲更老一点的国家的政府在发展经济上的努力。

然而，大学与经济之间的密切关系，最有实质性的是在科学研究上。从分子生物学开始发展以来，在生物技术的应用上学术研究和赢利性工业企业就有相当程度的融合。

政府在财政支持上的不足，驱使学院派科学家以研究上的密切合作为回报来寻求私人企业的经费支持。导致他们之间隔阂缩小的，也不尽是学院派科学家为了他们的研究能得到更多的经费资源的愿望。工业也发生了变化，这使工业企业与大学靠得更近。

在科学的成分变得更为突出这一意义上，某些领域的技术已变得更科学化。结果，利用这类技术的企业对大学完成的或容易被大学完成的科学研究产生了更积极的兴趣。科学发现与其在工
59 业上的应用之间有了更直接的关系，发现与应用之间的间隔被大大缩短。工业企业对科学研究的结果，有了更为积极和实际的需求。因此，在完成对它们有实际价值的研究上，工业企业有了更大利害关系。

上述技术中的科学成分发生变化的一个结果，是关注增加其经费的大学和关心增加收入的科学家个人，设计出了大学与工业企业密切合作的各种不同方式。这包括大学转让它们的科学家在大学实验室的研究发现中获得的专利、大学建立公司对这些专利进行商业开发、科学家个人开办商业性私人企业以利用这些发现获得个人的赢利，以及大学与私人企业建立共同所有和管理的研究所等等。

微生物学、电子学和计算机领域的工业企业已在大学附近发展起来。加州的硅谷、靠近麻省理工学院和哈佛大学的“128公路”就是这种关系的典型。这种密切合作的一种形式是“科学园”,美国和英国的一些大学,把学校附近的土地和建筑,出租给对学校的科学发现具有强烈的商业兴趣的私人企业。

这些动向对期望增加收入的公立和私立大学的管理者都有吸引力。它们所带来的科学发现可以更快地得到应用的前景,也吸引了很多大学里的科学家。同时,这也引起了一些学者的反对,他们对学术自治、甚至学术自由会受到损害感到忧虑。人们担心这些做法会妨害到学术自由一个最基本的原则,即发表的自由。他们恐怕成果的发表会被延迟,这不仅是因为获得专利权需要时间,而且因为有关企业出于利益上的考虑,为了在可能的竞争者中占得先机而不向他们公布关键的知识。无疑,在大学内部,有关应做什么研究、如何做以及在何时何地发表研究结果的传统决策,受到 60
了科学发现及其在工业上的赢利性应用的时间间隔不断缩短的影响。

欧洲大陆的大学不大经常碰到这些问题,因为那里的大学在大多数领域都与工业界保持着更大的距离。

大学与外部世界:社会

当大学将社会学科纳入其中时,它们就是接受了墙壁上的一个缺口。大学在研究时间和空间上遥远的事情、或时间永恒、空间无限的事情时,可以维持不必分心于当前和身边之事的自由。然而,在对当代社会的经验主义描述被大学认可是一个正当的学科时,对大学之外的事情的更进一步的认知和道德兴趣,就成为大学与其周围社会隔离地带的一个缺口。

在 20 世纪 60 年代的美国和英国,“贫穷者”在公共和政治舆论中引人注目地被重新发现,同时他们也被学院派社会科学家所重新发现。这一重新发现,与当时政治家和政策评论家对“科学”的完全信赖的高涨相一致。在以一种科学的方式阐明贫穷者的数量和构成上,政府和学者的兴趣交汇在一起。这促成了一些只要申请就能得到经费的“任务导向的研究”项目。私人的慈善基金会也是如此。这导致的一个结果,就是很多学院派的实证社会研究,基本上是委托的研究项目。

当代的实证社会研究已变得很花钱,因为即使在短时间内的对广泛范围的简单调查,也需要大量的调查者,并且要尽量应用精确和可靠的方法就需要相当多的编码人员和编程人员。这种研究的主要、但不是唯一的经费来源是政府部门。为了获得研究经费,学院派的社会研究工作者必须依靠政府或有相似兴趣的私人基金会。这意味着对研究什么问题的决策,比过去在更大程度上来自于大学以外。

这与自然科学的状况极为相似,尽管社会研究不需要射电望远镜、显微镜和加速器等这类昂贵的设备。“科学”的社会研究不再是一个人就能做到的事情,它需要相当多的人员,因而也需要相对多的经费。因此,这使得研究取决于资助者的目标。它促进了大学重心的向外移动。

61 大学与外部世界:政治

在 20 世纪初,大学对政治问题没有广泛而强烈的兴趣。大学首脑们总是正式地忠实于他们的政体和现任政府。除了在意大利和法国,大学教师中很少有社会主义者。政治科学和国家科学(Staatswissenschaften),就其讲授的情况而言,不涉及当代政治。它们涉及政治思想史、宪法和行政管理。或许对当代政治最有兴趣的是在法国,而且他们主要是高等师范学校(École normale supérieure)和索邦大学的教师。

尽管有一些臭名昭著的例外,但除了战争期间畸形的爱国主义热情,大多数学者在政治观点上很温和,并且在公众中不活跃。学生们更有政治热情,也更大胆。他们常常采取极端的立场——在大多数欧洲大陆国家是国家主义,在英国则是和平主义。在美国,作为对 1929 年大萧条和罗斯福总统的"新政"的反应,学者们变得对政治更有兴趣了。除了在集权主义政体盛行或即将滑落到集权主义边缘的国家,大学的运行相对来说没有受到政治论争的影响。在自由—民主国家,大学的教学、研究和人员任用,在两次世界大战之间的时期里基本上没有受到教师和学生的政治信念的影响。

那些参与校外的政治活动或有学术以外的强烈政治立场的学者,尽可能地遵循着把他们的政治信念和他们的教学与研究分开。他们通常不会试图为他们的政治信念或组织吸收学生;他们不会设法让所在的大学录用与他们有相同政治信念的人。他们大体上倾向于承认大学是一个独立自足和有限制范围的实体,他们必须对它承担与他们外部的政治信念和政治抱负相兼容的责任。无论他们实质性的政治信念如何,在相信将不同的方面分离开来的正确性这一点上,他们是自由主义者。

或许这一说法对那些支持共产主义的人要有一些限定,但这一限定是次要的。与主张科学和学术与阶级斗争不可分离的马克

思主义理论有很大不同的是，许多马克思主义政党或派别的拥护
62 者和支持者通常尊重这些界线，至少在共产党不占统治地位的国家，他们是这样做的。这可能与那些嘲笑资产阶级学术和它对客观性的期望的国家社会主义的拥护者形成对照。

在自由—民主国家，大学、大学教师与政治活动之间的关系在20世纪60年代发生了变化。首先，那些发动了一长串针对大学的破坏性活动的学生，对政治与学习明显有了新的态度。这些破坏活动持续了将近十年。尽管这些反叛的学生通常是抗议他们国家的政府政策，但他们往往把示威和破坏活动限制在大学的场地和建筑内。尽管他们宣称自己是整个资产阶级自由—民主秩序的敌人，但他们的行动主要集中于他们的大学。在美国、法国、德国、意大利，在更有限但依然很显著的程度上还包括在英国，他们占领并毁坏学校建筑、罢课、有时损坏或毁坏设备，基本上把他们的大学搞得污秽不堪，使学校有时无法运转。他们对有些大学教师和管理者极其敌视，公开指责他们是政府与资本家的帮凶和爪牙。大多数教师对这些学生的行为很恐惧，但在这些恐惧的教师中，许多人也宣称这些学生对资产阶级社会和大学的憎恶在原则上是合理的。有些教师，主要是年轻人但也有老一代的，对学生给予了积极的鼓动。

到20世纪70年代中期，这些破坏活动停止下来，对给大学带来一片混乱的学生也很少有什么惩戒措施。大学变得更为安静而有序，并且随着时间的推移，事情平息下来。后来入学的学生没有那么富有挑衅性。事实上，他们对先前的反叛者没有表现出任何同情。

然而，这些破坏活动有实在的后续影响。德国、法国、荷兰和

其他一些欧洲大陆国家颁布了新的大学法案,这些法案赋予学生分享大学管理的权力,削弱了教授的权力,增加了低职称教学人员的权力。在德国,这些新法案显然受到联邦政府前所未有的干预的影响:《框架法》(*Rahmengesetz*)的颁布,决定了各州对大学事务的立法模式。在此之前,中央政府并不强制各州制定大学法案。西德的《框架法》,最终是卡尔斯鲁厄宪法法院确立了组群大学(*Gruppenuniversität*)模式。

组群大学是对洪堡大学思想的根本性破坏。组群大学的核 63
心,是把大学设想成一个有根本分歧的各种利益发生冲突的地方。冯·洪堡则假定,对于真理的价值和发现与传播重要的新真理的价值,大学存在着一致意见。事实是,在德国大学被联邦立法和宪法法院定义为一个政治机构,其任务是对学生、不同等级的教师、行政人员以及大学的秘书和保管人员之间相互冲突的利益进行调和。这是说明反叛的学生在侵蚀大学的界限上已取得何等的成功的一个标志。

大学的政治化是矛盾的说法。它是政治的,同时它的中心点又基本上是在大学里。它没有改造社会的步骤。它的目的是通过抛弃人们对文化传统——政治化的人文学家断言它是资产阶级和有钱有势者的统治工具——的信任来达到公民社会的崩溃。他们的政治活动,是已故的赫尔穆特·舍尔斯基(Helmut Schelsky)所说的"穿越大学间的长征"的一部分。这一"长征"目标是摧毁自由—民主社会,通向这一遥远目标的途径是从内部瓦解大学。更直接的手段是对课程大纲和人员任用的控制。迄今为止,一些现代文学与语言系已经受到影响,尽管这不是在所有大学或所有国家都相同的情况。美国的大学走在这一运动的前沿,其理论则来自西欧的大学，主要在法国和德国。

大学与学术秩序：学术团体

除了意气相投这一点外，很少有大学教师能在自己的同事中找到这样的人：他们的知识和理解力对自己的知识和理解力是最有收获的补充。他们会试图到所在的大学以外寻求他们需要的人和需要他们的人，以能在学问上互相取长补短。

有很多例证能说明大学在容纳其教学与研究人员的学问兴趣上的不足。现代科学和学术界的一个特点，无论是在全国还是国际范围内，是经常组织研讨会、研究会和讨论会等等。在 19 世纪中期，很少组织研讨会，但在 1945 年之后，研讨会的数量和组织这些研讨会的团体的数量突飞猛进。研讨会不再仅仅涉及一个学科的全部和一些学科群。涵盖的不是全部学科或学科分支，而仅仅
64 是某些专题或非常特别的问题的会议，已经变得很普遍。国内学术界和学术界的组成部分是如此，国际的学术分支也是如此。国际学术团体和国际研讨会、研究会和讨论会，在 1939 年之前很少见，在 1900 年之前非常罕见，现在则司空见惯。此外，大学里的生活对其成员来说，变得既紧张忙乱，又分散精力。

这是“高等研究院”大量发展的其中某些原因。大学曾是高等研究机构，这是大学的心脏。为了使它能坚持下去，有必要把大学的心脏置于大学的身体之外。

20 世纪后半期的大学，在科学和学术研究上不再有它们在大约 1870 年至 1939 年之间所具有的独特作用。在对业余对手的竞争中取得优势之后，大学又陷入与独立研究机构的较量。

研究机构在人类历史的大部分时间里不为人所知。第一个现

代研究机构是柏林的帝国技术物理研究所(Physikalisch-Technische Reichsanstalt),它建立于 1878 年,当时正是德国大学最辉煌的时期。建立该研究所的其中一个理由,是大学不能完成德国社会所需要的所有研究。该研究所建立后在其他一些国家出现了一些类似的机构。位于泰丁敦的(英国)国家物理实验室建于 1902 年,华盛顿的国家标准局与华盛顿的卡内基研究所在同一时间建立。这些机构的建立,表明对大学在开展研究方面的能力缺乏信心,或者说表明有些类型的研究不能或不应由大学来做。从那时以来,独立于大学的研究机构在数量上有了极大的增加。

大学的核心:条件与前景

作用于大学的离心力,无论是来自大学内部还是外部,从 20 世纪 50 年代以来在强度和种类数量上都很大。在此情况下可以提出一个问题:作为一个发现与传播有关重要事物的最高级的基本知识的自治中心,大学还剩下什么?

大学内部已经迅速地官僚化;大学内部也在迅速地政治化。作用于大学内部存在方式——即追求和获得严肃知识的存在方式——的外部官僚和政治影响也扩大了。由于财政上的必要性、
为社会服务的愿望和它们的教师在学问、政治和金钱上的抱负,大 65
学在发挥其传统的学术功能的同时,还被吸引接受许多校外的责任。

国家在给大学提供支持时行使外部权力的方式、与企业更密切合作的迫切需要和报偿、对额外收入的需要以补充政府和私人资助者所提供的经费、通过校外的公共和政治活动所带来的在获

得权势和报偿上的更多机会等,对大学作为一个学术共同体都有瓦解的作用。

对发现过程比其他因素更不可缺少的专门化,也在同一趋势上产生了作用。它使专门化的个人与同一大学相近学科的同事不那么抱团,而与其他大学研究同一学科的同事更抱团。外部资助者给予个人的基金也有同样的作用;个人与所属大学的联系被进一步削弱。

大学的困境是它所取得的成功所赐。如果它在19世纪和20世纪很长一段时间内,在它打算要做的事情上不是做得如此之好,对它的期望也就不会有如此之高,它所获得的支持和赞赏也就不会有如此之大。它所取得的如此伟大的成就,得益于其最优秀的成员的勤勉、智慧和想象力。这些是个人的才能。如果这些个人不是在他们研究、调查和教学的学科有发现真理的强烈愿望,这些才能将永远不会被连续、集中地调动起来。

对发现真理的强烈愿望和追求真理的活力,不是由传统创造的。但当个人存在这种潜能时,个人所属机构的传统和内部的学术氛围,具有重要的作用。传统支持和引导着个人学术潜能的发挥。

19世纪的大学,部分来说是由从先前的大学状况中继承下来的学术传统构成的。这些传统在最优秀的资深和晚辈成员中——从有名望的教授到最勤勉和最有才华的学生——得到具体体现而引人注目。这些个人幸运地发现了通往他们的学科和他们的大学之传统的路径。这又体现出学术的传统并有助于关注他们同事的思想。这种对他人的活动中表现出的学术标准的富有想象力的赞
66 赏,被概括为大学作为一个具有强烈的追求知识的精神和情结

的实体的一种意识。因此,我们可以谈谈大学的每个成员认同的集体自觉意识。这是学术成就的一个重要条件。詹姆斯·加菲尔德*说真正的教育是由马克·霍普金斯坐在一块原木的一头、一个男孩坐在另一头提供的,这是不对的。一个浓缩和浸透着学术传统的机构具有根本的重要性。大学就是这样一个机构。如果没有大学,科学和学术知识在19世纪和20世纪就不会有事实上那样的增长。

大学的有效性,部分来说取决于它们的集体自觉意识,取决于它们对自身作为这样一个单一的、协调一致的实体的认识:它强制实行一套规范和规则,并制定个人成员必须遵守的标准。

19世纪和20世纪的大学,自身包含着一个教师之间、教师与学生之间及学生之间的共同体。这些共同体是拼凑起来的,不是大学的每一个人对此有同等程度的参与;有些人虽然在管理和职责上属于大学,但并不与其他人在同等程度上认同集体的自觉意识。具有这一共同体的大学,在多大程度上从由于大学重要性的提高而带来的巨大变化中坚持了下来?

对这一问题,无法给出毫不含糊的答案。大学的人文方面已经被严重破坏,这不仅在美国大学是如此。曾几何时,人文学科、"文理学科"或"哲学学院"是大学的中心。当然,大学的其他学科也有伟大的科学家和学者,但人文学科的系或学院在同行中代表着一所大学应该办成什么样子。

---

* 詹姆斯·加菲尔德(James Garfield,1831—1881),美国政治家、数学家,美国第二十任总统,毕业于著名的威廉斯学院。加菲尔德在威廉斯学院读书时,马克·霍普金斯任院长,对他有很大影响。加菲尔德在对威廉斯学院校友会的一次演讲中,有此一说,后在美国学术界广为流传。——译注

在20世纪后期，人文学科领域有一些杰出的学者，但他们已经不占上风；他们处于防守的地位，四周被异常陌生的幽灵所包围。这些陌生的幽灵目前处于破坏性的、放纵的精神错乱状态。他们打破了他们由之而来的传统，充塞进一些只有很少价值的东西。他们不占多数，但他们可以为所欲为，这与他们的人数不相称。许多人不认同他们的观点，但他们在占有优势的少数派富有攻击性的确定性面前缺乏自信。

社会科学情况混杂。社会学的固有部分依然我行我素，对大学的其他部分或对它自己的研究和研究生之外的任何事情没有兴趣。由于它在科学化方面的努力和它的调查研究在更广大的公众
67 中赢得的尊重，它已在学术学科层级中排到相对很高的位置。同时，在整个欧洲和美洲，所谓的"社会学理论"，被20世纪60和70年代激进主义的碎石片击打得千疮百孔，这种情况到处都是，并不限于任何国家。经济学家的景况要好一点。他们有一个为人所急需、他们对此信心十足并得到普遍尊重的学科。由于他们的学科的重要性，他们在校外有大量的需求，但他们的学科已变得非常技术化，他们中的大多数人对大学的其他事情鲜有兴趣。

历史研究也有很多卓越的成就并引起很多关注。它在继续稳定地取得成果。但是，它也受到对历史研究的目的是发现学科内各种不同问题的真相这一信念的时髦反对的困扰。然而，它在严格的治学方法上训练有素，而且大学在寻求恢复已失去的人文研究基础时，必须依赖的就是历史研究。东方研究在许多国家的大学中也有相对坚实的学术基础。如果说大学的思想还能在什么地方依然存在的话，那也就是在这个地方了。可是，由于它与实用性的活动离得很远，并且学生相对很少，它也面临着资源进一步减少

的危险。

人类学已充斥着相对主义和不可知论,经常受到来自学科内部人士的抨击,认为它已经成为帝国主义的工具,现在是主要的西方社会对“第三世界”的“新殖民主义”野心的一部分。

在任何大学,在学术上混乱程度最低的是在自然科学方面。自然科学家取得了名副其实、得到广泛承认的成就。他们在政府决策时受到重视,并经常听取他们的建议。即使是那些蔑视科学、将其视为堕落的资产阶级社会的一部分的人,依旧希望能完成更多的科学研究,并且他们政府对此有更大的支持。科学家之间在政治和科学问题上存在分歧,但这些分歧并没有削弱他们的学术热情和他们对所做之事的重要性充满自信。此外,他们不会让他们的政治信念影响他们自己的科学工作,或者通常来说,也不会让它影响对那些与自己在政治上有分歧的人的科学工作的评价。某些学术圈子里的科学研究的声誉受到损害,对他们没有多大影响。他们关心的是自己的系和自己的学生。他们抱怨政府支持的不足,但这不会降低他们对自身学科的热爱。他们也对作为一个整体的大学兴趣不大。

医学院校的情况与此类似。它们也明白,世界指望它们来增 68
进身体上的健康,而它们在 19 世纪初以来所取得的如此之多的进展,使它们对它们的学科和学生会像它们已经做到的那样继续前行充满信心。医疗手段的进步所带来的极为棘手的道德问题和提供卫生保健方面极其复杂的经济和管理上的问题,并没有招致它们的抱怨。

大学在科学方面的学术生活有如此多的成功和如此多的荣耀,以至于它们自身各个学科的困难问题和这些没有解决的问题的反弹并没有使它们感到沮丧。然而，由于专门化和忙碌的结果，它们也往往忽视把大学看成一个有机的整体，而且有时忽视它们的学生和资历较低的教师，给科学精神的同化带来不利的结果。它们的运转不大可能因此而走进死胡同。但是，由于它们关注、忙碌的焦点的集中和专门化，大学作为一个整体受到损害。

这样，大学在跨越将近两百年的学术成就、改变了我们对于自然的知识并在许多方面改进了我们的社会知识这一航程即将结束时，作为一个机构的大学现在驶入了危险的水域。大学或至少是它们的某些成员，想尽量做到八面玲珑，对外部世界更讨好和更随和，或者更专注于改变或摧毁外部世界存在的条件。

大学已经成为一个为他人提供服务的中转站，而对保持自身作为一个承担着改进有秩序的知识和价值判断的核心的社会机构，则关注得不够。仅仅是维系大学发挥这一功能，也是它为社会的其他部分提供众多不同服务的一个前提条件。

要成功地做到这一点，一所大学必须在一定程度上眼光向内。它必须关心自身的维护，将它看成是一个负有在高级水平上保持、扩展和深化学问之责的实体。

当然，它不应该、也不可能完全独立自足。不论是它的知识对象、它在经济和政治上的条件、它对社会的责任感、还是有秩序的知识和理性判断在社会中的灌输，都不允许它完全独立自足。它从中世纪的先辈们继承下来的具有无比价值的自治传统，从来没有要求它与社会的绝对分离，而且，在它最为辉煌的 19 和 20 世纪，它在实践或理论上也从未与社会分离。大学从来就不是一个
69 象牙塔。事实上，它在未来几十年所遇到的危机，恰恰是作为一个象牙塔的反面。有一个危机是它将根本不再是一个塔。果真如此

的话,它就不再是一个理解和评判这个世界的制高点。如果它不再是这样一个制高点,它就不再能够发挥要求它发挥的许多功能。

在 20 世纪 90 年代初,外部世界受益于大学在 19 世纪和 20 世纪初期所积累下来的精神资本和传统。这些资本和传统的积蓄,必须是一个不断维持、添加和修正的过程。这既是一个学术的过程,也是一个社会的或机构的过程。如果它们不是为人所利用、重新诠释和增加,它们就会失去生命力,变成无果之花。这是大学在离心力迸发过程中所遭遇到的危机。要更加丰富它的传统以使世界可以继续从中受益,就需要更大的向心力。

参考文献

Ashby, E., Anderson, M., 1966, *Universities: British, Indian, African: A Study in the Ecology of Higher Education*. Harvard University Press, Cambridge, Massachusetts.

Bartholomew, J. R., 1989, *The Formation of Science in Japan: Building a Research Tradition*. Yale University Press, New Haven.

Ben-David, J., 1968, *Fundamental Research and the Universities*. Organization for Economic Cooperation and Development, Paris.

Ben-David, J., 1977, *Centers of Learning: Britain, France, Germany, United States*. McGraw-Hill, New York.

Ben-David, J., 1984, *The Scientist's Role in Society: A Comparative Study*, rev. edn. University of Chicago Press, Chicago, Illinois.

Berdahl, R. O., 1959, *British Universities and the State*. University of California Press, Berkeley, California.

Beyerchen, A., 1977, *Scientists under Hitler: Politics and the Physics Community in the Third Reich*. Yale University Press, New Haven, Connecticut.

Busch, A., 1959, *Die Geschichte des Privatdozenten: Eine soziologische Studie zur grossbetrieblichen Entwicklung der deutschen Universitäten*. Enke, Stuttgart.

Clark, B. R., 1977, *Academic Power in Italy: Bureaucracy and Oligarchy in National University Systems*. University of Chicago Press, Chicago, Illinois.

Committee on Higher Education, 1963, *Report* [Robbins Report]. Cmnd 2154, HMSO, London.

Craig, J. E., 1984, *Scholarship and Nation Building: The University of Strasbourg and Alsatian Society, 1870—1939*, University of Chicago Press, Chicago, Illinois.

Cummings, W. K., Amamo, I., Kitamura, K., (eds) 1979, *Changes in the Japanese University: A Comparative Perspective*. Praeger, New York.

Daalder, H., Shils, E., (eds) 1982, *Universities, Politicians, Bureaucrats: Europe and the United States*. Cambridge University Press, Cambridge.

Geiger, R. L., 1986, *To advance Knowledge: The Growth of American Research Universities, 1900—1940*. Oxford University Press, New York.

70 Government-University-Industry Research Roundtable 1990, *The Academic Research Enterprise within the Industrialized Nations: Comparative Perspectives*. National Academy Press, Washington, DC.

Halsey, A. H., Trow, M. A., 1971, *The British Academics*. Faber and Faber, London.

Jarausch, K. H., (ed), 1983, *The Transformation of Higher Learning, 1860—1930: Expansion, Diversification, Social Opening, and Professionalization in England, Germany, Russia and the United States*. University of Chicago Press, Chicago, Illinois.

Nagai, M. (ed), 1971, *Higher Education in Japan: Its Take-off and Crash*. University of Tokyo Press, Tokyo.

Oleson, A., Voss, J., 1979, *The Organization of Knowledge in Modern*

America, 1860－1920. Johns Hopkins University Press, Baltimore, Maryland.

Paul, H. W., 1985, *From knowledge to Power: The Rise of Science Empire in France, 1860－1939*. Cambridge University Press, Cambridge.

Ringer, F. K., 1969, *The Decline of the German Mandarins: The German Academic Community, 1890－1933*, Harvard University Press, Cambridge, Massachusetts.

Schelsy, H., 1971, *Abschied von der Hochschulpolitik oder die Universität im Fadenkreuz des Versagens*. Bertelsmann, Gütersloh.

Schelsy, H., 1969, *Einsamkeit und Freiheit: Idee und Gestalt der Deutschen Universität und ihrer Reformen*. Bertelsmann, Düsseldorf.

Shils, E. A., (ed and tr.), 1973, *Max Weber on Universities: The Power of the State and the Dignity of the Academic Calling in Imperial Germany*. University of Chicago Press, Chicago, Illinois.

Trow, M. A., 1973, *Problems in the Transition from Elite to Mass Higher Education*. Carnegie Commission on Higher Education, Berkeley, California.

Veysey, L. R., 1965, *The Emergence of the American University*. University of Chicago Press, Chicago, Illinois.

Vucinich, A, 1984, *Empire of Knowledge: The Academy of Sciences of the USSR 1917－1970*. University of California Press, Berkeley, California.

Weisz, G., 1983, *The Emergence of Modern Universities in France, 1863－1914*. Princeton University Press, Princeton, New Jersey.

Wittrock, B., Elzinga, A., (eds), 1985, *The University Research System. The Public Policies of the Home of Scientists*. Almqvist and Wiksell, Stockholm.

第二篇

不同的视角

71 3. 21世纪的社会服务和学术进步

我的评论是针对近代在欧洲、后从19世纪后半期在美国逐渐出现的这一类大学,在21世纪的前景。在我脑海中的不是所有被称为大学的机构。我考虑的主要是那些具有学术进步传统的大学。至于学术进步,我指的是通过科学的和学术的研究在所有重要学科发现基本真理、培养极具才华的年轻人的更深刻的理解和领悟能力,以及训练他们从事学术—实践职业等方面的成功的努力。我不认为只有这些类型的大学才会存在或应该存在。在欧洲和北美,一流大学即使在最好的时期也从来没有垄断高等教育。的确,在英国、德国、美国、意大利和斯堪的纳维亚国家,高等教育具有多样性,有某些科学领域的专门学院、工程学院、商业学院、矿业学院、化学学院、教师培训学院和许多其他类型的学院。这些机构提供了专业、高级职业和资格培训。它们有时被称作大学,有时被称作学院、师范学校、专科学院等等。即使在有的地方它们被称作大学,人们也非常理解它们在学术进步上不同于大学。

近代社会的一个特点——或许是任何有大学存在的社会的特点——是在对十八九岁到二十几岁的年轻人的教育上,应该有一个劳动的分工。这一劳动分工中的每一个机构,都对作为整体的
72 社会和人类生活发挥着一份重要而独特的作用。但是,我要讨论的是作为教学和研究上的高等教育中心的大学。

在大学中，在更严格的意义上，那些按其声望在层级中位置较高的，将是我在这里要集中讨论的那种大学。学校声望上的差异，不仅仅取决于他们的学生的社会地位，尽管在英国古老大学和美国常春藤学院和大学的例子中，这是它们的声望的重要因素。但是，它们的声望的很大一部分，取自它们在教学和研究上的智力成就。对成就做出精确的评价是一件困难的事情，尽管很显然的是大学在这一方面各不相同。

后来，有些一流大学被称为"研究性大学"，这是一个我不喜欢的称号，因为这好像免除了它们的教学责任。但即使对那些喜欢使用这一术语的人来说，"研究性大学"和其他大学之间的分界线是模糊不清或有渗透性的。没有可以很容易划定的界线。在活动以及成就方面有很多程度上的变化。

那些在学术进步上杰出的大学，通常享有相当程度的、至少是实际上的自主权、比较高度的学术自由和某种程度的内部的精神统一，后者有时被称作团队精神(esprit de corps)，我将称之为集体的自觉意识。这三个特点已经成为学术进步的基本条件。

与外部世界联系的加强

大学总是要培养年轻人从事需要学识——智力—实践——的职业。法学院、医学院和神学院的存在和这些名称本身就证明了这一点。技术研究是缓慢地、相对较晚地和不对等地进入到大学的。(专门化机构经常提供高等技术教育。)为工程专业做准备的技术教学和研究，在本世纪初只有在美国大学和英国现代大学中有了良好的发展。科学和学术研究工作者和大学教师的专业生涯培训，在19世纪的前二十五年始于德国，后在一个世纪的时间里传播到其他西方国家。对做一个专业的科学研究工作者——与大学教学相分离——的需求，是一个德国大学已经满足了将近两个世纪、其他国家满足了大约一个世纪的要求。这的确是它们已经
73 对社会提供的其中一项主要服务。近年来加强的需求只是在数量上为过去所没有。在最近所有的需求中，这是与大学的能力最一致的需求。它的新颖性体现在它的规模上，以及像科学研究本身一样，体现在它的代价越来越昂贵上。大学教师将如此之多的精力和时间投入于此，证明经常说大学是与社会的实际事务完全脱离的“象牙塔”的愚蠢指责，不过是个谎言。大学从来就是与它们所处的社会紧密联系的。在未来的几十年，在自然和社会科学的大多数领域、甚至在人文学科领域的大学教师——尽管他们不仅仅是教师——与他们在第一次世界大战之前所做的相比，将会把更多的注意力转到外面的社会和他们的学科上。

这种更显著的面向外界，部分来说将是大学在下个世纪经济自足程度降低的结果。大学将不得不越来越多依赖学生学费和捐赠的利息之外的收入。科学研究的日益复杂、系的规模扩大、学者和行政人员工资的增加、教职人员和学生所需要的健康、福利和安全等服务费用的提高，以及图书馆费用和政府立法强制规定的社会福利费用的增加，导致了研究成本的增加——所有这些使大学更加依赖于它们自身之外的财政支持的资助者。

大学面向外界，也是它们所处的社会对它们的需求增加的结果。这些需求将包括：通过医学研究带来的健康水平的提高、通过技术带来的在国际和地区范围内的经济竞争力、更好的陆地和航空通讯与交通、能源生产与传输的改进、环境污染的防治、计算与

记录技术的进步、动物健康与动物养殖方面的改进等等。这些都是对能在应用中产生实际利益的科学研究的需求。

这些研究中的一部分而不是全部,也是只有在大学才能找到那种天资和技能的所需要的基础研究。有些研究将会由政府实验室、私人企业或其他私立机构来做。学院派科学家将会比以前在更大程度上不得不与非学院派科学家建立非常密切的联系。不仅如此,大多数对“实际问题”的研究将必须由外部的资助者、政府、私人企业和私人基金会提供经费支持。因而,研究结果的需求来 74
源、经费支持的来源和分散的研究地点,都促使学院派科学家将注意力集中于学术圈之外。

物理科学家和生物医学科学家所做的研究,通常目的在于找到某一具体的实际问题的解决办法,如某种疾病的治疗方法或以更低的成本生产某种产品的方式。有时也开展带有相当广泛或笼统性目标的大型计划——如“向癌症宣战”——但这些笼统的目标被分成许多集中范围更为狭窄的部分,按照设想每一部分都有一个特定的目标和特定的、可应用的结果。社会科学方面是研究包括政府、私人企业和民间与政治组织觉得有兴趣的某些社会学和经济学研究。尽管这些研究不能马上应用于实际活动,但它们被认为对必须做出实际决定时面临的景况提供了可靠的信息。决策参与者是否看过和考虑过研究报告的摘要不得而知,但不论在什么情况下委托的研究都带有这一意图。政府机构支持的社会学和经济学研究的比重在不断增加。

社会科学家几乎总是将注意力集中于他们所处的社会,这构成了它们学科的大部分内容,但新的“外向性”有些不同。经验主义的社会科学家曾经常常希望,他们的研究早晚会对公共舆论和立法产生一些影响。现在,通过政府和私立机构委托他们做研究并提供支持,向他们保证希望在自己的实践活动中"利用"他们的研究结果,社会科学家与他们所处的社会联系得更紧密了。社会科学家的研究变得更为"政策导向",因为这正是他们的资助者所希望的。

物理学和生物科学家的研究结果,已经变得比过去通常情况下更有可应用性,并且有更即时的可应用性。那些将利用研究结果的人,更是坚持在结果的拥有上要赶早不赶晚。经济竞争的迫切需要和社会问题的紧迫性,使得对尽快有可应用的结果的要求不可避免。

应用结果的前景使得资助者产生了一个更强烈的愿望,要对可能导致所希望的结果的研究事先有个说法。因此更多的研究由资助者做出规定。即使"谁掏钱,谁做主"这一格言没有完全变成现实,一个很明显的趋势是要听从掏钱的人*。研究项目的设想,将要考虑到预期的资助者的利益。

不要以为在回应这些来自政府、私人企业、政治家、政策评论
75 家和民间鼓动家的需求时,大学的管理人员和教师仅仅是外部激励的被动接受者。恰恰相反,他们常常是热切的合作者。他们的兴趣、理想以及在有些情况下他们专业的传统,使得他们成为在提供大学之外的世界的实际目的所需要,或被认为需要的知识上的

---

* 这一句的原文是:Even if the Maxim of "he who pays the piper calls the tune" is not fully realized, there will be a pronounced tendency to listen to the piper。字面意思是"即使'谁付钱给吹笛手,谁来定曲调'这一格言没有完全变成现实,一个明显的趋势是要听从吹笛手(piper)"。从这一句话本身和上下文来看,原文似乎有误,译文做了变通处理。——译注

真正伙伴。

对于自然科学家，已不再可能用大学自身的正常预算来提供支持；大学从自然科学学生交纳的学费中得到的收入和来自“专门用于”自然科学研究的捐赠收入，无法满足需要。没有外部的资助，尤其是物理科学、但也包括生物医学的研究就会中止。社会科学的情况也是如此，除了很少的一些例外，过去那种由一个教师或一个教师加一个兼做助手的研究生的研究模式已不再可行。不论是在自然科学还是社会科学领域，外部资助对于支付参与“主要研究者”的研究项目的研究生的费用都是必要的。

因此，“经济上的必要性”就迫使自然科学家和社会科学家在大学以外寻求必要的经费以应付他们的研究费用。此外，在外部资助者愿意支持的项目中，有许多首先是由自然科学家提出的，这不仅是因为这些项目可以得到经费，还因为这些学者认同资助者的理想和实际目的。学者们总是生活在一个不限于其大学的世界。现在及将来，他们的生活和注意力将更少地局限于这一界线。

大学不仅仅是在寻求支持研究的资助者和选择要研究的问题方面，要把目光投向外界。在它们录取学生和任用教师的政策中，管理人员和教师在自愿使用，或被政府强制使用一些标准，要考虑学术和智力资格以外的因素，并在社会正义标准或考虑到明显的政治影响或威胁的基础上来做出决定——任用教师，不仅要考虑这些标准，还要考虑从外部机构争取经费的能力这一标准。

过去，大学在学生录取政策上不总是有不受政府某些控制的自由。当政府声明顺利完成某些中学课程的年轻人都自动取得上州立大学的资格时，这就是一种对入学的控制。但是，这是一种依

赖于应用智力成绩和由此推断出的智力能力的控制。在本世纪最
76 后的几十年中，政府扩大了它们在入学问题上的关注面。种族、性别和社会地位方面的标准，都从大学外部被引入，所有这些都不同于对申请者的智力成绩和能力的标准。

年轻人和他们的父母对高等教育的需求增加了。很多年轻人相信，上大学是生活中的一个正常阶段。政治家、教育政策评论家和学校管理者有坚定的一致看法，认为必须在社会正义和经济效率的基础上扩大教育机会，必须为先前没有需求或受到这种教育的各个社会阶层或种族，提供通过教育资格提高社会地位来实现个人抱负的机会。这增加了学生的规模，扩大了大学里的学生在智力能力上的差异性和多样性的范围。一个进一步的由公共舆论的压力带来的被政府强化的结果，是教学人员的增加以应付学生人数的增加。教师人数的增加，使得年轻教师为学术伦理所同化的过程更为困难。

一个不那么迫切、但是持续不断的要求，是教育政策评论家、学术和政府官僚要求大学提供“继续教育”和“终身教育”，即向年龄更大的人提供教育。这一需求的很大一部分——至少由高等教育政策评论家预测和提出的需求——看来针对的是专业技术培训。这在相当程度上可能要落在大学以外的高级和专业机构的头上。当这些人来到大学，他们不大可能像普通的本科生那样；他们将更情愿参加高级的研讨班和研究项目；他们不会使任何一个系在人数上有很大的增加，他们有可能凭借其优异的现代技术经验而贡献良多。

在最近的几十年中，年龄大于过去一个半世纪普通本科生的学生人数增加了，但他们在学生总数中仍然只占一个很小的比例。

“开放大学”大有希望的发展,可能事先就扫清了有可能给大龄本科生带来的障碍。大龄学生,或者按照英国的说法叫“成年学生”,到目前为止不是一个令大学头疼的问题;美国大学中“回炉的学者”也不是导致大学分散精力的原因所在。大龄学生面临的困难,是需要自我调整以适应与自己年龄不相符的生活方式,但他们没有给大学带来严重问题。在这些接受“继续教育”的学生中,大多数人已经完成本科阶段的学习,因此他们将主要与研究生为伍。由于研究生的年龄通常在三十多岁,他们与“回炉的学生”在年龄 77
上的差异,不足以造成大问题。相反,他们没准能起到使他们的学弟学妹们更加严肃冷静的作用。

尽管联合国教科文组织、经济合作与发展组织以及一些类似的全国性组织的教育专家常常呼吁“回归教育”或“终身教育”,将其视为21世纪对大学的期待的一个例证和放弃“传统主义”和“精英治国论”方略的一个根据,但我怀疑这是否会对学术进步带来很大的障碍。

或许对学术进步更为严重的一个问题,是那些打算根据自己所学和获得的证书、文凭或学位来谋生的人,将会过分增加。他们将会使得对大学提供的智力活动不是很感兴趣的学生占很大的比重。但是,任何时候都不乏这样的学生。他们占的比例增加,将会侵蚀大学的智力部分,或者更严格地说是科学和学术的部分。这个问题似乎没有解决办法。父母和年轻人的愿望、政府的竭力主张、行政管理者要增加学生、增加来自学费和其他收费收入的愿望,极有可能使相对来说没有智力兴趣的学生比例增加。

但是,不应该认为学生规模的增加和录取范围的扩大,仅仅是外部需求的压力和期望更多的学费收入的结果。这一扩展非常符合大学教师的政治和社会理想，也非常符合他们对扩大他们的系的教学人员规模的兴趣。

虽然对许多类型的研究、对培养科学家、技术专家和行政管理人员以及对实现各种现实想法的需求主要来自大学之外并有大学内部的合作意愿，但社会和学术专业之间的更紧密联系，还有另一种驱动力量。许多领域的学者、社会科学和更理论化的自然科学以及在最近几十年人文科学的学者，已经变得更有政治性。他们变得对大学之外时下的政治争论有更积极的倾向性，并且他们也认为在教学中表达自己的倾向性是应该被允许和适当的；这在社
78 会科学和人文学科中尤其如此，在这些领域，在政治和社会生活的教学与主张带有倾向性的态度之间的界线，不可能像在自然科学中那样做出明确的区分。他们有时通过断言科学和学术研究不可能有客观性、大学的教学和研究不可避免地带有倾向性来为此辩护。这一态度与极端的集体主义和解放论者的态度自由地结合在一起。

表达政治倾向性这一现象更加突出，是与人文学科和社会科学课程学习中更加关注当代的作品与活动紧密联系在一起的。课程内容的当代性并没有使得倾向性不可避免，但使它更有可能出现。这无疑是大学与“世界”的更紧密联系所带来的其中一个有害的结果。

这些与“世界”的联系，即与大学之外的实践活动的联系，没有一点是全新的。与过去真正的区别，尤其是从 19 世纪以来，在于它们在数量上的扩展。问题的关键不在于新的活动是必须的，而是这些被期望的活动新的规模和它们在大学的各个学科中的分

布。在经过现实的评价之后，这一点和大学学生规模的扩大，在我看来属于大学多少期望做点事情的能力范围之内。

在社会所需求的科学或技术服务中，有许多已经由大学在其智力或科学能力的界限之内以相当大的规模正在进行。所期望的服务中有些或许为人类能力所不及——至少在可预见的未来是这样。对大学所要求的某些服务，不论是那些主张这样做的人还是那些对此担忧的人，或许都没有做出现实的评价。

我尤其想到的是"高等教育的普遍入学机会"。认为不论是为了职业的提升、还是为了学习和理解这个世界，任何时代的年轻人都渴望上大学，可能是个错误的想法。他们不会为上升到更高的社会地位而动心；他们不会为了达到更高的收入水平而在一段延长的时间内竭尽全力或者把自己豁出去。他们不想卷入要在未来一两年内承担结果或责任的活动。他们不想为需要数月或数年才能完成的任务而担心。因而，本来面目的大学或为了满足"普遍入学机会"而被期望的那个样子的大学，不会为这些人所着迷。大学将令他们厌恶或反感。

即使在作为衡量其他国家的成就和不足的美国"大众化高等教育"中，"中途退学率"大约为50%。此外，美国高等教育中的很大一部分学生是在社区学院。在这些学院中，只有相当少的一部 79
分学校开设的两年制专业，允许完成学业的学生转到"四年制学院"或大学。同样，完成这些专业的学生只有很少一部分继续深造。还应该记住的是，这些专业中的很大一部分，是西欧国家中学里的教学内容。简言之，美国"大众化高等教育"的规模，有很大水分。

即使我们对美国"大众化高等教育"的虚构不予理睬，上大学的人数与适当的年龄段的全部人数依然有很大的差距。没有理由相信它会包括所有人。当然，这不是说学生规模不会变得更大，不会有班额增加、教学负担加重和教学人员规模增加的压力。教学任务将会成倍增加，教那些不合格和没有学习兴趣的学生的问题将会更严重。

资源：财政的、社会的、智力的和道德的

财政的和社会的

在伦敦经济学院一个研讨班上，当被问到什么是理想的生活标准时，L. T. 霍布豪斯回答道："比你有的再多百分之十。"这就是大学的做事方式。它们永远不满足。知识的地图在表面上和在深度上是没有止境的。一旦尝到了他们得到的经费的滋味，教授们的胃口就永不满足了。近年来大学管理人员发现钱总是有新的用项；他们的钱永远不够。撇开对钱的胃口不谈，研究用的钱、发工资的钱、实验室设备用的钱、图书馆购书的钱，好像在没完没了地涨。由于仪器的使用变得有更大的作用，科学研究中"复杂化因素"有可能继续使费用增加。

由于这些对大学的极度要求，显然大学将需要外部的支持和内部的实力。外部支持部分是财政上的，部分是道德上的。财政支持必然是来自政府的资源、来自私人的慈善性质的机构、来自个人慈善家、来自私人企业、来自愿意支付学费和生活费的家长等，并且，在有些情况下是来自"靠做工上完大学"的学生本人。

80 政府站在自身的角度，主张大学要收更多的学生，但它们很少

乐意为它们声称期望的学生人数负起责任。它们乐意为研究付钱;但他们不那么乐意为教育付钱,尽管事实上它们确实为此提供了大量经费。

大学不大可能用来自家长的收入或从科学发现的商业化中得到的收入,来应付任何大笔的预算。教授们可能通过咨询服务增加收入,但这些收入没有流向大学。因其研究表现而得到的赠款、拨款与合同金,肯定占了大学日常预算的很大一部分。

大学需要政府的财政支持以使它们尽量满足政府和社会对他们提出的要求。政府曾经很热心、慷慨,但近年来它们有些不太情愿了。大学对政府的要求更大了,不亚于政府和社会对大学的要求。

政府的财政支持政治和公共的舆论。曾几何时,大学的身份对大学来说不是个问题。它们对自己的好名声视为一件自然的事情。只有很少一部分人明确意识到大学的存在。与现在相比,记者对它们没有多大兴趣。拥有杰出的州立大学的美国一些州的立法者,像在中西部和远西地区,立法者对大学很珍视、厚道。

任何政府能慷慨大方到何种程度,取决于立法者、内阁成员、他们的执行部门的人员与公务人员的信念,以及他们对全体选民的舆论对各种备选政策的政治支持情况的判断。过去,在有的社会中,公众及他们中的政治活跃分子对大学相对无知和漠不关心。这种情况现在基本上不会再有了。大学在今天受到很大的关注。它们已经变得有新闻价值——他们的内部事务今天已成为新闻的来源和对象。公共舆论对大学的态势以及那些就大学进行写作和报道的人的思想状况创造了一种氛围,立法者必须在这种氛围中对应该花多少钱用于大学做出决定。慈善家也同样很在意“公众”

想要什么，部分来说这是因为他们不希望与政治和公共舆论的潮流不合拍，也因为他们没有足够多的自己的思想。公众中的一部分由大学生的父母构成，他们对大学有更多的兴趣，因为他们为使自己的孩子上学要付出或已经付出很多。

显然，大学在今天必须关注其他人怎么看待它们。它们享有
81 的社会对它们尊重或是轻视可能以很多方式对它们产生影响，特别是在经费方面。因此，在思考下个世纪的大学时，考虑一下它们在公众头脑中的形象无疑是大有关系的；说它有关系，是因为政府的慷慨部分地取决于公众的舆论。

今天，大学既受到尊重，也受到轻视。让我先来讨论对大学的轻视。

在更广泛的社会中，即使在今天也有很多人对大学没有好感。大学没有做出任何能取悦他们的事情。至于那些相信通过传统继承下来的和通过研究而形式化和习得的东西没有任何价值的浪漫之士，直到最近大学对他们都是不适合的。他们过去在数量上不多。这种浪漫精神的继承者现在已在大学站稳脚跟，但他们依然对大学怀有敌意。他们在人数上已经不少了。有些人认为大学应该做宗教曾经做的事情——尽管比过去要少很多，但宗教现在还在做——对生命的终极意义提供一个无可置疑、绝对令人信服的信仰，现在存在并且下一个世纪可能继续存在的大学对这些人来说没有什么价值。对这样一些人而言，大学没有多少价值。接下来，有许多“毫不在乎”的人，他们不仅“在宗教上不合调”，而且也在精神和智力上不合调，对于大学能使人更完美的潜质——真实的和推定的——他们漠不关心。有非常多的人对先验的范畴无动于衷，对这个世界不去煞费苦心，他们只对当前、对瞬间的快乐和

眼前的任务有兴趣。与大学的教学和研究有关的事情对他们没有吸引力。或许在政治生活中大量有权位的人士就是这样，但他们不希望自己看起来是这样。赞扬大学是政治套话的一部分，只有粗野之人才不理会谈论大学非常重要的必要性。

对常人来说，大学不再那么了不起。大学与他们离得并不遥远。它们不像过去那样高不可攀，很少人能进得去，并且能进得去就被认为是一种与众不同的殊荣。在过去两个世纪甚至更长时期的很大一部分时间里，人们认为与一所大学有联系就被赋予了几乎与上层社会同等的地位。现在有大学学位的人太多了，从一所大学拿一个学位已不再被认为是一个很高的荣誉。

大学确实好像已经失去了曾经围绕它们的某些光环。欧洲和美国的公立大学及美国的私立大学就是如此。此外，有些人对大学在二十五年前让自己受胁迫于所谓的革命学生，到今天依然忿忿不平；其他人则不满于大学当年的抗拒。在欧洲的公立大学中，许多国家颁布的立法，将大学视为不适合托付它们掌管自己的事 82
情。教授们在自己大学里的权力受到限制，学生在某些方面的权力增加了，但最重要的是国家公务人员对大学的权力增加了。即使是在20世纪六七十年代没有受到这类立法限制的英国大学，到80年代也受到政府的粗暴对待。在美国，大学已经备受指责。

无论是来自外部还是内部，大学都遭到严厉的批评。艾伦·布鲁姆教授的《美国思想的封闭：高等教育是如何有负于民主和使今天的学生心灵枯竭的》①，对美国大学和大学教师进行了雄辩而又激烈的痛斥。它是一本前所未有的“畅销书”，这本书的销量已经超过百万。没有任何别的一本有关大学的书在任何国家有如此大的销量。尽管这是一本雄辩的书，但它论证不是很充分，随处可见无关宏旨和证据不充分的论断。但它对美国的大学进行了无情的抨击，很难找到为大学说好话的只言片语。我认为它的巨大销量，是对大学不满的公众期望找到对大学缺陷的解释的结果。查尔斯·塞克斯先生的《教授把戏：教授们与美国高等教育的终结》[2]没有那么雄辩，没有那么关注最基本的原则，销量也没有布鲁姆教授的书那么大。作者也没有像布鲁姆教授那样从大学内部写起。然而，他收集了大量的学术不良行为的档案材料，引起人们的很大关注。罗杰·金博尔先生的《获得终身教职的激进分子：政治如何腐蚀了我们的高等教育》[3]是一本严肃的著作，同时也是对美国学院和大学里“人文学科”教学的丑闻录(chronique scandaleuse)。他的书销量也很大。这几本书都把大学置于不利的境地，对这些著作的广泛兴趣在我看来表明了公众觉得有些事情不对头。

后来，在美国，某些阅读面相当广的刊物开始登载有关大学里人员任用中盛行的“政治正确”的文章。将“政治正确”引入任用学者的标准，一再地披露给一般的公众。不是狂热分子的编辑和记者报道这些活动，其结果绝不会有损于大学的地位。

尽管存在所有这些不满，自由—民主国家的大学从根本上说地位还是很高的。否则，为什么政府要靠它们提供对开展政府工作必要的科学和技术、甚至社会和经济方面的知识？为什么记者
83 要靠他们提供各种话题的表面看起来具有权威性的意见？为什么那么多的年轻人很自然地认为他们必须上大学？为什么年轻人被鼓动去上大学？为什么一些年轻时没有上大学的年长者，希望他们失去的青春和忽视的机会能够得到补偿？为什么应该主张那些上过大学的人要时常回来以使自己“跟上形势”？

为什么青年和中年人被鼓动去上大学？为什么人们暗示说他

们如果不"上大学",他们的生活会因此变得颓丧？如果有谁可以有理有据地断言整个对高等教育的支持运动不过是骗人的把戏，就可以解决对大学的指责和一再强调它们的不可或缺之间的矛盾。或许，它符合学院和大学管理者、学院和大学的院校长、教育学教授以及在支持这一运动的人当中站在最前沿的教育政策评论家的"利益"。毕竟，学生越多收入就越多，他们自身的重要性就更大。他们都得益于学生人数的增加。教育学的教授和教育政策评论家没有物质性的收获，但他们加入到了一首容易唱的歌的大合唱中。不，这不是一个骗局。参与到大学的学习可以改进那些顺利通过者的生活是一种深刻的信念。校长、院长们等人的老套说辞(clichés)令人反感，但之所以如此是因为他们只是以枯燥无味的方式重申一件非常严肃的事情。

如果有个人会对他们说："停下，到此为止，不要再往前走了。你要是读一所学院或大学，要比你把这几年的时间花在其他一些有用的或体面的事情上——譬如在一家银行、一间工厂或一个办公室工作——会得到更大的好处，这个说法其实不对，"那么，这个人是勇敢的。但是，别人不会认为他勇敢；他会被视为愚蠢、轻浮和反动。

"更多就更好"是掌控这一切的箴言。对谁更好？对每个人更好！首先是对上大学的更好。人力资本理论认为，受过更多的"学校教育"的人——"学校教育"包括上大学——其一生的收入要大于受过较少学校教育的人。它还对社会更好。工业和商业生产效率的提高的很大一部分，被经济学家归因于对教育"投资"的增加。

强调要鼓励上大学的原因，还不仅仅是增加"一生的收入"。大学通往更优越的生活方式。曾经是恰当的社会秩序的美国形象 84

的一个特点的东西，即在一个社会中下层阶级的成员可以进入到中产阶级或甚至上层阶级，现在传到了英国。并正在欧洲大陆产生影响。工人阶级的子女上大学的比例，曾被认为、并且仍被认为是评价社会是否美好的一个尺度。在美国，“少数民族”在大学中的低比例，被旨在提高他们的地位的各种组织的发言人、大学的管理者、政策评论家和具有激进倾向的教师认为是表明了大学在多大程度上没有对那些有抱负、而迄今为止被剥夺了机会的人尽到它们的义务。这也说明大学被认为对社会地位低下者的提升是不可或缺的。

大学被认为必须成为通往更高的地位和更好的生活的途径，而且不仅仅是一种途径；它们必须是运载上升途径中的乘客的工具。那些极力这样要求的人，不喜欢人家说他们希望把低下阶层中的大学教育受益者变成中产阶级的成员。但这就是他们想要的。他们很小心地避免这种语言；“社会流动”这样的惯用说法更能为他们所乐意接受，但这种流动要通向何处？他们不愿意说出目的地，但事实依然是目的地就是“中产阶级”。（我记得伦敦经济学院已经故去的大卫·格拉斯教授曾经痛斥当代资本主义社会，因为大学生中的工人阶级的子女太少了，但话音未落，他又指责大学培养学生从事中产阶级的职业。）

当然，许多要求开启这种“生活机会”的人，对我们中的许多人认为的大学的真正职责，并没有多少关心。他们似乎主要对大学发证书的能力有兴趣。有了证书，就能使它的拥有者获得高薪职位和更高的社会地位。这些社会流动的狂热者对大学进行的知识活动没有兴趣。他们希望接受每一个人，达到有“普遍入学机会”的地步，并发给这些人学位。尽管曾经附着在大学学位上的光环已经消失,但过去从来没有像现在这么多的个人想方设法要得到它,并且拥有大学学位被视为是在社会中的大量相对高层次职位获得任用的必要或最低资格。

这听起来不像是大学在现代西方社会被看得很重的证据。然而,我觉得考虑上大学带来的更高的收入和更高的社会地位这一好处,还没有讲出故事的全部;它确实隐藏着对大学是什么、能为学生提供什么的更深层的敬重。没有大学学位的人,至少是部分地感觉到被剥夺了某种难以言喻地珍贵的东西。我曾一次又一次地听到出租车司机和饭店服务生告诉我,他们生活中的遗憾就是 85
没有"上大学"。无名的裘德*,想成为基督教堂学院(Christ Church)的学生,因为他无知地和模模糊糊地觉得,要是能被基督教堂学院录取,他的生活就会转变到一个比较高的精神层次。年轻人要上学院或大学的热切和常常是无知的冲动,以及许多人要这样做的强烈愿望,很可能都从根本上表明了这样一种信念:大学是一个有吸引力的机构,它懂得神圣的事物,它参与"思想"的生活。因此——这一原因在今天无法用如此"唯心"的语言来表达——年轻人心向往之,而他们的长辈希望他们成为大学的学生。

这些进取者所寻求和渴望的是大学,是现在的或过去的或应该如此的大学。大量希望被录取的人当中的大多数人,对那些想把大学改革成与现在不一样的机构的人所预见的大学一无所知。他们朦朦胧胧和糊里糊涂地知道现存的大学、没有被改造过的或者传统的大学。他们希望到一所大学,这里是一个如一位朴实的

* Jude the Obscure,英国作家托马斯·哈代同名小说的主人公。——译注

看门人曾经对我说的“男孩和女孩们学习”的地方。这些“男孩和女孩们”、他们的父母和他们的老师，对“未来的大学”一无所知——他们不知道“终身教育”、“回归教育”、“卫星传输教育”、“跨学科教育”、“多媒体教育”；他们不知道大学被极力要求变成或去做的所有这些事情。当然，他们也不知道基础研究、不知道被现在的批评者所指责的西方文明中最好的知识传统或任何其他优点的传播。但是，这些相对来说知识不多的人的确知道的有关大学的很少的东西，来自于对现在的或过去不久的大学的模糊认识，这是一种改革者希望人们从记忆中抹去的大学——而不是对未来大学的认识，这是改革者希望出现的大学。

所有这些讨论，在我看来确立了这样一种观点，即至少在当代自由—民主社会中，大学确实享有很高的声望。想进大学的年轻人，要多于想参军或想加入教会或甚至想做职业橄榄球、篮球或棒球运动员的人。他们可能是错的——他们中的很多人之所以想上大学，不是有意或明确地希望以此参与一种高尚的精神上或知识上的生活方式（这与更高的社会地位不是一回事）。

大学在今天受到政府、公务人员、教育学的教授、记者等人士的很多批评。他们的指责有很多的理由——有些理由很中肯，许多理由很蹩脚。大学的确要花费大量的钱财，它们的成就无法用
86 任何明确、可靠的方式来衡量，许多人没有取得成就，而且大学当然没有提出人们寄希望于它们的经济和社会问题的解决办法。但不论怎样，社会还是对它们锲而不舍。大学并不是仅仅因为教授们对它们的生存有既得利益——因为他们的生计和他们对其天职的认识取决于大学的继续存在——才生存下来。这一点永远不够。社会对它们锲而不舍，说到底是因为它们对理想的生存方式

而言是仅存的最好希望。

将近三十年前，当罗宾斯报告发表后，金斯莱·艾米斯(Kinsley Amis)说"更多意味着更差"。当时没有很多人步他的后尘。相反，他的格言常常被引用作为任何一个神志正常的人都不会赞同的一种反动观点的代表。

问题的简单事实是，我们现代西方社会(在越来越大的程度上也包括西方以外比较先进的社会，如日本和印度)在如此多的方面与大学纠缠在一起，使得社会无法离开大学。大学卷入了太多的人、太多的活动、太多的抱负、太多的事业，并发挥了太多的功能，以至于社会无法对它们说出这样的话："大学给我们带来的麻烦够多了，它们花钱太多；为我们服务得不好；它们与我们的平等和社会公正的理想背道而驰；它们没有消除我们的国内财政赤字和国际贸易逆差；它们没有找到减少青少年或成人犯罪的方法；它们没有发现治愈癌症或艾滋病的办法；它们通过发现和发明污染了空气，弄脏了景色。让它们一边去！我们再也不想听到它们了！"

无论权势大小的任何人，根本不可能有机会叫嚷这样的观点。可能会有那些以向大学扔石头为生计的人的公开抗议，有家长的抗议活动，他们对大学是如此不满，一下子就卖了一百万册布鲁姆教授的书，还有搞恶作剧的大量学生的游行示威、漫骂和涂鸦画，他们抱怨那些陈腐的教授们毁掉了他们爬到可诅咒的中产阶级的机会，或者说毁掉了在一个他们指责为崇拜成功的社会中实现获得成功的远大志向的机会。

我在这里勾勒出一个荒诞不经的景象，是想明确显示出它的不可能出现。大学依然还在。许多自我放纵般的对大学的批评，是大学的受益者的一种伪善的行为。他们说真心话，也说违心的

话。他们就像二十五年前激进的学生，这些学生欣喜于辱骂大学并形成自己的“批判性大学”，但是一旦这些他们声称深恶痛绝的
87 学校威胁要开除他们或让他们停学，他们又唯恐避之不及。当芝加哥大学大约四十个“占领者”被大学开除、大约八十人被停学两年时，该校的一份学生报纸——一个辱骂、诋毁大学的倡导者——惊呼到：“想想他们的生计！”

现在来决定现代社会是否没有大学也能够过得去是太晚了——对西方社会而言晚了七个世纪。无论理由好坏，社会必须有大学——在很大程度上就像以往一样。

一个废除大学或迫使它们通过收取学费、向市场出售他们的服务和接受私人资助者的赠与得到的收入自行负责经费的计划，很快就会被抛弃。政府会继续支持大学，因为政府要指望他们，并很希望它们像现在这样。

知识和道德资源

在我看来很清楚的一点是，政府——和私人资助者——将继续支持大学，因为政府和社会都相信，没有大学生活会更糟。政府和社会都明白，没有大学它们就无法存在。还有一个可能，就是大学期望的和它们认为需要的财政支持，不足以应付它们要做的所有活动和安排。

这就产生了一个问题：即使有比它们可能有的更多的钱，大学能否满足对他们提出的众多要求？我怀疑它们能否做到这一点。在这些要求中，没有一项能够仅仅通过科学、技术、社会学和经济学的知识得到成功的满足。或许有些要求根本就无法满足。然而，就科学知识能在某种程度上为解决向大学提出的众多问题作

出贡献而言，大学至少能做一点期求它们做的事情。

就一个方面而言，大学能够做任何其他机构做不了的事情，这就是培养科学家、科学技术专家和医师，并创造科学和生物医学的基础知识。大学自然有知识上的能力来从事教学、培养和研究活动。没有别的机构能够将这三件紧密地互相依赖的事情做得如此好。别的机构，譬如研究机构，可以做很好的研究，在某些情况下比大学做得还好，但它们不能够教学。如果它们这样做了，就变得像是大学了，而且，基于很多原因，它们没有能力同时这样做。在提供科学和科学技术基础知识和培养投身于追求这种知识的人员方面，大学是不可替代的。没有谁能够代替它们在知识上的成就和能力。如果大学不做这些事情，它们就做不出来。

在一个反复不断而又不直截了当的要求中止或放松评价学生 88
和任用教师的标准的时代，自然科学好像是不为所动的。在谈到对那些学习做研究的人的指导时，有些迹象表明不是所有的事情都像应该做到的那样。一些带着比较多的研究人员和研究生从事更多研究项目的资深科学家——“首席研究人员”——对他们带的研究生指导不够。这或许就是在一些美国著名大学最近的生物医学研究中发生的某些不得体的事情的原因。

这些事情看来说明，缺乏的不是学识能力，而是对科学和学术伦理的尊重。几十年以来，一直有对资深教师的不满，说他们躲避本科生的教学，将教学责任甩给被称之为“教学助理”的没有经验的研究生。面对这些指责，他们的回应往往是提到指导研究生的研究也是教学这一事实。年轻科学家中不当行为的事例似乎说明，在研究生培养中，对研究的指导和科学伦理的教育这一部分的教学也受到了忽视。

但是，相对于科学职业的规模之大，不当行为的事例是比较少的——就为人所知的而言。在大部分事例中，教师们非常严肃地负起责任，谆谆教诲科学伦理。在这一方面，将来是让人放心的。大学的科学传统将会得到保持。

对大学的其他部分，就不能同样有把握地说这番话了。尽管有理由可以认定，进入到物质科学和数学等领域的年轻学人将会保持高的学术质量，虽然中等教育每况愈下，对“人类科学”，包括从生物学到人文学科，尤其是现代文学，就不那么有把握了。这些是在学生录取、人员晋升和任用政策上对社会正义的要求做出最积极回应的领域。

21 世纪作为道德实体的大学

大学不单纯是一个教学与研究中心。它还是一个学术进步的
中心。在学术进步的思想中有一个内在的理想。这是一种由理解
所阐明的生命理想。这里所说的理解，不仅仅是对物质和生命世
界的理解。它还包括对人及人的力量与能力的理解，这种人的力
89 量与能力不仅体现在与物质和生物世界的关系上，也体现在与人
类同伴和生命目的的关系上。大学很长时间以来就有了劳动的分
工。后者的任务落到了社会科学和人文学科身上。

看来最有可能的是，物理科学和数学将会应对科学和科学技术知识的要求，以及应对至少是政府和社会所关心的问题的认知要素。我对它们应对的其他方面和问题比较怀疑。首先，社会的正义和治理，不仅仅是、甚至主要不是认知问题。但是，我怀疑社会科学——除了经济学——在目前和将来预期的状况下，对认知

方面有大的作为。社会学的描述能力、但不是其分析方面的成就在某些方面取得了显著的进步;我认为在近期内它们不大可能有改进,因为它们的研究思路不对,并且对此执迷不悟。这些科学已经变得技术化,而没有变得科学化。在还没有变得技术化和具有比较严格的描述性的地方,它们已经变得政治化,并且非常固执。

这对作为学术进步中心的21世纪的大学,提出了一些根本性的问题。

对于在将21世纪的生活强加于大学的条件下,大学能否作为学术进步中心而生存下来,人们已经提出了一些疑问。所有各种带有实用目的的要求将会强加于它们,而它们用于必须做的教学和研究的经费不足。在我看来,由于高等教育机构的劳动分工,大学将能够适应时代提出的要求,而不至于失去其灵魂。起码,它们不会因为所处社会的要求而失去其灵魂。它们也不会因为财政上的困窘而一定失去其灵魂。当然,不论是社会的要求,还是社会提供的经费短缺的问题,都使得大学要成为学术中心更为困难。生存将会不容易。那些坚持威廉·冯·洪堡所设想的办学思路的大学,将会经历一个艰难时期。科学研究是一种花费异常多的研究。在洪堡时代还极少为人所知的社会科学,已经变得既广泛实施,又非常费钱,尽管与昂贵的自然科学研究没有可比性。即使是长期以来不需要仪器和助手小组、由学者个人从事的人文研究,也比过去花费更多,这部分来说是对工作环境的舒适和方便程度的期望值提高的结果。

大学在财政上必然会遇到困窘。在与卫生和福利的要求相互 90
竞争中,大学将不能够筹集到满足其理想预算的经费。大学对更多的经费有无限扩大的"需要",不管它们已经有多少。福利和卫生政策也有不确定的目标，永远不会得到足够的支持。随着卫生设施的增加，对卫生服务的要求增加了。无论对福利服务的支持力度有多大，它永远是不够的。这是一个没有尽头的征程。每一次失败都是对花费更多公共财源的一次挑战。

在大学开始接受允许它们用于如此多的设备、建筑、图书以及便利设施的经费时，它们没有这种竞争。来自政府的经费，即使对一流的州立大学来说，也必然会因经济状况以及其他用项的要求而被缩减。私人基金会在今天不大可能将其很多的收入集中用于私立大学，并支持花费很多、但显示有很少的可以预测的经济收益的学科。私人慈善基金会不希望被人认为它们是“精英主义者”。收入的短缺可能会改变大学过去比较富裕的状况。

将来大学或许有必要缩小它们从事教学和研究的学科范围，因为它们将会发现，为各个领域筹集与它们认识到的必要性相称的经费更加困难。经费短缺的学科可能是人文学科，因为其中的某些学科吸引相对较少的学生，维持能满足需要的图书馆和足够数量的覆盖该学科的教师的生均费用，要高于学生人数较多的领域，尤其是高于那些不需要射电望远镜这类昂贵设备的领域。这些相对花费大的学科，有可能为了“成本—效益”这一上帝而被牺牲掉。

当然，大学从来没有教授每一个学科。从一开始就存在没有设全四个学院的大学。在近代，就存在没有工程或建筑学院的著名大学，存在没有医学院或神学院的杰出大学。

然而，大学的一般模式，是教授所有已经确立的学科的全部，并且只要在知识上已经成熟，就教授更为高深的科学。西藏宗教是一门适当的大学学科，但占星术不是。在目前的情况下，教授藏学和西藏宗教的少数大学中某些学校，可能会考虑中止这些学科，因为相对于较少的来自学费和来自捐助和赠与的款项和利息收入，学习这一学科的学生数量太少，而这一学科需要的教师数量太大。

姑且说某一大学中止了藏学和亚述学，或许还有埃及古物学。91
这在它们对大学特别重要的时代，尤其是在目前的状况下，是对人文学科的重大打击。我在这里指的不是知识上的重要性，而是这些学科的教学对大学的精神经济(spiritual economy)的重要性。

人们常说一所大学不仅仅是它各个单独的系科和行政部门。它被认为是一个整体；至少它的某些成员认为它应该是一个整体。很难说他们指的是什么；说这些话的人中有很多人难以告诉别人说大学应该是一个“整体”到底是什么意思。然而，它不是凭空想象出来的东西。关于“整体”，他们指的是，大学的所有或绝大部分，都被其成员认为是在具有共同的价值观这一意义上有共有的归属。当大学的各个成员因为所有人都坚持的某些共同价值而将自己视为其中的一员，一所大学就是一个整体。这其中最重要的是对基本真理和追求它们的手段的共同价值。不是一所大学的所有人都追求这些基本真理，即使在最好的情况下也是如此。他们不是同等程度地参与到这一集体的自觉意识之中。对于大学作为一个整体这一思想的代表，有些人比其他人表现得更卓越。

在过去的两个世纪里，代表这些价值以及体现这些价值的大学的更为卓越的人中，有些是人文学者。人们发现关心大学作为一个整体的，正是大学里的人文学科，有些是其中的高深学科。这或许是一个时期以来的积淀，在这一时期，古典研究和圣经研究，包括古代近东研究，是大学的核心，这些学科的教师们坚信他们在整个学术界的中心地位。其他学科的教师，譬如政治学或遗传学的教师，可能认为自己处于边缘，但古典学科和圣经学科的教师不会这样认为。当人文学科在本世纪逐渐包括了当代英语和欧洲文学,这些新学科从来没有获得过包括古代近东研究在内的古典学科或圣经学科的尊贵地位。在美国的大学里,从中世纪英语研究和莎士比亚研究的传统继承下来的英国文学研究,在美国大学和美国上流社会文化有比较浓厚的亲英倾向或比现在更为以英格兰为中心的一个时期内,曾经有与古典学科相媲美的声望。

这些学科合起来,被它们的实践者视为大学的核心学科。这些学科的学者还是专业化的,就像自然科学家一样,但古代人文学
92 科的学者,还是摆出一副自己是普遍文化的博学者的派头。经验主义的自然科学家不会这样考虑自己。

这一切都发生了变化。物理科学、数学和天体物理学,以及在比较低的程度上包括生物科学,尤其是遗传学、分子生物学和进化生物学,走到了大学的前沿。它们在一个对它们的学科来说是知识和经费上的兴盛时期和坚定不移地专门化运动时期做到了这一点。这些学科的大多数科学家往往对大学作为一个整体没有兴趣。对他们来说,大学是一种行政管理上的方便,是一个教员俱乐部,一个系的教师可以在这里共用午餐。大学的中心行政是一种负担,是对科学家个人通过自己的努力从校外获得的经费收取高额管理费的机构。

有必要将东方和古代古典研究在知识上的贡献与它们的教师在大学中的重要性区别开来。有大量对大学的关心方面非常突出的学术人员不是来自这些领域。进一步来说,古典学科的学者、研究古代中东、中国、日本和印度的学者,在今天与任何物理学家、生物学家或经济学家一样,在其研究与旨趣上也是专门化的。然而,我有一种多年形成的印象,就是这些人文学科的学者是学术精神

的主要的承载者。任何大学的中心行政管理层为了节省开支而取消某些学生人数很少的学科时，首当其冲的正是他们的学科，进而是他们在大学中的存在。这不是说这些学科将会从学术存在中被抹掉。它的确意味着一些重要的大学，将不得不放弃曾经在整个机构的存在中发挥过至关重要作用的某种东西。

不能指望现代西方人文研究来发挥这一至关重要的作用。目前，这些学科对大学的理念是一种威胁。作为它们希望带来的在社会和整个世界的革命的一部分结果，它们试图摧毁大学的理念。它们想摧毁它们被委任要传递、研究和阐释的知识传统；它们想摧毁它们所存在于其中的社会。当然，它们的理想是一种幼稚的幻想；它们的目的不会得逞。它们喜欢那些将要终结西方文明的语言风格。它们唯一的支持者是在大学里，这些人已经确立了较之于行政人员的优势地位。他们可不是毫无影响；他们已经控制了某些学术团体，并且他们时不时地能够在政府机构和立法者面前发表他们的看法。最重要的是，他们控制着他们所在系的人员任用决策。他们行动一致并坚持不懈。他们憎恨大学，并希望利用 93
他们在大学里高枕无忧和薪酬丰裕的身份，来废除大学作为一个学术进步的所在。

对大学作为一个整体的意识和关切，是学术精神的关键要素。科学精神的重要性，绝不亚于恰当的学术品行。科学精神与学术精神有部分是重合的。对可靠证据的开放心态、在证据——自己的和他人的——评价上坚持的严格的原则、观察记录上的诚实、证据解释上的一丝不苟，证据解释上对不同程度的确定性的区分、对他人观点的公平对待等等，在科学中绝对是至关重要的。它们是履行科学思想和对其他参与到科学思想中的科学家的责任的宗旨，不论他们身在何处。

学术精神肯定所有这些责任，但还要加上对机构、大学、系和对自己所在大学的学术专业和任何地方的学术专业的责任。这意味着在确定什么是真实的和对目前和预期的同事的工作做出评价时，对友谊的忠诚、对归属于任何政治、种族、民族、性别或宗教上的支持，必须搁置一边。学术的标准，即在知识、科学和学术上的成就，必须压倒所有其他方面。学术精神不认可在人员任用上引入政治标准。在最近建立的共产主义国家和在共产党规模和影响很大的国家，在学术人员的任用上政治标准成为第一位的。

即使在其国家更好的大学里，政治、种族和宗教标准的诉求也从来没有完全断绝过。譬如，在1918年之前的德国，任用一个社会民主党人做教授是非常罕见和困难的。然而，这种政治上的排斥本世纪在自由—民主国家的大学里已经不是一个突出的特点。可是，就是在这些国家，偏离学术精神却成为第二次世界大战以来的一个突出现象。这在自然科学领域没有任何严重的后果，但在社会科学尤其在人文学科，却是一种值得注意和防范的危险。

与在极权国家学术人员任用上实施严格的政治标准不同，这种要求是由外部强加的，在自由—民主国家，人员任用上实施的政治标准是由教师中的强势团体从内部强加的。这是一种严重的对学术精神的背离。

英语、美国文学和比较文学等，都是比较大的系，尤其是前者。减少那些没有成本—效益的系的数量的决定，不会落到英语系头上，也不大会落到比较文学系头上。这些决定有更大的可能落到古代中东研究、印度学、汉学以及类似学科身上。

如果仅仅是英语系受到这种反律法主义态度的影响，就已经

够糟糕的了。但事实上，历史学、人类学、社会学和社会科学领域 94
的其他系正在受到同一观点的影响。“同性恋研究”、“性别研究”、“非洲裔美国人研究”（最近叫“黑人研究”）得到了促进。这些学科会不会被置于“成本—效益”专家的考察，还要拭目以待。院长、教务长和校长们必须比现在更强势才能缩小它们的规模。他们会受到这些科学的教师言辞激烈和辱骂般的抵制，学生，包括本科生和研究生，将会被招来助威。

在现代人文学科的各个系的各种反律法主义以及它们在社会科学的各个系和各种冠名以“某某研究”系中的同盟军，尽管在学术人员中是一个小团体，但他们在学术政治上工于心计。他们有可能继承了20世纪三四十年代少数学院和大学中共产党基层组织中的政治同路人的手段。他们的继承路线看起来是清楚明了的。在任何情况下，他们都组织起来，并且，在学术政治中，一个具有占支配地位的政治标准和目标的小而稳定的团体，在一个关心自己的研究和自己大学的研究生和校外自身学科的研究生的教师群体中能够产生相当的影响。在大部分学科，大多数教师没有强烈的政治热情。然而，除了商学院、医学院并且在某种程度上还包括法学院，大多数大学教师的政治观点集体地是自由主义的，因此，他们对乱党行为并不是全然不能容忍甚至是同情。

前景展望

我丝毫不怀疑我心目中的那类大学将会在相当广泛的活动范围内能继续发挥作用。要求它们做的事情太多了，而且它们在各自的历史发展阶段表现出足够的适应性，使之非常可能满足对它们提出的要求以继续得到它们将会需要的很大一部分财政支持。

尽管有个别相反的事例，但科学精神是坚固的，并可能继续坚固。大学的科学部分在我看来是相当稳妥的。

95 大学的批评者常说它们不是非有不可。所有需要做的研究可以由研究机构和政府、工业与商业性实验室来做；剩下的学院和大学因此可以集中于教学。这些高人宣称，“洪堡大学”时代已经过去。他们中的许多人基本上对威廉·冯·洪堡的思想和著作浑然不知；但是它们所说过“精英主义”并反对它，而洪堡的名字散发着“精英主义”的味道。因此，他们反对“洪堡大学”，并且希望它消亡。

威廉·冯·洪堡所设想的大学理念的一个最主要的特点是教学与研究的统一。用克拉克·科尔的话来说，洪堡所设想的大学是“研究型大学”，而“大学”与研究同等重要。洪堡有各种理由希望将两者结合在一起，反对在德国——主要是在普鲁士——酝酿了几十年的将两者分开的建议。其中一个理由看起来是不言自明的，即如果没有对科学家的教育和培养，就没有承前启后的一代科学家；另一个理由是，由没有在这些领域做过研究的教师来教授这些科学学科，就无法激发科学的想象力和好奇心。（在我看来，这一点从印度加尔各答、孟买和马德拉斯的“大学学院”可以得到很好的证明。在这些学院，教学是优异的，但它不能激发从事研究的抱负，因为教师认为这不关他们的事。）

不论对研究与教学的相互依赖还能说些什么，有一点是明确的，即如果要激发有潜力做科学家的人成为科学家，他们就必须在大学里由已经是科学家的人来教授，这指的是他们不仅是科学教师，而且是做研究的科学家。总之，按照今天要求的和最近的将来可能要求的所具有的规模的未来新的科学知识的生产，将取决于这种科学知识的生产者是否曾经由从事研究的科学家教授过。未来科学知识的生产以及由此衍生出的未来富有成果的科学家的提供，取决于体现洪堡理念的大学的继续存在。如果大学消亡，它们也会消亡。如果大学衰微，它们也会衰微。

问题依然是，大学——即主要的大学，研究型大学——能在21世纪的条件下生存下来吗？

外部条件——社会的和财政的——将不会宽松，但它们也不
是严重的威胁。一流大学在21世纪的生存将取决于大学的内部 96
条件和科学精神与学术精神的状况。

前者——科学精神——目前情况很好。它不是没有问题。某些外部问题是财政方面的，例如为最有前途的年轻科学家得到恰当的任用；有些问题是道德方面的，例如教授们对于如此多的他们无力督促和指导的项目，抵制做“首席研究人员”的诱惑的能力。他们做不到这一点就会对坚持科学精神构成威胁。

学术精神看来并不同样牢固。很多科学家的专门化和知识上的狭隘性使它的程度得到降低。由于社会科学家的政治党派性、对自己学科的沉醉——几乎总是对他们所处的当代社会的沉醉——以及在大学以外寻求资金以支持自己的研究的必要性，他们对大学之外的社会是如此关心，以至于对大学的其他方面发生的事情没有兴趣。他们对此浑然不知，也漠不关心。

人文系科的成员，尤其是那些主要从事本科生教学的人员，曾经有关心整个机构的传统。的确，他们有时认为他们就是机构本身。这一传统可以追溯到他们事实上在大学中具有支配性权利、他们自身的学科没有那么专门化，并且他们的研究没有那么多的

一个时期。目前的状况有很大不同。这一传统已经很弱。与老式学问相联系的各个小规模的系，面临着为了节省开支而进一步萎缩或废止的危险。比较大的系被一种邪恶的幽灵所控制。少数人的粗鄙好斗和多数人的懒散迁就，使这些系笼罩着一种与学术精神完全对立的幽灵。

像目前率先在现代人文研究领域各个比较大的系盛行的对学术问题的愚蠢观点一样的任何东西会生存下来，让人难以相信。然而，在当前大多数大学学术精神削弱以及大多数学术行政人员在有争论的问题上胆怯、懦弱和漠不关心的状况下，当前趋势的蔓延不大可能通过问题所涉及的系之外的、来自大学内部的决定而得到制止。在当前解放主义被视为自由主义的标志的状况下，不大可能有任何明确而持续的努力去劝阻解放主义者、多元文化主义者和解构主义者不要做出有害的愚蠢举动。

这些愚行是否会在自身的知识空虚中逐渐中止，还很不确定。它们属于一种传统，其长期的存在说明它的生存不仅仅是一种“生存”，一种没有任何的自身生命力的残余。它是西方马克思主义和
97 痛恨资产阶级社会的放荡不羁的文化人等等的继承者。它有各种形式，但它有一个恒定的主题：对这一社团在其中发展起来的公民社会和西方文明的痛恨。在过去，这种观点有少数的、但其声音可以听得到的追随者，其中有些人具有杰出的才智，但他们基本上从不在大学任职。他们不寻求大学的教职。目前的混乱，是美国社会更广泛的玩世不恭化过程以及随之带来的人类必须从所有的传统和规范、所有极具危害的对理性和客观性的信念中解放出来这一信念蔓延的一个部分。

某种主义社会的彻底和公认的失败，除了那些致力于某种类

型的计划经济和专制政权的人，对任何其他人并不是严重的抑制。这对于一般意义上对生活和对自身社会的放荡不羁和解放主义的态度而言，不是一个失败。

生活在某所大学是舒适的。这为放荡不羁的文化人提供了自由，还有不菲的薪金和终身的教职。这比那种艰难度日、吃了上顿没下顿的日子要好得多。我看不出学术界的放荡不羁者有何理由要放弃大学的舒适，我也不认为会有任何的人员短缺，要任用反律法主义者，让他们既享受大学的好处，又有放荡不羁者的自由和自我放纵。这比大公司的办公室人员的庸人生活薪水要高得多，也要安逸得多。

我看不出将会出现一代勇敢而有才智的大学校长、教务长和院长，他们在必须对系里提出的人员任用建议予以批准或否决时能够有识别力的判断。在大学的其他部分，我也看不出关心整个大学的力量在上升、能够有效地抵制现代人文学科漠视学术标准的做法。

或许这没什么影响。英语系的文学研究的很大一部分——例如某些次要作家的一千页的传记——不是很好；现代传统的这一部分可以不要。伟大的文学作品依然会存在，并将继续得到大学之外的人和大学里的某些人的欣赏，就像它们在文明历史的大部分时间里所经历的那样。

让文学生活和文学作品评价中这么多的部分由大学来承担是一个错误。只要放荡不羁的文化人、潦倒文人和大学之间的屏障依然像过去那样不起作用，就不可能——并且也不完全合适——将对当代事物的集中关注从大学排除。

当然，没准会出现新一代的校长、教务长和院长，他们会说“就 98

此打住”，并且在面对种族主义、侵犯学术自由、新殖民主义、性别歧视等等的抗议时能够坚持。我对此无法预见。即使言辞强烈、性格固执、敢作敢为的校长，也没有表现出对现代人文学科的这些新动向的关注。

这样，问题就归结为大学能否抵挡住它自己内部的敌人。它很可能做得到这一点。某些部分将可能依然强壮，而其他部分则很虚弱并容易染病。说到底，巴黎综合技术学校（École polytechnique）是一个伟大的机构，而它没有人文学科。

或许，拿破仑将会取代威廉·冯·洪堡，作为我们学术知识生活的指路明灯。

注 释

① Bloom, Allan, *The Closing of the American Mind: How Higher Education Has Failed Democracy and Impoverished the Souls of Today's Students* (New York: Simon and Schuster, *1987*).

② Sykes, Charles, *ProfScam: Professors and the Demise of American Higher Education* (Washington, D. C.: Regnery Gateway, 1988).

③ Kimball, Roger, *Tenured Radicals: How Politics Has Corrupted Our Higher Education* (New York: Haper & Row, 1990).

4. 重压之下的学术精神

第二次世界大战爆发之前的十年，对大学是一个艰难时期。世界范围的经济萧条对大学产生了影响，就像它影响了所有其他机构一样。在或许是受打击最轻的英国，大学毕业生的就业机会没有明显的下降，但大学没有录用很多年轻人从事教学。对已经确立学术地位的大学教师的约束没有放松。少数人成为共产主义者或共产主义的支持者，但这不妨害他们所投身的教学和研究任务的进行①。他们没有试图迫使他们的大学服从于他们的政治目标。

在一个胸襟狭窄的部级官僚机构的控制下，法国的大学办得单调乏味。它们的毕业生很难找到工作，教师们逐渐变得在政治上有些更为激进。然而，法国的学者们保持了他们的传统观点：教学是苦差事，指导论文稍稍好一点儿，搞科学或学术研究是最好的。

在美国，大学受到的影响更甚。工资水平下降了；新聘用的人员很少，并且在大萧条中期，甚至学生人数也稍有收缩。但是那些坚持不懈或在大萧条时期崭露头角的人，对学术的天职没有新颖的见解：它像过去一样，是一种毕生与书籍、科学实验室和青年学子们打交道的生活。纽约、威斯康星和加州的少数年轻教师的激进主义，并没有减弱对学问的献身精神，他们关于学问的观念，是从圣经研究转到历史与自然研究的过程中形成的。

100 在德国，大学受到一场灾难的打击。很大一部分教学人员基于道德上的理由被解职；学生人数从1931年的124 500人减少到1935年的85 000人。新的人员根据政治和道德标准来聘用，许多资深或新任职的教师，极力鼓噪纳粹的口号，这站到了学术的对立面，但能讨好已经政治化的学生的偏见。那些没有被开除的人，没有从道德上感觉到必须辞职的人和那些没有成为纳粹分子的人，在一种与过去的德国大学的庄重严肃——常常是压抑得令人可怕——迥然不同的氛围中默默前行。尽管有许多教授向纳粹政权讨好，但纳粹领导人并不掩饰他们对大学的敌视态度。

在意大利，到20世纪20年代末要求对法西斯政权宣誓效忠就已经对大学造成了伤害，经济萧条和1938年的种族法律产生了与在德国相似的影响；不论是年轻的还是已经成名的杰出学者，都不得不去职流亡。趋炎附势者得到聘用，其他人得过且过。但是，在20世纪20年代一直到1938年的罗马，物理学异常地收获颇丰。西班牙的大学在一段时间以来被英国、德国和法国的大学远远甩在后面。内战使研究中断，许多教师被迫流亡，那些幸存下来的人也情绪更加低沉，使得西班牙的大学更落在后头。西班牙在学术上更是成为一潭死水，学者们的士气也随之下降。

战争中的几年更加剧了经济萧条的趋势。在所有参战的国家，已经进入大学或者那些要不是战争就能够上大学的年轻人应征入伍，使得学生人数急剧下降。由于20世纪30年代的财政紧缩已经减少的教学人员，这时也被政府部门的军事和民用服务耗尽资源。建筑物的状况在恶化；在德国，在较低的程度上也包括英国，许多建筑物被敌方的军事行动毁坏。

然而，尽管有经济萧条以及后来的学生和教学人员的损失，在英国和美国，强大的学术传统表现出极强的韧性。在战争期间，就像在经济萧条期间一样，大学依然是富有成果的科学和学术知识的中心。最好的学者坚信他们所做的事情的价值，传统、学术力量和坚定的信念结合在一起，产生了骄人的成果。自然科学即使在经济萧条的 20 世纪 30 年代也是一个繁荣时期。由于它们的巨大进步需要的物质设备还相对来说花费不多，在经济萧条期间，它们在财政上的窘况没有使它们受到很大的束缚。在第一次世界大战后开始出现或进一步扩充的财政支持的新做法，起了很大促进作用。在 20 世纪 20 年代，美国已经发展成为自然和社会科学的一 101
个重要中心；由于压制性的种族歧视法而导致一部分德国人和意大利人被迫离乡背井来到美国，增加了美国的力量，加之私人慈善基金会的积极作用，导致美国可以进一步获得具有创造性的人力，这使得美国在参战时已经走到这些科学领域的最前沿。第二次世界大战虽然使科学家失去了学生，但给他们带来了前所未有的物质上的富足，增强了他们对所从事的专业的信心。科学领域在知识上繁荣起来，尽管在一段时间内是秘而不宣的。

在人文和社会科学学科，19 世纪人文主义的博学传统依然盛行。研究基本上是以一种手工艺的方式进行，并且只要想做研究，在经济比较窘迫的条件下也能进行。研究活动由被任用为大学教师的学者完成，这类研究所需要的人员总量不大。研究费用常常由学者们自己掏腰包，也有来自科学院所、基金会、个人资助者和大学自身专门用于支持研究等方面的微薄款项。由于人文学者没有被吸收为战争服务，并且尽管他们也失去了学生，他们仍然可以在几个国家工作。在被占领国家，物质上的艰苦和纳粹的压制使学术受到重压——一些重要的学者或被杀死在集中营或被德国士兵处死，或被逮捕——但学术并没有消亡。在轴心国家，统治政权的残酷压迫与物质生活上的艰苦结合在一起，使得学术工作更加困难。在这些地方，学术在苟延残喘，并且事实证明在后来比较有利的时期也很难复苏。

在经济萧条时期的美国和英国，社会学、政治学、经济学和人类学做出了有价值的工作。在这两个国家以及在法国和荷兰，史料编纂(historiography)繁荣起来。战争给了美国和英国的社会科学家很大的促动。许多人因此能够从事某种在过去十年不可能做的研究，在民间兴盛起来的一些思想，战后在政府和军事部门开始形成。发现的愉悦没有被减弱。

在美国和英国以及西欧一些比较小的民主国家，无论是在经济萧条时期还是战争期间，大学普遍受到尊重。它们在各自国家
102 被认为属于重要的机构，就像教堂、军队、高级文职官员、司法部门和私人企业一样。它们没有被认为天生就比这些机构更为重要，而是与此有大致相当的价值。

基本上来说，大学受到的尊重是基于它们对真理的客观冷静的关注，基于它们通过培养年轻人从事重要的学术职业、通过它们的科学和学术成就以及通过它们在战争与和平期间服务于所处的社会而为国家的利益所作出的贡献。即使在战前，它们在所有西方国家也被认为是改进人们生活的那类知识的源泉，它们保护人们的健康，通过提高工业、最重要的是通过提高农业的生产率提高了人们的生活标准。在战争期间，它们在军事技术上作出贡献的能力赢得了更多的赏识。这在美国尤其如此，在这里，人们传统上就期望州立大学和工程学院关注在当前有直接的实际价值的问题。

在美国,对于学术生活应当如何,在比较严肃的外行公众——关心高等教育的州立法者、高等教育私人资助者所来自的那个社会阶层的成员以及比较严肃的政策评论家——的期望与学者的信念之间,过去存在近似一致的看法。英国的情况也没有多少不同,尽管双方对大学能够为工业界和政府提供的直接服务没有那么关心。即使是第二次世界大战的经历,也没有从根本上改变外行人或学术专业人员的这些看法。

在法国,在第一次世界大战结束后的二十五年中,公务人员和立法者对大学的认可程度很勉强。除了它们应该使年轻人成为称职的专业人员和中级文官,此外对它们没有多少期望。许多学者相应地对它们的作用有一种乏味的认识。法兰西学院、巴黎高师(École normale)、高等研究应用学校以及索邦的传统中,带有一种在研究和高级教学中要达到最高标准的责任感。一般来说,在西方国家,除了在英国古代大学的学院和美国的某些小规模的文理学院,本科生的教学被看作是学术职业的首要目标,教学任务被当成是学术职业的一个不可避免和不容置疑的部分。但是,研究生和某些专业学院,尤其是医学院,在美国还包括法学院学生的培养,被予以特别的关注。

在德国,纳粹统治的十二年使大学的自尊受到沉重打击。与 103
此前的德国政府不同,纳粹政府并不看重大学。尽管德国的许多大学教师在痛恨共和政权之后欢迎纳粹,但纳粹对他们并不赏识。纳粹任用在学术或科学上没有任何成就的拙劣人士担任领导职务。那些留在大学里的正派的德国人,为他们对这种做法的默许和为纳粹的人员任用及其政策所带来的侮辱而感到羞耻。那些身处邪恶环境的善良之士没有丧失对学问的热爱,但为自己作为德国人和曾经是令人自豪的教授而感到耻辱。他们对那些基本上已浸透着国家社会主义的反知识观点的学生,没有任何亲近感。他们从年轻一代人身上看不到希望。

在大多数西方国家,除了那些处在集权或独裁统治的国家——德国、意大利、西班牙和葡萄牙,人们普遍认为大学成员的崇高地位,使他们有资格获得按照他们各自不同的学科和机构的规则和传统追求真理的自由;确实,人们认为这种自由对他们有效地行使职责是不可或缺的。人们还认为,他们应该同样享有在一个自由和民主社会中公民的政治行动的自由;在大多数西方国家,人们普遍相信,即使一个大学教师有激进的政治观点,但只要这些观点没有被强加于他的教学,在他的任用和晋升上就不应该予以考虑。

学者们珍惜他们的权利,但在他们的同事被剥夺学术自由权利时,他们很少有捍卫同事的权利的勇敢之举。英国的学术职业可能不仅最不受外部干预,而且在人员任用问题上严格执行知识和学术标准时最不受内部限制。在德国,学术自由的文献数量最大,规定最详细,并且竭力主张一旦获得执教资格或被任用,学术职业的成员必须免于外部的干预,他们对捍卫那些事实上自由受到侵犯的人的权利也不大热心②。

在德国,在1918年之前——与英国、瑞典、法国和意大利不同——社会主义者很少得到大学的任用。在这一严格的限制下,那些得到任用的人享有,并且他们也意识到享有讲授自由(*Lehrfreiheit*)的特殊权利。尽管有一些引人注目的侵犯学术自由的事例,像海德堡的贡贝尔(Gumbel)事件③、汉诺威的莱辛(Lessing)事件④和其他几个事件⑤等错在学术职业界而不在政府,在魏玛

共和国时期整体上标准还是能得到遵守的。在魏玛时期对学术自 104
由的公然侵犯，主要发生在教师优先考虑政治和种族的评价标准和其他场合。即使是那些为威廉帝国(wilhelmian Reich)哀鸣、痛恨自由、民主共和国的反动教授，也坚定地忠实于老的教授治校的思想。确实，他们对共和国的其中一个指责——一个不公平的指责——是新政权毁坏了老大学，损害了它的尊严。然而，学术精神被德国许多学者和科学家的党派政治和种族倾向性所削弱。国家社会主义者掌握政权后，传统标准马上被与此恰恰相反的标准所取代，并且这种取代在德国学术界受到广泛的赞赏，起码在开始时是如此。

在意大利，同在德国一样，法西斯政府取代了一个对学术自由表现出高度尊重的政权，随着时光的推移，取而代之的是一个与国家社会主义德国的做法越来越接近的政权。甚至在与纳粹德国结成联盟之前，卡洛* 和奈洛·罗赛里就遭到迫害——他们后来被谋杀。吉艾塔诺·索威米尼** 和朱塞佩·波吉斯*** 被迫从意大利的学术生活中退休。对宣誓忠诚于法西斯主义的要求，很多人屈从了，另外还有很多人迫不及待地这样做。

---

* 卡洛·罗赛里(Carlo Roselli，1899—1937)和奈洛·罗赛里(Nello Roselli，1900—1937)是兄弟。哥哥卡洛是意大利反法西斯运动的领导人，弟弟奈洛是历史学家，他们在 1937 年被墨索里尼下令杀害——译注

** 吉艾塔诺·索威米尼(Gaetano Salvemini，1873—1957)，意大利历史学家，曾任教于墨西拿、比萨和佛罗伦萨等大学，1919—1921 年担任议会议员，后因反对墨索里尼的法西斯统治于 1925 年被捕入狱，获释后移民美国，在哈佛大学教授历史。——译注

*** 朱塞佩·波吉斯(Giuseppe Borgese，1882—1952)，意大利作家、哲学家和政治学家，曾任教于罗马和米兰大学，后因反对意大利法西斯政权移民美国，在史密斯学院和芝加哥大学等学校执教。——译注

在美国，尤其是在主要的私立大学，学术自由在 20 世纪 30 年代和战争期间普遍非常广泛并得到尊重。然而，在州立大学，甚至在某些最著名的州立大学，大学教师在其公民角色中的自由原则，在各种情况下受到州立法机构和民间组织以及受到有权势的——尤其是富有的——个人的侵犯。在时不时受到困扰的大学的内部，这些政治上的侵扰无疑是错误的，并且与学术生活的正当秩序相对立。对这些侵扰人们有很大的反感。但就整体来说，在经济萧条甚至在战争期间，学术自由和大学教师在学术领域之外作为一个公民的自由程度提高了。这种改进的某些部分，可以归因于公众对学术职业尊重程度的提高和相应地从本世纪初以来的重要成就所导致的学术职业的自尊程度提高的复杂结合。

在瑞士和在斯堪的纳维亚与低地国家，学术自由极少受到侵犯。大学教师受到尊重，他们自己的规章框架或者那些——尽管由国家为他们制定——承认大学在自我管理上的自主权以及它的
105 成员根据自己最好的见解从事教学与研究的学术自由的规章框架，使他们能够在外部干预实际上微不足道的条件下做自己的事情。大学教师的崇高地位受到外行公众的承认，学者们则视其为理所当然。同样在法国，尽管对大学的预算和课程计划有高度集权的政府控制，但大学教师的学术和公民自由得到牢固的确立，从未受到质疑。学者和科学家得到更广泛的公众的尊重。

在所有西方国家，除了集权和独裁的国家，尽管它们度过了艰难的时期，但在大学内部，对于它们的根本和恒久的使命和责任的界定以及学者的义务从来没有疑问。这就是基于以最谨慎的方式所做的冷静、积极的研究和对新的真理的追求，教授他们知道的最

好的知识。在如此做事的时候，大学教师们相信在生活中发挥着不可缺少的作用。这一看法得到广大公众中的有影响的那部分人的认同；人们承认大学丰富了国民文化，为国家的荣誉作出了贡献，为各种专业提供了受过训练的年轻人，并提供了能够增进健康与财富的知识。能在一所大学或学院教书被那些从业者认为是一种光荣而受人尊敬的事。上大学被许多大学生认为是相对来说一小部分年轻男性、更少部分年轻女性的一种殊荣——对这一点的认可背后有各种不同的动机。大学在所处社会的地位的提升，使得学者们更容易相信，他们坚持的标准是正确的标准。

在战前的一个时期，大学并不处在公众强烈而经常关注的中心。一所大学的科学家的一项重要发现或者非常鲜见的一场政治骚乱，或许能引起任何西方国家媒体的注意；在美国，侵害学术自由的事件或反对颠覆性活动的运动，或许不时地能使大学引起公共媒体的注意。美国的体育竞赛——这在英国没有那么经常，在欧洲其他国家几乎从来没有——引起更广泛的公众注意到大学的存在。否则，大学基本上就是埋头于自己的教学、培训和研究等学术性工作。总体来说，它们过去就是如此。

当然有许多例外。有些人一事无成，他们令学生厌烦，也没有教给学生什么东西；有些人——多数如此——没有做出什么有价值的研究。有些人在大学里“玩政治”。有些人的兴趣点基本上在大学之外——园艺、股市、俗世的快乐或社会改革。尽管有这些例外，标准还是明确的，并且没有受到质疑。[6]

第二次世界大战后的扩展 106

第二次世界大战之后发生了很多变化。首先是年轻人从服兵役中解脱出来之后，学生规模大大增加。战时积累起来的“亏空”正在得到补足，并且有过之而无不及。对复员军人的助学金，不仅帮助了那些如果不是被征入伍无论如何都要上大学的人，也使那些如果没有这笔钱就会因为没有财政来源而上不了大学的人有可能上大学。战前不能送子女上大学的社会阶层中的年轻人大量入学，极大地强化了新近上大学的学生补足战时“亏空”的局面。

大学的教学人员也有显著的增加，其中级别较低的人员增加最甚。在经济萧条时期录用人员减少以及在战时基本停止录用教学人员之后，必须有快速的扩充以满足教学的需要。欧洲大陆的大学比英美国的大学做出的反应要慢一些。

在德国，根本没有可供录用的候选人，并且，由于那些最臭名昭著的纳粹分子被清理出去，教学人员进一步缩减。流亡国外的学者和科学家很少有回来的。有些年事已高、在纳粹时期就已退休的人又被召回学校。教授讲座时听课人数很多，这使得仅仅增加听专业讲座的人数就能维系旧有的体系。讨论课的规模变得极大。尽管如此，欧洲大陆的大学还是在缓慢地扩大它们的中层学术人员(*Mittelbau*)。这一扩展引起许多老学者的厌恶，认为这对旧有的大学模式是一种灾难。德国的大学任职资格和法国的教师会考(*agrégation*)限制了人员的录用。但是，就是在这些国家，教学人员也增加了。新录用的人员通常来自在大学拥挤不堪、教学质量低下时接受培训的那一代人，当时专业讲座成为高等教育领域一种拙劣的模仿。

英国和美国的大学变化比较迅速，比较大的美国大学也借助于设立或扩大“教学助理”这样一个层次。英国最大规模的扩展，直到 20 世纪 60 年代实施以罗宾斯爵士为主席的高等教育委员会提出的建议时才开始出现。英国大学因此能够利用从1945年开始的适度扩展所带来的结果，但就是在英国，大学也感受到了缺乏非常称职和具有高度献身精神的人员所带来的外部压力。

在扩展所经历的二十五年中的任何阶段，其中一个结果是中
学的教学人员的流失。不仅那些本来可以成为很好的中学教师的 107
人被吸引到大学教学中来，还有一些已经从事中学教学的人转到大学。这一很少引起注意，也没有充分的文件证明的现象，不仅在大多数国家降低了中等教育的质量，也对大学的使命这一问题的看法产生了严重的影响，这一现象在美国持续的时间要比其他国家长得多。上大学的中学毕业生越是准备不足，大学就越是要从传统的使命中分散精力。后来，美国实行了"开放入学"，一部分必须做的教学不仅是基础性的，而且不得不带有"补救性"。这意味着录用教师从事这种教学是一件不得不做的事情，但又有违于学术的传统。它还意味着学术人员在知识上的严肃性受到了影响。

高等教育不再被认为是一种殊荣：它开始被认为是所有年轻人都应该追求的、有益于自身的一种权利。大多数期望或接受扩大数量的西方国家的政府，今天对高等教育变得要比过去慷慨得多。它们开始程度不同地提供建筑经费，创办新的大学，建立新的图书馆和设立新的教学岗位。

远大前程：基于科学的社会理念

由于战时所重视的各个领域的研究所取得的成就对它们产生的印象，各国政府开始关注于维持高水平和大规模的民用与军事科研的政策。它们担心可能没有充足的"科学人力"以满足旨在提高军事力量和优势以及改善本国人民的健康和经济福利的各种社

会需求。这自然意味着支持大学里的科学学科的研究和教学——起码在具有将大学视为科学研究的引力中心这一传统的国家是如此。这是导致美国的高等教育越来越依赖于联邦政府财政支持的一系列决策的主要根源之一。同样的事情也以稍稍不同的形式发生在英国,英国大学在更早些时候就依靠中央政府支持它们的教
108 学和培训;在英国近代大学中,这种做法在第二次世界大战之前就已取得支配地位。这种情况也发生在西德和加拿大——同美国一样,在这些国家,在中央政府支持科学的模式传播到全世界之前,联邦体制拒绝中央政府在高等教育中的支配地位。科学家和技术专家的培养,不是这种高等教育支持模式的唯一目的,它要达到的效果,是让大学与以前相比更加密切地参与到中央政府的事务中来。

各国政府也开始直接在研究上花更多的钱。它们这样做,一方面是靠大大增强政府部门的研究活动,一方面是靠支持独立的研究机构,如由[德国的]马克斯-普朗克学会(Max-Planck-Gesellschaft)、[法国的]全国科学研究委员会(Conseil national de recherché Scientifique)和[英国的]医学研究委员会(Medical Research Council)所维系的机构。它们这样做,也靠与私人机构,如企业公司和研究机构签订合同;这在美国尤为普遍。它们这样做,还靠向大学拨款或与大学签订合同。所有这些活动增加了对研究工作者的需求,并因此使大学能够培养更多的研究生、利用更多的人从事研究。给大学的每一笔研究款项,通过提供给合作者的工资收入,聘用研究生做助理和合作者参与到政府支持的研究项目,使得能够培养更多的研究生从事科学事业。于是,大学的科学研究机构兴盛起来。这带来的其中一个结果,就是大学的科学家们

变得不那么以他们的大学为中心了。大学成了为他们的研究项目提供场地、管理他们自己获得的研究经费,并提供某些便利条件的方便设施。已经被专业分化和各个系的规模的扩大所削弱的作为一个共同体的大学,失去了凝聚力。

这种在促进科学上的政府政策的变化,是包括“以科学为基础的工业”思想在内的各种思想运动的一部分。这发展成为“以科学为基础的社会”的思想。大学看起来自然成为这样一种社会得以建立和维系的工具。“以科学为基础的社会”的思想,部分来说是基于这样一种预期,即在过去严格地以经验基础的、并因而通过经验或学徒、而不是通过学术性学习学会的大量职业,在过去确实需要,或者说在近期的将来需要有学术资格的要求。尽管本世纪的一批富于想象力的作家,如 H. G. 威尔斯、索尔斯坦·凡勃伦和 J·D. 贝尔纳[7],对这一看法做了描述,但它在 1945 年之后首先在美国得到广泛的认可。它从美国又回到其起源的欧洲。它以一种非常稳重的方式在英国得到支持,1964 年的哈罗德·威尔逊工党政府对其公开的热情达到高潮,C. P. 斯诺为其理论倡导人。109
它在后来传到法国和西德。在这一点上,如同在其他方面一样,经济合作与发展组织对科学化观点和大学适应这一观点的迫切需要,起到了放大器的作用。它是通过大量的出版物、会议,尤其是通过成员国的教育与科学部长会议而起到这一作用的。

如果传统的手工业事实上将要消失的话——初级和中级职业中有利可图的职业的比例已在不断下降,同时它们的产出也同样不断地增加[8]——那么,未来的社会看来在行政服务、专业和准专业性职业上要依赖于高等教育。既然工业、交通和商业越来越依赖于研究,它们就必然依赖于从事这些研究和培养年轻人从事这些研究的机构。大学内部和大学之外的研究以及研究工作者的培养，都要求大学得到支持以加强大学的科学研究。只有这样，才能获得“高度胜任的人力”以满足社会对更富有成效的技术的需要。

美国一直有这种科学主义的倾向，在美国，许多只有很少的科学或学术含量的“新专业”，譬如社会工作、城镇规划、图书馆管理等等，试图通过大学的支持规定学习计划来提升自己的地位[9]。亚伯拉罕·弗莱克斯纳在20世纪20年代末就注意到美国大学的这个特点。20世纪40年代备受关注的舆论倾向，只不过是引人注意的大学教育的实用目的这一旧有观点的延伸。大学的行政管理人员，尤其是在美国，习惯了这种对大学的赏识和大学似乎能够提供的无尽的机会。

报章杂志的一个新的分支开始出现了，许多大学教师为之投过稿；它关注科学政策和高等教育政策。《泰晤士高等教育副刊》、《高等教育记事报》、《变革》(*Change*)、《新科学家》、《原子》(后来变成《研究》)等刊物，满是有关高等教育“新的挑战”的文章。《世界报》(*Le Monde*)、《纽约时报》、《卫报》(曾经叫《曼彻斯特卫报》)、《时代周刊》(*Die Zeit*)等报纸，在宣传大学的新使命上发出了它们强有力的声音。基金会的行政人员，专业团体的行政人员，
110 尤其是那些关心教育管理的人员以及新的新闻专业的从业者都来公布大学的新使命。如此，他们异口同声地对过去的大学提出了批评。

自从19世纪以来，首先是在美国，存在着一种大学不能再是“象牙塔”、应该为它们所在社会作出直接的贡献的要求。第二次世界大战之后，这一要求又在欧洲提出。它与学生规模的扩大在时间上相吻合。显然，不是所有这些学生都能成为大学教师、纯粹

的科学家、高中、文科中学或文法学校的教师、律师、医生、高级文职官员，他们也不可能到他们的亲戚开办的公司就职。他们会从事因受过大学教育而能胜任的职业，而这些职业也不能是大学在几十年前培养学生从事的职业。再者，这些学生中的许多人没有传统意义上的强烈的知识兴趣。科学、数学、古典学科、现代语言、历史和经济学等领域的传统教育不适合他们。综合上述所有的考虑，得出的结论就是大学必须更“实用”，少一点“理想主义”，少一点“远离”当代生活的现实。

远大前程：通过高等教育实现平等

当然，仅从数量上来说，从“精英”到“大众化”高等教育的转变，是朝着实现民主理想和机会平等的理想向前迈进了一步。这一转变的出现，激起了民粹主义的情绪，这种情绪从杰克逊式革命以来在美国就很强烈，但在欧洲很少见。然而，民粹主义在欧洲的知识和政治界也开始出现。

在20世纪60年代后期高涨的“反精英主义”，在传统大学的知识要求和“老式”常规身上，找到了一个适当的批评对象。在大多数国家，过去对大学没有多大兴趣的政治家们，对那些要使大学对“人民”有用的计划做出了积极的回应。在美国复苏的民粹主义和比较而言在欧洲新产生的民粹主义，极大地助长了对大学要适应新的“以科学为基础”的、“后工业”社会的要求。[10]

战后时期的“认知上的扩展”——它的孕育期很长——导致了认知上的盲目崇拜。这种认知扩展上的盲从，将会稳固地继续下去，使老的信念、做法和制度都变得过时。人类将会变得过时，如
果他们不能跟上认知扩展的迅速变化。人们在“回归教育”或“终 111

身教育”那里发现了这一问题的解决办法。人类必须定期“更换”自己，摒弃旧的知识，用新的知识取而代之。大学不仅要为许多新的职业或专业提供培训，它们还必须对那些它们已经培训的人进行再培训和更进一步的再培训。这样就为大学规定了另一种责任。

112 随着在美国和在欧洲“学位的宣传”取代了“对成功的膜拜”，并将“人人安于自己的社会阶层”这一没有明确表达出来的传统原则弃之一边，有一点对大学的改革者变得显而易见——就像长期以来对欧洲的社会学家是显而易见、在美国是常识一样——这就是，一个家中以前从未有人上过大学的人获得大学学位，代表着社会地位和收入的提高。但是，无论是在美国还是在欧洲，这一见地既没有导致要求大学改变所教授的实质内容，也没有导致要求大学改变录取学生的知识标准。“大众化高等教育的转变”以及相伴随的——或许是作为结果的——“反精英主义”，已经导致要求大学进一步提供实质性的提高社会地位的机会。这一新的要求，是大学应促进实质性的社会平等。做不到这一点，它们就会被指责为“精英主义”。尽管欧洲的大学还没有与美国的大学在同等程度上受制于这一要求——并且即使在美国，这也只是极端改革者的要求——欧洲也开始出现类似的观点。

除了作为遗传学、社会哲学和社会科学的研究对象，大学从来不关注平等问题。大学在以前从未被视为建立平等地位的工具。即使在像美国这样大学最具有开放机会的国家，所追求的也不过是机会尽量平等，使相对来说比欧洲更多的年轻人能够进入大学。当代西方社会中不平等的批评者所要求的，只是机会的平等，而非地位的平等。然而，人们从未想过类似“普遍的高等教育”这样的事情，或者它能带来的实质性的地位平等。在这一方面，大学的使命是为来到大学接受教育和培训的人提供教育和培训，发现新的真理。如果说它对社会变革能有任何作为的话，这被认为是只能通过它所提供的知识。进一步说，由于相关年龄组的人中只有少数人能够接受高等教育，因此那种认为大学教育的结果会提高社会平等程度的看法是站不住脚的。至多，机会的平等能够导致报偿更公平的分配，即与天资和这种天资的运用相称的分配。

进入大学似乎不可避免地要受到严格的限制，而不可能是与此相反。相信有普遍高等教育这种可能性，在第二次世界大战之前肯定会被认为是十分荒谬的。战后，这一思想取得了稳定的进展，尽管现实——但是，美国的情况没有欧洲那么严重——远远落在后面。适当的年龄组的每一个人都应上大学的思想，慢慢地成为评价一个国家高等教育体系的充足性的标准。尽管事实上没有什么可能在本世纪实现普遍高等教育——如果说有这一天的话——普遍高等教育的标准或理想已经成为反对到目前为止的大学的一个附加的论点。

没有证据表明这一论点得到广泛的认同，尤其是那些想进入高等教育机构而希望落空的人或他们的父母。但是，在大学教师中对现状不满的激进分子和某些"高等教育政策评论家"那里能听到这种观点；在某种不确定的形式上，它已经渗透到那些对大学的"精英主义"特点感到不安的人的头脑中了。

远大前程：通过大学完善社会和个人

大学，尤其在美国，在某些人的头脑中，已经成为一种新乌托邦主义的工具，其中平等是这种新乌托邦主义的一个部分。这不是一种革命性的乌托邦主义;它是一种渐进主义的、理性主义的和科学主义的乌托邦主义,其中,由于科学知识的应用,一种没有任何问题、完全得到满足的理想社会被认为是可能的。虽然最近的燃料短缺和环境污染问题使得这一理想社会光彩照人的前景暗淡下来,但对大学不仅要提供人力,而且要提供人类面临的所有问题和困难的解决办法的要求,没有丝毫的减少。尽管有挫折,但还是有人认为任何事情皆有可能,相信这一理想能够实现,只要提供足够的高等教育。最近,美国的一位大学校长在试图克服大学管理人员对未来高等教育的要求的悲观情绪时说道,"[政治和教育]领导人必须决定我们需要什么样的社会以及建设这种社会需要多少高等教育"。[11]

这种乌托邦主义的其中一个倾向——它不仅表现于对此坚决
113 拥护的大学之外的公共舆论中,也表现在大学内部——是相信大学不应仅仅提供普适的知识,还要满足人们的其他方面。高等教育应该养成品格的老传统——通过体育活动或俱乐部,像在盎格鲁-美国理想中所具有的那样,或者根据威廉·冯·洪堡的理想通过研究经历——已经被改造成大学应该使其受益人具有创造性的要求。这包括两个方面,其中一个是大学要成为一个应该提供艺术培训的地方——包括造型艺术、文学艺术和表现艺术。大学必须有戏剧、绘画、雕塑、小说与诗歌创作以及音乐创作与表演等学院。因此大学被强烈要求重新安排那些放荡不羁的文化人,新设或恢复从17世纪在欧洲发展起来的美术和音乐学院。第二次世界大战后,美国的大学开始接受住校作家、住校音乐家、住校画家、住校作曲家。在20世纪50年代,甚至有可能通过提交一部小说而从一所有名的大学获得博士学位。"创造性写作"的教学在英语系变得普遍——与基础写作并驾齐驱。得益于大学当局试图讨好所有人的热情使这种“创造性”一旦站稳脚跟，这一要求就不断扩展。

“创造性”不限于作品；它也要体现于人，不论他们是否创造作品。这一对普遍创造性的要求延续下来并扩展了传统的进步主义教育计划。它要求大学更改其目的与教学方法以使每个学生能够实现其潜在的、据信每个人都有的创造性。人们想当然地认为本科生教育的一个目的，应该是学生发现自己，或发现“真实的自我”或其“身份”。

在 20 世纪 50 年代的美国，谈论一种“身份危机”在年轻人中变得时髦起来。它假定每个人都有一个核心，它被各种制度的压制所阻碍或扭曲；因此本科生教育的一个使命就是使学生能够发现和表达这一核心。在规划发现和表达自我这一过程的最终结果时，“做你自己的事”成为一句人们经常挂在嘴边的话。课程计划和教学方法，据说应对学生个性的发展作出贡献。才智的发挥变得要从属于个性的扩展。“试验学院”、学生设计的课程、由学生教授、学生考试的课程，在美国高等教育体系中的某些部分占据了一 114
席之地。传统的力量和政府官僚机构的抵制，在英国和欧洲大陆阻止了这些做法。但是，在这些地方也有少数没有引起人们注意的大学的批评者提出类似的要求。在一种更激进的形式上，20 世纪后半段在欧洲和美国盛行的对“批判性大学”的要求，是课程学习应能使学生“实现自我”，而不是被学科学习所压制这一要求的一个变种。

对“关联性”的要求，是指向大学的许多相互抵触的要求的混合物。对实际服务的要求、对大量“次要专业”的培训要求、对学科内容现代性的要求，对激发、满足和发展个性的要求——每一个都是要与要求者的利益有关联性的要求；这些要求彼此之间有很大的不同，并且有些是互不相容。当然它们无论是在大学还是在公共舆论中都不是畅通无阻。但它们的确产生影响。它们的确对大学的舆论有影响。任何活动都应该与某件事情有“关联性”似乎是一个不证自明的道理。培养人的思想、阐释、修正和传播人类思想的伟大成就、培养年轻人从事具有知识要求的专业和发现前人不知的重要事情等职责，常常被认为具有“关联性”。然而，“关联性”这个词，要求那些即使是致力于从事的学术领域不会得到它的祝福的人也要对它遵从。

除了上述所有这些方面，对大学还提出了另外一个要求——尽管它最近势头已经减弱。这就是要求大学成为批评的中心。这不仅仅是应该教授学生独立思考、有辨别力地审视他们所继承的传统、寻求证据而不是教条主义地接受他们的教师和教科书上所提出的观点。现在所要求的远不止如此。“独立思考”和“批判性思考”的思想，在一段时期内变成了以敌视的态度思考现代社会。目前的“现状”变成了道德上的离经叛道，人们声称教师和学生以及作为一个整体实体的大学的使命，就是坚决反对当前的社会，对它进行无情的批判，没有阻断或终止。在西德和法国，现在这种观点在某些大学尤其是在社会科学领域已经得到确立。即使在英国，它也有拥护者，他们自然主要是在社会科学领域的系科。这是对大
115 学应该“跟上时代”、甚至应该满足未来社会的“需要”这一更笼统的信念的激进的扩展和应用，这种需要的定义是改革者的责任。

要实现这些宏伟的目标，大学必须变革。它们必须革新、革新、再革新。要成为革新者，它们必须超越对旧的使命、旧的学问、旧的信念及旧的做事方式的情结。它们必须从内部对自身进行重

组以超越狭隘的学科界限。它们必须使各学科之间进行交叉。在大学内部和大学之外的某些圈子里，人们认为大学没有能够解决社会问题和激发学生潜在的创造性的原因，在于从过去继承下来的系科界限的束缚。"生态"问题、交通、吸毒成瘾、犯罪、痛苦和精神错乱、冲突、贫穷、离婚、厌倦等等问题的解决办法，依赖于这样一种不切实际的信念，即目前存在于各自分离的各个学科的知识的综合，可以"解决"当代社会的问题。因此，必须设计新的"以问题为导向"的课程。必须设计新的教学大纲和新的教学方法。为了实现这一宏大的事业，就要求有对解决问题所需要的学问的新的认识。

要实现这些目标，大学必须"走出其象牙之墙"。它必须走进街道、车间和办公室。它必须把街道和车间带进大学。它必须将"工作和学习"结合起来。它必须承认，学习不能仅仅在、甚至主要不是在图书馆、实验室、演讲厅和讨论班上完成的；根据这些观点，"学习与生活"必须看成是一回事。因此，必须对学生的"校外经历"赋予学分。"挡在挣钱与学习之间的墙"必须拆除。

这一消除大学藩篱的运动的其中一个趋势，是要求建立"综合大学"(*Gesamthochschule*)。美国的州立大学和"巨型大学"(Multiversity)已经达到了这一目标。加州大学和密执安大学是综合大学。在德国，这还是一个追求的目标。在英国，对双重制的批评代表了相似的趋势。伯克利和安阿伯* 的例证表明，这种抱负并不必然对一所大学的高级知识功能具有危害性。然而，这一运动最

---

* 伯克利加州大学是加州大学系统的著名大学之一，安阿伯是密执安大学所在城市，这里指这两所大学。——译注

近的形式，如在术语上将大学教育降低为"第三级教育"或"中等后教育"，表现出反对大学作为培养、提升和训练年轻人的知识能力及在新的真理的发现中发挥这些能力的一个所在的意图。

所有这些要求的要害所在，是大学必须认识到它们有很多服
116 务对象，它们必须在同一时间和同一地点为所有这些人服务。这些纲领性的、不切实际的要求表现出许多细微的差别和变体。整个的纲领很少被详细地阐述出来。各个片段和部分的要求由各种改革者提出，但它们都适合于一种单一的、一致的模式。有些变体是更渐进的；与此非常相似的其他变体，比较有激进性和革命性。激进分子和革命者，尽管在很大程度上憎恶现存社会，也像温和的渐进主义者一样坚持大学必须即时、直接地服务于社会。大学所服务的，不是现在建立的社会，也不是作为这个社会的中心的各种制度。大学必须从它们中脱离出来——当然要除了大学将继续从这个可诅咒的社会得到财政支持。大学必须与作为一个新的和更美好社会的支持者和先锋的"人民"联系在一起，而且必须为他们的利益服务。自然科学必须成为"人民的科学"，社会科学必须停止作为内部和外部"殖民主义"的工具；大学必须发誓不再按照发给它们钱的老板的指令来"暗中监视"穷人。大学必须成为一个"真正的学习共同体"，在这里，学生和教师将废除掉他们之间武断的区分和界限以创造"参与式民主"，"参与式民主"是整个社会之未来的原型。这是新激进主义的一个共同主题，不为任何一个西方国家所独有。德国苏尔坎普出版社出版的著作[12]和英国企鹅出版社的教育系列丛书[13]，使这两个国家跟上了美国和法国。激进的批评不是"局外人"的事。它的很大一部分最初来自大学的教学人员。

这一激进改革运动相对来说很少有明确看得见的成功；然而这不代表对其影响的考量。它的很大一部分出现在会议致辞、在各种专业团体会议上的演讲以及大学改革的大众化文献中。它从未能够真正控制任何一所有价值的美国大学的日常生活，尽管在有些地方，其中的某些要求已经得到正式承认。[14]然而，它的确成为美国大学的生活氛围中的一个要素。这就像在风中把报纸撕碎，会在很多花园中找到只言片语。自然，这些改革在英国大学没有取得很大进展，尽管在英国也有少数强有力的代言人。在法国，尽管在更大程度上是激进的学生和教师与其联手作为他们的工具，但已取得了真正的进展。法国的大学被由三方构成的管理制度改造成了虚假的“共同体”，在这一管理制度中，各方“人士”都被赋予职能和发言权。在德国大学，由三方构成的管理制度已经成为现实，对大学作为教学、培训和研究的机构带来了巨大损害。德国大学不像过去那样是一个“共同体”了，甚至不如现在为人所痛 117
恨的教授治校型大学(*Ordinarienuniversität*)时代。丹麦和荷兰发生了类似的事情。但是，在实质性的机构改变中找不到所有这些要求的影响。它们的更严重的影响要在学术精神的混乱、在一所大学应该怎样以及它的成员应该为它做什么、成员之间应该相互做什么的认识中才能找到。

矛盾的期望

大学从来没有成为如此众多而不同的要求和抱负的对象；它们从来没有遇到如此多的要求，也从来没有被置于如此的监督和注意之下。当数量上如此前所未有的公共资金给了它们，当有那么多的人热切地想——并且对大多数人来说也这样做到了——上大学,当对当代社会的问题和“需要”有如此多的敏感和讨论,而且对现存社会及其权威有如此多的仇视时,这一情况很少有可能不是这样。

当代文化继承了“认知扩展”的一种有力而成功的传统。对这个世界的好奇心从来没有这样强烈;长达几个世纪中的一次次巨大成功的记录支撑着这种好奇心。认知领域的“突破”(breakthrough)这一习惯说法——坦克战斗中的一个习惯说法——成了当代词汇中的一个重要部分。科学进步既支持了将关于宇宙、地球以及从病毒到人等地球上的所有栖居者的系统的、经验主义知识作为最重视的对象这样一种科学主义观点,又从这一观点中得到支持。从 17 世纪就不断扩展的理性主义、快乐主义和个人主义的进步主义,在第二次世界大战以来的时期已得到逐渐强化。科学和大学之间的紧密联系,使得大学成了这些宏伟期望的承载者和原动力。

现在人们很少对宗教抱有期望——当然对教会的等级体制本身也不抱期望。军队不再是一个国家的荣耀。在一个大众比以往任何时候都普遍对权威不再抱有幻想、不信任政治领导人和官僚的时代,人们对政府提出了越来越多的要求。家庭的责任已被剥夺殆尽。工会从来没有为别的人,而是为少数工团主义者带来这样的希望:他们将会成为新的社会秩序的先锋,他们是新社会秩序的中心。企业也同样变得暗淡下去,尽管它们很强大。实业家对靠自己的本事建立企业的那种旧有的自豪感,已经让位于对财富的追逐和对他们据以获得这些财富的制度所具有的道德尊严的满不在乎。除了教育,受到困扰的、贪婪的人性还能到别的什么地方

寻求救赎呢？在整个教育体系中，单单大学成为提供救赎希望的 118
中流砥柱，而人类，尤其是人类中无法抑制其理想主义的美国人以一种初始的、难以言表的方式寻求这种救赎。即使是那些作为长期的独立传统的继承者的著名文人，也要求大学庇护和供养他们。

公众对大学有一种矛盾的态度。大学总体来说很受推崇。大学由于据信是它们得到广泛承认和培育的实用价值而受推崇。它们还部分来说被推崇为无私地服从崇高理想的地方。在社会中和对于那些冷静地忠实于真理的人，存在着对真理的尊重。不是社会的所有部分都同样值得尊重，而且在存在这种尊重时，它的外表也常常被实际的考虑和实际价值的习惯用语所包裹。

在大学像第二次世界大战以来那样极大地吸引了人们的希望之前，它们就在德国、英国、荷兰、斯堪的纳维亚国家以及美国繁荣起来；它们在法国设法生存下来，甚至做出了杰出的工作，尽管占统治地位的中央官僚机构只想从大学得到很少的服务，并且因为更喜欢大学校等其他教育机构而忽视了它们。所有的社会依然存在着对学问的尊敬，并且这种尊敬由于对大学在常常是有利于健康和财富的专业培训和从事研究的表现予以认可而得到有效的支持。然而，在占支配地位的功利主义思想时尚中，大学教师发现难以用公正无私的学问来证明应该受到这种尊敬，他们不愿意认为更广大的公众存在这种尊敬。

大学是所有矛盾的思想感情的对象。它们在今天由于其“精英主义”而遭人厌恶，尽管它们受到支持是因为它们事实上就是“精英主义”，培养年轻人成为有高收入和影响力的律师、公务人员、记者、企业经理人员，甚至是政治人物以及成为同样有高收入、有时还有影响力的医师和工程师。尽管人们引用大学毕业生的收入高于非大学毕业生这一例证来广泛地劝告和鼓励年轻人接受大学教育，但人们又批评大学制造了一个“精英阶层”。大学引起人们的不满，是因为它们的学生行为恶劣而没有因此受到责备或惩罚，尤其是在最近十年；它们还因为对激进的学生针对大学的批评有某种赞同而引起人们的不满。

大学之外的人对大学的看法复杂、多样，存在着矛盾。在目前
119 和最近的形势下，那些大学外部的人士要求大学自身进行改革或对大学进行改革，他们如果支持大学就强调大学的实用价值，如果不支持大学就表达出对大学传统的憎恶。在收入的每一份增加受到欢迎的大学内部，看来最可行的是满足大学里功利、实用和民族主义的兴趣。当代的知识分子，即使是那些远离激进和不痛恨自身社会的人，也难以相信他们的同胞，尤其是那些在巨大财富——自己的或纳税人的——的处理上有权势的人，会对公正无私地追求知识有尊敬之心。

所有这些关注和批评，在大多数西方国家过去一百年的大学发展史上是新出现的——当然，大学在纳粹和法西斯统治时期受到的粗暴对待除外。即使在美国，大学教师也相信他们是所处社会的中心的一部分。这一点在外部没有得到否认。大学内部在课程计划、各个学科的相对地位、设立新的教授席位和补充原有的席位等问题上存在分歧，但对大学的存在是为了高级学问的培养与进步这一思想没有怀疑，至少就教学而言是如此。所有别的东西都源于此。专业培训甚至实用性服务，都同样来源于大学作为致力于追求公正无私的和训练有素的理解这样一种机构的特点。这被视为理所应当，没有多少讨论。当改革者希望改变大学时，他们

这样做是因为相信他们的改革能使大学更接近这一理想。

所有这些关注，在支持大学时导致了欠考虑的自负和抱负，在反对大学时导致了自信的动摇和对大学忠诚度的减弱。

显得重要的代价

那些承担起处理大学的各项任务——教学、研究、行政管理、筹集经费、学生的录取与考试、建筑和各种设备的维护、书籍和手稿的采集与保护以及许多其他事情——的人，必须同时应对许多事情。他们必须满足外部各种“当事人”对他们的期望以保证能继续得到他们需要的资源，必须尽到对社会的义务，必须维持肯定他们的价值，鼓励支持他们的倾向和舆论。他们也必须关注自身的 120
维护与改进。他们必须在所有层次上录用新的成员，并且必须让他们融入一般的大学文化和他们作为其成员的特定大学的文化。他们必须教育和培养在兴趣和志向上都有广泛不同的学生。他们必须在谁将被接受、任用、晋升、开除的问题上做出决策。他们必须分配资源以满足大学内部在新人的任用、更多的经费、更多的空间与设备、新的和旧有研究领域等方面许多相互冲突的需要。如果他们要发挥好教学、培训和研究上的基本职能，他们就必须将这个贪婪的庞然大物凝聚在一起。他们必须与各种分散的力量抗争以保持大学机构在实体上的完整性。他们必须以一种可以做出需要的决定、做事公正以及考虑到大学成员中各个部门和阶层的不同利益的方式来管理自己。他们还必须保持和扩大他们的资助者对他们的偏爱，通过随时愿意服务于不一定符合大学利益的利益来讨得他们的喜欢。

所有这些任务今天要变得困难得多。即使所有其他方面保持不变，单是学生人数的巨大增加就必须有更多的教学人员。人数越多，就越有可能存在某些事情被忽视的危险。人数越多，必须满足、协调、包容以及融合到大学传统中的兴趣、利害关系和爱好就越呈现出多样性。学生人数的增加，将与以前明显不同的各种学生带进了大学。他们来自与以前的几代学生具有不同文化观念的社会阶层。

在大学教育是年轻人在开始某种专业和职业生活之前所必需的这样一种概括化的期望中，许多学生被一股没有思想的假定浪潮冲了进来。因此，很多人发现自己没有很好地思考一下为什么要上大学就到了大学里：许多人已经失望、茫然、敌对、不满。结果证明对许多人来说大学不是他们想要的，尽管他们在此之前对于想从大学得到什么也没有明确的想法。勉为其难、拖拖拉拉、焦躁不安，都成为大学里常见的征兆。在一个有五千或一万学生的大学里，学生的类型或群体的数量不大，而在一个学生人数与此相比翻了一番的大学，学生的类型或群体数量更大，更为显著、更能自我强化，也更要求得到别人的注意和发挥自己的影响。对他们的同化也困难得多。

121 单是人数的增长，就必须增加大学行政管理的规模。可是，行政管理要做的事情的数量也增加了。工作的舒适标准提高了，要为学生提供更多的健康、精神及咨询方面的服务。不是用父母的收入或自己挣来的钱付学费的学生的数量和比例大大增加了，这意味着必须提供更多的助学金，必须与资助学生的校外机构保持更多的联系，必须建立更多的让学生借款的场所。美国最近坚持要让更大比例的“少数民族”学生——黑人、“西班牙姓氏的美国人”、美国印第安人——上大学，结果导致一部分学生的文化明显地不同于先前上大学的学生：他们中的许多人在中学所受的教育甚至比大多数学生还要糟糕，需要对他们进行“补救性教学”。所有这些事情都需要更多的人员，这反过来又需要大学有更多的钱、更多的设施和更多的文牍工作。这些辅助人员的每一个部门都要形成自己的势力；就像社会学家们所说的那样，每个部门都形成了自己的“专业文化”。每个部门都认为需要更多的同事来做同样的事情；每个部门都需要一个秘书来打印信件，将它们归档和处理政府与专门的行政管理人员所要求的、在不断成倍增加的大量表格。

教学人员增加了。他们要求有更多的空间。他们更积极地参与到与外部世界的更多联系中：他们比四十年前的前辈们申请更多的研究经费和研究基金，因为大学被赋予了更大的重要性，可以有更多的机会做这些事情，对从事研究也有更大的压力。大学人员参加更多的会议，做更多的研究，写更多的专著和论文。研究和出版成了教师自我合法化的手段；甚至在传统上集中于本科生教学的学院，也已经做了更多的研究，出版了更多的东西。大学教师与无论是本国的还是国外的同事有了更多的联系。为了这些目的就需要更多的秘书，而这相应地需要给秘书更多的空间。美国和英国的大学在满足这些需要方面走得最远，法国和意大利做得最少。

不论是在哪个国家，研究已变得花钱更多了。在自然科学领域，研究设备比过去要高级得多，这需要更多的助手、研究生、博士后和技术人员来使用和维护——以及制造其中的某些部分。在社会科学领域，研究项目变得数量更大和更花钱，尤其是因为抽样调查和计算机现在得到了如此广泛的应用。来自政府和私人机构的

122 大笔拨款因此已经必不可少。美国的全国科学基金会、全国精神健康研究中心、英国的社会科学研究委员会、法国的国家科学研究委员会以及大量的私人基金会都试图对这些需要做出响应。科学家个人变得有点更独立于大学的其他部分,而是更关心他们的项目和他们的研究助手。结果,他们对作为一个整体的大学在情感上不那么忠诚了,对它的责任感也不那么强了。他们与大学的管理层也越来越疏远,并把他们看成自己的对立面。

在过去,像在社会科学一样,人文学科的研究是“一个人的事情”,或者说是一个教师和一个研究生的事情,研究生的报酬从大学内部研究基金或一个研究机构的几百美元的小额拨款中支付。人文学科现在已从私人基金会或诸如国家人文基金会(National Endowment for the Humanities)等政府机构争取经费。所有这些经费必须接受提供者的管理,并要严格地向它们报账。院长和副校长办公室的管理工作相应地增加了好多倍。文书工作也相应地增加了。帕金森定律在这里与在英国海军部同样起作用。

由于有更多的东西需要清洁、更多的东西需要看管,保管人员的数量更多了。从办公室、图书馆、教师、实验室那里要收集的废纸量增加了,这就需要更多的工人去收集它。大学需要更多的保安和“校园警察”,因为有更多的抢劫案件,尤其是在比较大的大学和大城市的大学。安全部门必须扩大以补充正常的警力,美国城市地区的大学尤其如此。这就需要更多的钱来支付保管人员的工资,需要更多的行政人员来管理他们,管理他们的工资和他们的额外福利。

满足所有这些用项所需要的更大的预算,需要更多的人员筹集到必要的资金并管理这些资金的分配和开支。在美国大学里,

“发展办公室”已成为大规模的机构，有自己的文化和动力。即使在政府为高等教育提供了绝大部分经费、私人基金会和个人资助者不是那么乐意相助的欧洲，大学的财政管理工作也增加了。需要更强有力和更大规模的管理工作这一信念已在欧洲大学发展起来。最近伦敦大学设立一位终身副校长的决定、牛津大学在上个 123
十年将副校长的任期从两年改为四年的决定，以及法国和西德在同一趋势上的一些决定，就是管理工作增加的证据。

尽管大学有显著的和强有力的管理层，但存在着学术人员与此疏离的倾向。“我们”与“他们”之间的分界表现得更明显了。由于所有这些变化带来的结果，大学变得不那么是一体了。即使在系里，教师规模的增加导致老教师极少了解他们的年轻同事。

美国大学的学术人员，总体来说对待他们的工作非常严肃。他们无疑认认真真、一丝不苟地投身于他们的研究。他们以最大限度的认真态度对待教学、指导研究生和对学生的专业培养工作。尽管对他们有些微词，他们通常在本科生教学上也是不辞辛苦，尤其是在小型学院，传统上没有研究生，对深入的研究也相对较少关心。在英国，教师对本科生的教学更是不辞辛苦，因为研究生被认为更有能力在学术上照顾自己。教师关心学生的传统在意大利和法国大学比较弱。德国大学介于两者之间。站在代理父母的立场(*in loco parentis*)这一原则没有在欧洲大陆通行，但学生在研讨班和研究所里在教授的指导下工作，他们能得到很多关注。学生人数的增加和某些学院里学生的激进的政治化，已弱化了这种关系。

在美国，整体来说由于来自政府机构、半政府机构、私立研究组织以及私人企业的竞争，大学教师有比较丰厚的薪水。在经济拮据的小型学院情况不是如此，但在重要的私立大学、在大城市的市立学院系统以及在富足的州的州立大学，教师的薪水相当于普通的成功企业家。欧洲的情况没有大的不同。这与第二次世界大战之前的普遍情况有明显的不同。

在战后二十五年的大扩展时期，在所有的西方国家，系和学院的规模不断扩大。每个教师都能讲授他最感兴趣的东西，他可以从研究生中挑选他想指导的学生。如果一个美国的大学教师想要另一所大学的一位他有兴趣的同事，如果他能说服系里的同事同意，那位同事就可以得到聘任。来自政府和私人基金会的拨款大大助长了这一点。一个系里的每一个成员可以做很多他想做的事
124 情。在英国、法国和西德，每个主要学科有一位教授的老传统已经让步于一种有些美国式的模式，即在那些学生人数很多的领域有好几位教授。在这些国家，系也变得规模更大，兴趣更多样，更少服从系主任的权威。

一般来说，在第二次世界大战之后的大部分时间里，大学教师尤其是教授享有崇高的声望，并且他们对自己、对他们的学术能力和他们的学科有极大的自信。欧洲大陆教授的自大早就有名。在这一时期，在美国的学术人员中志向上的谦逊不是一种普遍践行或受到赞赏的美德。这是伟大成就的其中一个根源，但也是他们今天的不满的其中一个根源。

在美国和英国，在法国和西德，还是有大量的钱用于研究，但人们还是有一种压抑感。在某些领域研究生的奖学金比以前少了，而且美国政府的某些引人注意的姿态，如取消总统科学顾问这一职位，一再坚持研究应“与国家的需要相联系”，癌症研究的“应急”项目受到国家健康研究中心暗示性的批评，以及曼斯菲尔德

(Mansfield)修正案禁止国防部用于与军事问题没有明确关系的研究支出,引起许多美国学者觉得他们现在生活在一个对他们有敌意的社会中。英国科学家也觉得他们的处境要比以前窘迫。

实际上,相比于扩展时期,这一差别不是很大,而且与第二次世界大战之前的节俭状况形成很大的反差。但人们还是不这样看:大多数当代科学家和其他学者不记得先前的那个时期,只是将仅仅在几年前获得的普遍富足作为科学家的适当所得的标准。他们良好的自我感觉多少受到了打击。不那么耸人听闻的是,类似的事情也在英国发生,丹顿(Dainton)报告被罗思柴尔德(Rothschild)报告所取代,反映了类似的变化。在西德,教授是一个遭围攻的阶层,这不是因为政府的吝啬,而是因为法律极大地限制了他们的权力。法国的情况也非常相似,尽管教师们不像一些德国大学的同事一样由激进的学生给他们带来一段艰难时光。

良好自我感觉的消失 125

不是所有这些良好自我感觉的瓦解都能归因于在获得研究经费上的困难。许多科学家已经意识到,美国科学家在因为与进行越南战争的美国政府的联系——尽管与战争行为有直接联系的科学家不多——以及模模糊糊感觉到的他们与汽车、露天采矿、气体、液体及固体的工业废料技术的联系——同样,与这些活动有联系的科学家很少——而受到猛烈攻击之后,他们并没有能够像在仅仅十年前那样把这个世界踩在脚下。和美国一样,英国的科学家也感受到了压抑的气氛,这对大学的影响超出了科学部门。他们也意识到,他们培养的博士研究生没有能够找到与上一代人所期望的机会与报酬水平相同的工作。所有这一切导致了某种程度的精神消沉。它使有些科学家觉得怀才不遇，也更加怀疑他们所做的事情有什么价值。

同样的压抑感也对社会科学和人文学科的系产生了影响，尽管它们的研究经费也没有严重缩减。国家人文基金会建立以来，美国大学里人文科学系科经济状况的确相当不错，大多数西方国家的情况与此没有太大的区别。几乎所有国家的社会科学家都感受到了学生的造反和激进的社会学家、政治学家和人类学家对社会科学怀有恶意的和非理性的批评所带给他们的伤痛。正是在社会科学系科，学生的动乱取得了——而且在某些情况下依然在取得——最大的成功。激进的学生对社会科学教师的批评很少有学术上的实质内容，但社会科学家——除了经济学家——还是感受到了这些批评。对不偏不倚的研究的批评趋势，对社会科学专业人员的客观性价值，甚至对客观性的可能性的否认，使得那些不认同这些信念的社会科学家更加不明确自己的学术活动的价值。

在美国，政治发展研究和一般社会学理论建构的两个突发式的成果多产期，正好出现在对它们大肆漫骂的时候。或许，这些领域中最具有进步主义思想的自由派社会科学家对其中某些激进的愿望感到有充分的认同感，他们对待这些批评的认真程度，超出了这些批评在知识上的空洞性所值得的认真程度。或许，正是在专
126 业团体年会上受到如此令人吃惊的和辱骂式的批评和受到挫折这一事实，让美国的许多社会科学家感到不安。但不论是否可以以此作辩解，许多社会科学家陷入沮丧，并降低了他们对自己的能力和对他们学科的能力的自信，仅仅在大约十年前他们还对此极其乐观。在这里，他们的良好自我感觉也已消退。

我前面所说的主要是针对资深教师和那些得到终身聘任的教师,学术成员中的后生晚辈情况就很不同了。首先,他们的经济地位不如年长者。但是,在年轻的一代人中,有两个因素巧合在一起,构成了他们有理由具有相当程度的不安的基础。首先来说,在扩展时期,许多很年轻的人当上了正教授。这意味着学院和系录用了一批不成比例的获得终身任用的人,他们的薪水相当高,还有很长的服务期。美国、英国、加拿大和法国都正在遭受这种情况带来的苦果。在西德,大学教学人员的数量依然在扩大,因此还没有真正感受到这一问题。扩展不可能按照从20世纪50年代初到将近60年代末那样的速度继续下去,并且各个系录用新成员的速度肯定要放慢下来。尽管如此,扩展时期在大学里的年轻人还是预期他们也会得益于机会的不断扩展。然而,由于现在美国和英国的一些大学不用人替代快要退休和已经故去的老教师,教师人数甚至在减少,这些年轻人得到晋升和终身任用的机会被推到了以后。

除此之外,在美国为黑人和女性争取"平等机会"的运动也产生了影响。各个系在一段时间里又反过来倾向于任用黑人,尽管他们的水平达不到系里的标准,许多人还是得到了任用,而这使得占绝对多数的白人研究生——不管这些人的任用带来多少程序上的公正——看到他们的机会受到进一步的限制。一段时间过后,任用黑人的运动失去了动力。这没有提供任何喘息的机会。紧接着出现的是"妇女解放"运动。它比针对黑人的运动更持久有力和富有策略——并且,就成就水平和未来成就的能力而言,它或许有更好的理由。这使刚刚获得博士学位的年轻人觉得阴云密布。它对所有领域都产生了影响。⑮

在大多数西方国家，大学学术专业中的某些年轻成员的不满，当然不是为这一代人所独有，也不是仅仅表现为失去了良好的自我感觉。它还表现为对学术工作的轻蔑和意识形态上的激进主
127 义。除了商业研究、医学、工程和经济学之外的所有领域的美国学者，长期以来就倾向于特殊的美国方式的进步主义。与20世纪60年代后半期学生的煽动交织在一起的激进主义，是这种进步主义观点的一次突然的扩展。年轻一代的教师——教学助理(TAs)和教员(teaching fellows)，就像他们被各自称呼的那样，以及讲师和助理教授——在年龄和文化观点上与煽动的学生接近，他们也支持学生在行使大学权威上的平等要求。他们中的许多人认同"反越战"文化；他们关心这场在东南亚的战争，对美国社会的中心没有多少赞同。

对学术精神的轻蔑

由于所有这些原因，年轻一代的学者，包括许多由于他们的任用而断送了一些白人男性学者前程的黑人和女性，对大学和他们自己的学术专业分支有一种不快甚至憎恶的感觉。他们中的许多人否认它的正当性。就他们是最近的反对科学和学术的客观标准运动的受害者而言——他们中的许多人参加了这一运动——他们觉得他们被利用来从事一项徒劳无益的事业，除了带给个人的挫折和实际上的不利条件，它本身也大有问题。如果他们是激进分子，则他们就有很强的好斗性，尽管在过去几年里这一趋势已明显减弱。在某些大学，他们赞成建立大学教师工会；在另一些大学，他们构成了支持激进学生的活动和参加反对"管理层"的秘密同盟

的激进团体的一个部分。在他们获得终身任用时，他们就试图进一步让那些认同他们的政治观点的人得到任用和晋升。总体来说，他们是大学政治化的践行者；他们将科学精神看作与自己毫无关系。

欧洲大学的情况没有什么两样。在西德，对客观性的否认，对政治是学术生活的“一切”的信念，已比在美国走得更远。在这里，“助理们”要比教授们激进得多，并且事实上和激进的学生联手与教授们形成对立。这在大众化的社会科学学科尤其如此，但在人文学科也非常突出。科学和学术信念评价上的客观性被否认。在人员任用上，由于与激进的学生代表合作，他们积极地引进政治上支持他们的教学人员，很少考虑他们的资格。事实上，在某些德国
大学里，情况已经糟糕到如此地步，已经没有任何残存的学术精神 128
去同化新任用的人员。激进的学生群体更加根深蒂固，他们对激进的教师有很大的强化作用。

在法国，教学助理们面临极其困难的境地，没有什么晋升的希望，他们对此很是不满。[16]意大利似乎也面临同样的局面。

英国受年轻一代与学术精神的疏离影响最小，可是在这里，教学人员中也存在小规模的激进主义。但是，在联合和鼓动激进的学生方面，很少有人走得像他们在欧洲大陆的志同道合者那样远。一种更严肃的激进主义在英国大学有更长期的传统；在大学的局势平静时，激进的教学人员通常举止符合惯常的学术规矩——至少与西德和美国的激进学者的行为相比是这样。在英国，不满情绪也是最明显地表现在社会科学领域，尤其是社会学。

除了几所西德的大学，几乎所有大学的激进教师构成了相当小规模的少数派。但是，由于在不认同他们的意识形态的人中有

许多的不满，他们有时能够产生远远超出其人数的影响。在这一时期，如此多的精神陷入失望的泥潭，激进的意识形态的某些只言片语常常能引起偶尔的共鸣，即使不会有大量的和继续的追随者。西方大学里学生和教师的激进主义不限于与现存社会的激进对立。它同样针对的是大学。他们认同在大扩展时期通行的一个观点，即大学对它们所处社会的运转和发展是不可缺少的；激进分子痛恨社会，他们也因此服务于社会的大学。他们多少有些马克思主义倾向的意识形态为他们提供了对现代文化中的整个认识活动的详尽的批评，这使他们疏离了以尊重不偏不倚的培育和追求知识为基本要求的学术精神。

激进的骚乱已经影响了大学的气氛和质量。对一大批学生来说，在几年的时间里上课经常被取消或抵制，思想不能安定。这一代的学生可以回首那段占领学校建筑和浪费大量时光的令人兴奋的经历。那些年里的热情已基本上从学生身上消失了。然而，受影响比较大的西德大学里的某些教授断言，在通常的情况下现在
129 还是不能从事有效的教学，[17]尽管可能不是所有的学院或学科都同样存在这种情况，即使是在比较混乱的大学。在法国大学里，实施指导法（*loi d'orientation*）后的重组还没有完成，至少某些教授不再从事前两个阶段的教学，他们只教年龄较大和比较严肃的第三阶段的学生。意大利的大学生好像还处在动乱状态。在美国，学生的愤怒情绪已经消失，但它的消退在某些系留下了相当多的污点，甚至包括在一些杰出的大学。已经由于规模的扩大、许多人员的自我中心、外部利益与可能性的吸引而遭到损害的学术人员的凝聚力，进一步被学生动乱时期的冲突记忆所削弱。

更为重要的是大学教育应该怎样这一认识上的变化。多年来

的固定不变使得意大利教师对变化充满怀疑——除了由革命带来的变化，而在美国，变化吸引着大学教师，他们把变化看成一种任何时候都会有的可能性。在动乱前就到处弥漫着"变革"的气氛；动乱使得某些革新改变了方向。在美国的许多学院里，学生制定和实施课程计划，自己出考试题和判分。甚至在英国也有考试程序的革新，这些革新除了由某些学生强有力地提出并得到另外一些人的支持外，没有什么可取之处。考试评价据说在许多西方国家已经变得不那么认真了；政治上的考虑据说也要成为评价的一部分。在大学里无疑有对同事的政治观点和政治上的党派之争的更多关注。

动乱时期的这一代激进和活跃的学生已经离开了大学，并想必形成了多少有些文明的态度，而他们在冲突中具有不同立场的老师依然是大学的成员。全部学院和某些系里的分裂状态依然存在，并发现了新的问题来坚持己见。那些支持激进学生的依然对那些反对他们的同事忿忿不平。大学行政官员的左右摇摆，使得激进派和温和派都对他们不满。这些不满依然存在，并甚至被扩展阶段的结束所加剧：扩展阶段的结束使得管理层要拒绝继续某些活动，或拒绝填补某些已经出现空缺的职位以及要做出各个系不希望做出或不能够做出的某些"艰难决定"。

在学生失去控制之前，学术生活的精神就已经受到重压。大学在它们的活动和关注目标上太过分散；它们是如此急切地要满足对他们提出的许多要求和抓住向他们提供的所有机会。它们在许多边缘的事情上煞费苦心，而忘了一些中心的事情。最重要的 130
是，它们忘了虽然大学的存在不是它们自身必须存在的理由，证明其存在的合理性的是它们做的教学、培训和研究，而它们作为协调一致的机构的存在，是它们能够做这些事情的前提。

摆在我们面前的任务

在这一外部有巨大期望、内部有巨大而相互冲突的要求和某些不确定性的背景下，一个恰当的问题是，在大学面临前所未有的困难时它们应该做什么。毫无疑问存在着真正的困难，而且它们没有导致增加成本、事情难做和必须放弃某些东西的通货膨胀所带来的困难。研究项目有大量的经费可用，而对这些项目而言，大学只不过是一个场所而已，这已经损害了大学的内部凝聚力，学生动乱突然带来的和由它加剧的分歧使这种凝聚力受到了更大的损害。年轻成员的压力在促使这种分歧得以继续。

最简单的事实是，首先是在美国但同时也在别的地方，大学让自己被第二次世界大战之后二十年中的富足所诱惑。它们在抵制人数的扩展上能够做到的很少，并且它们即使能够这样做，也不会这样去做。但是，它们应该坚持给予它们财力和时间来发展不断增加人数所需要的条件。它们应该坚持允许它们得到它们需要的教师，而不是强迫它们接受任何它们能找到的人。这一点不会很容易，因为政治家们不会支持这样做。用足够快的速度扩大教师人数并使他们有充分的思想准备来严肃地肩负起大学的使命，是一件不可能的事情。这种情况不仅出现在低职称层次的教师身上，也出现在高职称的教师身上，在高职称层次上，许多学术水平不高的人得到了终身任用的职位。大学在某种程度上要为快速的扩展负责。它们欢迎这一扩展，部分来说是因为它代表了机会平等的扩大这样一个道德上美好的理由，部分来说是因为它能满足它们的虚荣心和带来前所未有的富裕这样一个非常站不住脚的理由。教师和行政管理人员都被教育是万能的方法这一信念吸引过来。大多数教师和行政管理人员在不同程度的主动与被动上，赞同“以科学为基础的社会”这一思想的某些最极端的形式。

有些事情是不能改变的。上大学的人数永远不可能回到以
前。然而，除了由于差不多二十年前出生率的波动带来的申请入 131
学人数的波动外，对上大学的热情将会有点儿下降。广泛的大学经历可能会使得上大学看起来不那么是一项必须实现的权利；在听说了对这一殊荣的要求后，年轻人可能会在更大程度上决定不去争取入学。当学生要为更高收入的职业做准备的某些成本承担更多责任时，尤其有可能出现这种情况。人们可以有其他的生活道路、可以在以后的某个生命阶段接受大学教育，这些也可能有助于减轻入学人数上的压力。

政府也有可能继续期望大学在比第二次世界大战之前大得多的程度上从事某些类型的研究和培养年轻人从事研究事业；这将保证大学不会被迫削弱下去。同时，大学教师必须坚决反对接受政府和基金会的如此计划；它们有一些价值并且会在一段时间内给予他们更多的经费，但在五年之后他们就必须从别的经费渠道来支持这些计划。这种做法会导致某些领域扩展过快，并且在项目结束后，许多被录用来在这些项目中从事教学或为了从事这些项目的工作而受过专业化培训的人，找不到有同样报酬的工作。这一忠告尤其适用于喜欢“聪明的主意”和“应急”计划的美国。在美国，“革新”备受推崇：大学之外的机构经常支持“革新”，但一旦超出了这一点他们就不会再提供支持。当有一个稳固健全的学术或科学知识体系可以指望时，其中某些“革新”现在值得采用。但

是，能够使期望中的实用或技术上的目标得以实现所需要的知识常常并不存在。结果，大学补充了人员和制度上的安排，而这只是增加了财政和管理上的负担，并且这些事情与大学的首要任务格格不入。

这些诱惑难以抵挡。这些计划常常很有吸引力，它们将带来的经费和人员看起来令人满意。它们似乎也有利于公共利益，能使大学尽到它们的公共义务并因此使它们受到尊敬。

革新是大学必须应对的所有最严肃的问题之一。我毫不怀疑在革新的名义下造成了极大的祸害，就像过去通过祈祷传统的神
132 圣造成极大的危害一样。大学存在的目的是为了促进科学和学术上的重要发现，用最新的和旧一些的发现中最好的内容和精神教授和培养学生。在这个意义上，大学“几乎就是”革新。但是，革新在今天变得非常随意地使用，并且非常随意地追求。就像“革新的”(innovative)是大学问题政策评论家的词汇中最受赞赏的一个形容词一样，任何新东西，不论其新颖性是多么肤浅和多么表面化，都会受到欢迎。大学应该提防这一点。它们必须提防它们在瞬时的引人注目与短暂的支持联系在一起的“革新”上的短处。

当然有一些革新大学应该在它们的课程计划中实施。在可以用高标准教授和指导学生时，应该为他们提供新的“主修课程”和“特别科目”；有时这些革新可能需要建立一个新的系或一个新的工作小组。只要有充分的学术或专业理由和有能力的学者或科学家愿意承担管理责任，大学就不应该反对这样一个革新。但是，仅仅因为有钱这样做就匆匆忙忙做出“跨学科”的安排会带来麻烦。很多人大声叫嚷着要这样做，他们不了解这包含着什么，无论是在科学方面、在教学的组织方面，还是在所教授内容的技术或实际应

用方面。对那些坚持认为只要提供必要的资金大学能解决任何问题的人来说,“跨学科革新”很有吸引力。

大学要做的事情,至少在美国,是摆脱扩展时期带来的某些制度上的累赘。的确,资源更有限的一个好处是大学可能会被迫停止某些他们本不应该从事的活动。大学必须找到一种办法来宣布它们不可能做社会需要做的所有事情。

将大学作为救世主的神话将不会轻易打破。要人们在目前的思想状态下相信有些问题不可能完全解决和可能永远不会解决、我们不知道如何解决这些问题以及这些问题的解决办法可能不依赖于对这些问题中起作用的因素的科学知识,是一件痛苦的事情。将这一点告诉那些为这些问题所累的人看来很残忍。过去认为无法解决的某些问题结果证明可以通过改善的知识和改善的管理程序以及通过更开明和更慷慨的政治态度而得到改进,事先就说某个问题不能解决看起来是一种过分的失败主义。当政府机构和基金会愿意为研究解决这些问题的人提供财政支持时,这样做就最不容易了。

这并不意味着大学应该避开在它们之外的社会,漠视它的存 133
在。这本身就是不对的,也是轻率的。

事先就决定一个问题能否解决也是极其困难的。当然重要的一点是大学将凯撒的归恺撒,这不仅是因为凯撒有权威、有财富,还因为它们应该为凯撒和为它们也同样是其中一员的社会做些什么。但是,同样必要的一点是不能什么事都答应凯撒和他的社会,因为否则的话,到头来他们会幻想破灭,并产生怀疑。一旦形成这样一种公众舆论,即只要提供相应的经费,学者们可以承诺任何事情,而接下来他们不能提出承诺的解决办法,则大学就会招致怨恨——理应如此。

公共舆论对大学的态度是大学的最大问题之一。公众和政治家对大学好的看法不能忽视，但也绝不能成为大学压倒一切的关注点。如果大学做正确的事情，而不是让自己被政策和舆论的每一次风吹草动所左右，那么大学的日子就更好过了。

大学必须珍视其诚实、无私的声誉。这些都面临危机。科学家和学者个人无节制、不理智的党派倾向性和大学作为一个实体对党派倾向性态度的公开声明，会损害大学的公共形象和学者个人对大学真正之天职的认识。它疏离了那些同样具有相对立的党派倾向性的人，败坏了那些没有党派倾向性的学者和大学的名声。当我们西方社会已经变得如此政治化，并且人们普遍相信政府如果想这样做就没有做不成的事情时，消除党派性也极其困难。当人们对社会科学寄予如此厚望，当社会科学家对公共问题如此关注并经常作为各级政府的顾问和财政资助的受益者时，消除党派性尤其困难。

对那些有党派倾向性和那些在他们看来党派倾向性可以在生活中更有利可图的人来说，很难脱离政治上的党派性。激进的党派性常常有刺激性，它有时伴随者能够引发有意义的思想和有价值的研究的学术冲动(élan)。卑躬屈膝的党派性看来也是有利可图的。这是德国大学在最辉煌时期的恶行之一，并被巨大的学术成就所掩盖；但它也带来了苦果，尤其是在德国大学似乎失去了学术上的创造力的时期。这是近年来西德政治家对大学采取报复措施的原因之一。无论是外部的党派性还是同样重要的内部党派
134 性，对大学都是一种危险。大学必须更具有向心性。就像我在前面说过的，我这样说不是指大学必须脱离社会，不顾它们对社会的

责任。但是,它们的一个主要责任是每所大学应该是所大学。我的意思是,一所大学不能是多种多样和各自分离的研究与教学活动的集合。它必须是一个在其中开展这些活动的机构。这些活动在同一机构开展这一事实,对每一项活动都有极大的意义,无论它们看起来是如何的彼此独立。因此,一名大学教师不仅必须履行其教学、培训和研究责任,还必须履行他对自己的大学和大学思想的责任。当我说遵守学术精神是大学履行其责任的一个必要条件时,就是这个意思。

当大学变得更专门化,当它们的成员仅仅将其看成是为了他们自己的特定兴趣的管理上的便利设施,当它们变得更庞大、更富有、更分化时,就有大学崩溃和学术精神瓦解的危险。学术精神也被其他一些因素所削弱,如行政管理上的高压和专断以及个人对其任务的狭隘而自私的认识。

以大学作为在各个学科追求真理的共同体和长期服务于社会与文明为集中点的学术精神与学术职责,是大学命运的决定性因素。所有这些由于"忙乱"、通过献媚奉承和大的许诺来讨好资助者的想法、追逐个人利益的做法和激进党派性,以及由于人数众多和资源不足的所有重负而带来的压力和分心,都是一些要害问题,因为它们削弱了学术精神。学生的激进主义和公众对科学技术的不满也是如此。它们搞乱了学者的思想,削弱了他们对科学精神的坚持。这种削弱的危害性影响四处蔓延。

阿什比(Ashby)爵士在几年前写过一篇令人动容的《学术职业的希波克拉底誓言》。[18]这是一个重要许诺的勇敢开端。学术精神难以把握,无法做出系统的表述。但是,我们所有人自己在大学接受的培养、我们长期的大学经历和我们继承的学术传统所形成

135 和培育的良知中，都有它的痕迹。我们必须坚持和加强的正是这一要素。

注 释

① 别人曾经告诉过我，在剑桥有一个初级教学职位空缺时，卢瑟福说："我不会让贝尔纳到我的系里来；要是聘用了他，他就会尽力让其他的共产主义者得到聘用。"就整体来说，似乎没有证据表明做一个共产主义者或共产主义的同情者，就会因其信仰而在其学术职责的行使上有任何的不够严肃认真。

② See Weber, Max, *On Universities: The Power of the State and the Dignity of the Academic Calling in Imperial Germany* (Chicago: University of Chicago Press, 1974), reprinted from *Minerva*, XI, 4 (October 1973), pp. 571－632.

③ E. J. 贡贝尔(Gumbel)是一位统计学家，他出版了几本有关政治暴力的重要著作，结果遭到具有国家主义思想的同事和学生的发难和所在大学哲学学院的谴责。他后来被开除。

④ 特奥多尔·莱辛(Theodore Lessing)是汉诺威技术学院的哲学教师。他在著述中以贬抑的口吻对待菲尔德·马绍尔·兴登堡(Field Marshal Hindenburg)，结果由于具有国家主义思想的学生的抗议而被调任另一个研究职位。

⑤ 这包括柏林大学医学助理教授、和平主义者乔治·弗雷里克·尼古拉斯(George Frierich Nicolas)遭到大学学术评议会的谴责，以及弗赖堡大学的著名法学教师赫尔曼·坎托罗维奇(Hermann Kantorowicz)因批评俾斯麦传统而遭到大学学术评议会的谴责。

⑥ 像厄普顿·辛克莱的《鹅步》(*Goose Step*)那样质疑大学和学术职业的合法性的书是很少见的。这本书是由一位与大学没有接触的"局外人"写的。索尔斯坦·凡勃伦的《美国的高等教育》(*The Higher Learning in America*)尽管很尖刻，但没有偏离人们广泛接受的对于大学应该如何的标准，即它是一个科学和学术的机构。对大学确实有一些批评，但大多数旨在使大学更接近传统的理想。

⑦ 威尔斯的"科学化"社会的思想可见于《预知：机械与科学进步对人类生活和思想的作用》(*Anticipations: Of the Reaction of Mechanical and Sci-*

entific Progress upon Human Life and Thought, eighth ed., London, Chapman and Hall, 1902). 凡勃伦的看法普遍存在于他的著述中。我在这里只指出《工程师和价格体系》(*Engineers and the Price Sysrem*),(New York: B. W. Huebsch, 1919)、《企业理论》(*The Theory of Business Enterprise*),(New York: Scribner, 1904)以及《科学在现代文明中的地位及其他论文》(*The Place of Science in Modern Civilization and other essays*),(New York: B. W. Huebsch, 1919)。J. D. 贝尔纳的观点见于《世界、肉体与魔鬼:理性灵魂的三个敌人的未来之探索》(*The World, the Flesh, and the Devil: An enquiry into the Future of the Three Enemies of the Rational Soul*), (London: Jonathan Cape, 1970, new ed., original ed.,1929) 和《科学的社会功能》(*The Social Function of Science*), (London: George Routledge, 1939)。这一思想的历史可以追溯到弗兰西斯·培根,特别见于他的《新大西岛》。

⑧ 早在本世纪的第一个十年,一些德国学者就注意到了这些趋势;它们在20世纪20年代又被研究"白领工人"的各种学者所注意。就在第二次世界大战之前,柯林·克拉克(Colin Clark)的重要著作《经济进步的条件》(*The Conditions of Economic Progress*),确立了他作为一个大胆而富有想象力的经济学家的权威地位。此后的许多学者发出了不同的声音。各种名称,如"后工业社会"、"信息社会"、"技术社会"、"以科学为基础的社会"、"自动化社会"等等,都以不同的学识和论证严密程度证明了未来属于科学和技术这一普遍的信念。这些思想至少在某些方面可以溯源到圣西门和弗兰西斯·培 136
根关于"所罗门之屋"(the House of Solomon)的奇怪念头。在战后时期,美国的斯蒂尔曼(Steelman)报告和英国的巴洛(Barlow)报告又提出了这些思想,两份报告都强调由大学培养科学人力的迫切需要。这些报告没有提出像后来的"高水平人力"的预言。但它们是朝着这一方向的一个阶段。所有这些预言式著作,都受到了主张经济增长和改造大学使之适应"以科学为基础的社会"的"需要"的人士的热烈欢迎——"以科学为基础的社会"尚有待于出世,尽管有这么多自告奋勇来充当接生婆的人在不断宣布它的到来。

⑨ See Glazer, Nathan, "Schools of the Minor Professions," *Minerva*, XII, 3 (July 1974), pp. 346—364.

⑩ 现在,在日本叫做"信息社会",日本在这些问题上不甘于落在别人后头。

⑪ Report of a talk by President Howard Bowen, Claremont University Center, in *Chronicle of Higher Education*, VIII, 32 (13 May, 1974), p. 4.

⑫ See, for example, Leibfried, Stephan, *Die angepasste Universität: Zur Situation der Hochschulen in der Bundesrepublik und den USA* (Frankfurt am Main: Suhrkamp Verlag, 1969); Hoffman, Werner, *Universität, Ideologie, Gesellschaft: Beiträge zur Wissenschaftssoziologie* (Frankfurt am Main: Suhrkamp Verlag, 1968).

⑬ See Arblaster, Anthony, *Academic Freedom* (Harmondsworth: Penguin Books, 1974), and Pateman, Trevor (ed), *Counter-course: A Handbook for Course Criticism* (Harmondsworth: Penguin Books, 1972).

⑭ See Riesman, David, "Evangelism, Egalitarianism and Educational Reform", *Minerva*, XI, 3 (July 1973), pp. 296—317.

⑮ 在美国,这些要求得到卫生、教育与福利部平等机会办公室的推动。这个机构要求提交大量的统计性文件,而受到攻击的大学是没有这些现成的材料的。要提供这些折磨人的政府机构所要求的信息,大学就必须雇用相当多的人力。一所主要大学要付出相当于二十多个全日制教师的工资来收集这些需要的材料。大致类似的情况并不鲜见。这进一步加剧了大学的财政压力。

⑯ See Gaussen, F., "Academics without Careers", *Minerva*, XI, 3 (July 1973), pp. 372—386.

⑰ See, for example, "The Resignation of Professor G.. N. Knauer from the Free University of Berlin," *Minerva*, XII, 4 (October 1974), pp. 510—514.

⑱ *Minerva*, VII, 1—2(Autumn-winter 1968—1969), pp. 64—66.

5. 美国的私立大学

本世纪美国十所左右最著名的私立大学，在当代高等教育界非同寻常。它们的独特性体现在它们私立的特点和非凡的知识成就。没有任何其他国家的高等教育体系可以与之比肩。在其他少数国家有一些私立大学，但没有任何一个国家的私立大学在本国的高等教育体系中能够享有美国私立大学那样的卓越地位。在美国和美国之外，也有与美国一流私立大学水平不相上下的大学，但它们是公立或州立大学。欧洲大陆有或曾经有一些私立大学。布鲁塞尔自由大学是私立大学，米兰的博科尼大学也是私立大学。日本和菲律宾有大量的私立大学，但没有一所在本国的体系或更大范围的学界内具有美国一流私立大学那样的地位。印度有大量的私立学院，但它们是公立大学的组成部分，并且，无论在何种情况下，没有一所学院，即使是它们中最好的，能够达到美国一流私立大学那样卓越的知识水平。

最近在美国的讨论已对这些私立大学的未来表现出疑虑。维持它们的费用是如此之高，在过去的几年中，它们中有很大一部分已经在靠赤字预算运转。

在通货膨胀的压力下，所有学术、行政、文秘、维护及保管人员的工资在持续增长；最后两类人员组织了工会，加强了他们讨价还价的实力。对高质量的研究不可或缺的大型图书馆的图书购置费

用在继续上涨；对昂贵的科学设备的需求永无止境。对学生的服务，包括咨询、医疗、精神健康甚至儿童护理，其规模之大在欧洲大
138 学闻所未闻，这一块也在继续扩大。结婚的研究生比以前多了，他们要求住房上的特别安排，这也增加了费用。让更多的必须提供助学金的黑人学生接受高等教育的措施使费用进一步增加。在一流私立大学中，至少有四所——哥伦比亚、芝加哥、哈佛和耶鲁——设在大城市，它们周围的物质和社会环境已经恶化，因此需要大量的支出用以安全服务，以作为地方警力所提供服务的补充，而在过去是不需要花这笔钱的；这些大学还受到来自住在贫民窟的邻居、民间组织和它们自己的学生的压力，要求它们为穷邻居提供住房福利设施和健康服务，这也要进一步动用它们的资源。

费用的预期增长和对投资回报的预测两个方面结合起来，将私立大学置于危险的境地。曾经对它们贡献颇多的私人慈善基金会，也已经在朝着不利于它们继续存在的方向改变政策。

在此情况下，公共和政治舆论开始反对私立大学。许多人断言对它们的需要将会消失。一流私立大学在向私人个人和机构争取财政支持方面遭遇的困境和它们现在从联邦政府得到的收入与四十年前相比的增加，似乎说明它们无法独立生存；加州、密执安和威斯康星等一流的州立大学的巨大成就，证明了它们的多余。在美国历史上曾经有一个时期，政府的支持很弱，高等教育体系中的私立部分增加了很多让学生攻读初级、高级和专业学位的名额，并开展了大量需要的和有用的研究。由于州支持的研究和教学增加到这样一种地步，即一流私立大学提供的研究和教学只占一小部分，并且再过一段时间，这一比例还会不断缩小，因此它们的作用就没有那么急需了。以上就是人们的一些说辞。

今天在笼罩私立大学的严酷天气中，还有另外一股寒风。它们被指责是“精英主义”，而精英主义在今天是一件糟糕的事情，尤其在像美国这样一个盛行民粹主义的国家。政治家很长时间以来是民粹派；知识分子和高级公务人员现在也是民粹派；学生和许多学者是民粹派。就连富人和势利小人也成了民粹派。这在美国早已有之，但最近变得更为显著。它影响着所有政府部门的态度，也影响着那些相当富有、可以为私立大学慷慨解囊的那个阶层人士的态度。

私立大学在高等教育层级中的地位 139

有鉴于这些变化，一件情理之中的事情，就是考察一下这些一流私立大学在美国学术体系中的地位，考虑它们在整个体系中的作用，并对它们曾经发挥的作用可以很容易地由州立高等教育体系担当起来这一说法做一个判断。

对于过去，不存在任何的怀疑。私立大学在研究生培养制度的确立上是先驱者，它们是物理、生物和社会科学基础研究的主要场所，这是人所共知的。从它们的开拓时期以来，几个州立大学已经走到前沿。加州和密执安的州立大学，在更小程度上包括威斯康星和伊利诺伊州立大学，在很多领域已经进入世界优秀大学的行列。但是，州立大学的擢升，并没有取代重要私立大学在学术上的突出地位。哈佛、耶鲁、普林斯顿、哥伦比亚、芝加哥和斯坦福大学依然没有退步。

美国的学术舆论——不仅仅是在私立大学内部——对一流私立大学的突出价值曾一再给予认可。1969 年的一项学者判断对一流大学的取样调查显示，在人文、社会、生物和物理科学等32个领域中，21个领域的前六名有4所或更多的是私立大学。在七个领域，前六名中公立和私立大学平分秋色。在32个领域中，前六名中公立大学超过私立大学的领域只有4个。① 1964年，一项在25个领域针对大学声誉的学者意见的类似调查显示，在18个领域中，前六名有4所或更多的是私立大学；在4个领域，公立和私立大学的数量相当；在3个领域，前六名中公立大学的数量超过私立大学。② 在两项调查都涉及的25个领域，公私立大学从1964年到1969年的对比情况没有变化；在6个领域私立大学知名度提高了；公立大学在5个领域提高了知名度。

将1964年和1969年的调查结果，与用差不多的方法在1925年和1957年所做的调查相比较，结果显示在四次调查都包括的领域，在将近半个世纪的时间跨度中，尽管公立大学在规模和活动上有极大的增加，一流私立大学的地位只有很小的变化。③

公立大学的卓越地位，部分来说是私立大学成就的结果。艾
140 伦·卡特博士所调查的每一个领域最有名的5个系中，其教师绝大部分是由私立大学培养的。在这些大学的历史、古典文学、英语、法语、德语、语言学、音乐、哲学、俄语和西班牙语系的372名教师中，有82%的人从私立大学获得他们的最高学位。

从1946年到1971年获得诺贝尔奖的66名美国人中，有三分之二从美国私立大学获得他们的最高学位，13%从美国公立大学、20%从国外大学获得他们的最高学位。④ 在美国哲学学会的479名会员中，71%的人从美国私立大学获得他们的最高学位，12%从美国公立大学、17%从国外大学获得他们的最高学位。因此，尽管公立大学的知名度提高了，美国一流私立大学极大的学术活力没

有受到损伤，并且，通过其毕业生，它们为美国公立大学贡献了最高水准的科学家和学者。

私 立 性

迄今为止我所谈的，还没有把美国私立大学的杰出成就与其“私立性”联系起来。首先，私立并不意味着与公立大学完全不同。半个世纪前，一所私立大学区别于一所公立大学的私立性，最主要地体现在它的财政支持来源和它的最高管理机构的人员构成与模式上。它的几乎所有收入来自学生学费、捐赠基金和私人赠与。现在的情况已经不是这样了。拿三所私立大学来说，其中的两所，普林斯顿和芝加哥是质量最高的，第三所范德比尔特（Vanderbilt）肯定要低一个档次，在 1965－1966 年度，它们的收入中只有 49%来源于私人——捐赠基金的回报、私人赠与和学生学费——而来自政府的拨款和合同金差不多占到了 46%。⑤

在过去，公立大学经费的绝大部分由州立法机构通过表决拨付，少部分来自学生学费。现在，一流州立大学的情况与此不同了。以美国最有名的公立大学加州大学来说，在 1962－1963 年度，其收入中有 58.6%来自州政府，33.6%来自联邦政府的拨款和合同金，1.9%来自学生学费，3.5%来自私人的赠与，1.6%来自捐赠基金。⑥20 世纪 60 年代末对六所州立大学的一项抽样调查显示，从州立法机构表决拨付的款项，在六所大学中没有一所占到其收入的 50%以上；其中一所学校占到 41%，其他五所在 25%－ 141
35%之间。学生学费在调查的六所大学的五所占 20%－25%；只有一所学生学费不到其收入的 10%。公立大学现在也在校友和可能的私人捐赠者搞筹款活动。[⑦]

因此,两者之间的区别已不再是完全靠私人还是公共来源的收入来支持。支持模式比半个世纪前有更大程度的重合,但还是有实质性的和重要区别。

优秀的私立大学从学生学费、来自私人个人和机构的捐赠基金和赠与中得到更多的收入;它们从州政府拿不到一分钱。不论是私立还是公立大学,从联邦政府得到的要比以前多得多,它们从联邦政府得到的收入,在其总收入中占很大的比重。

私立大学的主权

从法律上来说,美国私立大学的私立性体现在这样一个事实上:它的主权属于不是由政府任命或通过普选产生的外行管理机构。同所有的主权问题一样,私立大学的主权绝不是一件容易界定的事情。

某些类型的国立大学受国民或国家教育部的直接控制。1968年的《指导法》(*Loi d'orirntation*) 实施之前法国大学的管理方式就是如此。[⑧]主权存在于大学之外达到如此的程度,可以说法国有一个大学体系,但没有大学。法兰西大学每一个地方分支机构的预算须经国民议会表决通过,开设学位专业、教授课程的决定由教育部做出,学术人员名义上也有教育部任用。

西德没有私立大学。无论是在财政支持的来源方面,还是在主权所属方面,德国大学都不是私立的。今天的西德大学是19世纪传统德国大学的继承者,它们在名义上自我管理。大学在很大程度上学术自治(*akademische Selbstverwaltung*),但州文化部分管大学的机构就有关设立新的教授席位(即为大学里以前没有的科目的教学所设的教席)的问题做出所有的重要决定;部长对学术职位的任命依然有最终的决定权。州文化部负责制定入学的政策 142
规定。经费几乎完全来自州政府;预算由一名监管人(*kurator*)制定,这是文化部指派到大学负责管理和控制其财政问题的一名官员。德国大学有学术自由、大学自治和自我管理,但范围要比 19 世纪末牛津和剑桥事实上和原则上所享有的要小,比近代英国大学所享有的也要小,在这些英国大学的管理体系中外行和学术阶层在职能上有友好的分工,再者,它比 20 世纪 20 年代以后的美国一流私立大学所享有的也要小。[9]

英国没有美国意义上的私立大学,也没有美国意义上的公立大学。所有大学都是根据皇家特许状建立的自治实体。大学拨款委员会现在提供除各种研究委员会的经费之外的大学所有收入。在它还没有发展如此重要的地步时,英国大学与其说类似于美国的公立大学,倒不如说它们更像美国的私立大学。现在,英国大学的经费几乎全部来自公共渠道,这种相似性降低了。它们的管理制度在总体上有些类似于美国的私立大学,权力在一个主要关注涉及经费的重要问题的外行机构和一个学术阶层之间分配。(在两种制度中,在参与管理的学术阶层的构成上曾经有过明显的区别;在美国,校长有更大的权力;在近代英国大学,有关学术问题的权力属于教授。)直到在过去的四分之一个世纪之前,牛津和剑桥基本上独立于政府的财政支持,除了在早期英格兰教会间或有些影响以及后来各种皇家委员会和议会的干预外,它们是完全自治的。现在,与所有其他英国大学一样,它们在经费上几乎完全依赖于中央政府。(另一方面,它们的学院从中央政府得不到任何直接的经费，但是学生交纳的学费有时构成它们收入的很大一块，而学生主要是从政府机构提供的奖学金中支付学费的。）但是，除了在经费上的依赖性，英国大学在大量支出要用公共财政、有许多其他用项来竞争经费和大学在很大程度上受到公众监督的情况下，只能尽可能地保持自治。[10]

在 20 世纪 60 年代的后半期，议会要求大学用大学拨款委员
143 会提供的经费的支出，须经主计长兼审计长的审查以确定钱要花得“有效”。这个词有点危言耸听，因为它好像赋予了那些教育水平不高的公务人员对大学花钱的目的做出判断的权力。然而，到现在大约过了五年，大学对主计长兼审计长的代表行使对它们的压制性的权力，还没有提出任何抱怨。

大学在大学拨款委员会的刺激下，小心翼翼地避免在高度专门化的领域重复其他英国大学已经开设的专业和正在从事的研究。因而，尽管拨款是一揽子拨款，完全的预算自由还是受到些许限制。然而，尽管英国大学在财政意义上已经成为“国立”或“公立大学”，但它们依然行使着在欧洲其他地方闻所未闻的某种程度的自治，并在总体框架上类似于一流的美国私立大学所享有的自治。

美国州立大学，由有代表性的学术机构和行政人员与普选产生或政府任命的董事会相结合的方式来管理。学术管理中的美国州立大学制度，在原则上比德国的制度和 1968 年之后的法国制度更有自治性。在将实体自治和外行或非学术的最高管理机构结合起来这一点上，它更接近于近代英国大学。但是，在董事会成员的选择上不同于英国大学，它们比英国大学更能积极地反应大学以外的政治和道德取向；在学术问题尤其是人事问题上，它们更表现出倾向性的政治观点。黑非洲、印度和巴基斯坦的大学，在主权属

于一个非学术的、但在法律上独立于政府的机构这一点上类似于英国大学。[11]然而，在对大学以外的政治和道德舆论的反应上，它们更像美国的州立大学，并且，它们的管理机构经常更多地插手学术人员的任用问题。

在欧洲大陆，有完全不受政府控制和财政上不依赖国家的私立大学。它们是私立的机构，但它们不是自治的——它们的管理机构人员由一个外部机构，即教会来任命，它们的高级行政人员的权力是从控制它们的外部教会机构衍生出来的。鲁汶大学、米兰天主教圣心大学及巴黎天主教学院（Institut Catholique）就属于这一类学校。最近，鲁汶大学变得越来越世俗化，在财政上也越来越依赖于国家。

还有一些大学（和学院），它们为私人所拥有，就像企业被私人 144
拥有一样。它们的开办是为了赢利，在很大程度上类似于赢利性质的贝立兹学校或其他语言学校以及那些为法学院毕业生应付国家律师资格考试的“填鸭式学校”。菲律宾有一些这样的高等教育机构。

著名的美国私立大学，今天处在一个序列的中间位置：这个序列从大学在管理上就像教育部的一个分支，其中所有的决策都依赖或取决于一个非学术的公务人员，并且所有的支出都预先设计好并来自教育部，到私立大学或学院由教会等学术外的机构或某一社会集团的机构所拥有和控制，最后到完全私立的大学或学院，它们为私人所拥有，并且是为了所有者的赢利而开办。

美国私立大学在它们是相对自治的实体——在法律上一方面独立于国家或政府，另一方面也独立于教会、社会集团或其他组织——在这一意义上是私立的。大学内部的主权不是一个衍生物。在这一类型的私立大学中,具有法律主权的管理机构可能是、也可能不是学术性的——在美国不是,在这一点上它有别于牛津和剑桥。但是,在管理机构的内部选举上,它与牛津和剑桥及其他英国大学有共同之处。从正式的制度术语上来说,这正是私立大学的私立性所在。从这一点衍生出来的是预算自主权这一事实,即它可以根据自己对正确的分配应当如何的判断,来分配某一预算期的现有资源,不像某些学校,其预算或者必须来自政府部门、或者必须经过外在于它们政府部门或立法机构的批准,或者在一个名义上负责一揽子拨款机构的总体指导下制订预算方案。

由于今天对美国所有的私立大学来说,来自捐赠基金、学费和赠与不足以它们的维持,它们已程度不一地依赖于政府资源的财政支持以应付日常的支出。在这一方面,私立大学已经开始变得类似于州立大学——从它们的收入来自政府资源这一意义上来说。但是,两者之间还是有一个重要区别,这体现在由于州立大学的很大一部分来自政府的收入主要来自州政府,并且是通过州立法机构的法案,因此它们的管理更受制于州政府的政见和行政制度。即使是州财政部门给予部分支持,一个前提条件是州立大学的管理机构——通常是董事会——应通过政治程序来决定,譬如
145 由政府官员来任命或通过普选产生;在很多情况下,某些州行政官员是董事会的当然成员。与此形成对照的是,私立大学的政府收入来自联邦政府,而联邦政府并不要求在大学的管理机构中有代表性。一流私立大学的董事会成员当然有他们的自身利益——许多人是企业家、银行家、律师、出版商等等,而且他们通常都是相当富有的人——但他们不代表这些利益。从政界衍生出来的董事会带有民主政治内在具有的一个信念——这就是政治行动在很大程

度上是由利益的代表所构成。再者，服务于本州公民的传统为政界成员进入董事会中、期望大学应该满足他们所代表的选民提供了理由。结果，州立大学在外界的压力下要从事很多总的来说有意义、但不是出于学术的求知欲或为了教育目的的活动。

私立大学的董事会存在于一种不同的传统。这一传统部分是在一个政教分离的国家的新教管理传统中形成的。美国私立大学的董事，常常是对经济、政治和道德秩序具有强烈信念的人，并且他们曾一度试图——有时取得了成功——使他们的信念在他们担任董事会成员的大学管理中得到贯彻。然而，他们被期望要公正无私，并且他们要服务于大学而不是让大学服务于他们。在世俗观点取得支配地位之前美国高等教育的基督教色彩，抑制了强硬的董事的专横；学生来自上层社会这个事实也迫使他们要遏制其要求。但是，在美国私立大学董事传统的形成上比这两者更重要的因素，是 1885 年至 1920 年间重要的私立大学校长的人格力量、科学的威信上升以及富有的企业家们慈善意识的提高。

因此，主要的私立大学的董事逐渐将自己视为是被要求服务于大学的利益，而不是让大学服务于他们或他们的委托人的利益。结果，我们在这里所考虑的私立大学，往往比州立大学，甚至比最有名气的州立大学在更大程度上有自己的自主和决策中心。

私立大学的质量 146

一般来说，作为一个教学、研究和培训中心的大学，其优秀之处当然不仅仅因为它是一所私立大学。鼎盛时期的德国大学不是私立大学；巴黎大学、伯克利加州大学、威斯康星大学和密执安大学也不是私立大学。问题不是国立或政府办的大学能否办得优秀;大学的历史已提供了大量的证据。在美国依然存在的一个事实,是私立大学胜过公立大学。⑫

为什么会如此?说主要的私立大学最早发展研究生教育,并且它们建立了一个现在依然保持着的传统,并不是一个真正的解释。问题在于它们为何能够成为本世纪初的先锋,它们为何能够从那时起保持其杰出地位。对这个问题的解释,似乎存在于私立大学在内部管理上所允许具有的更大程度的自主性,在于它们对已经具有的、可以掌控的资源能够有更大程度的调节,在于在有需要时它们有自由和精力去争取更多的财政资源。这些因素,再加上它们可以利用的首先是社会上、然后是学术上的声誉,使得它们对年轻而不为人所知和成熟而有名气的科学家和学者、也对学识上雄心勃勃而又勇敢无畏的学生更有吸引力。

在本科阶段的课程计划或教学方法上,美国的私立大学至少有一个很大的优势,就是它们有能力尝试新的方案。它们能做到这一点,主要是因为它们的学生人数较少并经过了严格的选拔,师生比例比较大,而且大学的资深教师更关注本科生的教学。在过去的半个世纪里,美国本科生教学的主要革新举措,如在博雅教育和普通教育方面的革新,都出现于私立大学——哥伦比亚、芝加哥和哈佛。私立大学的本科生教学,即使在单独管理的情况下,也更少可能成为大学孤立的一个部分,而更可能纳入大学的整体。这部分来说是得益于其规模,部分来说也是由于东海岸的一流私立大学在本科生教育上的高度声誉。这也是由于在这些研究和研究生教育方面具有领先地位的大学,本科生的规模比较小,并且有大量的杰出学者和科学家。

规模与私立性 147

州立大学，即使是它们之中的佼佼者，也无法提供相同类型的本科生教育，因为它们的学生规模非常大，并且由于有必要采取不那么严格的入学标准导致学生在智力水平上良莠不齐。本科生教学大纲的很大一部分，与声望相当的私立大学相比，学识水平要低一个档次，杰出的科学家和学者都不愿意对如此多的人从事这种水平的教学。

因此，主要的私立大学在本科生教学上的优势，部分得益于它们相对较小的规模和更高的入学标准。但这些又得益于它们的私立性。较之于公立大学，学生规模和决定学生规模的入学标准，在私立大学更是一个由学术人员掌控的问题。当然，这部分来说也是一个与财富有关的问题。如果一所大学不依赖从学生收取的学费来增加收入，它就可以像普林斯顿那样小；如果它确实依赖于学费，那么它就可能像纽约大学那样大，纽约大学是美国最大的大学之一，要比任何一所一流私立大学的规模大得多。

州立大学鲜有小规模的本科生。即使那些有小规模本科生的学校也不大可能尝试新的课程计划、集中教学和指导，因为它们依赖于外部的非学术的机构作为其最终的管理机构和预算决策的所在。问题不在于私立性，关键是私立性有可能带来的小规模、充足的生均财政资源和关注本科生教育的传统。

一所公立大学并不一定就要规模很大。按照美国的标准，英国的所有大学都不大；19 世纪德国最优秀的大学是如此的小，以今天的日常支出和其他费用来看，那样的规模将会被认为是没有必要地耗费过多。再者，私立大学也不是不可避免地规模要小。它们可以让学生人数无限地激增，但它们并不感到非这样做不可，除非它们认为它们的职责是为尽可能多的年轻人提供某种类型的高等教育，或者对学生学费的收入需要有可能驱使它们这样做，或者它们仅仅是希望做它们认为其他任何人在做的事情。美国有学生人数达到甚至超过两万的私立大学，但它们不在一流大学之列。在美国，一所私立大学有将入学人数限制在它认为能够有效地教育和培训的范围之内的自由，而且，只要它有足够的收入，它就可以这样做。

148 预算的灵活性

无论是私人的还是公共的资助者指定具体目的的收入，为大学带来严格的限制。在美国，比重越来越大的来自联邦政府拨款或合同金的收入，要用于具体的项目。由于在某些研究和教学领域的外部利益，占相当份额的来自州政府的经费在一种不同的意义上也是专款专用。因此，事先已指定用途的收入，堵死了自主建立新的教学和研究系的想法。

可以自由地用于看起来是正当的、新的教学与研究目的的捐赠基金和赠与收入，是使得美国私立大学更大程度上的自主性的重要因素。

收入来源的多样化

美国私立大学有一个显著的特点，常常令那些在欧洲大学接受教育的人感到吃惊。这就是在筹措经费上所花费的气力。这对那些担负着让大学存活下去的责任的人来说，总是一件叫人头疼的事情。向唯一的大学拨款委员会、或唯一的教会、或唯一的主管、或唯一的立法机构、或唯一的教育部长提交唯一的一份预算，是何等的容易。这是一个极大的负担，但如果做得成功，它会带来极大的好处。

经费来源的多样化，对大学免受某一外部机构的垄断性影响提供了一种保护。这种多样化的经费来源——特别是私人基金会、自由捐助者个人和家族以及各种各样的政府部门(除了教育部之外)——能够使一所大学的引力重心更完整地掌控在自己手中。不仅外部垄断者可能想影响大学的政策，既然他有能力这样做——确实，这就是美国州立大学经常遇到的情况。而且，即使在唯一的资助者为明智的理由和传统所约束时，也存在这种可能。在大学内部有这种强烈意识时，它还可能产生一种依赖感，并以此抑制自信心和大胆精神。

在过去没有涉足、但大有前途的学科设立新的教授职位、创造跨学科学习和研究的机会、建立新的研究机构、开发新的、看起来大有希望的研究方向——这一切都可能在只有唯一的财政来源的情况下发生，而且事实上这一切也都做到了。但是，它们发生的可
能性比较小。首先，这种唯一的来源往往在高等教育政策问题上 149
形成自己的意见和传统；它们也往往更关心使现有的活动继续下去，而不是为新事物扩大其支出。这些趋向逐渐会反映在学术人员的期望之中。

州政府控制和提供经费的大学，也显然能够有多样化的财政支持来源。基于美国的政府系统结构、私人慈善基金会的种类繁

多和慷慨大方，州立大学的确在某种程度上得到各种来源的财政支持。⑬然而，现在的趋势是不利于多样化的。能保证得到足够应付大学绝大部分费用的一大笔拨款，对寻求另外的经费来源的意向有削弱作用。这对那些潜在的能够被吸引成为多样化来源的支持者也是一个打击。既然政府是如此关心，那些主要的纳税人在其提供的支持只能占微小的补充成分的情况下又何必如此地利用他们的财富。私立大学，不论其得到的捐赠有多大，也不论从中央政府得到的用于具体目的的帮助有多大，都不得不恒久地寻求经费。这种恒久的寻求是一种大伤脑筋的活动，但要使大学的引力重心保持在自身之内就必须这样做。它因此成为机构革新的一个重要条件。对于那些希望做出他们认为具有重要意义、而以前又没有做过的事情的学者，经费来源的多样化能够激起他们筹措经费的主动性。因此，它能使新的和有益的研究方向得到发展，并把有前途的研究生吸引到这些研究方向上来。

私立性、经费来源的多样化与学术自由

与财政支持的多样化联系在一起的，还有私立性的另外一个优势，这在美国尤其重要。在中部、远西部和得克萨斯，美国的立法机构在对大学提供财政支持上非常大方，但另外的事实是，美国州立大学不断受到政治争论的震动，立法者和董事会在这些争论中搅乱了大学的平静，而没有给它们的教学、培训和研究功能带来任何好处。今天的立法者或许比七十五年前对学术职业有更多的尊重，但这种尊重并没有直线上升的趋势。七十五年，在对持有异端政治观点的年轻教师——或研究人员——的不信任上（学生的

政治观点问题那时没有出现!),私立大学的董事会(boards of 150
trustees)和州立大学的董事会(regents)没有多大的不同。但在重要的私立大学,外行的管理机构的态度已经发生了更显著和更不间断的变化。部分是由于学术人员更杰出的成就和大学在社会中的重要性得到更广泛的承认,部分是由于构成董事会成员主体的银行家、实业家、公司主管、律师等人士更广泛的责任感的增强,他们逐渐承担起作为董事的本分义务。他们将担当董事看成是代表知识界和社会的一种道德责任,而不是社会赋予的限制知识界的权限。这就是为什么学术自由在优秀的私立大学已得到很好的确立,而在优秀的州立大学学术自由很广泛,但命运时好时坏。

当然,学术界具有像共同的知识、道德和政治文化一样的东西,自我尊重在整个高等教育体系中也得到了改善。因此,州立和私立大学之间没有截然不同的分别。并且,一般来说,学术自由的程度在包括州立和私立大学的整个大学体系中都有改进。然而,的确时而出现的严重紧张现象,几乎全部发生在州立大学,并对私立大学产生影响,它们是由州和全国的立法者引起并予以调解的。

没有理由认为这种对比会在近期发生改变。美国的政治文化依然会是民粹主义的——事实上它在愈演愈烈。民选的政治家和董事会,必定比构成一流私立大学董事会的那类人更民粹主义。

民选的政治家,当然也可以像那些在二十多年的时间里消极度日的英国议会议员那样——为大学表决通过大笔的经费,而不用非常仔细地过问拿这些钱都干了什么。但这不是最可能的一种变化;事实上,事情在朝着与此相反的方向变化。英国议会在向着美国立法机构的方向发展;它越来越希望安置一个监察者,看看用它所表决通过的公共经费都在干什么。在美国,随着经费数额的加大，就更有可能要求有监督。科学研究的结果无法预知，对社会现象的发现和新的解释也同样无法预知，那些从事这些活动的人必须有这种感觉，即如果他们的探索出现非主流的结果，或者最终的观点与人们普遍认可的信念和流行的愿望不相符，他们不会招致铺天盖地的公开责难。

151 政府为具体“任务”提供的研究经费——这在美国过去几年里已经成为正式的政策——在某种程度上，对政府有价值，对大学则没那么有价值。指定专门用途的经费除了缺乏灵活性之外，还有一个不利的方面，就是它们为公共和政治舆论的变化所左右。美国人喜欢实施“应急项目”的做法，意味着经费的迅速增加会紧跟着突然的“经费大减”。

大学需要持续性，而那些已变得依赖于这种支持方式的大学，可能会发觉自己面临困境。自从无论是公立还是私立大学已经变得依赖于联邦政府提供研究的很大一部分经费和专业化研究生培养的某些经费，这种情况的确出现在这些学校。“经费大减”与不加区别地对投入于大规模“应急项目”的花费，都一样搅乱了大学的稳定性。

相对于公立大学，重要的私立大学迄今为止享有更大程度的灵活性和不受政治干预的自由，但它们对联邦政府依赖程度的不断增加，在目前的政策条件下使这些大学面临失去这些优势的威胁。联邦政府的这种制度，在缺乏预算的灵活性上又增加了资源配置的不稳定性。

它还带来一个不利因素，在这一方面，一流的私立大学在过去由于没有受惠于联邦政府，也就能够保护它们自己。这就是对大学事务的政治侵入。在过去，公立大学常常受到来自政客的直接干扰和来自商人、银行家、农场主、记者等通过政客的间接干扰，当他们不赞同学术人员的学术或公民的信念或行动时。私立大学尽管在本世纪初和第二次世界大战期间走过一段艰难历程，但是直到 20 世纪后半段学生激进分子开始进行他们自己的对大学运转方式的政治干预之前，它们基本上不受任何政治干预的影响。

学生激进分子的其中一个抱负，是对人员任用施加影响。现在，联邦政府从他们手中接管过来，并在这一问题的处理上有更大的权力。借着实施消除歧视黑人和女性的政策，联邦政府现在通过威胁要暂停支付政府对大学开展的研究的合同金来干扰大学。它坚持黑人和女性和其他群体在大学教学和科研人员中代表的比例低于其人口比例的，应予以优先考虑，直到他们更接近其人口比例。所有的大学都受到执行这一政策的官僚们的恐吓；密执安大学和哈佛大学曾明显地受到这些措施的威胁；哥伦比亚大学的研 152
究合同的确遭到了暂停。[14]在许多方面，大学遭遇到的危险比麦卡锡参议员时代还要严重，因为那时大学从联邦政府得到的预算没有接下来的二十年里那样多。再者，麦卡锡参议员没有得到政府行政部门的支持。[15]

就目前的情况而言，美国一流的私立大学已经失去了其一部分的私立性。当联邦政府有比后来更自由的科学政策时——尽管当时的经费通过国防部拨付，它们就失去了其部分的私立性。除非它们即使不能扩大，至少也能保持来自私人财源的支持比重，或者除非联邦政府采取更好的政策，否则，它们有失去更大部分的私立性的危险。它们不仅可能会失去很大部分的私立性，亦即它们的主权，它们还可能失去部分作为其良好的传统、富足和独立性的结果的显赫声誉。照现在的情势，除非它们能获得更多的私人支持，并降低自身对联邦政府的依赖程度，否则，它们会发现自己受制于一种专横跋扈、有时变化无常、经常但又不总是慷慨大方的外部权力。它们可能因此在失去独立性的同时获得富足。如果他们失去富足，即使能维持或重新获得它们的独立性，它们也难以坚持自己的传统，鉴于当前的研究现状和学生与学术人员的期望，这些传统已经变得非常昂贵。无论怎样，它们即使不至于穷困潦倒，也只有通过节制和对活动的取舍才能维持其杰出的研究、教学和培养活动的传统。这是继续保持其私立性并由此保持特别的高质量成就的一个条件。

私立性与扩展

一所大学的私立性的其中一个优势是，如果它也富裕的话，它可以限制其规模。美国大学在过去的二十五年中规模得到了扩大，但与公立大学相比，私立大学的规模扩大非常有限。但是，一流的私立大学极大地扩展了它们活动的范围与数量。在这方面，它们得到了私人慈善机构和联邦政府不断增加的研究支出的帮助。

我们生活在一个有更多的人想得到更多的东西的时代。富裕
153 没有带来对欲望的满足；它使这些欲望得到了提升。在一个机构的统治者和权威的影响力受到很多人责难的时代，要求机构和负责机构运转的权威者所做出的行动已经变得更大量、更紧迫和更复杂。教会和教士被说服，他们应该比服务于人们的宗教需要做得更多；精神关怀已经扩展到社会行动中，不论对政府的合法性可以提出多大的质疑，对更多的服务和更多的规定与管理要求的不

断增加,都驱使它们要做出越来越多的活动。

这种要求的扩大对大学产生了影响。这明显体现在全世界差不多每一个国家学生规模的大大增加上。这也明显体现在大学教师对研究设备、图书馆服务、秘书和研究服务标准的期望上。这最明显地体现他们对这样一些事情的期望上:对他们产生的任何研究兴趣提供资源、扩大他们的系、在他们感兴趣的领域设立新的教学岗位。在过去的二十五年中,研究兴趣精细化和分支化为新的领域,是美国公私立大学活动给人以最深刻印象、总体来说也是最富有成效的一个特点。事实上,这一时期美国大学的伟大之处,就体现在通过精细化和分支化而取得的学术进步。

需求的扩大,明显表现在要求大学开展的活动类型上。它们被要求去做它们一直在做的事情,即为发展完善的和新的专业培养人才,使之具有系统的知识基础,而这些知识被认为是只有大学才能提供。它们还被要求在所在城市、州、全国和国际范围内直接提供各种广泛类型的服务——城市规划、临近地区的复兴、提供低成本住房、卫生服务、为居住在附近的人提供法律援助、开设警察培训课程、为政府官员开展特别课程的在职培训,以及派教师和研究人员去完成政府机构的特别任务等。在过去的一个时期内,这种服务主要是对公立大学的要求;最近,其中的许多项目,尤其是那些与城市问题有关的项目,也对一流私立大学提出了要求。这些要求不仅来自大学外部,也来自大学内部。

由于城市大学所在地区的贫民窟的状况在发生变化,这些地
方的公共秩序每况愈下,那些生活在贫民窟的人过去逆来顺受,而 154
现在要求完全融入更广大的社会,要求能够提供的更多机会、福利和服务,大学必须“参与”它周围的生活、必须“服务于城市贫民区

的人民”这一观点就显得更有力了。因此,为了拯救它们自己,一流私立大学不得不承担起城市复兴这一极其艰难的任务。[16]

在这些要求中,有些是属于大学的重要功能的知识上的要求。其他一些不是大学的重要功能或甚至不是它适当的功能,更适合由政府或民间去完成。大学对后一类要求回应越多,就越有在教学、研究和培训的主要任务上分散精力的危险。大学的活动种类越多、越多样化和越专门化,它被分解的危险性就越大。每种活动都要求人员,而每个人都变得有既得 interest[利益],要求更多的资源和自由来追求它的 interest[兴趣]——这包括这个词的两重意思*。

主权的分解

在第二次世界大战之后的一个时期,联邦政府对大学研究的支持模式——在取得重要的科学结果上是一个非常成功的模式——助长了大学的分解。只要能从政府或私人资助者获得必要的财政资源,任何一位教师可以做他想做的几乎任何事情。研究项目中有许多是大规模的,需要由很多研究人员和支持性人员组成的团队。在很多方面,他们变得独立于大学,如果不是利用大学的行政和会计服务,他们就是完全的独立运作。用那些欢迎这一变化的社会学家的语言来说,美国学者的忠诚集中于他们全国和国际范围的专业,而不是他们受聘的学校。前者是必要和受欢迎的,后者则对大学有害。这种害处在于使大学分解。

---

* 英文 interest 有“兴趣”和“利益”两个基本意思。——译注

植根于美国一流私立大学著名的知识成就的治学传统，是由一批有权威、有进取心、对大学的知识使命有宗教般虔诚的大学校长积淀起来的。他们用强有力的双手和有领悟力的大脑引领着他们的大学。他们的大学是主权王国，他们就是王国的最高首领。这一代显要人士过世后，接下来就是权力向系一级下放。结果是系一级有显著程度的自我管理。第二次世界大战后，权力进一步下放到系里的个人。在扩展时期，有相当多的知识成果。但作为 155
一个组织的大学被弱化了，正如它们对学生动乱的反应方式所证明的。内部的不和，是学术人员的团队精神江河日下的自然结果。已经受到联邦政府侵蚀与学生和教师中的极端主义者虎视眈眈的威胁的私立大学的主权，有被分解的危险。

大学——首先是私立大学——必须把引力中心掌控在自己手中，必须使自己凝聚在一起。这样说不是出于对团结的感怀，也不是出于对“亲爱的老斯瓦什”* 的怀旧，而是因为任何学科失去了与教育、科学和学术活动的共同核心联系在一起的意识就会质量下降。各个学科的发展取决于它们或者存在于一所大学，或者以大学系统为母体；一个学科的繁荣，不仅取决于它自身的条件，还取决于它的相近学科，它不仅可以从这些学科获得激发和技术帮助，而且可以获得学术和科学工作的重要标准的意识，使从事这种工作不可或缺的精神得到加强。

当然，一所现代大学不可能成为牛津或剑桥的一个学院，它像一个联谊会，所有的导师互相认识，所有的后生晚辈互相认识，导

---

* 斯瓦什是小说家 George Fitch 虚构的一所小型学院的名字，他的一系列小说以此为背景。——译注

师和在校生(in statu pupillari)互相认识。在牛津或剑桥大一些的学院里,这已经成为往事,不复重现了。但学院制甚至更体现一所大学最本质的东西,是这种有着应用于不同学术主题的共同标准和对整体的关注、从事共同事业的感觉——这种深深体验到的感觉。一所变得像某些美国重要的州立大学那样大或者像巴黎或加尔各答大学那样的大学,就走在了非常危险的地基上。规模大本身往往将从事本科生教学的教师和从事研究生教学与指导研究生做研究的教师分离开来——尽管规模不是这样做的唯一原因。当系变得很大时,它们往往与相近的系变得关系疏远,学科的专门化和培训的狭窄化更是加剧了这一状况。这对大学开展适当的教学、培训和研究活动有极大的影响。当一所大学被分解时,它的传统就会被削弱,它的主要功能为人所看不到;资历低的成员和资深成员会出现矛盾,学生与两类教师、但首先是与资深教师变得疏离。大量的小王国出现了;大学变成了神圣罗马帝国,以牺牲其主要功能为代价的本位主义利益滋生起来。几乎任何事情,不论其如何荒诞,看起来都能与作为一所大学协调。这些就已经发生在
156 美国大学、发生在某些较大的私立大学,尤其是发生在州立大学。

这种变化是一种不祥之兆,因为一所大学——无论公立还是私立——不仅仅是它的系、实验室、研究所等机构的统计总和,每一个机构都有自己的利益和规则。每一项知识活动都取决于一种精神,活动越专门化和越隔离化,这种精神就越模糊和越微弱。这不仅仅是一个作为大学成员的身份认同问题或团结的问题,或对整体的责任感的问题;这种精神是一种观点,一种知识活动的评价方式;它是一种对真理的责任感,同一学校许多学科和一个学科分散于许多学校的许多人对其影响的认识,维系和强化了这种精神。

它取决于面对面的接触。因此,大学是一个整体,有自己的生命力,它的组成部门有赖于这种生命力,这不仅是为了共同的行政和保管服务,也是为了道德一知识上的支持。一所大学越大,它的系和研究所的数量越大、每个机构独立自足的程度越高,它狭隘的独立自足性的危险就越大。(当然,当系的规模小到不能进行足够的内部分化或与相近学科有充分的重合时,也有一种相反的危险。)财政支持来源上的多元化——尽管其价值不可估量——加剧了系、甚至是个人独立自足性的危险。

第二次世界大战后扩展的突然终止,暴露了美国大学在结构上的弱点。大学结构上的多样化和多元化,没有与此相称的对大学的任务和本质的一致意见、学校内部的凝聚力和大学中心的优势力量。这一中心由大学的首席行政官员、他的直接助手和所剩无几的传统的捍卫者——包括大学里所有阶层和年龄的人。大学的中心没有能够成为一个关注大学整体的所在,成为重大、全面和负责的观点可以由此向整个大学传播的源头和媒介。哥伦比亚大学在尼古拉斯·默里·巴特勒晚年之后,其中心地位沦落到为人忽视的地步,这一经历严峻地说明了一所优秀的私立大学在主权分解后发生了什么。该大学在最近遭到的卫生、教育与福利部的迫害,使它成为重要私立大学的状况的一个缩影,其中大学主权的内部分解为政府最近对私立主权的侵入铺平了道路。

主权与校长 157

私立大学的好运道,在于它的主权、富足和传统。由于第一点,大学可以自行其是。第二点提供了财力,没有财力将很难做成什么事，而有了财力就可以利用主权的力量达到好的效果。传统的培养，部分和从根本上说是学术人员中英才人物的产物，但部分来说也是行使主权的产物。

在有稳定资源的时期——或者甚至在资源紧缩时期——大学承受不起机构分解这种奢华。分解的各个单位太过于追求自身的利益，而且一般都太过于考虑自身的长久存在。限制规模曾经是一种有意的选择，它在将来由于财政资源的有限有可能成为一种必然。一所私立大学要在规模扩展的直接背景下保持稳定比例的教师队伍，就必须更节省地利用其资源。可是，如果它过于节省，比较有吸引力的教师就会接受能够继续利用州公共财政的公立大学的聘请。这更加使它需要做出“艰难选择”。对新人的聘用和晋升必须更加慎重；新学科的设立要更有眼光。在有足够资源的情况下，它可以承受得起聘用了称职的和糟糕的人员，但现在它没有过剩的资源可以允许在任用人员和建立学科上犯这种错误。

每一个系都认为它应该比现在规模更大；很少有研究所认为它们的停办符合整体的利益。这要求中心权力机构有一只强有力的手，而不是投桃报李式(log-rolling)的妥协。这里所需要的是一位强势的校长。

本世纪初美国学院和大学的批评者，指出了校长专权制度的问题。他们是对的。这是一个令人不满的制度。当时的公共舆论对世俗的学问处理神圣事务的方式缺乏信心，董事会在更大程度上将自己视为外部利益的监护人和代表者以及教学人员行为的监督者，而不是学院和大学的知识和道德使命的托管者，经常出现令人不愉快的结果。大约从1890年到20世纪30年代在美国州立和私立高等教育机构发生的大量“学术自由”事件，就是这一制度的结果。从那时以来出现了一个显著的变化，尤其是在一流的私立大学。

过去三分之一个世纪中，美国大学在知识成就上的提高、对权威的权力的新认识以及对知识创造活动的尊严新的赏识，大大增
强了学术自我管理的程度，并且最明显的是增强了系和个人决定 158
其教学和研究计划、选择他们的成员和同事以及控制自己的时间安排的自由。

其结果是发生了明显的权力转移，总体来说这带来了显著的好处。中心与外围之间似乎出现了某种平衡。中心似乎更有力量，而且只要没有受到质疑，这种情况就会继续存在。中心和外围之间似乎有某种一致意见，而且在它受到质疑之前，这种情况就会继续存在。高水平的私立大学比公立大学更需要它，因为前者的财政状况可能更为窘迫。

能够拥有和施加影响的中心的形成，是校长、他的幕僚、正式的学术委员会和非正式的顾问人员、爱挑毛病者、爱管闲事者的任务，他们代表大学的整体说话，不管他们是否被要求这样做。他们的任务包括把大学看成一个整体；中心要考虑未来的和没有发言权的人的利益，考虑有发展前途但没有自己的系的学科，考虑有发展前途和英才人物但没有资源的研究领域，考虑还没有被录取的学生。[17]一个运行良好的中心，有对大学作为一个整体的思考；一个统一完整的外围，有对大学而不仅仅是对学科或系的忠诚。松散的一致性意见能够强化大学的精神以及衍生出来的长处，而这种一致性意见的形成，是这样一个机构性中心的功能。

造成美国大学最近的危机的其中一个因素，就是维持这一机构性中心并由此形成一致性意见的机制已经不起作用。这可能发

生在州立大学，也可能发生在私立大学，并且事实上近年来在两类大学都出现了这种情况。但是，私立大学有一个优势——它在目前受到了生存状态上的挑战——这就是它们继承了更强的知识和教学成就上的传统，有更有利的规模和结构，有更大的自由感。学者和科学家的自由感对创造性工作至关重要，而在这一点上，正如那些在两类大学都工作过的人所广泛证实的那样，私立大学有更好的条件。

问题的核心

将一所大学作为一个整体来考虑，也就要考虑它的未来；一所大学、一所私立大学必须考虑未来。这不仅包括它未来的财政状况，还要包括作为一个知识机构的大学的未来。某些个人和群体
159 可能会考虑大学在人数统计、财政状况和财物保管等方面的问题，但如果私立大学不考虑所有这一切的知识核心问题，又有谁会去这样做呢？大多数公立大学不需要对这一工作的紧迫性做出回应，因为它们的主要责任——无论如何不是它们的唯一责任——是通过安置学生、为他们提供教师和为范围更广泛的公众提供合意的服务来满足当前的需要。公共需求的驱使，就是它们的财政支持和服务对象的来源。它们手头的工作已经排满。私立大学总体上来说不受制于当前对服务的紧迫要求，它们必须把大学当作一项知识性事业、当作某种超越眼前的需要和任务、在不确定的未来时间里服务于全社会和全人类的事业，来更多地考虑它的发展和丰富。

对州立大学的需求在规模和数量上将会继续增加。州立大学

将忙于教更多的学生，开展所有类型的应用研究，录用和培训人员在大学内部和大学之外来做这些研究。对它们要提供服务的需求会源源不断。高等教育体系将来会比目前更多样化；将来会有更多不同类型的学校，在更多的层次上教更多的科目，因为它们提供的培训种类是为人所需要的。所有这些需要都有充分的理由，而这些需求如果不能得到满足，我们的社会也就不会成为它们应该成为的样子。但是，这些需求与大学作为一个知识机构的思想并不完全协调，不论它们到目前为止是如何宽容地共存于其中。

在一方面是保持和传承为了科学和学术研究以及为了学术职业的教学与培训传统，另一方面是当前的紧迫需求之间，确实存在着一种紧张关系。所有国家，尤其是美国的公立高等教育体系，受到这种紧张关系的制约。对高等教育的需求有一批强有力的支持者，他们的强势来自财源上的影响和其道德主张上的力量。通过科学和学术的教学与培训保持和传承知识传统，必须有赖于大学的内部力量，有赖于这一职责承担者的士气，有赖于最能实质性地体现这些传统的学校和个人的吸引力和辐射力。对美国而言，后一种功能已经成为一流私立大学的“天职”。在将来的几十年中，它们的天职将是比公立大学更彻底、更纯粹地在它们的日常活动中体现这些知识工作的传统。如此，一流私立大学不仅将 160
继续推进科学和学术，完成他们在最高质量水平上的教学、培训和发现的直接责任，它们还会通过增强公立大学同时侍奉两个上帝这一或许是最困难的任务上的能力，来服务于高等教育体系和社会。

注　释

① Roose, Kenneth D. and Anderson, Charles, J., *A Rating of Graduate Programs* (Washington, D.C.: American Council on Education, 1971).

② Cater, Alan M., *An Assessment of Quality in Graduate Education* (Washington, D.C.: American Council on Education, 1966).

③ Ibid.

④ 这些数据来自詹姆斯·劳瑞(James Lorie)教授一篇未发表的论文。

⑤ Bowen, William G., *The Economics of the Major Private Universities* (New York: Carnegie Commission on Higher Education, 1968), p. 35。来自政府拨款和合同金的经费,在1939－1940年度达到1.4%,1948－1949年度13%,1955－1956年度24%。

⑥ Betz, Frederick and Kruytbosch, Carlos, "Sponsored Research and University Budgets: A Case Study in American University Government," *Minerva* VII, 4 (October, 1970), p. 495.

⑦ 数据来自P. 拉姆泊赛德夫人的一项调查。

⑧ See "Statement of Principles of the Higher Education Bill" and "The Higher Education Law of 12 November 1968," *Minerva* VIII, 4 (October, 1970), p. 495.

⑨ 近年来在西德关于大学改革的一次次讨论中,偶尔能听到要建立私立大学的声音。但对此实际上没有回应。即使有回应也是反面的,强调私立大学将会是"精英主义"的,也将会受制于财阀政治的影响。整个私立大学的概念与德国人的想象格格不入,尽管这时美国主要的私立大学在德国的声誉达到顶峰。那些对它们钦佩的人没有想到这些大学是私立的。

⑩ 有些英国大学教师,其中最引人注目的是马克斯·贝洛夫(Max Beloff)教授,认为中央政府和大学拨款委员会,通过其财政上的权力,已经开始对大学的活动产生了过多的影响。参见Beloff, Max, "British Universities and the Public Purse", *Minerva*, V, 4 (Summer, 1967), pp. 520－532. also see the letters to the editor on this article: Mansfield Cooper, William Paulley, J. W., Correspondence, *Minerva* VI, 1 (Autumn, 1967), pp. 99－105; also Ashby, Eric, "Hands off the Universities?" *Minerva* VI, 2 (Winter, 1968), pp. 255－256. 英国已经在着手建立一所独立的、即私立的大

学。参见：Mansfield，Cooper，William，“A Private University in Britain?” *Minerva* X，2（April，1972），pp. 332－337.

英国的制度在广泛的程度上，将教会影响式微以后成为英国大学特点 161
的自治和学术自由，与在财政上对国家的很大依赖结合了起来。结果，许多英国学者没有感到对与现有的显著不同的东西有迫切的需要。我曾遇见一位杰出的英国学者。他也是一位著名的教育改革者，并且在反对社会主义这一意义上是一个自由派。我问他对美国那种类型的私立大学的看法，他以毕生生活在一个“国家体制”、对这一问题无话可说为由，很有礼貌地予以回拒。

⑪ 对近代英国大学的管理体系及其在亚洲和非洲原英国殖民地地区大学的同化所做的最好的分析，是埃里克·阿什比（Eric Ashby）和玛丽·安德森（Mary Anderson）的《大学：英国、印度和非洲》（*Universities：British，Indian and African*，（London：Weidenfeld and Nicolson，1966）.

⑫ 对前面提到的美国教育理事会（American Council on Education）所做的两项调查中的统计数据换一个说法，在 1969 年，私立大学有 63.6％的几率在三十二个领域有前六名的系；在 1964 年，它们有 64.7％的几率在二十五个领域有前六名的系。

⑬ 在美国，财政支持在政府来源上的多样化是最好的州立大学成就非凡的原因之一。

⑭ See “Universities in Danger：The United States Office for Civil Rights *contra* Columbia University，” *Minerva*，X，2（April，1972）p. 319.

⑮ 斯坦利·波廷杰（Stanley Pottinger）先生在言辞和其他许多方面与麦卡锡参议员的“干将”罗伊·科恩（Roy Cohn）先生很相似。但真正的区别在于波廷杰先生确实控制着大学从政府掏钱的钱包，而麦卡锡参议员和他的密探只能威胁要这样做而已。并且，那时政府钱包里的钱要少得多，对大学的运作也没有那么至关重要。

⑯ See Parsons，Kermit，and Davis，Georgia，“The Urban University and its Urban Environment，” *Minerva*，IX，2（July，1971），pp. 361－385.

⑰ 在扩展时期它的一个被忽视的任务，是考虑那些失去了他们的学科和他们的创造力，但人员得到增加的系。

163 # 6. 政府与大学

人类的活动可以看成是一个三角。其中的一个角是那些致力于通过满足对食物、住房和衣服等等的实际需要来维持生理有机体的正常运转的活动。他们在这一方面的活动包括采集和耕种植物、开采矿产、狩猎野生和可食用的动物、饲养家畜以作为食物、利用其拉力、利用动物皮毛以及纺纱、织布等。这些活动容易形成专门技能、协调能满足这些实际需要的劳动分工,尽管常常不是以直截了当的方式。第二个角的活动,致力于理解和阐释人在地球和宇宙上的存在的世事变化和谜团,理解和评价控制人类的个人和集体活动与成就的原则与力量。试图发现存在的大大小小的意义与规律以及试图理解世界与人以及他们的历史的活动,也通过统一体中的劳动分工,被组织成能够形成专门技能和凝聚力的复杂的制度形式,并且这些活动通过深刻而微妙的传统得以维系。第三个角包含那些允许和主管生理、认识和精神需要的满足、通过控制冲突和颁布规则来维系和加强秩序的集体特征。这包括家庭、村庄、部落、自治城市、民族和国家。

政府——立法者、公务人员、法官——大学、宗教、土地、建筑和机器的所有权、学术专业以及军队等共同构成了作为一个松散聚结的社会的中心。它们被注意和遵从;它们占据人们的思想,激
164 发人们的抱负;它们行使权威,并在资源与报偿的分配上发挥着支

配作用。

这一中心的各个组成部分的聚结,从来不是完全和谐或者很容易地达到稳定的平衡。每一个构成部分都有通过长期的传统形成的和在专门化的机构成培育起来的自身的价值模式。这些传统在其目的上不是互相排斥的。这些传统包含着不完全相同的目的,尽管它们在某些特定的方面并在有的时候互相兼容,甚至互相肯定。在这一中心内,各个组成部分处于上级与下级的关系、一致的关系、妥协的关系和冲突关系。

政府和宗教已在不断变化的相互关系中共存了许多世纪。在神人融合这一极端和另一个同样是极端的君王对教会的绝对控制,即世俗的统治者是实际的、不仅仅是名义上的国教首脑之间,有许多中间点。目前,在大多数西方自由社会,这两种中心制度之间的关系是广泛的宗教与国家之间事实上的分离。国家不干预宗教的内部的管理,不试图控制宗教教义,不对宗教提供资助,也不要求宗教提供特别的服务。各种宗教都尽量与国家分离。它们不会主张政府应利用其权力要求所有社会成员支持它们的宗教信仰;它们承认政府在没有它们参与的情况下管理教育和慈善机构的权力。确实,完全的分离在任何国家都没有做到;君王对教会的绝对控制在譬如德国和英国还遗风犹存;宗教的财产免征不动产税,在美国,对宗教——以及对教育和慈善机构——的资金捐助,被政府当作可以从应纳税收入中扣除。再有,宗教不仅仅对来世有兴趣。它们总是试图对它们的成员在俗世的行为提供伦理上的指导,而且它们几乎总是对它们在俗世的统治者做出评判。随着宗教越来越关注于今世的事务,它们成了社会道德状况的裁定者,而这也迫使它们与所处社会的政府进行接触,它们常常喜欢吹毛求疵。

不可能有宗教与国家的完全分离；也不可能有完全的、和谐的融合。宗教对国家的完全、和谐的附属也不可能。这一中心的其他制度也存在同样的限制。只要每一个制度有其自身的活动范围，并且只要每一个制度珍视其自身的目的和价值，它们之间看来就不可能有完全的和谐。然而，它们存在于同一社会中；它们之间不管如何互不相同，它们都是这一社会中的同一中心的组成部分。它们被各种相互依存的纽带联结在一起。然而，尽管有所有这些
165 传统的和必然的相互依赖，上个世纪后半期和本世纪前半期的西方自由社会已试图在这一中心不同部分之间的关系上确立相当程度的多元主义。

从从属或统治的观点来看，宗教同样被国家和大学在宗教上越来越具有的中立性所疏离。在这一界限内，大学享有各种在这一时期形成的国家传统和制度安排，即相当广泛的与国家的分离。无论是宗教还是大学，似乎都走在从国家中获得自治的阶梯上。但是，宗教在向着更大程度的与国家分离的方向变化；而大学则向着濒临于降低其自治权的方向运动。随着政府变得更加不关心宗教信仰问题，宗教在获得更大程度的自治权；另一方面，由于世俗的知识受到政府更加高度的重视，政府与大学的关系变得更加密切和多样。政府相信世俗的科学和学术知识关乎它们自身的目的和它们为社会确立的目标。相比于已经发生的政府与宗教的分离，大学所追求的科学和学术知识有利于实现经济繁荣、社会公正和军事效力的目的以及应该让个人掌握这种知识以使他们能够增加收入和提高社会地位这一信念，与政府与大学的分离是相抵触的。

在大学和宗教曾经结合在一起的社会中，宗教与国家的分离也伴随着宗教与大学的分离。曾经将宗教和国家紧密结合在一起的纽带已经松弛下来，同时国家与大学之间的纽带却更紧了。宗教与大学的分离，是这两种同时发生，但方向相反的变化的一个必要条件。

大学不是唯一的从事认识工作的机构，就像政府不是唯一的关心实际任务的机构一样。教堂和修道院、科学院、研究所以及独立的以追求学术为目的的私人基金会，都是致力于追求学术的各种机构。大学在过去的一个半世纪中从所有这些机构中胜出。大学在这一胜利后的异军突起，使政府更加要求大学听命于它。在各种机构之间，存在一个在每一种机构所追求的目标中所固有的 166
劳动分工的原则，但这些目标中也存在潜在的冲突。这种劳动分工的组织方式，有可能伤害其中一个或另一个分工合作者，或伤害其他的合作者或它们是其组成部分的更大范围的社会与文化。每一种机构只考虑自己的利益，可能会使自己的意图受挫，并可能损害另外一种机构和更大范围的整体。随着对政府的要求和政府官员的抱负和自信的增强，最近几十年好像产生了这样一种局面。政治家和公务人员已不仅仅把自己看成是限定在政治领域界限内的冲突的最终裁决者，而且是实质性价值的原动力。允许否定各种机构的实质性价值的“强有力的国家利害关系”(compelling state interest)这一谨慎的美国概念，表明了国家将自己的实质性目的视为比社会所有其他部门的目的更为核心的趋向。

在 20 世纪 30 年代之前的四分之三个世纪中在大多数西方国家、此后在其他一些国家普遍存在的大学与政府之间的有效平衡，现在似乎在承受着压力。

大学与政府之间的关系，必须放在广泛的历史背景下并以对当代形势的新的理解予以重新审视。现在迫切需要重新考虑它们彼此之间负有什么责任，考虑任何一方对其自身的特质所内在具有的，并且不一定与另一方的价值相协调的价值负有什么责任。这样做的目标应该是形成"一个基于各自的理念的大学与国家的章程"。①

一

政府和大学各自负有承认对方的责任，负有对社会福利履行各自特殊和不同的义务的责任。政府与社会的范围不一样；社会的福利，即使在福利国家，也不总是政府决定要争取达到的福利。社会各个阶层的目的和价值，从来没有得到政府的彻底保护或追求，尽管某些偏执的政府自诩能够做到并确实在这样做。政府有很多具体的目的，通过服务于构成社会的个人和机构的目的和价值以及通过服务于社会及其文化的内在价值，政府将这些具体目的合法化。一个政府可以保护社会的组织架构，可以让社会的组成机构追求它们各自特殊的目标。但是，政府也有它们自己的目
167 的，这些目的的结果可以为某些特定的群体带来利益或实现某种特定形式的社会。在促进这些它们自己的目的的过程中，政府会试图让社会的组成机构顺从它，使它们朝着实现这些目的的方向发展。

大学的价值内在地体现于它们作为大学的存在中。那些不是带着有意要摧毁大学的目的而进来的人，接受信奉这些价值的义务。构成大学的活动中固有的基本义务是相信某些认识信念的价

值高于其他信念，获得知识的某些形式的价值高于其他形式。大学的使命是培养、扩展和传递人类的想象、推理、记忆和观察能力所能使之达到尽量合理的知识。如果它不这样做，就没有资格成为一所大学，即使它顶着大学的名称。从这一目的中，大学派生出其他的活动，如在某些要有效地工作这种知识就必不可少的领域从事的专业培训。不论大学的许多成员是如何投身于“服务”和“实际的适切性”，有一种特定的、普遍的、难以理解的特性是大学一般想要具有或声称具有的。这一特性就是促进获得和更广泛地拥有关于“严肃”问题的真理——确凿和重要的知识。

许多学者公开承认他们藐视这种构想；其他一些人完全敌视它，还有一些人将矛头指向一些高等教育机构，认为它们对这一目的很少有明确的思想。不管怎样，我认为学术界有这样一种意识，即致力于获得真理是大学的出发点，大学做的大多数其他事情应该是从这一标准派生出来的。尽管存在很多偏差和缺陷，理解这一构成一所大学的根本旨趣的人，要远远超过认为大学应该是服务于政府、整个社会或特定社会群体的实用目的的知识“资源站”的少数空想家。

对这一标准的普遍接受，从人们对大学等级制度或所谓的“优势等级”(pecking order)的认可中可以得到证明。它在社会中要比在学术界得到更广泛的认可。对成为一所“优秀大学”的标准和“坚持学术和教学的最高标准的责任”有那么多冠冕堂皇的套话这一事实，表明这一标准在大学内外得到了如何广泛的认可。有些高等教育机构比其他机构更接近这一理想。大学教师的精神状态取决于对这一理想在某种程度上的坚持。在这一理想与现实出入很大的地方，大学教师就会感到痛苦和沮丧，让自己陷入充满怨恨 168

和攻击性的争执中。

很多人相信社会的质量取决于在制度上对这一理想的体现。与这一理想的培育在事实上常常带来的长期实际利益大不相同的是，社会中的“实用”分子对这一理想的否认会导致这一社会的粗暴。一个没有学问的社会，就像一个没有宗教或艺术的社会一样，将会是一个粗暴的社会，不管它是如何舒适和控制得如何完善。即使是官僚和功利主义与快乐主义哲学家也害怕这样的前景。具有极权主义观念的人和军事独裁者不会试图扼杀高等教育机构的学问，但也不会关心维持一个多元的社会。

上述理想存在着逆流。有些人会说，任何称自己是大学的机构，例如芝加哥的“伊斯兰大学”，就是一所大学，或者，任何一个从国家得到作为一所大学的特许状或由国家作为一所大学而建立的机构就是一所大学，而不论它做什么、何时获得使用这一名称的法律权利。更为常见和更有影响的，是有些人坚称证明大学的正当性的不是致力于真理和学术的理想，而是它们目前的组织结构和其在可能的未来中对社会事业的适切性。他们看不出学习那些“无用”的学科有多大意义。在他们看来，一个课程学习以“无用”的学科为中心的大学的理想是十分荒谬的；他们相信大学应该从属于掌管社会实际任务的权力，并最终从属于“人民”。

还有一种逆流对大学作为一个学问机构的批评与那些实用性的拥护者的批评很近似。它来自那些指责大学贵族化、对“人民”的需要和利益漠不关心的批评者。在批评大学“精英化”最猛烈的美国，这种批评的始作俑者是反资本主义和反资产阶级的激进分子。但是，它与一点也不激进的政治家、实业家和政论家带有民粹主义和实用主义的批评极其相近。后来的批评大学“精英主义”的人并不认为大学应该完全教授实用的学科。他们所反对的更在于这样一个事实，即大学所追求的、为他们所痛恨的学问，实质上不可能为每个人所有或与每个人都利益攸关。这种对他们所断言的学问"贵族化"特点的批评，与"实用主义者"以大学与按照社会主义、民粹主义的方向改造社会的任务"不搭界"为理由对大学的"精英主义"的批评，相互联系在一起。"务实"的资产阶级、民粹主义和激进主义的大学批评者，似乎都相信——尽管他们从来没有把 169
他们的思想变成任何明确形式的现实——社会在文化上应该是同质的，在文化的特性上不应该有任何区分。多元社会的思想从根本上与他们格格不入。

但是，从实用和大众的观点对大学理想的批评和大学内部背离这一理想的很多现象，并不能废除大学除了很多其他事情以外、还是一个培育这一理想的场所的实际存在。最受尊敬的大学和坚持这一理想或与此相联系的标准的大学成员所做的事情，其他学校无法以相同的程度做到。它们促进了对世界、人类以及人类活动的更深层的理解，它们培养学生做这些事情，并按照这种理解的最高水平培养年轻人。这是它们的一个主要的存在理由，并且也是它们受到如此多的人尊敬的原因。这是它们在经费上得到支持的一个主要原因。

现在，这种构成大学本质思想的学问，确实不是总能在大学里得到践行。没有培育这种学问的大学得不到尊敬；最积极和最投入的学问生活曾经存在于私人学者，存在于修道院或宫廷。

现在很少有私人学者了。现在很少有宫廷了，它们也不是学问的主要资助者了，而修道士阶层，即使在知识上是积极的，在学问领域也只是非常小的部分。就其目前的复杂程度而言，难以设想科学和学术可以作为业余事业来开展。它们与昂贵的设备、大型图书馆、研讨班、学生、研究助手和同事紧密地联系在了一起，已经没有可能回到原来的形式。目前形式的学问需要大学。如果大学排除了它，它就会衰微，大学自身也会变得与过去一个半世纪中比较好的阶段很不一样。

学问是一个出现在任何分化的和有文化教养的社会中的现象。它是人类社会生活的自然属性，就像个人有机体中的言语功能一样。与人类的经济生活一样，它已经有了一个制度性组织，这种组织以一种任何个人不借助于机构和传统都无法做到的方式发挥职能。这种职能有自己的需要和规律，就像一个经济体系有自己的需要和规律一样。它内在地具有自治的倾向，但它不是、并且也不可能完全自治。

170

二

大学现在不是、过去也从来不是自我支持的机构。它们从来没有从它们的服务中获得过足以维持自身运转的报偿。尽管大学由于培育、追求和传递有关最基本、最严肃的问题的知识而受到极大的尊敬，但如果不是还向从中得到支持的社会提供了某些服务，它们就不会在过去的几个世纪中得到那么多的支持。它们提供的服务就是培养年轻人直接从事某些职业和行使某些职责。

有些实践活动具有知识和技能的高智力成分，必须通过系统、专业的学习才能掌握。医学和法律实践——传统的需要有学问的职业——就是这些职业中最早的和最重要的。灵魂的治愈和为灵魂的救赎做准备也属于此类——这是一个实践和精神在此交汇的职业。在19世纪和20世纪的发展历程中，具有高智力成分的职业不断增加；传统的学问性职业所吸收的科学知识大大扩展。从军需和武器的制造注入了越来越多的科学知识这一意义上来说，战争变得更科学化。工业和农业将科学知识融入生产过程。政府管理据称也更科学化了。所有大型组织必要的档案保管和财会事务，已经具有更科学的特点；社会工作、图书馆管理、犯罪侦察和警察的其他工作，也具有了19世纪中期所没有的智力成分。建筑、道路、机器和工厂等的设计与建造，同样受到科学的影响。它们的实践所需要的和它们的代言人所期望的从业者所必要的知识，就是大学发现和教授的那些类型的知识。

从事这些新的或次要的职业的人，随着这些职业的数量增加而增加了，而且它们被认为比过去对社会更为重要。它们的从业者当然认为自己比过去更重要，更有资格得到他人的尊重。这一想法的两个重要理由，一是他们的实践以科学知识为基础，一是他们从大学获得这种知识、并由大学提供保证。大学赋予他们一种能力来证明一种职业及其从业者的地位，而且，很多人认为他们本身就有独特的资格来这样做。但实际情况并不总是如此。

大学在社会中受到敬重，是因为它们是关于“严肃”、根本问题的知识得以发现、阐释和教授的所在。它们还由于一个循环过程 171
而受到敬重，因为它们是与权威和正义、秩序、生命、死亡等“严肃”问题紧密相关的专业和职业的源头。结果，大学受到敬重不仅因为它们通过理解严肃问题的本质而成为与这些问题的联系纽带，而且因为通过培养社会现职人员——及其后代——它们与所在社会最受敬重的作用联系在了一起。

三

在过去，大学得到教士的部分支持，是由于它们是为了对世界的高级层次的正确理解而从事培养活动的机构或由于它们对教会的服务，这种理解是基督教文明的核心。大学得到王公贵族的部分支持，是因为它们培养律师、公务人员、医师、为国家、社会和教会服务的神职人员——后来又为高级中学培养教师——所有这些都是王公贵族及其政府为了良好的社会秩序所需要的。大学得到国家和私人、包括教会资助者的支持，还因为这种学问受到尊敬。在美国，州立大学之所以得到民众和州政府的支持，包括了所有这些原因。此外，它们受到尊敬，是因为它们能为比欧洲更大部分的人提供获得学问和进入比较优越和报酬比较高的职业的机会。支持大学的这些不同理由能够共存，因为在同一所学校中可以同时追求各自的功能。大学可以同时满足追求学问的需要和它们所处的社会对学问的需求。大学所培育的这两种学问之间有时存在着矛盾，尤其是大学的实用性学问比在其他地方受到更多注意的美国。

大学和政府有一种不成文的和没有明确表达出来的约定，维持着两种学问之间的平衡。大学为某些职业提供培训服务，这些培训服务政府认为是必要的和合乎它们自己的目的的，它们也提供另外一些服务，这些服务由社会作为监管者。与此同时，它们也以客观冷静的方式培育严肃的学问。政府——和说英语国家的私人资助者——由于这些原因支持大学，尽管它们最重视的是面向实际—知识性职业的培训。毫无疑问得到普遍认可的一点是，除了培养年轻人准备从事需要学问的职业和为教会、国家和社会服务外，大学还有另外的任务。本来意义上的学问被视为具有本质上的价值，就像宗教知识和礼仪被视为具有本质上的和不容置疑的价值一样。大学既有收获也有付出。它们付出的，是由于它们所具有的独特的高级知识而所能付出的服务。 172

大学被置于一种类似于教会的地位。它们被看作是某种不同于企业或自愿的社团组织的东西。它们明确地不同于政党或政治组织。在某些重要的方面，它们被从社会的日常生活中分离出来。它们不是公共政策的工具。在它们服务于有利于公共政策的目的时，它们受到欢迎和尊重；但没有人可以强制它们这样做。

即使在务实的美国，中部和远西部的大学也因为追求无私和客观的知识而受到州政府和私人资助者的支持。人们承认大学必须有自身内在的生命，这种生命由它们自己的标准来引领。尽管德国的各个州和其他由政府颁布大学章程的国家制定了大学法，但它们都做出努力来保证大学有一个决策和行动的自治领域，它们可以在其中行使自己的标准和根据自己的传统行事。即使在专制时期，一个自治行动的领域也得到政府的尊重。尽管教授是具有对政府忠诚的权利和义务的公务人员，但他们基本上不是听命于部长或他的高级官员。这就是人们所说的学术自由（*akademische Lehrfreiheit*）和学术自治（*Akademische Selbstverwaltung*）。英国没有颁布类似的原则，因为大学不受国家支配。虽然由国家颁发特许状，但英国大学是自我管理的机构，所享有的不受国家控制的自主权要比欧洲大陆的大学广泛得多。美国的情况与英国没有本质上的区别。美国模式是在牛津和剑桥的传统上形成的，并受到具有外行管理机构的自由教会学院模式的限制。州立大学也采纳了外行管理机构制度，因此这种管理机构不是州政府行政部门的一个部分。不论是州立还是私立大学，大学相对于政府的自治在原则上得到尊重。事实上，州立大学希望与州立法机构保持良好和富有成效的关系，因此通过提供能够取悦于公共和政治舆论的学习计划和研究项目而做出让步。私立大学在教学和研究内容上没有这种压力。在美国的州立和私立大学中，在教师
173 时而由于其激进的政治观点被解职或受到解职的威胁时，大学在任用问题上的自主权就受到侵犯。

在美国，大学的管理结构是认可州立大学的这种自治特点的产物。它们既不受州教育部的管理，也不受州立法机构的管理，而是受董事会的管理，它通过选举产生或由州长任命，旨在作为一个自主行动的机构。在这一点上，它们具有与现代英国大学的校务委员会(court)相同的地位。两者都是像美国私立大学董事会一样的外行机构。它们被指望在防止大学与外部世界的政府和私人之间的破坏性冲突上起到缓冲作用。它们还被指望监管大学的活动。在本世纪，大学的外行管理机构——无论是在私立还是在州立大学——出于对学术自我管理的正当性的认识，将大学的内部事务越来越多地交给校长、院长和学术人员自行处理。(在大学内部，权力逐渐从中心管理部门转移到各个系，尽管在法律上董事会依然是最高的管理机构。)

在美国，大学与政府之间的这些成文和不成文的约定受到很多限制。在第二次世界大战之前，有时是董事、有时是立法机构会违反这些约定。大多数违反约定的行为是侵犯大学按照自己的学术成就标准和承诺聘用人员——尤其是续聘和晋升——的权利，外行权威坚持将激进的政治观点作为不合格的条件。但这种情况

并不多见。在课程大纲、考试、学位、研究项目以及除了那些具有政治观点问题的人员聘用等问题上，政府像外行管理机构一样尽量不插手。从这一时期以来已经发生了很多变化。

在不同的法律背景下，欧洲大陆的大学也逐渐形成了相当程度的自治。在人员聘用上，最终由教育部长根据教师的建议做出决定。在绝大多数情况下，建议会得到接受。尽管课程大纲和进入专业领域的资格考试（国家考试）具有官方性质，它们基本上是由教授们制定的；学位考试完全由学术人员负责。课程大纲着眼于为专业实践做准备的课程计划的专业要求，但由于课程计划主要由学术人员负责，课程大纲也是如此。在那些学生不用准备“国 174
家考试”的课程领域，教授有完全的自由来教授他自己认为与达到学术的高标准最贴切的内容。与在英语国家一样，在欧洲大陆国家，考试的评分完全是学术人员的事情。研究项目曾经也是如此，尽管由于某些研究项目花费更大，大学的自治受到外部资助者是否愿意在经费上支持某一类型研究的限制。即使在这些方面，英国、德国、法国的各种制度性安排，也规定由称职的科学家组成的评审委员会做出决定，他们通常由大学的学术人员组成。他们不一定与申请者来自同一所大学，但决定依然是由学术专业内部做出，因此代表了对学术自治原则的某种坚持。

四

在整个西方世界，政府与大学之间的这些传统模式出现了紧张关系。最近认知上的扩展趋势，伴随着这样一种信念——但不是这种信念导致了这一扩展——即系统的、建立在经验基础上的科学学科的知识，就像在大学追求和传播的知识，对于政府、军队、私人和公共企业、学校和许多其他机构追求它们的目的具有工具主义的重要性。政府由于民众的愿望和同意而获得了前所未有的更大的权力，并且它们也相信自己的能力。民众中也产生了对高等教育的更大要求，将其视为获得更高的文化和社会地位、获得更多的经济报偿的途径。西方国家的政府承担起了实现这些远大志向的责任。研究与教学活动的增加，加重了大学和政府的财政负担，政府总体上说对于增加预算的大多数需求是有求必应。所有这些带来的一个结果，是大学变得更为引人注目。政府现在要比过去在大得多的程度上意识到它们的存在，对它们有更多的要求。其中一个结果就是政府对大学的事务要比过去关注和上心得多。

在鼓动闹事的学生和他们的追随者对大学造成破坏很久之前，对大学的新使命曾经有过很多讨论。在英国和美国，有关需要更多的“科学人力”的各种报告和政府对大学的科学研究越来越慷
175 慨的资助，使得大学成为主要服务于政府政策的御用工具。

在英国，大学的自治比在其他西方国家更受到尊重。这主要得益于大学拨款委员会建立的传统，它对大学施行一揽子拨款，由大学根据自己的想法使用。同时，大学在财政资源上几乎完全独立于中央政府。私人慈善机构、私人企业和地方政府的支持，逐渐减少到了低于大学在现行条件下要发挥其职能所需要的不断增加的支出水平。议会对大学变得更为关心和忧虑。结果，大学拨款委员会脱离了财政部这一它过去所代表的唯一的政府部门，被划归已经取得对高等教育体系中的多科技术学院有更直接的控制的教育与科学部。在过去的十年中，大学的账目须公开接受主计长兼审计长的检查，这是一种在过去几十年里被大学拨款委员会成

功抵制的做法。最近，一份由某些个人成员提出的将综合技术学院与大学合并为一个统一的高等教育体系的提案勉强没有通过。

德意志联邦共和国的科学委员会（Wissenschaftsrat）是标志政府与大学关系的一个新步骤。过去，大学从来不是德国中央政府注意的对象。无论是帝国政府还是共和国政府都不关注大学的事务。纳粹政权是第一个注意大学的德国政府——它带来了破坏性的影响。联邦共和国将大学重新交由各州管理，但它建立了只有咨询职能的科学委员会。可是，联邦政府很快就通过一种基本建设拨款制度更直接地介入了大学的事务。这本身并没有侵害到各州的权力，但它的确确立了中央政府作为大学生活的潜在力量的存在。下一个步骤是准备高等学校框架法（*Hochschulrahmengesetz*），它规定了各州大学法的模式，而在以前各州在这个问题上有完全的自主权。同时，大多数州实施的大学法改变了大学管理机构的人员构成，其中包括了占很大比例的学生和非学术人员的代表。这带来的一个结果就是新的管理机构有明显的基于政治理由建议人员任用的倾向。各州政府觉得基于候选人对宪法不忠这一理由拒绝对他们的任用建议，是自己义不容辞的责任。各州颁布的法律禁止任用对宪法不忠的人担任公职——包括担任大 176
学教师。

通过联邦政府介入到与大学的关系，美国发生了最大的变化。在第一次世界大战期间，政府与大学的关系一度加深，但战后这种关系又回到了原来的状态。在原来的状况中，《莫里尔法案》规定了非常有限的联系，农业部与州农业研究站存在某种关系，而州农业研究站又常常与州立大学或农业与机械学院联系在一起，除此之外，联邦政府与大学之间实际上没有积极的联系。州立和私立大学从联邦政府得不到任何形式的拨款；它们不从事任何与联邦政府签订合同的工作。教育不是“国家的控制对象”。联邦政府的社会立法非常有限，还侵害不到大学。

在第二次世界大战中，通过接受为联邦政府从事某些研究计划的合同，大学与联邦政府建立了组织关系。曼哈顿计划的很多部分是由大学根据与联邦政府的合同开展的，并受到军队安全限制规定的制约：在这一方面辐射计划（Radiation Project）也在很大程度上属于同一性质。大学为军队专家培训计划（Army Specialist Training Program）的很多不同部分提供了场地，并承担了教学任务。

战后，联邦政府首先通过《退伍军人权利法案》（GI Bill of Rights）对大学产生影响，这一法案为退伍军人上大学提供学费和生活费，导致大学生的数量急剧增加。海军研究部继续为大学“开展”研究提供合同；原子能委员会也在做同样的事情。国防部和当时的国家健康研究中心、全国科学基金会，授予基金、发放合同并提供博士后研究基金。基金和合同也使大学能够为自然科学领域的研究生提供奖学金和研究助理的补助。

在试图与大学建立关系的过程中，联邦政府没有提出任何新东西。“研究计划”的基金制度是在第一次世界大战中由矿产局提出雏形、后在20世纪二三十年代由全国研究委员会和洛克菲勒基金会发展起来的。提供奖学金是由洛克菲勒基金会和全国研究委
177 员会在战后的第一个十年间提出的。发包合同当然是政府向私人供应商购买产品与服务的一种早已有之的做法。最近时期的唯一创新，是大学成为与任何根据商定的规格和商定的报偿生产战斗机或提供打字机或军事书籍的商业或工业企业一样的“承包商”。

政府有时促进了某些学科群的教学，比如东方语言或医学。它对本科生教学的兴趣仅限于特定时间内的某些学科。政府提供了与本科生和研究生的学费相关的基金或贷款。它在总体上促进了学生人数和大学规模的扩大。

联邦政府从来没有想要以英国和欧洲大陆国家的政府已经做到的那种方式来支持大学。它避免这样做，因为它以一种非常零散的方式与大学建立了关系，而且因为这样做会立即产生棘手的政治问题。美国有1500多所授予学位的大学和学院；它们在质量上参差不齐，在它们之间做出区分会招致不满。此外，这也会引起立法者关心他们的选民的利益，而他们的利益或要求无疑与这些学校的学术成就没有多大关系。但是，另外还有一个更根本的原因。这就是联邦政府尽管有所有这些计划，但对大学没有任何真正可以称得上是政策的东西。相反，它想要的是达到某些具体的目的，而对大学的一些单独的、互相重叠的政策被看作是适当的手段。

美国联邦政府有一个没有明确表达出来的对大学的自我维持存在的假定。它不关心大学的维持；它认可这样一个事实，即大学已经存在，它可以以极低的成本购买大学的智力资源。它的各种政策没有伴随着任何对服务来源的反思和责任感。它就像一个还过着狩猎和采集生活的部落；它把大学看成是不需要它的支持就已经存在的资源，并且会在没有它的支持的情况下继续存在。在对大学存在的看法上，政府觉得问题来了大学就可以作为实现某些特定目的的工具，问题过去了，它们就可以搁置一边，它们是可以依靠自己的资源存在下去的机构，并且在想要它们提供服务时，总是能够以极低的成本提供服务。

政府没有像关心湖泊和鱼类的生态那样关心大学的生态。它把大学看成是自行流动的小溪，可以随时服务于它的特定目的，但
178 除了这些目的之外没有别的关心。政府对大学的维持所承当的责任，仅仅像一个工厂主在"环境"立法阶段对溪水的补充和净化所承担的责任。就像在其他活动领域一样，政府入不敷出，但能设法逃避将过去积累的资本和现在积累的为了将来的资本挥霍殆尽所带来的后果。它在利用几代科学家、学者、教师、公共和私人资助者所积累的资本，但根本不考虑这种资本的维持和补充，除了偶尔零星地考虑它自己的目的。

欧洲大陆国家和英国政府，不论它们可能做任何别的事情，对整个大学承担责任，同时没有要求大学提供如此多的服务。在英国大学里，罗思柴尔德爵士的确试图把政府支持的一部分科学转变成一种受控制的科学服务的"消费者"与"出售者"之间的关系，但这种模式在英国政府与大学之间的所有关系上没有取得支配地位。

然而，在美国联邦政府与大学的关系上，还必须指出一个限定性条件。尽管联邦政府像对待其他关心自己的利益并相应地索取报酬的承包商一样对待大学，它已经巧妙地改变了合同关系的性质。传统上，一份契约规定了所要接受的产品或服务、它的质量、数量、交付时间和支付的报酬。现在，美国政府还规定了某些承包者必须遵守的合同之外的条件。

亨利·梅因关于法律和社会史是从"身份到契约"(from status to contract)的转变这一阐述，长期以来被社会科学家和历史学家认为是触及到了现代社会与前现代社会(premodern societies)的重要区别。美国政府的新政策反映了对这一主旨的背离。

现在，一份契约包括了所要交付的产品或服务的条件和相应的报酬的考虑之外的东西；承包者现在必须证明自己具有与所要提供的产品或服务没有联系的一些特性。在紧接着第二次世界大战之后的若干年里，联邦政府在契约中引入了承包者及其雇员必须忠于政府的规定。在数量有限的案例中，在保密成为必要的情况下这一规定大体上有道理；在很多情况下，它与所要“交付”的产品和服务没有任何关系，这些产品和服务不是必然带有保密的要求。然而，这一惯例得到确立。从此以后，承包者必须遵守契约所规定的交易内容之外的条件。

这种申明要忠于政府和宪法的义务，对契约双方没有实际意 179
义；它对接受它的学者和学术管理人员只是一种羞辱，但由于它是从政府获得专项经费的一个前提条件，它也就为他们所接受。因此，政府很容易在契约中将契约之外的条件扩展到其他道德上的目的。随着对忠诚要求的抵制程度减弱，承包者从此以后必须雇用具有某些道德品质的人。联邦政府与它的承包者之间的关系上的这一革新，最初并不是针对大学。但是，由于契约惯常的语言风格通行于服务的购买和设施的租用，如第二次世界大战期间联邦政府租用大学的建筑和实验室并在以后一直坚持这样做，大学就成为与其他人一样的承包者。

但是，作为“承包者”的人学与其他承包者还是有相当的区别。不仅提供的“服务”在性质上有区别，而且在承担政府要求的成本上有不同的能力。旨在促进大众福利的联邦政府的社会政策，要求必须为黑人、波多黎各人、美国印第安人和女性提供就业，而且要保存记录以证明在这一点达到了所要求的标准。政府也像要求任何私人企业一样，要求大学提供更多经费以用于退休养老金、失业补助、职业安全与健康、环境保护以及遵守最低工资和工时的标准。

在统计上有说服力地向政府保证"平等的就业机会"和平等的报酬所付出的成本，联邦政府并不给予补偿。这些成本必须从来自学生的学费收入、捐助基金的利息和赠与以及抑制教学和科研人员的工资增加中销账。图书馆购置的书籍和刊物以及为契约之外的条件所付出的成本，更是加重了大学的负担。

面对联邦政府的这种种要求，私人企业通常可以通过提高价格把附加的成本转嫁给消费者。当这样一个企业与政府建立契约关系时，它会提出抵消所有成本的条件，包括设备成本和利润。大学从来没有、也不可能从出售它们的产品来抵消它们的成本。除了它们的学生和教师以及依靠它们获得的捐助，它们不可能把政府强加的多余花费——不论是由于契约带来的还是普遍适用于承
180 包者和非承包者的——转嫁给任何人。它们可以提高学生的学费，可以减少给他们的奖学金。如果它们是私立大学，它们可以冒着危及自身继续存在的风险来"抬高价格以把自己挤出市场"和把捐助基金变成现金。它们也可以让教师和研究人员的工资固定不变，使之越来越赶不上物价的上涨水平。它们可以减少图书馆购买的书籍，要不就降低所购书籍的质量。即使大学不受契约条件的制约，政府带来的通货膨胀的威胁对它们也是一个负担。为满足契约之外的条件所要负担的成本使这一负担更为沉重。

在政府与一个私人企业签订契约时，企业在索价条款中会包括支付给股东的股息以作为对他们提供的资本的回馈。联邦政府在与大学打交道时从来不会规定对履行契约所用的资本予以补偿。在政府与大学签订契约时，政府对"经常费用"的索价非常吝

啬，不会把它从中受益的资本的使用考虑在内。

一所大学的资本远不只是它的物质设备或它的图书馆；它也远不只是大学的学术人员带到工作中的知识和技能的积累。它包括对发现的热情、道德上的正直诚实、区别判断的能力、对重要问题的认识、它的成员具有这些问题的解决办法的可能性。这是一些个人的品质，但这些品质的牢固持久取决于一个学术共同体的存在，它存在于作为一个整体的一所大学的各个系和学院，存在于整个学术界——一个国家内部的学术界和国际学术界。这些学术鉴别力的精练，取决于同事和学生不仅在个人专业领域、而且在更为广泛范围内的志趣相投。

诚然，由于具有相似的观点和倾向的他人的存在而产生的微妙的学术成果令人不好理解。但正是这种情况的存在使得这些倾向和观点保持着机敏和持之以恒。同时既是教师又是研究人员的学者的共同体，是由这些机敏和持之以恒的倾向与观点所构成。同时既是教师又是研究人员的学者的共同体，是由这种相互影响和由于这种相互影响形成的认同感所构成。正是这一学术共同体及其传统，将物资设备、图书馆、实验室和个人成员综合起来使之成为一所大学。这是大学尽其所能在知识的追求上和将年轻人引 181
入学术与道德文化上做得如此成功的因素之一。

因此，在为了某项研究而签订一份契约和给予一份经费时，政府所获得的不仅是得到了它支付给大学的经费的特定个人的特定活动。政府将经费或合同给了某些个人，但受益于其他许多年轻的和年老的科学家和学者、教师和学生的存在，他们在其生命历程中以个人或集体的方式维持并不断更新着渗透到每个大学成员中的氛围。没有严格的标准，没有机敏的好奇心、没有对发现的极端重要性的意识，一个科学家或学者，即使具有大量的“相关文献”的知识和极好的推理能力，也不可能有多大的成就。这些意向必须保持得坚定、富有生气。要获得这些并使其保持如此高的水平，具有相似的坚定性和富有生气的同事和学生的存在至为重要。当然不是所有的同事和学生都具有同样的重要性；那些甚为优异者更能感染其他人；也总是有些人采取抵制的态度或者听不进别人的话。但是，比较好的和不那么好的大学之间的区别，在于前者的后一种成员的比例比较低。

即使对于那些严格从经济学角度考虑问题、认为应该保持最低的资本、明智的投资政策预留出的利润应该足以维持资本的传承以能在未来得到利润的人来说，以上所述也合情合理。这些考虑只不过是表达出这样一种观点，即市场为一种商品定出的价格，必须包含对这一商品的生产过程中消耗的资本的偿还和补充；否则，这一商品就会在市场上消失。提高价格也不会让这一商品重回市场，因为它是在长时间内发展起来的，刻意的政策不可能使它得到重新的开发。只有它的存在条件能够维持，它才可以得到维持。它的发展和当前的存在，是外部状况与内部的过程和传承协调一致的结果。这是具有有益的环境的自治的结果。

承认大学是自身具有特定的和自治传统的高深学问的机构，这样的政策会促进政府的长远利益——也是社会的长远利益，如果我们假定政府和社会的利益一致，尽管这一点绝不是不证自明的。这样一种政策承认大学的使命是发现和传播新的和重要的知识，教育资质甚高的年轻人吸收这种知识，培养他们从事有效的实
182 践所需要掌握的专业知识，以及培养年轻人领悟和寻求新的知识。这种明智的政策会承认，履行这些主要的使命的一个前提，是大学

内部存在崇尚这种学问活动的内在价值的精神。从根本上说，正是在这样一种环境下，知识的实际应用和为了实际目的的新知识的获取所必须具有的学术上的好奇心才能得以培育和保持。

这些是一所大学的根。一个希望可以继续采摘果实的政府，会想方设法不让这个根枯萎。大学与政府之间一种恰当的劳动分工，应该能使大学履行其特殊的使命，而不是仅仅作为完成政府的临时、或者甚至是长期的要求所规定的任务的工具。

大学还有一个使命，不能靠履行对政府与社会的责任来完成。这就是理解具有多样性的世界这一责任。关于这一点，我指的主要不是对当代世界或现代社会的理解。我不认为大学等同于宗教，但它们在一个信徒的社会中与宗教有很多共同之处。大学所发现和教授的与宗教所宣传的具有近似的情形。宗教受到尊崇，不是因为人类学家说所有已知的社会都有宗教信仰和对超验事物的膜拜；宗教受到尊崇，是因为它们所教授的东西是正确的，并有必要为人类所认识。对神性秩序（the Divine Order）的理解和接受，是这一秩序得到承认的社会中的人类的责任。按照对神性的理解来理解这个世界是大学的责任。修道士的社会群体曾经是——现在也是——那些需要承认神性秩序，并将其奉为这个世界上可能属最高的原则来生活的人士之所在。大学是那些不懈地寻求对世界秩序的理性理解与领悟的人士之所在，是那些以这种寻求为其生活不可缺少的组成部分的年轻人之所在。不是每一个人热切地希望过这样一种生活、或者有人没有能力过这样一种生活这一事实，并不是对其价值的批评。不是所有的学术中人期望或能够过这样一种生活这一事实，不是对大学的理念或在大学的理念中具有核心作用的学术精神的批评。不是每一个人在乎或者有能力成为一个有创造力的艺术家或作家、或者重视这种艺术家或作家创造的作品这一事实，不是对艺术或文学的批评。一个没有艺术的社会，或者一个对某种没有实际作用、但优于娱乐消遣的艺术和文学采取漠视态度的社会，是一个贫乏和没有价值的社会。
183 对一个漠视对于世界的有秩序的和理性理解的成就的社会，同样也可以这样说。

寻求增进对世界的理性理解和寻求获得有实际功用的理解发生在同一地点、同一机构中，这一巧合有时使得人们难以区分大学的这两个重要功能。同时，后者对前者的依赖性，使之有必要将其看作不同的事物。一项明智的政策是要注意到前者与后者同样必要，并且没有前者后者就不能存在。这应该成为国家和大学章程中最重要的一条。

五

在对大学的支持上，美国联邦政府除了从中获益外，对以上所谈全然不顾。它"购买"具体的服务：特定的研究项目和特定的"培训计划"。它为设备和物品支付费用。它还可能为它所使用的空间和与项目有关的管理支出支付费用。它没有支付为创造和维系高水平的学术士气所包含的成本，或者说没有支付创造和维系学术精神的成本，而在目前的状况下学术精神是理解及其发展的一个前提。目前，政府不用付费就获得了这些利益。政府盘剥大学，而不对其提供资源；确实，它在耗尽大学。"项目拨款"和"合同研究"制度，在大扩展时期瓦解了美国的大学。它导致了个人的自我中心、对大学的要求和个人对作为其中成员的义务的漠视，或者像某些社会学家所说的，导致了“将个人的专业认同凌驾于对所在学校的认同”。

美国联邦政府通过其支持大学特定活动的方式，已经在将大学的核心部分当作一种“免费的好处”来对待。它没有为其“承包者”或其“主要研究者”从他们作为大学的和作为全国与国际大学共同体的教师和学生所获得的东西支付费用，没有为他们在服务于政府和社会中所利用的知识支付费用。

联邦政府没有为它所获得的东西中最基本的部分支付费用，这就是大学献身于对严肃问题的基本知识的发现、阐释和教学的长期传统所产生的影响。正是大学的这一内在生命力、这种对作
为具有本质价值的知识的献身精神，对于追求具有实践上的重要 184
性的事物的知识赋予了学术上的意义。没有这种大学内在的传统所维系的强烈的学术素养和献身精神，就不会有具有实践目的的研究中所体现的科学上的诚实、严格作风和学术上的敏感性。

六

我在开篇时谈到“一个适合于各自理念的大学与国家的章程”。国家的理念是关注和保护社会的良好秩序，这包括其成员的物质利益、他们通过勤勉的有报偿的就业对自己和家人的支持，他们各自之间以及他们与当局之间的关系上的公正等等。政府不是社会中的一切，它不是社会的“终极目的”。它不是宗教，不是大学。宗教已几乎完全被剥夺了提供福利服务的权利，与此相反，大学则被赋予了由政府的目的所要求提供具体服务的越来越多的任务。

为了理解自然与人类的秩序及其机制的学问的培植，同宗教信仰一样，没有被宣布为“私人的”的事务。但是，它被经济学家们粗暴地归类为一种消费者的德行。其他一些想抬举它的人将其归类为一种具有美学意义的德行，就像芭蕾舞或表演弦乐四重奏一样。还有人将其贬为“精英主义”或者是“象牙塔”的占据者的没有实际用处的投入。政府对其自身拒绝予以承认，并且只是支持“与国家的需要相联系”的某些研究项目和培训计划。

就政府并不是免费使用某种最有价值的东西而言——州政府和私人捐助者承担了资金成本——它是“赚了便宜”。它没有为其得到的东西支付费用；它相当苛求，获得了比其支付的多得多的东西。它耗尽了大学的学术资本，而没有对其提供补充，使大学的境况比以前更加不堪重负。它毫无顾忌地饿着下金蛋的鹅，想当然地认为有人会孵化出更多的鹅，并会喂养它们。它还在走得更远，坚持大学在任用人员时必须考虑候选人的种族和性别，而不是注重学术标准的优异。结果，大学的学术资本更加枯竭。

欧洲大陆的大学没有遇到这一问题，因为它们的政府承担了大学预算的主要部分。但是，它们遇到的来自政府的危险，与美国
185 大学并没有什么不同。在瑞典，中央政府打算将大学变成与劳动力市场结合在一起的机构。按照政府的意图，它们的功能将是为特定的专业和职业培训学生。学问之府第实际上将关门大吉。在明确剥夺大学的自主权、使之屈从于大概可以预测的将来对从事某些特定专业和职业人员的需求方面，欧洲大陆的其他大学还没有走得这样远。

一些欧洲国家的政府对大学知识传统的持续性的最大打击，是在新的大学立法中规定，在学术人员的任用上让在学术和知识

上不具有资格的人士参与商议和决策。在美国,在追求平等和公正的过程中,在人员任用上联邦政府将性别和种族作为强制性的予以考虑的标准,而大陆国家的政府则轻率地实施了政治标准。它们以民主的名义如此行事,帮助非学术人员、主要是学生进入了管理机构,这些人的兴趣即使不完全是、也主要是在政治方面。结果,尤其是在联邦德国,一些大学任用的教学人员,其兴趣和目的主要在政治方面——通常有激进的倾向——而不是在知识和学术方面。如此一来,大学的内部生活就变成了政治舞台的延伸。

这样,政府与大学之间的关系就以不同的方式失去了平衡。大学在不同程度上被迫放弃作为学问机构的特性,正在变成其重心远离学术领域的政府和政治利益的工具。

现在需要一个新的"章程",重申大学和处于社会中心的世俗权威机构的权利和义务。新"章程"的条款必须以普通形式的语言来表达。目前,它甚至不会被期望明确地表达出来,即使这样做是可行的。我要从消极地接受这样一种观点开始,即事情将永远不会回到从 19 世纪末到第二次世界大战这一时期的那个样子。必须承认,政府和私人机构将继续认为科学知识对建立、评价和实施他们的政策有重要意义。在可预见的将来,政府不可能让它期望的所有科学研究在政府研究机构中完成。即使它能够和希望这样 186
做,它也还是不能够舍弃大学所特有的针对基础性的重要问题从事高质量研究的能力和将这种研究的结果以及从事这种研究所必要的精神传授给年轻人的能力。此外,大学将继续依赖于政府提供财政支持来做它们希望从事的研究。除非研究能够变得像一个半世纪之前那样花费低廉——这是极不可能的——否则,大学将依然依赖于政府,并在比较低的程度上依赖于私人企业和个人来支持进行科学研究。“废除国家科学研究制度”(disestablishment of science)将会使科学家们还会像今天这样得到捐助,但完全解脱了对政府和工业界的任何义务并能同样自由地追求仅仅是他们感兴趣的任何东西。这样做的可能性,小到了可以忽略不计的程度。

因而,在可以预见的将来,大学将有义务从事很多政府有利益所在的研究。大学将继续有义务为无论是传统的还是某些新出现的专业培养年轻人,这些专业对真正的科学与学术知识,比如大学具有独一无二的资格所提供的那些知识,具有真正的需要。同时,大学应该从接受公务人员或立法人员设计的“应急项目”合同的压力中解脱出来,这些项目用来为某些短时间内的问题、或者为某些不能明确地“解决”的问题或在短时间内肯定不能解决的问题在短时间内提供明确的解决方案。政府应该克制自己,不要插手学术人员的任用机制。

“政府与大学的新章程”不会是全新的东西。“旧章程”中的很多内容应该得到保留或恢复。旧有模式的某些特点在很少有人意识到发生着什么事情的情况下就被取代了。无论学者们还是政府,都必须再一次承认,大学有其与政府不完全一样的目的,这些目的自身与政府的目的同样有价值,但对于实现政府支持的目的,它们也是必要的前提条件。

政府必须摒弃大学是政府和政治领域的延伸这一信念。在这一绝对关键的问题上,如何恰当地确定两者之间的关系并非易事。
187 将大学的恰当领域与上述领域完全分离开来是不可能的,也是不合时宜的。但是,将大学广泛地同化到这些领域的做法、或在美国、瑞典或其他欧洲大陆国家能够看到的朝着这一方向的发展趋势必须终止下来。它必须终止下来,因为这一趋势总的发展方向是明确的。在包括英国在内的所有国家,政府已经越来越把大学置于从属的地位。但是,大学的从属和政府的侵入的具体形式,各国之间不尽相同;它们因大学与国家的早期章程的不同而不同。一份新的章程,除了一个共同原则的导言,可能每个国家必须有一个单独的文本,将各个国家的传统和实现这些原则的特定背景考虑在内。

这个章程的原则,就是在一个良好的社会中培育追求目的的多重性的过程中劳动分工的原则。它不应该是为了实现单一目的而组织的劳动分工。一个良好的社会有多种不完全相同、甚至不相互和谐的良好目的。在追求若干个目的的机构的责任中,其中最重要的一个责任是理解其他机构的存在所具有的内在目的。这里有必要选取《马太福音》第 12 章第 21 节所确定的原则,即“上帝的归上帝,恺撒的归恺撒”。这一原则赋予大学的任务,是要恰当地找出哪些责任的组合属于大学,哪些不属于大学。它对政府和社会赋予的任务,是确定什么是它有权要求大学和从大学得到的,什么是它必须承认属于大学自身的。

注 释

① 参见 Samuel Taylor Coleridge, *On the Constitution of the Churches and State according to the Idea of Each* (London: William Pickering, 1839).

189 # 7. 充足的梦想，匮乏的噩梦

一

在20世纪30年代初，美国没有学生运动可言。社会主义和共产主义政党的青年分支——共产主义青年团（YCL）、工业民主联盟（League for Industrial Democracy）和青年社会主义联盟（YPSL）——以及一些小的反斯大林主义派别作为全国性组织而存在，并作为主要大学（例如在哈佛、芝加哥、伯克利）的小型而孤立的团体。他们在威斯康星稍稍有些强大，他们在这里受到强大的地方传统的吸引和支持；他们的主要活动发生在纽约城市学院。尽管他们的激进主义的动机可能是个人和私人的、或可能是抽象和一般的，所有人都附属于代表年轻人——而不是学生——的全国性组织。

在英国，有些学生成为共产主义者；在30年代中期，和平主义和反法西斯主义在伦敦经济学院和牛津适度地散播开来。尽管在牛津学生辩论会的议事堂（Oxford Union）发生过拒绝保卫国王和国家这样的恶名昭彰之事，英国大学里激进的本科生很少，并且这少数人是传统的激进主义，属于各种成人的“左翼”政党。

在德国，许多学生支持纳粹和德国民族党（*Deutschnation-*

ale)；更少的人支持社会民主党或共产党。许多学生通过在课堂上蛮横、无理的行为表达他们对犹太人和社会主义教师的敌视；更明显的是他们经常与社会主义和共产主义学生的争论、他们对后者举行的会议的破坏活动，以及对社会主义和共产主义成员的人身攻击。他们无论做什么，都是为了表示他们与大学之外的年长 190
者的从属关系，促进他们取得权力的过程。他们尽管有这些野蛮行径，但对上司极其顺从；他们拥护纳粹党在所有方面的计划；他们谴责犹太学生和那些由于其人道、慷慨和没有对外国人无端仇视而被他们视为德国人民的叛徒的教师；当他们的头目从孩童时就一直有犯罪梦想得以实现、将一堆书籍付之一炬时，他们站在一旁开心；他们在其成人庇护人的支持下列队游行。

在东欧，民族主义学生组织在犹太人和自由派教师的课堂上制造混乱，对犹太人和社会主义学生进行人身攻击。在这些地方，年轻人的违法和野蛮行为被整合进坚持波兰反犹太主义的成人的运动中。在法国，学生是保王党活动分子(Camelot du Roi)的成员，这一组织并不仅限于学生；在上层社会的年轻人打架斗殴这一古老传统的影响下，他们参与了斯塔维斯基(Stavisky)丑闻所带来的公共混乱。他们是被年长者所操控的暴徒。

除了福拉湾学院的少数虔诚、品行端正的学生，黑非洲没有大学生。在中东，大学生为数很少，而且他们的政治活动是激进的民族主义、反帝国主义和阿拉伯化。他们的活动受到当时的政治精英分子的抑制，这些人生活在法国和英国，并试图至少是公开地赢得外国人的好感。学生们的这种公开的表现形式是更大范围的民族主义或种族情绪运动的一个部分。他们并不是独立行动。

在印度，在 20 世纪 30 年代初，学生运动上升到独立运动关键几年中的高潮。它有一个表面上的目的:让英国人离开以使印度能够取得独立。这就必须进行称作罢课和联合抵制的有组织的旷课;它包括游行示威和各种吉米·希金斯式的活动。学生的政治活动基本上总是在国大党的指导下进行;当学生们开始成为社会主义者时,他们得到国大党的支持;当他们变得有暴力倾向时,他们得到国大党社会主义者的领导。在中国,学生们在政治上很活跃,谴责日本侵略者、国民党政府和欧洲帝国主义者;在这里,学生也罢课和游行示威,但他们这样做时总是与成人政治家保持密切的联系。在缅甸,为数不多的学生开始引人注目地反对英国人。在这十年间的后期,他们组织了重要的罢课活动,出版偶尔面世、并且存在时间不长的刊物。由于是第一代民族主义者,他们相对来说很少有成人的合作与指导,但在这一点上他们是一个例外。

参与示威性、表现性、并且总是有攻击性的学生政治活动的各种小比例的学生,总是反对现存的政权——也就是说,他们可以在
191 这种政权下自由地这样做、并且能够这样做而免于惩罚。(苏联和法西斯统治下意大利情况不同,在这些国家,学生活动受到政府的严密控制。)在他们可以自由行动的地方,他们总是越过现存政权的界限。例如,在反对犹太人的政权中,他们的反犹太主义走得更远。在大多数情况下,他们不仅仅是走得更远,他们实际在反对现存政权。他们的信念使他们成为反对派,他们对自己信奉的东西的坚持和激情使他们成为极端分子。他们不仅仅是反对执政党,他们反对“整个制度”——反对魏玛政体、反对第三共和国整个世俗主义的宽容文化,也反对“资本主义制度”。在这一意义上,他们在意识形态上是激进的。可是,尽管他们的反对行动通常是针对由成年人统治的现行制度,他们在实际上总是得到成年人的支持、

鼓励、指点和训导。他们的组织几乎总是由成年人控制的反对派组织的组成部分或隶属于它们。当然,他们不仅仅是他们所附属的成人的傀儡、工具和复制品;他们带来了某些属于他们自己的东西——适应性、活力、充满激情的活动以及狂欢的成分。他们常常很狂暴,并且有时在他们的狂暴行动上表现勇敢——而且,他们常常就是一伙暴徒。他们通常喜欢参与暴力行动,有时他们也受到伤害。他们比成年人更冲动,比年长者更有热情,并且他们喜欢与统治权威的对抗所带来的刺激,这些统治者在对他们的处理上通常会克制自己;① 他们喜欢与在中欧和东欧比他们弱小的对手和他们的受害者的对抗。他们以更低下的社会阶层中的激进分子所没有的特殊地位来行事,他们有可以更自由地调整时间安排这样一个很大的优势。大学总是比工厂和办公室自由。受到精神上的鼓舞,他们可以放下学业,把在大学该尽的义务往后推。

在那些日子里,虽然小规模的学生运动积极、主动地反对专权,他们的活动却是由年长者中的权威鼓动起来的,并且由他们证明其合理性。他们有一个支撑他们的传统,但他们的传统不仅仅是他们自己的,也不是他们自己发现的。它体现在他们的组织所隶属的年长者的共同组织中。他们接受学生运动构成其中一个部分的更广泛的运动中反对专权的成人权威。他们也基本上接受大学体系的权威。尽管他们的造反活动经常是在大学里策划,并且有时这些活动就发生在大学,他们很少关心大学的事情。他们的 192
心思不在大学,而在它外面。他们目标是大学之外的世界,尽管这有时包括在大学内部的行动,比如殴打犹太同学或扰乱犹太人、社会主义者或从国外来的教师的课堂。

当前这十年的学生造反比三四十年前更全面、更根本地敌视权威。他们在原则上敌视权威，而他们的前辈只是敌视某些特定的权威，并心甘情愿地服从其他一些权威。他们现在的行动不需要外部成人组织的发动，而且他们一点也不喜欢这些组织。目前这一代学生激进分子中的革新者是反道德律法主义者。三十多年前他们的前辈摒弃权威的做法得到合法性权威的支持和限制。他们不敢像今天的学生激进分子那样大胆反对权威。今天的学生激进分子的行动不需要年长中的合法权威。为他们提供服务论证他们的行动的合理性的中年献媚者，所提供的是他们既不想要也不需要的东西。保罗·古德曼和萨特的喝彩，他们听着顺耳，但并没有主动要求。在学生的激进分子团体围绕在某个年长者周围时，他是他们创造出来的，就像尤金·麦卡锡参议员的例子——他不是一个有魅力的人，但是学生激进分子需要一个有魅力的人，他就被塑造成了这样一个人。与学生激进分子联系最密切的，通常是比他们大不了多少的年轻教师，这些人的作用更多地在于肯定他们的行动，而不是提供指导和证明他们的合理性。今天学生激进主义中的"大人物"——毛泽东、菲德尔·卡斯特罗、切·格瓦拉、弗朗茨·法农——在空间上彼此离得很遥远或者已经去世；他们对激进的学生没有指挥权，而且，在激进学生的眼中，他们都具有几乎狂放不羁、天马行空和反制度主义的特点。虽然他们的管理方式专制，但吸引激进学生的正是他们身上那种无法无天的特点。卡斯特罗在东方省的岁月，他凌晨三点在咖啡馆召集高级干部开会的处事方式以及他基本上是即兴表现出来的专制作风，与毛泽东在很大程度上通过住窑洞和"长征"时期树立起来的形象一样具有吸引力。这两个还活着的护身符，谁都不掌控着一个学生激进分子必须服从的组织。

应该如何解释这些重要的不同呢？

二

学生的激进主义动乱现在看起来具有世界性。正式的国际学生联合组织似乎对学生激进分子的更为激烈的活动意义不大，与此同时，对学生运动有一种自发和无组织的、或者充其量是非正式的一致支持，这构成了一座跨越国家界限的桥梁。1968 年，学生 193
的激进运动似乎在不同国家具有同步性，在内容和方法上具有一致性，这使人联想起共产国际及其下属组织为一个整体的阶段。

学生激进主义不再仅仅属于学生群体中很小的、相对封闭的部分；相反，在某些地方和在有限的时间内，它能得到少数学生中的很大一部分、偶尔甚至能得到大多数学生的支持。他们在各个国家内部的各种组织，尽管经历了盛衰沉浮，在行动上却是更加坚持不懈，并且比过去有更多的追随者。他们的自信，达到在与他们敌视的权威打交道时表现出傲慢的地步，他们知道他们的所作所为在各个国家之间有多大的规模。但是，无论是在国家还是国际范围内，这一运动并不统一。同步性的出现是由于他们基本相同的基调，而不是由于有组织的协调行动。

这一运动在国际上也不一致。不同国家和大陆之间存在重大差异。譬如在印度，在 1964 年西方国家爆发学生运动之前，印度的大学生是世界上最不安分的，但学生激进分子一般不把社会和大学的组织结构作为他们的批判对象。印度的学生激进分子没有对他们的社会发出根本性的批评；他们对大学的重构没有自己的设想。他们不对公共问题表明自己的立场——比如支持在安德拉邦建一个钢铁厂，或者支持或反对使用英语作为高等教育的教学媒介，他们最近乎支持这一高等教育的基本政策。印度学生的鼓噪是属于“机会论的”，是对当地的、地区的或全国性的刺激因素所做出的反应，但他们的不满没有变得普遍化，因此也就不持久。但是，在学生运动相对不关心政治这一点上，印度是一个例外。[2] 与印度相反，印度尼西亚的学生激进主义完全、并且在过去几年一直具有政治性。虽然大学的内部状况很糟糕，但它很少引起学生的注意；他们的兴趣点在公共领域，他们与军方的合作、但不是在军方控制下的行动，对最终导致苏加诺总统下台起了重要作用。

在亚洲其他地方——除了中国大陆[3]——在北非[4]、并且在较小的程度上包括在黑非洲、拉丁美洲和西班牙，学生的鼓动，采用了 19 世纪民族主义者的惯用模式，当时的民族主义者鼓动反对执政当局的压迫性和对民族事业的不够忠诚（尽管在某些情况下，外国统治者已经离开很长时间）。他们的行动比前一个时期规模
194 更大、情绪更强烈、也更经常发生，但是除了表现形式上的规模和强度，别的没有变化。他们鼓动反对限制结社和宣传的自由，反对政府的道德堕落，反对他们所称的政府对外国势力的卑躬屈膝——外国势力今天在大多数情况下指的是美国。宣称“新殖民主义”是主要的敌人这一纲领，在很大程度上是学生的一个纲领。它是马克思—列宁主义对殖民主义和帝国主义分析的一个拙劣翻版，它在 20 世纪 30 年代亚洲的民族主义学生运动或四五十年代在法国和英国的非洲学生运动中是一个很常用的武器。

但是，尽管存在这些与以前的观点的相似性，大多数第三世界国家的学生运动，与发达的西方国家的学生运动一样，已经通过独立于成人组织而打破了以前的模式。它们实际上没有重要的政治

老人可以寻求指点和锦囊妙计。前一代的运动领导人要么已经是当权派或不再关心政治，要么已经去世或流亡国外。不论是已经去世或在国外，他们显然已经不可能担当有实际意义的反对派领导人。尽管有某些例外，富有攻击性的学生激进主义运动不得不孤军奋战，如果说它还能有立足之地的话。在公开的反对派还被允许的印度，学生的鼓动也基本上与占支配地位的成人政治家的组织失去了联系。尽管在许多特殊的情况下党派政治家可以利用印度学生的某些破坏力，他们之间在组织上的联系很松散或根本不存在。印度也没有比较大的成人的政治运动可以让学生将自己的运动看作是其中的一部分，这也是印度学生的鼓噪没有一般的政治要求的其中一个主要原因。⑤

在东欧，尤其是在波兰和捷克斯洛伐克，勇敢的学生鼓动反对社会的专制，主张传统的思想、言论和集会的自由和要求法制——并伴随着某种他们 19 世纪的前辈所具有的民族主义的反俄倾向。他们独自做着这些事情，除了少数文人和教授对他们有所帮助。即使在波兰和捷克斯洛伐克解放的短暂时期内，学生也是独立地与“解放者”并肩作战，而不是受他们控制。他们不担心大学的行政管理和职能，除非它表现出政党的专制和偏袒。

西欧和北美的情况与世界其他地方既有类似，也有不同。在与成人反对派组织的关系上，西方的学生激进主义类似于第三世界。在英国，工党在不光彩地当政；在西德，社会民主党是大联盟(Grand Coalition)的组成部分；在法国，社会主义者已经没有希望，而共产主义者以其奇特的方式，不管戴高乐将军怎么说，成为 195
社会秩序在面对学生“挑衅”和“冒险”时的中间力量。在意大利，社会主义者分享政府的责任，共产党不支持学生激进分子，把他们看成是毛泽东主义的挑唆者。在美国，资产阶级政党从来没有考虑过争取学生的支持，社会主义者一直微不足道，各种共产主义政党在规模和道德声望上下滑。正统的马克思主义得不到承认或信任。没有现成的意识形态可以来扶持学生的激进主义。

因此，学生激进分子没有成人做他们的政治导师，他们独立地行动。那些与成人的党派保持着组织关系的学生组织，不是与比他们年长的人处在冲突的状态，就是沦落到被同时代的激进分子看不起的地步。共产主义政党的不被人信任、社会民主党的温和态度、法西斯和纳粹党在西欧的黯然失色或不复存在，使得学生没有了他们可以忠诚或坚持的年长者的母体组织或权威信条。一种"自然"的卡斯特罗主义成为一个有力、深刻的情绪化暗流和一种阐述模糊不清的信念，它没有定型，并极其敌视系统化的组织。

在大多数有很多激进的学生鼓动的国家，在知识方面没有任何与之相称的东西。在东欧，自由主义尽管勇敢而令人钦佩，但它不是知识上的革新。在印度，此时此刻（*hic et nunc*）的对非常具体的大学和学院管理部门的抗议和对非常具体的剥夺现象的抗议，代表着对以前萧条时期的各种民族主义、马克思主义和甘地的纲领和意识形态的倒退。在其他地方，在非洲、日本、印度尼西亚和拉丁美洲的学生运动，对学生运动的全部知识没有增加任何根本性的新东西。

从技术上说，有一些革新。学生们强行征用运输车；他们使用吼板；他们与用头盔和盾牌武装起来的警察对抗；他们从他们鄙视的俄罗斯人那里学会了莫洛托夫鸡尾酒*技术，从他们最不同情

* molotov cocktail，实际是一种汽油弹。——译注

的汽车工人工会那里学会了室内静坐示威。他们在组织上也没有独创性；甚至全世界运动的一个幽灵——它是为他们而被制造出来，并且他们由于得益它而提高了自我意识和信心——也是资产阶级新闻和电视的功劳。

综上所述，20 世纪 30 年代初和 1968 年之间的学生激进主义 196
的区别，要超过仅仅是在组织上独立于成人政党或批评大学的区别。远比这重要的是对自我、对权威、对制度、对过去和当前所“赋予”他们什么的基本信念上的区别。这些区别最为重要，值得仔细的分析，因为它们涉及的是一些严肃的问题。我将对此尽量做出由表及里的分析。

三

在 20 世纪 30 年代初，大学生所占的人口比例要比现在小得多。他们较少受到公众和政治家的注意，他们也不把自己看成是社会上的一个独立阶层。即使在宪法规定要吸收他们进入大学管理机构的拉丁美洲，他们显然也不认为作为学生他们有能力发挥“持久的影响”。做一个学生被认为是暂时所处的状态，具有从属或从其他身份派生出来的身份。

在大多数国家，大多数大学生来自社会上比较有地位的阶层。即使在美国，虽然有开放的州立大学，大学生也只占同世代人的很少一部分，并且他们来自美国社会中家境较好的阶层。他们期望进入收入较好的职业或专业。他们当中的激进分子并不把自己看作是所有学生的“代表”，并且他们也不把“学生阶层”看成是对他们的社会阶层有核心作用的实体。对他们的社会有重要影响的，是他们父母的社会阶层，是他们通过学习试图进入的社会阶层，是他们作为其中一个部分的种族群体，是给他们的行动提供指导的政党。这些集体特征和各个方面的聚合，依然在社会中有非常重要的影响，并且依然对大多数学生非常重要，但它们对学生激进分子不像过去那样重要了。为什么会这样？

20世纪20年代末和30年代初的大学生，对上大学有各种各样的理由。有些人雄心勃勃地想要学习更多的东西，有些人希望在社会上出人头地，有些人想比没有上大学的同龄人挣更多的钱。有些人上大学是因为他们的父母上过大学，并且要做一个完全合格的属于他们那个社会阶层的一员，上大学就是一件"正常"的事情。另外一些人是因为所有或任何一个上述原因，还因为待在大学令人愉快和兴奋。在大学里有结交友谊和探索发现的乐趣和各种体育活动的刺激。

那时能上大学被认为是一种特权，无论是它自身还是它对未来都是一个优势。这是一种只对相对少数人打开大门的经历和机
197 会。它用来获得获取知识的直接乐趣、令人愉悦的经历和它能带来的预期报偿。这是一种特殊形式的特权；它不意味着现在就可以在教师、官员或一般的年长者之上；它是一种处于从属地位的特权，暗示着生命历程的后来阶段有更大和更重要的特权。这是一种在不平等的社会和不平等的制度中的特权，在这种社会和制度中，那些处在某一特定社会等级的人承认社会等级更高的人优越于他们。上大学的特权是进入中产阶级、或许甚至是进入上层阶级的特权——不论是自己家庭历史上第一次进入，还是一个人在成年后以与家中其他成员差不多的水平进入。无论是哪种情况，上大学在很大程度上是中产阶级和中上阶级的事情。大学的生活

模式被认为适合于这些社会阶层的生活方式，在大学里完成学习计划被认为就是取得了日后成为这些社会阶层成员的资格。即使在大学毕业生难以找到适当工作的印度和德国，对大学教育这种潜在可能性的认识依然盛行。

大萧条和第二次世界大战之前的社会，比这一时期以后在平等主义的程度上要差很多。区分人们的不同阶层的主要标准是他们令人尊敬的品质、他们的勤勉与尽责、对指派的任务锲而不舍的能力与态度以及乐意让他们的表现接受他们认为的合法权威做出评价的意愿。大多数大学生，不论他们是如何懒散、躁动或桀骜不驯，都接受这套标准；只要他们考虑过，他们就认为这套标准是公正的。他们想走进社会，并期望占据比较优越的位置。当然，除了"出身高贵"的少数人，要实现这一前景就要付出巨大的努力，但这种压力被认可为是自然"应有"的，是以后享有这些特权的一个前提条件。

大学生中有一些反叛者——民族主义者、法西斯分子、社会主义者、共产主义者、唯美主义者和放荡不羁者——不甘心于大学的制度。他们有各种各样的情况，或者认为社会制度不公正，或者惊骇于国内同胞的庸俗或不赞成他们的道德习俗，或者反对他们认为大学所具有的某些上述特点。法西斯分子和民族主义者通常反对种族上的异己的统治或异己种族的中产阶级的存在。他们希望将外国人从他们的国家赶出去，或者至少把他们从权位和报偿都很高的位置上赶走；因此，他们批评大学，认为外国人从大学得到好处或者控制着大学。但是，所有这些引起反对的特点，对大学的理想本质或功能没有提出任何问题。它们作为专业和更高级的职 198
业的准备阶段的功能得到接受。它们在传播知识和增进领悟方面的作用得到接受。学生们没有把它们的管理方法、现有资源的利用、它们教授的内容以及它们所做的研究看成是“他们的事情”；这些是大学的事情，学生只是大学所提供的东西的暂时的、当前的和预期的受益者。某些教师可能被学生厌恶、侮辱、在少数情况下遭到人身攻击。有些学生可能旷课，也试图不让别的学生去上课。其他一些学生可能对所教的内容没什么兴趣，对学习最不用功。但是，他们并不质疑这一“制度”。大学制度没有受到抨击，它在社会中的地位没有受到怀疑。即使在学生充满民族主义政治热情和犹太人与英国人在大学里占据显要位置的德国和印度，情况也是如此。他们希望这些人离开，但他们认可大学的组织结构、它在社会中的地位以及由于它的使命而表现出来的形式。因此，在这一早期阶段的反叛学生，不仅接受比他们年长的反叛者的权威组织结构，也认可作为一种制度的大学。

他们对于社会的本质和人的权利与特权的信念，也表现出这种双重性。学生激进分子的信念是从别人那里获得的信念，他们与领导更大范围的运动并代表这一运动说话的年长者具有共同的信念，学生组织从属于这一更大的运动。这些信念在各种政党的纲领和各种学说的著作中有权威性的阐述。它们一般体现在一种异化的传统中，这一传统加强了作为学生寻求指导的对象的年长者的权威性。反叛的学生有意识形态上的倾向性，他们有自己的意识形态。马克思主义就是其中的一种，国家社会主义、法西斯主义、君主政体、甘地主义等在其多种形式上有时是有学识的人、有时是有天才般智力的人、有时是有魅力的狂人创造出来的。它们都不如马克思主义系统、详尽，但它们中的大多数都有文字或理论上的经典之作，并且这些著作都借助于过去的知识。

对比起来，新一代的学生激进主义相对来说是非意识形态的。他们可能有意识形态的倾向性，但他们没有一套详细、系统阐述的信念。他们不接受别人提供的意识形态上的服务，也没有建立起自己的意识形态。他们的无政府主义倾向没有导致他们从克鲁泡特金亲王或埃利泽·勒克吕的著作中寻求指导。傅里叶和蒲鲁东对他们有吸引力，但他们不指望用他们的思想来对大学进行知识 199
上的建构。他们格外地不需要卢卡奇。

他们没有意识形态，但有一种倾向，系统化能力强的人可以把它变成一种意识形态。到目前还没有人这样做过。

四

在西北欧和美国出现的学生激进主义的重大革新是一种道德倾向。在某种意义上，法国、西德、英国和美国大学生中的激进分子——并且越来越多地包括意大利和西班牙的学生激进分子——证实了一场道德革命。

这一道德革命体现在对一种彻底转变的要求——从没有区别的彻底邪恶转变为不要区别的全部彻底完美。邪恶体现在由于各种制度、更特别地由于行使权威和对权威的服从而带来的情感上的麻木。完美体现在情感的自由和愿望的实现。“参与”是一种处境，在这一处境中，个人的愿望和“要求”通过完全的自我决定和由这种情感自由、自我决定的个人形成的制度而得到全部实现。一个美好的社会就像卢梭所描绘的那样；公众的意愿与个人意愿协调一致。[6]但是参与的当代倡导者认为个人意愿不是别的什么东西，它就是具体体验到的实际的和直接的情感、冲动和愿望。公众意愿不是公众成员以理性的方式达成同意的结果，它实际上不是一种**共有的**决策；它当然不是通过讨价还价和交换意见而同意某种妥协的结果。它不是一个人对低于自己的最初愿望的任何东西的接受。它是把情感和愿望在社会中转变为现实，其中所有人都同时实现他们的意愿。任何达不到这个程度的事情都具有压制性。

这就是为什么学生激进主义的急先锋是如此坚决地反对压制。他们不仅坚决反对警察的暴力和经常是残酷的压制，也同样反对教师站在代理父母（*in loco parentis*）的立场，这一原则的实施而必然带来的温和的压制。他们反对议会政治的游戏规则和根据功绩分配报偿的做法而带来的“压制”。他们反对“制度性的压制”和“个人的暴力”，这通常指的是在资源存在稀缺性的制度中的可行的一致意见的约束。无论什么事情，只要损害了对当前刚好有的任何期望的满足——不论是学生住宿安排中对在大厅会客时间的规定，还是某项关于在公共场所的穿着和性行为的公约——就具有压制性。如此，它就是一个没有区别的压制体系的一部分。⑦

200

五

人们在当前体验到的愿望不可能完全实现，对生活的这一看法，是对在资源稀缺的王国里生存的更大认识的一个部分。这是一个在人类全部道德认识中历史最长的传统。接受资源的稀缺性这一事实，是大多数人类在其大多数时间内的观点的一个最重要的要素。贫穷、不公、疾病、生命的短暂等这些对可能满足愿望与冲动的限制因素，被认为是人类处境中无法消除的要素，并且人们已经建立了各种伦理模式与理论来证实或谴责——以及将两者结合在一起——这种明显不可避免的状况。自我欲望的展示及其膨胀局限于庆祝、狂欢和典礼等活动，但日常生活却存在着自然、社会以及人性的道德力量所强加的约束。它体现在经验的局限、抑制体验到的冲动以及避免还未体验到的冲动的诱惑变成意识或行为。贫穷、无知和压制是束缚个性的主要前提条件。少数伟大的人物超越了这些局限，使他们的生活成为"艺术杰作"。

基督教，尤其是对它有异议的新教，财富的增长、识字的普及、评价人类的意义和价值的原始范畴与标准的日渐式微，在几个世纪的进程中削弱了某些压制和约束个性的条件。浪漫主义运动引起了一场深刻的革命，它在知识界更为广泛地传播天才人物的想法，他们认为不需要尊重社会的法律和权威，支配他们的目的的东西只是自我扩展的内在必要性——抓住新的经历、通过放开自己的感觉来丰富自我。第一次世界大战和大萧条时期是一个转折点。大萧条极大地助长了资产阶级伦理和能使一个人受到尊敬的勤勉、自重和自我克制的清教主义生活准则的日趋败坏。自我克制明显变得毫无意义，人们不再相信节俭和努力；两次世界大战之间的精神分析学及其著作的普及，破坏了对待性问题上的自我克制。第一次世界大战中的长期杀戮和大萧条时期在处理失业问题上的失败，表明了或多或少有些自由、宽容和法治精神的政治精英的无能。在他们自身的合理性被贬低的时候，与他们相联系的具有资源稀缺性的政权也名声扫地。牧师们反复宣扬的节制和自律的美德也遭到同样的命运。教会的权威受到人们理性上的怀疑与漠不关心的态度所带来的持久的压力。由于教会与实施在外部约

201 束和内部抑制的世俗政权的联合受到来自其他方面的攻击，它的合理性被进一步降低。

第二次世界大战后随之而来的，是一个物质福利的全盛时期，其规模之大前所未有。尤其对于受过教育的社会阶层来说，好像存在一个相当无限的机会前景，他们有机会找到有趣的工作，有机会旅游，没有身无分文、工作乏味辛苦和受到限制的羁绊。完全就业、各种福利和通货膨胀，使未雨绸缪的想法变得没有实际意义。人们考虑最远的，是核战争可能使人类灭绝这一永久的、可怕的威胁。对这一问题的忧虑更加深了及时享乐的思想。继承这些变化的，是第二次世界大战结束后出生的一代人。

在很多方面，这是无与伦比地放纵的一代。处在前所未有的春风得意中的父母相信了快乐主义的长处，并能够在孩子的抚养过程中将它的某些原则付诸现实。他们坚信没有压制和禁止的生活的益处，他们所给予后代的关心和爱护，似乎证实了爱伦·凯在20世纪初所做出的这是一个“儿童的世纪”的预言。不断增加的收入和长期的没有失业之虞——至少对中产阶级是这样，使得人们愿意相信，稀缺性已经从人类的存在中被赶走。那些——在时间和地位上——幸运地具有与生俱来的财富的人，已经可以过上一种超越贪欲的梦想的生活。他们在人口中所占的比例越来越大。

战后的一代也成长在一个权威已失去其神圣性的社会。随着社会中心的扩大，处在权威地位的人对他们的责任有了一种新的认识。民主选举——而且甚至在没有民主选举的地方的一种民粹主义观点——进一步使统治者相信，他们必须以满足人民愿望的行动来证明自己。个性的张扬和对自我的欣赏，与整个西方社会很大一部分人的自尊的增强错综复杂地结合在一起，在某种程度上减弱了权威的自负。当然所有西方社会——和所有其他社会——还远远没有实现平等的理想。权力的分配不平等，财富的分配不平等，收入的分配不平等，但现代社会所尊崇的制度是向着平等主义的。当然，这种“道德上的平等”还远远没有实现；这一被继承下来的信念的力量与国家和重要的经济组织的——公共的和私人的——权威如此极度专注，都体现在这一理想的实现过程中。然而，年轻一代——生活在约翰·赫伊津哈在20世纪30年代就 202
察觉到的以青年为中心的社会——在更深远的程度上体验着平等主义。新的教学方法和被排除在劳动力市场之外——就中产阶级出身的年轻人而言——降低了他们对严格的等级性和压制性制度的体验。但是，权威的自负在受到减弱的同时，它也还没有完全消失。而且，它的减弱通过它试图强加的令人不能容忍的东西得到了更大的补偿。他们对权威强制的敏感程度大大增强，几乎任何来自外部的任何冒犯——除非是自愿选择的作为扩展个性的一部分——都使他们痛苦地感到自己的孤立无援。

所有这一切的基础是这样一种观点：每个人从其人性上都有不容置疑和歧视的本体价值，有完全的权利实现对他来说是本质的东西。本质的东西就是他的感知、他体验到的感觉、他想象的内容和他的愿望的满足。不仅是人成了衡量事物的标准，而且他的情感也成了衡量人的标准。生活的美好体现在这些感觉以及引起这些感觉的经验的不断扩大。各种制度——由于其专门的和规定性的职责、对个人任性的限制、其传统的凝固化及其所承担的将未来与过去结合在一起的责任——与个性的抱负相抵触，这种个性所建立起来的界限所对应只是它的内在需要。权威也与此相抵触，而且传统以及传统带来的所有东西和通过过去施加的影响也是如此。

所有这些都是老生常谈。这是浪漫派教给我们的。但是，浪漫主义只是一个文学运动与或多或少的哲学运动；它没有成为一种广泛深入人心的观点和很多人的生活方式。作家、艺术家和放荡不羁的文化人信奉它并身体力行，但它的坚定追随者并不多。权威的非神圣化、经济生产率的增长、道德上的平等思想的发展、教化与教育机会的普及，导致了更大程度的浪漫主义在每个西方社会的更广泛的社会阶层的传播。比较富裕的阶层是这种传播的接受者，这些阶层的后代就是它们的最纯正的成果。

尽管从工人阶级的后代中录取的学生有所增加，西方国家的大学生基本上还是来自中产阶级和中上阶级家庭。许多不是来自这些社会阶层的学生生活在一种快乐主义的文化氛围中，他们对当前和未来的期望，与那些来自在某种程度上已经实现这些期望
203 的家庭的学生一样强烈。很多人从来自纳税人的公共资金中得到经济支持。能够获得上大学的机会，依然像过去一样被理解为进入到限制较少的未来的第一步。上大学曾经被认为是碰巧生来就有的好运气或努力的结果，它给予受益者一个机会在某种程度上减轻稀缺体制下的苛刻。但是，它现在被学生激进分子看成它本身就是确确实实的富足王国里一个部分，大学任何人想进就应该能进。

按照四十年前的看法，大学生好像走在一条平坦的通往未来的道路上，按照启蒙运动的标准和人类古老命运的观点来看，这一未来似乎对更美好的生活存在极其丰富的可能性——即使不是对他们的社会的所有其他成员、至少对大学生自身是如此。学生激进分子对这一问题有截然不同的看法：他们不希望生活在一个“死

于饥饿的危险被死于无聊的危险所取代”的社会。对“消费者社会”的谴责，是法国和西德学生激进分子常用的一个口号；同样的观点也在美国和英国的学生激进分子中流行，它虽然没有那么明确，但同样相当普遍。他们不想受到社会赞成者的诱惑，成为一个“压制性宽容的社会”的一部分。他们希望他们的大学得到“重构”，成为一种完全革命的缩影，在他们兴致高涨的时候，他们认为从这一革命出发，社会的其他部分也会得到同样完全的改变。大学必须变得具有“参与性”，并且从这一点出发，他们的“社会”也必须变得具有“参与性”。他们批评大学已经与各自所处的社会“结合”在一起，但这只是他们所反对的有害的结合。他们不相信可能存在以客观冷静的方式获得的知识。他们坚称“客观”和“中立”不过是掩饰为“制度”服务这一真实意图的幌子。他们拒绝承认各个机构之间的任务分化这种劳动分工。在社会改造过程中他们不想他们的学校有做不了的事情，他们只是对知识的传递[8]和发现避而不谈。

“学生权利”（英国和美国）、共同管理（*cogestion*）（法国）和三权分立（*Drittelparität*）（西德）等口号，无视大学的特定任务和限定它们完成这些任务的职责。在大学将那些在特定领域拥有较多知识的人的知识传递给那些在这些领域拥有较少知识的人的过程中，具有本质上的不对等，这一思想与他们对于正确的生活秩序的认识格格不入。出于同样的原因，不同的学校具有不同的职能这一思想也同样与他们想法格格不入。在个人之间和机构之间的劳动分工上的区分和专门化这一想法本身就与他们格格不入。他们希望他们的大学成为中心，从这些中心出发，他们的社会被迫变得 204
具有“参与性”。

他们要求——至少在美国，但也包括在法国——除了政府提供财政支持外，大学停止与政府发生联系。同时，在美国和法国，他们坚持大学必须承担起——首先是在财政上——在所在地区建立“参与性”社群的责任。他们坚决反对选择、名额限制，反对注册成员在利用大学的设施和便利条件上的限制。他们主张的学校的开放性或无限性，与他们坚持的个人存在对新的经验和新的感觉的开放性是相对应的。因此，大学里的少数反叛学生想摒弃教师站在代理父母的立场(*in loco parentis*)这一原则的遗风。对他们的行为的任何约束都不能容忍；对他们的生活安排、性关系和吸食毒品的任何约束也不能容忍。他们坚持必须对他们想参加的任何活动增加津贴。

对生活、社会和大学的这些观点，绝没有得到今天西方国家全部学生的认同。大多数大学的大多数学生依然认同原来的文化。然而，新的“社群主义”、“参与性”文化——实际是浪漫派对更宏大规模的共同体(*Gemeinschaft*)[9]的渴望——影响着相当数量的少数聪明、敏感和反应过度的学生。

为什么这一切现在会如此剧烈地爆发出来，并且是在如此多的最发达国家？我在前面所说的已经暗示出某些原因。第二次世界大战结束已经二十三年了。今天的大多数本科生出生在20世纪40年代后半期，大多数年龄更大的本科生或研究生出生在战争期间。他们在20世纪50年代的繁荣时期逐渐长大；他们在冷战缓和之后的时期达到他们所具有的成熟。

在西欧和北美的大多数国家,执政党和大多数反对党已经形成相当程度的共识。具有非常极端态度的社会主义政党一直不存在;共产党在美国和英国已经几乎消失,或者,在它们实力强大的国家,比如意大利和法国,它们已经归顺了资产阶级社会。这样,它们就失去了在共产国际的英雄时代共产党所具有的对年轻的反 205
道德律法者的吸引力。在过去几年里,过于敏感的反对权威的学生激进分子,在他们已经结束了青春期的时候,所面对的是一伙"反动的大众"。没有任何成人的政党能够把他们的热情或他们的忠诚吸引过来;从结果来说,没有任何成人政党能够约束和改变他们的反道德律法的热情。相反,他们与成人支持者的政治关系完全颠倒过来了;成人要寻求归属于他们。阿本德罗思、恩岑斯贝格尔、图海纳、马勒、泰南、麦克唐纳和很多别的人奉承他们,向他们保证他们所提出的任何要求是如何的正确。[10]中年人从他们兴致勃勃的"静坐示威"和罢课中寻找到了自己年轻时的狂热。过去在咖啡馆和沙龙里幻想革命的记忆又复苏了。想到大学里发生的新的革命,过去理想破灭带来的痛苦也一扫而光。他们称赞激进者的"真诚",并从中找到了为他们自己从现存政权中获得利益的辩护理由。这些热心的年长者所能做的就是给予肯定,但他们不能做出调和或限定。[11]他们遭人鄙视,就像所有软弱的权威必定遭人鄙视一样,这个时候他们又怎么能够去调和或限定别人呢。

在权威性的机构占据最高位置的软弱的权威——由于其性质和任务,这些机构必须行使权威——不会唤起尊重或慢慢灌输对他们的敬畏。他们只能引起轻视和敌视,尤其是当他们自己是如此少地相信他们行使的权威。分裂的、妥协的和不认真的权威对学生的这些指责一味地重复,只会激起更大的敌视。对自己的不认真和愿意甚至是急切地承认对他们的指责的合理性，并不能使激进分子甘心在他们的要求上有所节制。站在学生激进分子的立场上，必须指出他们从年长的崇拜者的奉承和自卑中受到很大刺激。但他们期望强硬的那些人的软弱，助长了他们的敌视态度。正面典型的实际不存在和反对者的懦弱，为他们富有攻击性的倾向开辟了一个自由的领域。

在所有发达的西方国家，[12]政府一般在同情心上是人道主义的，在国内社会与经济政策上是渐进主义的。在许多特定的情况下，它们的行为偏离了这些规范，但总体来说，与几十年前立宪政府相比——更不必说法西斯政府——它们是开明的。它们尊重言论自由；它们制定立法来扩大福利和教育机会，忍受对它们的侮辱和毁谤。它们很少命令安全部队向打劫者和掠夺者开枪；它们一般要它们的代表在面对聚众闹事者时要尽量克制，并且它们的这种做法通常很奏效。（确实，芝加哥事件是一个严重的例外，但否认它的特殊性与否认它的严重性是同样错误的。[13]）它们甚至在言论上
206 也更具有顺应性和安抚性。他们觉得难以否认反对它们的学生所声称的东西的合理性。他们最多也就是谴责“极少数极端分子”的恶行，同时承认学生激进分子的要求在许多方面的合理性。这里所说的政府的这些特点，大学的行政管理者更是有过之而无不及。

尽管如此，现行当局并没有放弃他们的权威；它们只是在社会政策上开明，在对它们自身的合理性的否认面前表现得顺从。尽管它们说了学生在这一方面和那一方面是对的这样的安抚性的话，尽管它们宽容，它们还是要做政府该做的事情。它们维持并使用着军队；它们将服兵役的负担强加于人；它们管理着不能为每个人提供足够多的东西的稀缺性政体。[14]大学也是如此；教师们依然

占据着教授(和副教授、助理教授)的位子,依然拿他们的工资,依然命题、考试和判分、对论文做出评价、授予或不授予学位与文凭。大学的校长们可能会作演讲、写文章来解释学生对没有理想的当代社会的批评有很多是对的,但他们不会解散大学,他们不会辞职。他们依然在管理着他们的大学,大学尽管有放任、灵活和讨好人的一面,但它们在一个存在稀缺性的世界中依然有选择性。

激进的学生反对竞争和使竞争成为必要的稀缺性。他们的思想是在一个充足性体制下的思想,但他们也明白他们的社会是稀缺性的体制。他们也明白,如果他们不接受稀缺性体制下的规则,他们就会碰壁。在巴黎理学院罢课的学生就抵制考试的问题进行辩论时,马克·扎曼斯基(Marc Zamansky)院长对他们说,就是"在一个社会主义国家也必须有选择"。资产阶级社会就更是如此了!荣誉是稀缺的,第一名是稀缺的,研究拨款和津贴是稀缺的,教授职位是稀缺的。当然,它们都比过去容易得到,但反叛的学生对过去知道得比大多数其他年轻人并不多,并且对于他们对此知之甚少这一点,他们也不甚在乎。他们有一种根深蒂固的富足的想法,他们在把它想象为"富裕社会"或消费者社会时,他们是不喜欢这种富足的,然而它已成为他们建构的现实的一个基本的部分。但是,他们也知道他们生活在一个存在稀缺性的由成人掌控的世界里,但他们不承认这些成人的合法性,憎恨他们的优势;他们否认稀缺性王国的不可避免性,同时明白他们也无法回避它。考试制度是他们抵触稀缺性体制的焦点,尤其是在欧洲大学里,他们非 207
常注意与具有分散性的美国考试制度的比较;但是,就好像是对集中于考试的压力减轻的一种补偿,在美国有另外的压力,这就是必须有足够高的分数才有资格被著名的研究生院录取——而且,本科生中的激进分子也是那些想继续在研究生院学习的人，他们想读研究生院不为别的，仅仅是因为这里没有外面的资产阶级世界那么可恶。

法国“革命者”占领了索邦，并由于参加行动委员会的会议和设置路障的战斗而兴奋得无暇考虑考试问题，但过后不久他们就为考试担忧，这并不是没有原因的。德国的学生激进分子——来自一伙以搪塞可怕的考试而著称的人——会要求考试机构有他们的人参加和“改变”考试制度，⑮也不是没有原因的。

学生争相进入的是那些有著名研究生院的比较好的大学，这些大学也比较自由，并因此受学生激进分子的欢迎。这种大学名额稀缺，对于那些如愿以偿的学生，它们的体制很严格。对那些成功者来说，生活是非常严峻的。在美国大学里，研究生阶段的学习安排得很紧；很多学生已经结婚，感觉到越来越接近世俗的生活——家庭、工作、例行的责任以及被一个庞大的机器所同化，在这架机器中，理想只能散发出芳香，而他们在为了其他目的而分配稀缺资源方面必须做出严酷的决定。获得研究生学位的漫漫历程——若干次考试和煞费苦心的研究论文——以及要获得经济支持和在完成学业后找到一份从事教学或研究的职位，事实上或想当然地要依赖于导师的用心和身份，都增加了学生的压力。所有这些都突出体现了过去对学生激进主义的批评者如此经常和如此恰当地提到的充足体制的理想与“严酷的生活现实”之间的差距。所有的一切都发生在一个不能再坏的时间——这是一个个性不断扩展的开放生活将要从可怕的对权威的服从中分离出来的转折点。

因此，遍及欧洲和美国的学生运动在学生通常要开始准备考试的 1968 年春季达到高潮，在我看来不是偶然的。在占领索邦后不久,考试——应该推迟、取消、改变,还是参加考试作为最后一招——成为革命者注意的中心问题是在情理之中的事情。

我不认为考试和只有考试是当前学生动乱的原因,[16]也不认 208
为考试能完全解释为什么在1968年上半年会出现如此大规模的骚乱。考试是原因,它们不会经常成为问题。就欧洲、美国和其他一些国家的情况而言,激进的学生如此具有攻击性地对抗权威的某些问题实际是他们真正感到的不满——并且有时他们的不满是应该的和有理的。其中有些问题在去年已经变得比较严重。大学的设施和便利条件在法国和意大利严重不足,对此的不满已经累积成堆。西班牙政府固执地坚持让官方的学生组织垄断所有学生活动的不当做法和双方的互不让步,导致了问题的加剧和政治化。在西德,教授寡头的自以为是和僵化已在危害大学,教授寡头治校与“柏林模式”(Berlin model)之间的冲突在过去几年变得更明显了。英国和美国大学的内部管理和纪律约束办法令有些学生厌烦,就像专业的大学行政管理者的擅权和权利使用上的欠考虑(例如几年前伯克利关闭“演讲者之角”)同样让他们厌烦,并且学生对这些做法在最近几年变得更敏感、更容易做出反应。最重要的是,存在越南战争的残酷行为和它的久拖未果,以及它所带来的被征召入伍、陷入个性最受限制的境地的威胁。最后,还有美国的种族问题比四五年之前更严重了。(现在白人学生已经不像过去还是“民权运动”时那么关注这一问题了。)

除了这些不得不面对的问题,还有一些由于人们出于主动找事的愿望而发现的问题。对英国的激进学生来说,有罗德西亚问题、向尼日利亚提供军队的问题以及英国政府对美国在越南的行动默默地提供令人不安而又微不足道的支持的问题。对德国学生来说，有对施普林格的关注、有伊朗国王的问题、承认德意志民主共和国的问题和德国共产党的合法化问题。对法国学生来说，自从阿尔及利亚战争结束以后，除了反美主义和要求两性在大学公寓之间的互访不受限制之外，很少有别的问题。法国时不时地会出现要免费提供教学材料等具体问题，但这些问题都过去了。法国还有与西方极端主义者的战斗，但它没有引起大规模的示威和罢课。

在意大利，称呼不同、互相敌对的极端主义者之间存在很多冲突，但这些冲突没有加剧与权威当局的广泛“对抗”。另一方面，在西班牙，学生与政府和大学当局之间的冲突一直不断，而且，原本
209 具有国内性质的“学生自由联合会”问题，又越来越多地加进了反美主义因素（越南战争、美国对西班牙的援助），并成为非法的工人联合会登台亮相的序幕。

现在，所有这些问题都大不相同，也没有告诉我们它们为什么会在今年以如此喧嚣的方式爆发出来。地球是一个涕泣之谷(vale of tears)，但今年肯定不比过去一个半世纪中的其他年份更糟糕。我在本文中联系到所面临的稀缺体制下的压力、对那些坚信充足体制前景的人的可怕的反抗所做的一般分析，也不能解释动乱为什么会在今年爆发。

我对今年在各个国家几乎同时爆发的动乱所能给出的唯一解释，是一种将学生处境的不幸与若干巧合的事情和“演示效应”的作用结合在一起的解释。

七

我们离生活在一个世界共同体还相去甚远，但世界社会

(world society)的基础的确存在。国际科学界就是这一初步的世界社会中最具有国际性的要素。学术和科学期刊、国际科学社团和大学，是这一初步的全世界范围的机构网络中最规范和最具有国际一致性的组成部分。起码在它们的鼎盛时期，它们确实有共同的标准、共同的主角和一致的亲和性。通过作为大学的成员，学生分享着其中的某些特点，而且他们的分享感由于强烈的同代人的意识而在一个不断变动的小群体中得到加强。尽管国际性的学生组织在1968年的一致行动没起什么作用，尽管学生没有任何东西能像重要的科学或学术出版机构那样形成共同的关注中心和一流的成就与个人的共同意识，但他们在大众媒体中有有力的代理人——报纸、电台和电视。不需要有一个学生国际，不需要像一些国际性革命组织曾经不得不应用的很麻烦的情报和密码制度，信息就可以迅速传播。激进学生没有为他们的运动创造这种喉舌，但他们对此有积极的反应，并且由于意识到它的价值，他们确实在引导它对他们的行动的注意。他们像娱乐界和政界的大人物一样重视电视宣传。

国际社会在事实上不比各个国家的社会更具有平等主义。就
像财富和政治权力是如此一样，科学上的荣誉也是如此。科学的
世界像各个国家的社会一样有它的中心和边缘，在学生激进主义 210
领域也是如此。在边缘发生的事情不会向中心传播，运动的方向
是与此相反的。印度的学生运动已经持续了差不多二十年，但学
生激进分子对此不关注。他们对此的关注，还不如他们的生物化
学或社会学老师对印度大学的生物化学或社会学同行在做什么的
关注。甚至像日本这样一个更强大的国家也没有产生多少演示效
应。在全学联(Zengakuren)闹事试图阻止艾森豪威尔总统访问他

们国家时，这件事广为人知，但没有变得具有示范性。当印度尼西亚学生行动阵线(KAMI)帮助破坏了苏加诺和印尼共产党的秘密联合时，他们的行动受到称赞，但没有引起注意。当聚集在《直率》(*Po Prostu*)周围的勇敢的学生帮助引发了短暂的、并且现在已经成为过去的波兰十月事件时，伯克利和伦敦的学生没有从中感到鼓舞。但是，当伯克利的学生以及随后许多其他美国大学的学生开始他们的"革命"后，由中心向外围的传播开始了。它就像1848年巴黎二月革命的传播一样，当时整个欧洲都感觉到了它的影响。

伯克利模式传播到了西柏林*。西柏林最初煽动者之一埃克哈德·克里彭多夫在关键时期曾在美国做政治学研究生，或许不是偶然。学生运动后来从西柏林传播到西德的其他地方；它从伯克利传播到伦敦经济学院，并在小得多的程度上传播到其他英国大学。由于丹尼尔·科恩－邦迪的个人力量，运动从西德传播到南特(Nanterre)**。并且——由于从1968年4月的哥伦比亚事件大受鼓舞和同一个月里有人试图暗杀鲁迪·杜契克(Rudi Dutschke)这一事件之后引起的骚乱——从南特传播到索邦。巴黎以一种戴高乐将军不会高兴、但与他的愿望的主要方向相一致的方式，又一时成为世界的中心。(但是，要是戴高乐将军想到那些把巴黎一时变成世界狂欢[*chienlit*]中心***的人所用的手段是从美国输入的，是做工者、后来是黑人首先在美国使用这一手段，他可

---

* 这里指西柏林自由大学。——译注

** 南特是巴黎第十大学的所在地，这里指该校。——译注

*** 1968年4月，美国哥伦比亚大学爆发反对越战和抗议学校种族主义政策的学潮，"学生争取发主社会组织"占领图书馆，袭击校长办公室，与警察发生冲突，成为美国大规模学生运动的发端。——译注

能就会更不高兴了。）学生运动又从巴黎传播到布鲁塞尔、罗马、佛罗伦萨、米兰和达喀尔等这样一些学术上边缘落后的地方。

是不是存在一个可以有助于解释演示效应的速度和强度的不同国家所存在问题的巧合呢？我对此怀疑，因为激进分子寻求“对抗”的大多数问题都有派别性，而不是本身必须面对的问题。有些问题是我前面列举出的人实际和真切感受到的问题。在美国，越
南战争和征兵制度使所有别的问题都不重要了，但整体来说，这在 211
其他国家是一个次要问题。除了那些与越南战争有关的问题，几乎没有任何其他问题看来不是那些要决意对抗的人策划出来的。

在坚实的事实依据基础上或要是较起真来，大多数令激进学生激动不已的问题都不是严重的事。例如，对新任命的伦敦经济学院院长具有反对黑人的偏见的指责是没有根据的。指责哥伦比亚大学管理层有反对黑人的偏见或对黑人的需要漠不关心，根据要稍微好一点，但事情并不像学生争取民主社会组织（SDS）所说的那样。体育与青年部长 M. 米索夫为南特文学和人文学院游泳池剪彩时说的侮辱人的话，不过纯粹是反唇相讥，它不是一个问题。对伊朗国王来访的抗议是本诺·奥内佐格死于警察之手的起因，这对西柏林的学生不是一个严重的问题，这是对抗的起因。所有这些突如其来的问题，令人注目的是它们在后来的激烈反应中如此快地就不复存在了。

在伦敦经济学院，在一个看门人死后，学生们忙着反对学校当局要对他们实行纪律约束的威胁，亚当斯博士的是非功过反倒被忘记了。学生们不理会亚当斯博士，长时间地静坐示威。在哥伦比亚大学，对大学管理者请警察出面的抗议和对警察不必要的粗暴行动的抗议，使得抗议大学要在莫宁赛德（Morningside）公园建

一座体育馆的政策，甚至是抗议学校与国防分析研究所的关系，就显得是小巫见大巫了。在威斯康星，对大学动用警察和对警察的行为的抗议使得对道化学公司（Dow）的抗议相形见绌。在西柏林，本诺·奥内佐格之死引起的骚乱，让学生激进分子把伊朗国王抛在脑后。在巴黎，甚至两性在大学男女生公寓之间相互访问的权利问题和对科恩－邦迪的训诫也被搁置一边，学生们更关心的是赦免那些在游行示威和五月之夜冲突中被逮捕的人。

八

最初事件的稍纵即逝并不证明学生激进分子的健忘和原先的不满不严重。许多问题的短暂性是由于它们是对抗权威的起因这样一个更重要的事实。

激进的学生希望对抗和冒犯的是权威——他们可以找任何的理由。这不仅把我们带回到前面讨论的事件的前兆，还把我们带回到这些事件在今年的突然爆发。在西德、英国和美国，对政府来
212 说是糟糕的一年。尤其在美国，约翰逊总统的不称职的形象——表现为越南战争踉踉跄跄和不利的局势、在结束大城市黑人地区骚乱局面上的无能、其他方面的城市公共秩序的软弱无力以及消除贫穷计划没有引人注目的效果——使得政府权威成为一个容易受攻击的目标。麦卡锡参议员会接替约翰逊总统这种可能性，导致对现政府更大程度的攻击。在英国，再度的货币危机和贬值、强制进入共同市场的失败、面对罗德西亚史密斯政权的无能为力以及政府在对待持有英国护照的东非亚洲人的明显的不当做法，给工党政府蒙上一层阴影。由于不同的原因，联邦德国也处于同样

的局面。在法国,各种反对党为东山再起而发动的对戴高乐将军的批评、将军的政府的墨守成规以及他在危机前的大选中获胜靠的是微弱多数,带来了类似的结果——由于在各种事件铺天盖地而来时,政府中两个最有影响的人物都不在国内(戴高乐将军在罗马尼亚,蓬皮杜在阿富汗),使得问题的结果更为严重。这一切使得政府坚强有力的形象被一个衰弱的、放弃权威的形象所取代。当政府由于做事不力、无能和自信心减弱而放弃权威时,就会招致攻击。这就是今年春季所发生的事情。

如果这些因素合在一起能够解释在西方发达国家出现的协调一致的对抗,那我们又该如何解释它的严重程度,特别是为什么这些小团体(*groupuscules*)的运动那么快就变成了"大众运动"?

权威在受到对抗并采取有限的攻击性回应措施时,总有受害者。压制性行动——出动警察和大学内部的纪律约束行为——总是会扩大被吸引到第二阶段对抗行动的学生群体。那些由于压制性行动而觉得道德情感受到侮辱的学生,比学生激进分子的人数要多得多。在被吸引到参加对抗时他们所针对的问题,与少数激进的先锋派挑战权威的最初行动所针对的问题大不相同。他们所针对的问题很不一样,新卷入的抗议者来自学生中观点不同的一部分人。在赦免成为主要问题时事情就是这样。

为什么第二批并且通常是规模要大得多的群体会被吸引进来?他们本来比较温和,并与引起混乱的先锋分子的极端、特殊、
并且经常是非常具体的要求保持着距离。然而,当行动改变了性 213
质,他们就和那些最初的对抗是他们卷入的序幕的人同样被卷入,并同样固执和大胆。并且,通常正是那些比较有责任心的人最强有力的支持共同管理(*cogestion*)和三权分立(*Drittelparität*)的要

求。

权威的压制性措施会迅速刺激原先不活跃的学生的更大支持,说明在学生一代中存在着道德上的共识,这种共识要超过对极少数极端分子所引起的特定问题的共识。在这样或那样的形式上,这种共识是以不受限制的扩展的个性、个性活动的自由和自行决定其命运为中心的。这种要求的力量并没有强大到突出的地步,但权威的限制性和压制性活动的冲击反倒使它突出出来。这种关于自我的浪漫理想的抱负,是把极端的小团体和他们周围更大范围的群体联系在一起的纽带。他们之间的区别在于,对于前者来说,这种抱负是强烈而持续的,而对于后者来说,这种抱负变得微弱,只是时而有些强烈,并很容易消退下去。

不管怎样,扩展的个性力量和对充足体制的梦想已经在这个世界上展现出来。它们不可能用魔法驱除掉,也不可能用年长者的奉承而得到满足。在美国,越南战争将会终止,黑人将会在更大程度上受到与他们的肤色无关的对待。法国、德国、意大利的大学将会有所改革,西班牙政府可能会允许学生有自己的学生会——它已经在慢慢吞吞地朝这一方向发展,尽管它已经失去了除了固执的自负不需要付出任何别的代价的时机。如果依然对子女负有法律责任的父母同意大学不应站在代理父母(*in loco parentis*)的立场,那么英美国大学生活中这一特点将会做出改变。在共产主义国家之外的任何地方,可能会在某些大学决策机构中给予学生咨询的权利,并且在某些问题上他们将会担负完全的责任。所有这些变化本身都令人向往。可是,它们不会消除一个培养个性和形成充足王国的认识的文化传统与一个其中的机构要求效率、称职和根据过去的和预期的成就进行选择和给予不同报偿的社会之间严重的紧张关系。

注 释

① 已故的托尼(Tawney)教授曾经告诉我，20 世纪 20 年代末，他受国 214
际联盟的派遣到中国从事教育方面的工作。有一次他和同事不得不在火车站等了好几个小时。在询问站长晚点这么长时间的原因时，站长告诉他们这是因为有好几英里的铁路被学生控制了。托尼教授问为什么警察不把学生驱走，站长告诉他学生会反抗。他说难道警察制服不了学生的反抗吗？站长的回答是，怎么能有这样的想法呢，那样有些学生会受伤的。

② 评论者在谈到印度学生的无纪律性时，经常用政治领导人没有提出可以令一代学生接受的理想、他们腐败、没有目标，因此不能感召学生等来解释印度学生的不满。但是，学生自身很少提到当代印度社会的一般特点。

③ 中国最近的学生运动，在形式上似乎是苏联、法西斯时期的意大利以及其他一些政府权威控制学生的青年运动的一种像是聚众滋事的变体。

④ 马格里布国家依然像在殖民地时期一样，在大都市地区有最充满敌意的反对派学生组织。

⑤ 即使在西孟加拉也是如此。这里的学生非常不安分，但相对来说他们中很少有人愿意服从莫斯科或北京的共产主义者。

⑥ 在戴高乐将军最近提出用参与性办法作为“专政的共产主义”和“竞争的资本主义”办法之外的另一种选择之前，美国的学生争取民主社会组织(SDS)早就在讨论“参与”问题。吕西安·列维－布留尔(Lucien Levy-Bruhl)也早就在讨论它，而且，他提到自我的范围包括表面上与自我不相容的对象——还有其他的对象。当代的学生激进分子将对现代社会及其制度、尤其是对大学的批评，建立在扩展个性这一抱负的基础上。列维—布留尔关于参与的思想必须要超越个性。但是，这两种明显矛盾的认识在个性或自我得到扩展的共同体完全一致的统一中得到趋同。

⑦ 法国、德国和美国的学生激进分子不知道，他们对“制度”的经常谴责，会使人想起纳粹对魏玛“制度”的毁谤。可是，当过去的一切和实际上现在的一切“只不过是人类犯罪、愚蠢和灾难的记录”(这句话出自 18 世纪英国著名历史学家吉朋的《罗马帝国衰亡史》。——译注)时，他们为什么要知道这一点呢。但是，这种相似性是存在的，并且它证明了一种观点上的密切

关系。

⑧ 他们是如此贬低将知识传递作为大学的任务，坚持所有的学习都必须通过“对话”和“争论”。他们想当然地认为过去一无所成，那些愿意传递过去的成就或记载的人简直就是压制每个学生的本质个性。

⑨ 我愿借此机会引起大家对一本被遗忘的著作的注意，它对目前的gemeinschäftsschwarmerei 的早期形式的冷静评价值得重新阅读和学习。这就是赫尔穆特·普莱斯纳（Helmuth Plessner）教授的《共同性的界限：对社会极端主义的批判》（*Grenzen der Gemeinschaft: Eine Kritik des sozialen Radikalismu*）波恩，1923 年。

215 ⑩ 在法国，文学和学术知识阶层的很大一部分人在 1968 年五六月的自卑，表现出一种在几乎任何一个西方国家都能发现的倾向。学生第一次取代“从业阶层”，登上了“进步”知识分子的最高殿堂。

⑪ 要是学生激进分子的中年支持者用勇气和理智试图限定他们的观点，就像哈贝马斯教授所做的那样，结果只能是受到他们的谴责。

⑫ 在 1968 年 10 月。

⑬ 美国和法国警察的粗暴是出了名的，但今年春天在巴黎所有的学生示威中，只有一个年轻人在示威者与警察的冲突中受了致命伤，他身上挨了一刀，但不是警察干的。在美国，芝加哥警察今年 8 月在希尔顿饭店前的行为与他们受到的挑衅行为是完全不相称的，但回忆一下在过去的世纪里美国警察对待劳工争执和激进分子的行为，就会发现在最近几年里警察在处理“公共秩序的威胁”方面相对来说很驯服。我说这些话的意思是公共秩序的执法者比他们在 20 世纪 30 年代——并且比世界上其他很多地方——在严酷性和压制性上要轻得多。

⑭ 权威的失效，对它受到的攻击是一种刺激。一个失去权力、管理稀缺性资源的权威，在不能有效地行动时就将自己置于困境。要是美国政府能打赢越南战争，即使是用它现在没有取得正面结果的相同打法，我敢说它就不会像在过去几年那样引起学生激进分子的憎恶。我在这样说的同时，也同意学生激进分子对这场战争的许多批评，尤其是同意需要结束战争。

⑮ 考试及其附带产生的结果是印度高等教育中学生动乱的主要起因。由亲属关系支配的文化，对学生有来自各方面的期望，比如在一个学生的家族文化中，对他的期望要求他有具体的表现，如考试成绩、获得某种令人向往的职位等等，以作为获得预期的报偿的条件，面对这些期望，学生产生了很大

的压力。

⑯ 我在其他地方论述了印度的情况的全部原因。参照菲利普·G. 阿尔特巴赫(主编),《骚乱与过度:印度的高等教育与学生政治》(*Turmoil and Transition*: *Higher Education and Student Politics in India*),纽约,1969年。

第 三 篇

学 术 自 由

217

8. 学术自由*

大学理念与学术自由

一所大学拥有一个或多个有关它是怎样和应当怎样的形象。这一整体的自我形象的核心是对真理的兴趣;大学的首要使命是传播和发现关于重大问题的真理。这些形象包含着或暗示着大学成员的行为规范、他们对彼此所肩负的使命以及他们对社会所负的责任。

如果大学被认为是这样一个机构,它传播的是无可置疑的真理,这些真理绝不可能在不降低其真实性的情况下对其进行完善、修正或更改,那么,指导教师活动的规范必然要使每个教师完全放弃批判性的学术努力,并将他们限定在对已被接受为真理的东西的重复上。然而,如果就像现代大学那样,将发现最可能好的真理、做出最可能好的解释以及对既定真理做出最可能好的批评作为其目标,那么指导性的行为规范、方法和理论就会要求努力完善既定的真理,对其进行批判性与方法论上的重估,并寻求更符合方

---

* 本章参考了林杰博士的译文,特此致谢。林译《论学术自由》,载《北京大学教育评论》,2005 年第 1 期。——译注

法论上的完善观察和理性解释得更好的真理。

任何现存理论都不会尽善尽美、都有待改进，并不意味着可以将所有的命题都看作同等合理。不存在终极真理，不是我们可以相信关于某一研究对象的一个命题与任何其他命题同样真实；有些命题无疑比其他命题更真实。无论是科学的还是学术的认识传统都不应该被轻易抛弃，尽管必须将所有这些传统视为都有待完善。这些完善无法在任何确定的程度上预知。因此，在任何时候 218
对什么是正确的都有一个公认的无法确定的范围。总是有一些人认为自己掌握了更完善的或更确定的真理。每个人都相信他或她是正确的。在这种情形下，通常在相信某些主张和不相信另外一些主张的问题上没有足够可靠的一致意见。“合理的分歧”的范围就是这样一个范围，在其中，学术自由可以使每个学者以口头或书面的形式自由地探讨和阐释他们的研究结果。

学术自由是这样一种情形，学者个人可以在其中活动而不致带来可能损害他们的地位、他们作为终身任用的学术机构成员的身份，或者他们的公民身份的后果。学术自由是这样一种情形，学者们在其中可以选择在教学中坚持什么、在研究课题的选择以及在他们的著作中坚持什么。学术自由是这样一种情形，学者个人在其中可以选择学术活动的特定路径或立场。学术自由形成于这样一种情形，其中任何权威　　无论是全系同事的一致看法、系主任、院长、校长甚至学校董事会的观点、校外任何权威的判断、无论是公务人员还是政治家、牧师还是主教、政策评论家还是军方人士——都不能阻止学者根据他的学术兴趣和能力提出的学术追求。学术自由是学者个人在特定高等教育机构内部、在高等教育体系内部以及在全国性社团内部和社团之间思考和行动的自由。

学术自由的范围与人们的认识信念的范围并不一致。根据恒星构造预测个人命运的占星术、断言最早在不列颠群岛定居的是一些现已消亡的以色列部落以及相信宇宙和人类是在六天之内被创造出来的,通常不被普遍承认是在学者可以自由表达的思想范围之内。这样的观点不受学术自由的保护。

在教学和研究中要坚持真实想法的标准以及与要做到这一点相联系的方法赋予了学者在学术问题上的自由权利,这反过来也使他们必须承担一系列责任。寻求并坚持真理的自由权利,不仅赋予了学者们以公认为具有合理性的方法追求真理、在口头和书面形式上坚持真理的自由,也使他们的同事和大学行政管理者必须承认这种在寻求和坚持真理上的自由权利。它还使非学术人员
219 及机构也必须承认这种自由权利,尊重自由的研究和自由的交流得以进行的制度安排。

在学者个人(例如那些作为学术机构成员的个人)能够自由地行使他们的学术责任(例如他们作为学术机构的成员所必须采取的行动)时,就存在学术自由。

一个学者的首要责任是从事教学和研究,其中每一个方面又派生出许多责任。其他责任包括用正确的方式对待学生、同事、行政人员以及其他学术机构的同事。这些是学术职业和学术机构的规则,它们为通过学习、反思和研究追求和传播真理提供了大背景。

学术自由还有第二个相关的领域:政治和社会观点的领域。学术自由很长一段时间以来就包括了学者的公民自由。这与学者在大学内部的自由和责任之外的学术自由有关。它有别于特定内

容、特定地点的学术自由。这两种自由具有共同的特征。教师或研究者的自由目的在于免除可能导致偏离尊重和追求真理的学术规范所指向的道路的任何限制和危险。

学术自由的界定

学术自由的现有程度，与合法的学术自由的程度可能相符、也可能不完全相符。学者们常常享有的学术自由少于他们应该享有的，但有时候他们的学术自由，超过了为了最理想地传播和追求真理以及作为这种追求的机构所在的大学的最理想的运转的需要他们应该具有的学术自由。

学术自由，在这里所使用的意义上，是学者个人根据自己的学术倾向和学术标准从事教学、研究的自由、通过言论和写作、出版著作等形式在学术活动中支持他们基于研究证明是真实的观点的自由。它包含学者们组建、参加学术团体的自由。它也包括学者们通过出版、口头交流和通信等形式与本校及外校、本社团以及其他社团的学者进行交流的自由。

学术自由不仅是被任用为教师和研究工作者的学者按照学术 220
界公认的标准从事教学和研究的自由；它也是学者可以就公众问题表达个人见解而免受惩罚、加入全国和国际性学术组织以及参加它们的活动的自由。

学术自由也包括学生根据自己的学术和职业兴趣在他们选择就读的大学里学习课程和完成学习计划的自由和他们根据在学术、政治和娱乐上的兴趣组建社团的自由。

学术自由并不能免除学者个人作为学术机构的成员所应负的

责任。因此，学位授予的要求不能由哪一位学者自行决定，除非他所在的系或学校里得到授权的某个权威赋予他这项决定权。一所大学要作为一个机构正常运转，就有许多必要的活动不能由各个学者个人自行决定。譬如说，任何一位学者个人无权决定他或她的授课时数或者考试中分数等级 A 的标准，这些问题应该由学者们集体决定。

学术自由是大学教师履行其教学和研究责任的自由。这是根据“他们的最好见解”追求和交流真理的责任。学术自由不是学者个人可以做任何事的自由、随心所欲的自由，说任何他们想起来要说的话的自由。它是做学术之事的自由：教授他们依靠长期深入的研究而发现是真理的东西，与同事们自由地讨论这些思想，将那些经过系统方法研究和缜密分析得出的真理付之出版。这才是严格意义上的学术自由。

学术自由有几个必然的推论。其一是维护学术制度和学术专业及其传统以及维护各个领域、学科和学科分支的传统的责任。这要求立足于学术的立场评价学术事务，依据学术/知识的标准判断学术/知识著作，不考虑作者的政治和宗教信仰、他或她的性别、种族、个人品质、血缘关系以及对评价涉及的个人或著作的好感或反感。学术自由也包含着另一项责任，即根据其学术资格对学术职位的应聘者做出评价；这又反过来要求在聘任程序中遵循学术标准。

学术自由并不扩展到学者可能从事或可能忽视的所有活动。
221 一位学者不能随意篡改其观察记录，他也没有伪造和歪曲文献和题词的自由。他没有在其报告和教学中忽略对还存在疑问的资料进行审查或在教学和报告其研究结果时否认自己的观点的自由。

他没有讲授与通行的传统相矛盾的观点的自由，除非他能以自己的研究提供的证据来支持自己的主张，或者能用自己对传统观点的理性分析说明这些传统观点是错误的或不适当的。

学者个人的学术自由可以由制度要求予以合法的限定。一位学者无权享有在他承担教学任务的课堂上经常缺席的自由；无权享有拒绝审阅对已承诺要审阅的学术论文的自由。他无权拒绝组织考试和判分，如果这些任务在他的任用合同中已有规定。一个学者无权拒绝教授他有资格教授、而又必须由他所在系的某些教师教授的课程。一个学者无权明显地改变他的学科，自行决定要教授天体物理学，不管天体物理学系并没有聘他这样做，也不管他本来是受聘讲授宪法或希腊悲剧。

学者的政治自由

学术自由包括学者的政治自由。学者的政治自由可以扩展到在教学中坚持自己的政治、经济和社会信念，如果这些信念是有关在大学课堂上、或在书籍、文章或其形式的出版物中还有待于完全澄清的学科问题，并且教师要明确指出他对自己的政治或道德观点的阐述有别于与他对事实的分析抑或对这些事实的理论阐述。一般来说，学者最好不要在课堂上阐述自己的政治或道德上的偏好与价值观念，但他们如果这样做，就应该注意将自己的评价判断和对经验观察的有关事实的陈述区分开来。

学者的政治自由可以扩展到校外的政治活动，如代表一个或另一个政党参加竞选。它也可以扩展到公众、非学术的机构反映个人的政治信仰。它还可以扩展到参加各种政治组织。

但学者的政治自由不能扩展到从事或加入法律所禁止的活动

或组织，比如参加恐怖活动。它的确扩展到拥护不被法律禁止的
222 观点，但它不能扩展到直接或间接地对他人的非法活动公开拥护或为此辩护，如为政治暗杀做辩解。

学术自由不能扩展到违背公认的道德规范的活动。学者的性活动不在学术自由保护的范围之内。同样，学者的犯罪活动，也不是在学术自由的保护下可以自由进行的活动。

教学过程中的政治宣称

既然学术自由是做学术之事的自由，人们自然会问的一个问题，就是能否允许一个教师试图说服学生相信自己评价判断的信念，尤其是他自己的政治信念。（这里不讨论教师在课堂之外宣称或试图宣传自己的政治或道德信念的权利问题。）

一位化学或生理学教授宣扬他自己的政治信念或他自己的性道德的观点，或他自己基于私有财产所有权对一种经济制度的道德价值观的看法，显然是偏离了他对教授化学或生理学的责任。如果这些或类似学科的一个教师在多次授课中将相当多的一部分时间用于带有政党倾向性地——哪怕是客观地——分析当前的政治形势，那么在系里的同事或学校的上级权威部门对其进行惩罚时，他无权要求获得合法的学术自由的保护。他无法合情合理地说，他通过讲述中东或美国当前的政治形势而履行了他作为一个化学或生物学家的职责。这个例子明确说明，不能靠合理地诉诸学术自由的权利来保护有违于在聘任时以明确的或内在的方式规定或接受的学术责任的行动。

但如果一个历史学或经济学教授在课堂和研讨班中花很多时间指责或赞扬美国政府关于堕胎或毒品的政策，又该如何看待呢？

这个问题并不简单。如果他讲授20世纪的美国史或者组织一个价格调控研讨班,而与此相关的他必须讨论到黑市交易等问题,涉及这些问题并不违背学术责任,的确,这甚至是在履行学术职责。如果他因讲授这些政治性内容而受到惩罚的威胁,那么,他可以要求获得合理的学术自由的保护,指出他所讲授的课程需要讨论堕胎或者毒品买卖的问题。我认为他有正当的理由可以这样做。

但是,如果他在授课中插入了他自己对堕胎和使用毒品的道
德评价,又会怎么样呢? 如果他只是顺便提及,并明确声明这只是 223
表达他个人的道德偏好,并且尽可能客观地描述对有关堕胎和毒品政策的各种看法,那么,他有正当的理由说他有权利这样做,因为他所做的符合合法的学术自由的原则。但是,如果他在课堂上花了相当大的一部分时间,以一种夸张的语言,情绪化地指责或赞扬政府的政策或者公共舆论的某些观点,那么,就可以公正地说他超越了合法的学术自由所赋予的权利。

陈述事实与评价性观点之间有明确无疑的区别。教学的主体部分集中于事实陈述、集中于具体和描述性的经验陈述、集中于特定的事件或集中于抽象而概括化的事件。但是,我们必须认识到在道德与政治问题上阻止评价性陈述的困难,而且我们必须承认这样做是允许的。但教师最好要说明在哪一点上插入他自己的个人评价,并明确指出这些个人评价在性质上不同于他所做的描述和分析。

学术自由的限度

大学自治

学术自由与大学自治密切相关。大学自治是大学作为法人实

体不受国家、教会、任何其他私人或公共的法人社团以及任何诸如统治者、政治家、政府官员教会负责人、政策评论家或实业家等个人干涉的自由。它是由有能力代表大学、而不是作为个人的大学成员就大学事务作出决定的自由。人们有时说这两种自由是一回事，但实际并非如此。从原则上来说，这两者可以互相独立地存在，尽管他们在近代似乎合为了一体。在中世纪，大学有相当程度的自治，却很少有学术自由。

从来没有一所大学曾经是、或曾经能够完全自治。在历史上，学位授予权是由国家或教会通过颁发特许状而赋予的一项特殊权力。大学的绝大部分活动发生在国家的领土范围内，因此国家必须以各种方式对大学承担起某种责任，无论是准许它们的存在还
224 是提供财政资助。获得大学学位就可以要求得到公众(即一般意义上的公众或某个顾主)的承认。那些承认学位的人相信这是由社会的最高权威授予的，无论这权威是国家还是教会。在过去的一个世纪里，国家逐渐承认了授予学位的机构的合法性。这种合法性反映在由国家颁发的特许状上。

但授予特许状并不一定意味着国家有权介入大学的内部或学术事务。在一些国家，政府也公布大学的法令或章程。在另一些国家，政府将这一权力委托给它任命(或选举产生)的一个董事会或咨议会(Court of Governors)，由他们负责起草大学的法规、法令或章程。因而，大学的主要构成部分——哲学、医学、法学和神学学院、或各种文理学院、或本科生学院、研究生院、专业学院——可以由国家或教会、或由最高权威机构授权的委员会来决定，不论最高权威机构是国家还是教会。国家或教会还可能决定讲授什么科目和需要多少教授讲授这些科目。但是，这些权力不一定要就

讲授什么内容、用什么样的观点教授这些内容或将决定权委托给系主任或教师个人等问题做出规定。

大学需要收入来支付教师的薪水、修建和维护校舍、管理图书馆和实验室以及为教师和学生提供各种服务。学生交纳的学费和考试费提供了这些收入的一部分；通过服务合同或大学拥有的专利也能得到一些收入。在有些情况下，高校依靠学费作为其主要的收入来源。在其他情况下，大学要么主要依靠国家，要么主要依靠赞助人提供财政支持，或两者兼而有之。

这种财政依赖状况可能导致对大学自治的侵犯。如果国家或私人赞助者不仅规定学科领域，还对所要讲授的实质内容，或用什么样的观点讲授这些内容，或研究的结论做出规定，这就是在侵犯大学的自治，也是侵犯教师个人和研究人员的学术自由。

在一些国家的招生问题上，法律要求大学必须录取所有那些持有证书、能证明业已完成某些中学课程的申请人。这不是一个普通的做法，但在美国的州立大学、在德国和其他一些国家，就是有这样的规定。（确实，在今天的西德，大学被要求接受由中央录 225
取办公室指派给它们的任何一名学生。）这种做法是对大学自治的限制，因为它剥夺了大学在一个对它们有重要影响的问题上的决定权。

在人员任用的问题上，大学自治有时受到这样一种事实的限制：专业人员的任用由国家通过主管部门的官员从任用所涉及的学院提交的最终圈定可以接受的申请人名单中做出决定；在很多情况下，列在名单上的人被全部否决，大学被建议再提交一份可以接受的人员名单。在有些情况下，主管部门会强迫大学接受它们选中的某一候选人。德国大学就受制于这种体制。与此形成对照的是，在英国和美国，大学在这方面享有完全的自治；政府不插手学术或管理人员的任用过程。在法国和意大利，任用机构是全国性的机构，但不是政府性机构；它由来自全国所有大学的学者组成，负责决定空缺教授职位的任用。在法国，被任用者必须接受指定的空缺位置，否则就失去了候选人的资格。因此，每所大学都无权自由决定谁将成为它的教师队伍的一员，这是对大学自治的侵犯。在意大利，候选人拥有等待出现他喜欢的职位的权利，而大学在对待一个或多个现有候选人的问题上也有类似的自由。因此，在这一方面，意大利大学比法国的大学要多一点自治。

在决定教学内容方面，各国大学的自治程度不一。在一些国家，比如英国和美国，大学几乎可以完全自由地决定学习哪些课程可以作为获得学位的资格，也同样可以决定要获得学位需要掌握的内容和达到的标准。

大学自身对独立处理内部事务上的独立决定权，是大学自治的核心。这里所说的处理内部事务包括两个方面：一个是大学管理的机构模式，另一个是这些内部机构的决定。

规定大学管理机构模式的法规反映出各国学术模式的不同。在美国，决定内部事务的法规几乎完全属于各个大学管理机构的权限；英国也是如此。在德国，直到20世纪70年代初，有关大学
226 内部管理模式的法规由各州制定。自那时以来，这些方面由联邦框架法（*Rahmengesetz*）作出统一规定，尽管从法律上来说，决定权依然属于各州。在各州所接受的框架法内，大学管理机构的组成由各州制定的大学法规定。荷兰的情况也与此相似。

欧洲的大学和那些效仿欧洲模式的大学，在某种程度上依然享有自中世纪以来就享有的自治。在这些特殊权力和自由中，有

许多与大学对其成员的纪律约束力有关，而且这些大学在很大程度上依然保留着这些权力，尽管它们在逐渐萎缩。

作为学术自由的任用权

在申请进入学术职业的人中，将某些类型的人或那些对适当的学术任用标准通常会予以认真对待的人排除在外，是现代大学偶尔会犯的错误。在德国大学里，从它们的辉煌时代到第一次世界大战爆发，社会主义者和犹太人在大多数学院很少能成为教授。在英国大学里，直到 1865 年，不允许任何人担任牛津和剑桥的任何一所学院的教职，除非他赞成英国教会的三十九条信经；非国教者、天主教徒和犹太人因此被排除在外。直到 20 世纪 30 年代，美国大学在人员任用上不愿考虑犹太人和非洲裔美国人。在所有上述这些国家，女性要得到学术任用，即使不是一点不可能的话，也是很难。只要有人比最后选定的候选人更有资格获得任用，只是由于政治观点、宗教、种族或性别等特殊原因使他们不能得到任用，那就是做出了不当的行为。这些不当行为显然是对学术道德的违背，因为学术道德的第一要素就是在学术任用中严格遵守学术标准。尊重同事以及下属的学术自由是学术道德的重要责任之一，但它也只是其中之一。学术道德还包括超出学术自由范围的重要责任和权利。在学术任用中遵循严格的学术标准就是这些责任之一。

国内和国际学术社团的会员资格

学术社团是法人实体；它们在接受新成员时有自己的标准和程序。参加学术社团的资格有明确规定，通常包括具体的学术与

专业资格。不是任何人都有要求加入某一特定社团的权利,因为
227 不是任何人都有明确规定的学术与专业资格。但是,如果一个人因学术和专业标准之外的因素被拒绝,比如他或她因肤色、宗教、性别或政治观点因素被拒绝,这种拒绝就显然违背了学术道德。(这里必须区分出像美国人类学会这类社团和美国全国科学院或英国皇家学会这类荣誉性社团。对美国人类学会来说,只要具备了必要的资格并愿意交纳会费,任何人都可以加入;而对美国全国科学院或英国皇家学会来说,入会的首要标准是成就水平——至少原则上是这样。)一个人一旦成为某一学术社团的成员,如果由于政治、国别、种族或其他理由不允许他参与该社团的学术活动,也显然是对他的学术自由的侵犯。

出版自由

出版自由源于从事学术研究的自由,因为它反映了研究的最高水准。一项发现只有在得到出版并进入集体共享的知识体系后,才算全部完成。大多数学术期刊没有正式的成员资格,不限定其实际的与潜在的投稿者。即使某一刊物是某个学术社团的会刊,编辑们在征求投稿时也不考虑作者是不是该社团的成员。任何人都可以提交准备发表的稿件。基于作者的种族或国家背景、政治关系或态度、性别等原因而拒绝其稿件,是违背学术道德的。但它是不是侵犯了作者的学术自由呢?既然没有明确规定取得一个正式组织的成员资格是出版的一个前提条件,并且出版权是研究(它的完整性需要出版)自由的延伸,我相信这是对作者的学术自由的侵犯。(类似地,任何政治审查,无论是正式建立的审查机构所为,还是编辑在某一政府部门或某个政党的授意下的所为,都

是对学术自由的侵犯。)

必须强调的是,出版的学术自由权利不能扩展到学术水平低下的著述。类似地,由于某位教师的教学或研究水平低下而解聘他或她,也不是对他或她的学术自由的侵犯。

在学术任用、晋升和著作出版方面应用学术质量标准,是学术活动的必要条件。学术自由和学术道德要求严格执行这些标准
(当然,在某些情况下,很难令人信服地证明存在学术水平不够格 228
的问题)。在学术任命、晋升、续聘和著作出版等问题上,不能将学术自由凌驾于学术成就水平的标准之上。

对学术自由的侵犯

先发制人式和惩戒性的对学术自由的侵犯

学术自由可能以多种方式受到侵犯。学术自由可能会受到明确禁止表达学术上合法的具体信念的法律规定或行政指令——无论是政府的、教会的,还是学术的——的侵犯。这包括用法律条款或行政命令禁止讲授某些学说或特定的问题,或在要求讲授某些学说或特定问题的同时明确地或暗示性地禁止某些学说或特定问题的讲授。这种对学术自由的侵犯,不是为了某个人已经做出的行动而对其进行打击。它旨在事先阻止尚未做出的行动。我把这些对学术自由的侵犯称为"先发制人式的侵犯"。

某些权威人士怀疑某人已经做出了该受惩戒的行动而对其采取的行动或声明,也可能使学术自由受到侵犯。这种侵犯既是先发制人式的,又是惩戒性的。除了惩戒某个个人,它的另一个作用

是事先阻止——并且它可能就是要达到这种效果——学者们在未来做出不招人喜欢的行动。这不仅惩戒了个人，也用明确的或暗示的威胁吓唬了整个学术界，约束了学者们在以后学术活动中的自由随便。第一种侵犯方式着眼于未来，而第二种侵犯方式则兼顾了过去和未来。

著作出版前的审查会阻止已经部分完成的某项学术活动的最终完成。在一个拥有庞大学术群体的当代社会，要对所有著作进行出版前的审查极其困难。政府通过将审查活动分散到许多杂志、期刊和出版社的编辑部，部分地克服了这一困难。通过制造出对政府非难甚至是惩罚的担心，这种分散的审查活动可能很有成效。

惩戒有多种形式。监禁是一种极端的方式，通常不会因为学
229 者的学术行动而采用，而是用于政治性侵害。针对学者的学术或政治行动的人身攻击、伤害或谋杀事件确有发生。但当局最常用的惩戒是解除学者的职位。其中的不同形式包括在保留职称、薪水等待遇的同时取消其教学的权利、不予以晋升、进行口头或书面斥责、取消其研究经费、收入、荣誉和出版的机会、不给予诸如假期等额外待遇，限制其在国内外旅行等等。

对一位学者最常见或至少是最有名的惩罚就是解职。正因为解职是对学术自由最常见的一种侵犯方式，学术自由被许多人（尤其是在美国）认为与终身任用密不可分，甚至就是终身任用的同义词就不难理解了。除美国之外的国家还没有提出将学术自由与终身任用合为一体。然而，作为对将要废除终身任用的反应，这两者的结合最近在英国被提出；在这里，人们最近说终身任用是对学术自由的保障，进而也是在学术问题上独立思想的保障。

以有可能被取消财政资助为理由来为侵犯学术自由做辩解的事并不少见。正是对可能的资助者——政府的或私人的——会采取如此行动的担心，导致大学的行政管理者对那些在校内外的信念或行动有可能冒犯这些资助者的学者实施惩戒。

忠诚宣誓

要求对现存政权进行忠诚宣誓是对学者政治自由的预先限制。自 20 世纪 20 年代末以后，法西斯政权统治下的意大利就要求学者做这种宣誓。在美国，在第二次世界大战后的十年间，政府总是担心有被共产主义颠覆的危险，要求许多公立大学的教师做忠诚宣誓，最引人注目的是在加州，甚至许多私立学校也不例外。

保证不进行颠覆性活动的忠诚宣誓是否构成对合法的学术自由的侵犯？从狭义的观点来看，学术自由的界定，并没有包括将颠覆公共秩序的非法活动作为一个学者应该自由从事的活动之一。但是，在要求学者们进行忠诚宣誓时期，许多学者和非学术人员反对这种宣誓。他们认为忠诚宣誓是对学术自由的侵犯。问题依然 230
是，一个学者要宣誓忠诚于现行的宪法和公共秩序的法律要求，是不是对他或她的学术自由的侵犯？虽然忠诚宣誓表面上的意图是限制学者们从事颠覆性活动的政治自由，但它们具有远远超出这些限制性意图的弦外之音。忠诚宣誓冒犯了学术职业的尊严，因为它暗示着如果不愿意做宣誓，学者们就有可能从事或鼓励颠覆性的活动。它对学术职业尊严还有更深层的冒犯，因为学术职业被单独挑出来，认为它特别具有颠覆性。忠诚宣誓暗示着学者比其他职业的成员更有可能从事颠覆活动。还是从狭义来看，这种伤害本身，并不是限制学者们从事在一个自由的秩序中被法律所许可的广泛学术活动的自由。

然而，这种忠诚宣誓的要求旨在限制学者的自由，而且这在有些情况下也确实抑制了行使学术自由的意愿。

侵犯学术自由的范围

不是所有学科的学术自由都同样容易受到侵犯。在中世纪和文艺复兴时期，所有的欧洲大学都处于教会的统治之下，神学研究和作为应用于神学的哲学，受制于先发制人式的和惩戒性的限制。在19世纪，尤其在德国，但也包括其他一些西方国家，圣经批评的突出地位，使得这一特定部分的宗教研究经常受到审查和限制。1863年，牛津大学的本杰明·乔伊特因其圣经评注被告上大教主法庭（Court of Arches）。他后来被证明无罪，但在此之前已受到了令人不愉快的烦扰。W. 罗伯逊·史密斯*被迫从阿伯丁自由教会学院辞去教职。尤利乌斯·韦尔豪森在1882年辞去格雷夫斯瓦尔德（Greifswald）大学的教授职位，以逃避对他的旧约构成与年代研究的责难。欧内斯特·勒南由于提到耶稣的人性并明确否认耶稣的神性而在1863年被法兰西学院解除教授职位。

类似的事件也发生在美国，尽管受害者不是那么有名的学者。地质学和宇宙进化论同样处在严苛的审查之下。查尔斯·莱尔是他那个时代最伟大的地质学家。他的研究令那些虔信基督创世的

---

* W. 罗伯逊·史密斯（Robertson Smith，1846－1894），圣经学者和东方学家，从1870年起担任阿伯丁自由教会学院教授。他在给《不列颠百科全书》所写的若干有关圣经的文章中，不认为圣经在字面意义上具有真实性，这引起苏格兰长老教会的不满。1881年，史密斯被迫离开自由教会学院，到剑桥大学执教，后担任《不列颠百科全书》主编。——译注

学者觉得惊世骇俗。由于他不是学院派——他只在伦敦的国王学院担任过两年的地质学教授——他得以逃脱如果他继续担任大学教职就可能遭遇到的惩罚。达尔文的思想对传统的、圣经上的上 231
帝造人说提出了质疑。他同样不是一位学院派的学者，也逃避了对学术自由的任何限制。然而，尤其在美国，那些名气不大的莱尔和达尔文理论的信奉者，要受制于专门针对在学术问题上行为自由的个人的惩戒。但是，到了那个世纪末，在讲授与圣经中对世界和人类的创造描述以及《旧约》中描述的犹太人历史相冲突的课程方面，学者们获得了高度自由。

总体上，自然科学相对来说不受对学术自由的限制。物理、化学、天文学和数学在几个世纪中都没有惹上学术自由受到侵犯的麻烦。但遗传学的教学和研究以及相对论的教学多年来在苏联受到严格限制或禁止。

随着第二次世界大战的到来，物理科学在美国和英国受到了一种在它们的大学发展史上前所未有的限制。由于接受了政府的资助，在自己的大学从事研究的科学家，不得不在历史上第一次放弃他们的出版自由，甚至要放弃与同事讨论研究过程和成果的自由。第二次世界大战后，美国和欧洲大学按照与本国的国防部签订的合同所从事的军事研究项目，属于典型的“机密”（也就是说研究成果不能公开出版）。由于现在大学很少从事这样的“机密”研究，因此许多有关这种对学术自由的限制问题也就失去了迫切性。

私人企业与大学之间在科学研究，特别是微生物学与遗传学研究方面的合作在不断加大，在这种合作中大学要为私人企业提供研究中取得的专利，这有可能限制参与合作的学者在研究完成后直接发表成果的自由。

传统的人文学科——古典研究、文献学、东方研究、现代语言、文学和史学——基本上不受对学术自由的限制。但在那些政府对所有人和机构强制推行统一的意识形态的国家，如在苏联和纳粹德国，人文学科的学术自由还没有免受限制。

从历史上看，学术自由最常见的受害者是法学、史学、哲学
和社会科学的教师，其中只有一位自然科学家。哥廷根大学的
232 七位教授遭到解职*，1892 年斯坦福大学的爱德华·A. 罗斯、
1925 年汉诺威技术学院的特奥多尔·莱辛、1892 年柏林大学的
列奥·阿伦斯**、1892 年海德堡大学的埃米尔·贡贝尔、1912
年蒙大拿大学的刘易斯·莱文[后改名罗温(Lorwin)]、1912 年
宾夕法尼亚大学的斯格特·尼尔林、1917 年哥伦比亚大学的列昂·
弗雷泽和 J. 麦基恩·卡特尔***、1946 年拉格斯大学的摩西·
芬利****等被解职。他们受到惩罚的理由并不是教学和研究活

---

* 1837 年，哥廷根大学的七位具有自由思想的教授因集体抗议汉诺威国王废除自由宪法而被校方解职。他们包括比较文献学的奠基人雅各布·格林(Jakob Grimm)和威廉·格林(Wilhelm Grimm)兄弟、历史学家 G. 格文努斯(Gervinus)和 F. C. 达尔曼(Dahlmann)、物理学家 W. E. 韦伯(Weber)、东方学家 G. H. A. 冯·艾瓦尔德(von Ewald)和法理学家威廉·爱德华·阿尔布莱希特(Wilhelm Eduard Albrecht)，史称“哥廷根七贤”。这一事件对这所欧洲老牌大学的学术声誉产生很大负面影响。——译注

** 列奥·阿伦斯(Leo Arons)是柏林大学的教师，因参加社会民主党在 1892 年被校方解职，此事遭到柏林大学的教师的集体抗议。——译注

*** 列昂·弗雷泽(Leon Fraser)和 J. 麦基恩·卡特尔(McKeen Cattell)是美国哥伦比亚大学的教授，因反对美国参加第一次世界大战于 1917 被学校解职。——译注

**** 摩西·芬利(Moses Finley，1912—1986)，美国拉格斯大学教授，因拒绝美国国会就他是否参加共产党一事所做的调查而被解职，后移居英国，在剑桥大学耶稣学院任教多年，成为古代史著名学者，1976—1982 年担任剑桥达尔文学院院长。——译注

动，而是针对公共问题的声明或活动。（摩西·芬利被解职的起因，是美国众议院非美活动调查委会员会就他被怀疑参加共产党一事向他质询时，他声称自己受美国宪法第五修正案的保护。）

的确，在过去的世纪里，限制学术自由——首先是限制学者的政治自由——的首要目标是社会科学。社会科学家们经常关注当前的社会问题与政策问题。他们在教学和研究中，经常要涉及一些大众争议的背景与形势。他们经常支持那些对现存社会秩序持批判态度、至少暗含着对政府持批判态度的公共信念。社会科学领域的研究常常关注公众存在争论的背景与形势。因此，即使在社会科学家自身没有卷入公众争议的问题的时候，即使他们在严格的学术活动中小心翼翼地避免表露自己的政治倾向的时候，他们依然经常引起政府当局的注意和不快。不管怎样，他们的批评性态度经常导致对他们采取限制措施。

对学者们的惩戒，即使有也很少针对他们在研究报告中坚持的任何观点。比这稍稍经常但也不是很常见的，是指责他们以敌视现存社会的态度从事教学。然而，迄今为止大多数受到惩戒的行为都是涉及在公共场所的言论或活动。学者们因为其教学、研究或出版著作而遭到惩戒的事例非常少，其原因不难看出。首先，教学和研究不容易看到。甚至，大多数同事也看不到某个教师的教学；出版的研究报告不会为大多数同事所知，尤其是那些别的领域的同事。大学之外的人不大可能知道教师的教学和研究，除非是某个受了委屈的学生告诉他们，或者在课堂里安插了密探。这种情况在集权社会很普遍，但在自由—民主社会中实际上从来没 233
有发生过。

学术自由与对正统的期待

总体来说，真正的学术自由受到限制的事例好像并不多。一位大学教师可能因为受到威胁而避开了一些本来要做的课题、阐释等，这样的事例自然不得而知。在学术问题上的自由受到削弱这一严格的意义上，学术自由受到侵犯的大多数事例都与宗教联系在一起。W. 罗伯逊·史密斯被自由教会学院解职、尤利乌斯·韦尔豪森在格雷夫斯瓦尔德大学的遭遇、阿尔弗雷德·卢瓦西*被巴黎天主教学院解职——所有这些事例都与这些人有关圣经的学术著作有关。1863 年欧内斯特·勒南因为在讲课中说耶稣是一个"了不起的人"而被法兰西学院解职，也是一起严重的侵犯严格意义上的学术自由的事件。

罗伯逊·史密斯和卢瓦西是教会组织办的学院的教师。这些学院中多多少少有明确规定的教师必须遵循的教条，管理机构从不自诩尊重学术自由。这种高等教育机构在聘人时就期望他们遵守正统，能否合理地讨论这些学校学术自由的状况，的确是个问题。汉斯·昆教授被图宾根大学免去罗马天主教神学讲座教授的席位的事例，与卢瓦西和罗伯逊·史密斯的事例很相似。根据德意志共和国与教廷达成的宗教事务协议(Concordat)，汉斯·昆教授的任用须经罗马教会大主教的同意。

当遵守正统成为任用的条件之一时，就不要指望有学术自由。

---

* 阿尔弗雷德·卢瓦西 (Alfred Loisy，1857－1940)，神学家，巴黎天主教学院教授。他对圣经创世论的传统观点提出批评，认为应该可以将圣经批评应用于对经文的解释。这一观点遭到包括罗马教皇在内的宗教保守人士的反对，因此被学校解职。他的著作遭到罗马教廷的谴责，并最终于 1908 年被逐出教会。——译注

任用机构既然至少是公开地期望被任用的人要遵守正统，它也就不会承诺学术自由。不管怎样，在这些事例中不存在学术自由却是再清楚不过了。

学术自由的侵犯者

对学术自由的侵犯，通常是由统治者、政治家、政府官员、教会僧侣、教会管理人员以及宗教组织的狂热分子鼓动起来的；最近，它也受到实业家、政策评论家和普通公民的鼓动。尽管侵犯活动发端于大学之外，它们必须得到某些人的合作，这些人在大学内外占据的位置使他们对大学有权威影响。它们必须将大学管理机构 234
的成员和具有任用权的高层行政人员煽动起来。在侵犯得逞之前，它们必须说服某些对学术机构可以合法地行使权威的人去侵犯学者个人的学术自由。对学术自由的侵犯，极少没有学者或学术管理人员参与合作。

对学术自由的侵犯有时始于学术机构内部，这有时候是在高级管理层，有时是在学术教学人员自身。那些起始于学术机构内部的对学术自由的侵犯，有时是为了在来自大学外部的某个有权势的机构、部门或个人实施侵犯之前来个先下手为强或先发制人予以阻止。这些对学术自由的侵犯，与那些从外部鼓动起来的一样，都是常见的形式。它们包括终止续聘、不予晋升、指派不对口的任务、不让其参加某些活动等等。从内部鼓动起来的对学术自由的侵犯，除了通常的动机，还有其他一些动机，如个人之间的恩怨、政治上的对抗、宗教和种族上的互相抵触等等。不要认为学者们总是愿意为争取同事的学术自由而付出努力。

学术自由受侵犯的后果

捍卫学术自由的一个理由，是它有助于保持时时面临消退之危机的学术职业的士气，并进而维持学者们的创造力。譬如说，强制性的忠诚宣誓会降低学术职业的自信和自尊，助长学者们认为大学之外的社会普遍不尊重和不信任他们的想法。忠诚宣誓是否产生了这样的后果还不得而知。我的印象是，第二次世界大战后的十年里的忠诚宣言，尽管带来了人们的躁动不安，但它的影响既不深远，也不长久。它很可能带来一些挫败、自责和怨恨的情绪，但并没有损害那些做过宣誓的学者们的创造能力。应该记住的一个事实是，这十年恰恰是加州大学的学术活动极有收获的时期。

对学术自由最严重的侵犯，发生在1933年的德国，从那时起，所有的犹太裔人、社会主义者、马克思主义者都被解除学术职位。大约三分之一的大学教师被解职。失去了某些最杰出的学者和科学家使德国大学遭到重创。这给那些受害者造成极大的痛苦，许
235 多人在流亡国外之后的很长一段时间内依然要遭受着痛苦，因为他们中的大多数人找不到与他们被驱逐前地位相当的工作。当然，大多数人在说英语的大学的自由气氛下恢复了学术的元气，在学术上作出了重要贡献。

那些留在德国大学的教师并非都赞成开除那些人，或认为纳粹能给大学带来什么好处。但是，大多数人都担惊受怕。担心被开除甚至受到更严厉的惩罚，抑制了那些留在大学里的某些比较优秀的学者与科学家的学术活动。德国大学在纳粹时期明显地衰落下去，后来花了很长时间才得以恢复。

极为相同的情况也发生在从20世纪20年代初开始有教师被解职或自愿离开的苏联大学。俄国革命后开始的影响深远的对学术自由的否定,毁掉了人文和社会科学所有学科领域的学术研究。似乎有理由可以这样说,苏联大学的许多领域在原有的水平上下滑。这部分是由于许多有杰出学术能力的学者遭到流放,部分是由于某些留下来的学者受到了威迫。苏联的政策还使许多趋炎附势者得到任用,这些人即使在学术自由的王国同样会一事无成。引人注目的是一批有相当造诣的学者转入地下状态继续维系着学术研究。在这些学者中,许多人拒绝官方出版他们的著作,甚至他们对这件事连想都不想。但是,许多人面对惊人的重重障碍依然对研究锲而不舍。

一位学者由于表达了主流声音之外的政治观点或与政治活动有涉而受到解职的惩罚,通常不会获得同事的多大同情。就我所了解到的情况而言,他们一般不会担心自己说不定也会受到类似的伤害。在这些情况下,不能说他们当中的一员因为试图行使正当的学术自由而遭到惩罚这件事,损害了学者们的士气、自尊和自信。在受害者的同事中很少能激发这样的想法:"若不是得上帝恩宠,赴刑场的就是我了"*。他们认为在教学和研究中他们需要的这种自由,他们随时会有,不用担心类似于他们同事的命运会降临到自己头上。

然而,对学术自由的侵犯使学术职业的某些成员受到了恫吓这一说法,也确有其真实性的一面。那些与受害者持相同政治观

---

* 16世纪英国新教徒布莱德福有一次看见几名押解刑场的死囚,叹息说:"若不是得上帝恩宠,赴刑场的就是我了"。后来,布莱德福因"信奉异端",遭火刑处死,这句话则长期流传下来。——译注

点或有共同行动的学者看来确实受到了恫吓，但不能就此断定这降低了他们在学术上的创造力，或使他们在研究中不再那么有好奇心和想象力。

除了直接受害者，对学术自由的侵犯是否对任何其他人造成
236 严重损害似乎值得怀疑。一个受害人重整旗鼓后成为著名学者的突出例子是已故的摩西·芬利。他在被美国拉格斯大学赶走后在剑桥大学成就了一番事业。M. I. 罗斯托夫采夫、A. D. 莫米利亚诺以及其他一些著名学者，也肯定因不得不远离祖国、流亡他乡而受到极大打击，但这没有妨碍他们获得巨大的学术成就。其他所有被迫流亡国外的伟大科学家和学者也是如此。当然，他们的确是从极权国家来到自由—民主国家；他们不是一定要继续生活在本国的残酷环境中。

然而，说对学术自由的侵犯对学术生活不是致命的打击，绝不是要宽恕对严格意义上的学术自由，或学者的政治自由这一宽泛意义上的学术自由的侵犯。即使它没有任何的后果，它也应该受到谴责。

学术自由的条件

学术自由的首要条件是教会与社会分离，宗教与学问分离。宗教改革前的罗马天主教会和宗教改革后权力达到巅峰的新教教会对学问作出了巨大贡献，但它们对学术自由的传统直接贡献很少。然而，大学自治的传统和追求真理的传统，正是从这一时期开始建立起来。这些传统是现代大学从中世纪继承下来的最重要的遗产，也是对学术自由最重要的贡献。

在法国和美国革命后,宗教与国家的分离对大学或学院没有起到很大作用。在法国,宗教失去了对大学的影响,但国家变得影响更大了。

在美国,宗教与国家的分离在初期对学术自由的形成影响甚微。各种宗教团体依然势力强大,它们的观点在各自的社区深得人心,而且,它们常常非常坚定地要人们遵循它们自己的正统信仰和常规。然而,经过很长一段时间后,宗教与国家的分离对学术自由的状况产生了相当大的影响。宗教与国家的分离,是一个更为广泛的多元主义自由观点的要素。这是社会中心放弃其声称具有的完全权势的一个步骤。

以前的大学深深地打上了或从属于国家,或从属于宗教、或从 237
属于两者的烙印。在新的多元主义的体制下,大学成为了社会的亚中心。相对于其他的中心和亚中心,大学有自己的传统和自己的自治意识。

得益于从中世纪继承下来的自治和追求真理的思想和启蒙时代的多元主义与个人有表达信念的自由的思想,学术自由今天在大多数西方国家获得了极大的尊重——尽管在极权政权中它恰恰走向了反面。所有形式的极权政权,独裁政权和专制政权,都对狭义上的学术自由进行严酷、全面和不断的先发制人式和主动的侵犯。当然,在这些社会中,学者的政治自由被完全废除,就像其他社会成员的政治自由被完全废除一样。

纳粹和法西斯政权在德国和意大利覆灭后,学者们又重新恢复了高度的学术自由和政治自由。在过去的四十年,学术自由在西方国家的大学里相对比较牢固的地位,应该归功于广泛传播的自由主义或多元主义,自由主义或多元主义在中央政府的权力不断加强和福利政策非常广泛地扩展的背景下生存了下来。

在第二次世界大战后的时期，人们对笼统的科学和研究的尊重以及对作为科学和研究的适当场所的大学的尊重，对大学是进入较高级的职业和获得较高的报酬和社会地位的主要资格来源这一事实的认识，加强了学术职业的地位，并因此扩大了严格意义上的学术自由和学者的政治自由。清教精神的部分丧失，属于中产阶级的大多数新教教会的衰微，也扩大了学者的性自由和社交自由。除了在德国、意大利和在第二次世界大战中一度被德国征服的地区发生的大灾难，学者的宗教自由几乎已经发展到了一个它不再成为一个问题的地步。当然，神学院和教会大学继续限制在这些学校的学者的宗教自由。

学术自由还可能通过一个国家的宪法和司法机构得到确认。德意志联邦共和国的基本法(*Grundgesetz*)保障学术自由，就像魏玛共和国的宪法一样。一些研究美国宪法和宪法体系的学者称，学术自由受到美国宪法的保障。(我认为这种说法没有得到证明。)

238 学术职业对学术自由的要求

当惩罚学者个人的行为侵犯了他们的学术自由时——通常是侵犯了他们的政治自由——很少有同事站出来支持他们。当斯坦福大学时任校长大卫·乔丹在学校创始人的遗孀斯坦福夫人的持续压力下将 E. A. 罗斯解职时，有七位教授辞职以示抗议，但有三十五位教授联署一份声明支持校长的行动。在 J. 麦基恩·卡特尔和列昂·弗雷泽被解职后，查尔斯·比尔德和詹姆斯·哈维·罗宾逊在 1917 年从哥伦比亚大学辞职，但没有任何其他教授辞职,或者,就我所知,甚至没有教授向校长提出抗议。与这些情况形成鲜明对照的是,1894 年柏林大学有五十三位教授对普鲁士宗教事务部剥夺阿伦斯博士教学权利的行为表示强烈抗议。他们在此前已经拒绝了撤销阿伦斯的大学任教资格证书(Venia legendi)的要求。这些抗议者中不乏那个世纪当中最杰出的学者和科学家。

20 世纪 60 年代,当激进的学生在教室外面巡逻以阻止教师上课的自由时,一些教师继续坚持上课,而另一些则屈服于学生,打消教学的念头。当激进的学生扰乱课堂、游行示威、威胁某些研究项目和从事这些项目的教师时,许多教师对教学和研究自由受到干扰毫不在乎。

大多数大学教师在大部分时间里不关心学术自由问题,尤其对政治观点与己不合的同事所坚持的学术自由不屑一顾;他们通常对同事的严格学术意义上的学术自由也是漠不关心。

我并不认为学者们对他们同事的学术自由横加限制,尤其不会限制他们的政治自由。如果有人确实这么做了,那也是明确针对他们同事学术自由,并且要找出理由,说是为了保持教学与研究的高标准。就像我在前面说的,对某一同事的研究所具有的特色的非难,可能是出于自己的妒忌和憎恶,或者是出于这样一种真实的想法:根据严格的学术标准,该研究让人无法接受。

学术尊严与学术自由

学术职业自身的态度也与学术自由相关联。学术水平高的学 239
者不怎么明确要求学术自由。相反,他们在自己的研究工作和与大学行政管理人员的关系上将学术视为理所当然。在他们看来,学术自由，即自己的教学和研究不受别人的干涉，显然为他们的工作所必需。

19世纪后半期以来，随着学者们的学术成就的提升，他们对学术职业的自尊心和自信心也在不断增强。无论是学术机构还是政府部门的行政管理人员，都对他们敬畏有加。学者们认为自己所做的事情是很重要的，大学和政府之外有影响力的非学术人员也认同这种看法。这就是美国在这个世纪的发展状况方式，这也就是为什么在第二次世界大战后对科学和学术成就的自尊和自信比以往任何时候都高的时候，美国的大学最终达到了学术自治(*akademische selbstverwaltung*)——即教授自治的条件。

学术自由受益于这一变化过程。但是，除了有些人以学术自由的原则为有违于学术自由的行为做辩解，许多学者对学术自由没有兴趣。他们满足于继续做着以前做的工作，讲授已有定论的东西，肯定被普遍接受的、主流的政治观点。他们认为自己不需要学术自由；他们对那些需要学术自由来保护自己的政治自由的人不屑一顾。他们即使想到学术自由，也通常是他们不赞同的学者的政治自由。

学术自由正面临着变成一句华而不实的口号的危险，每个人都声称赞同它，但没有考虑过它到底意味着什么。在一些学术圈子里，学术自由被一些学者用来为他们可能随时愿意参与的学术、政治、个人等活动的合理性做辩解。他们没有认识到，学术自由首先是在思想不被其他意图所妨碍的前提下致力于严肃的学术问题的自由。

学术自由超越了表达和行动的自由，甚至超越了表达观点的自由。当学术自由有助于真理性知识体系的发展，有助于将这一知识体系传授给现在和未来一代的时候,它才是正当的。

在更通常的情况下,当一个机构部门考虑限制某个个人或群体的学术自由时,在这一权威机构内部的不同人群中几乎总会存在不确定因素、反对意见和多种多样的不同看法。通常情况下要做出侵犯学术自由决定很少能完全避免出现犹豫不决和意见不一的情况。那些做出这种决定的人受到这样一种自信心的鼓动:他们对自己的正当性和他们的决定的可行性有自信,而且他们相信 240
这种侵犯会得到受惩戒者的同事的认可。

这些判断难以证明。然而,我们可以看到,不论是在19世纪的德国还是在20世纪的美国,由于学术职业渐趋稳固,由于它形成了更明确的集体自我意识并显示出更强的自尊和对其重要性和能力的更大的自信,侵犯学术自由的事件越来越少,也越来越不突出。

外部权威对学术自由的尊重程度,部分来说与他们对学术职业和国内大学的尊重程度有关。当他们将学者视为不亚于他们自己的社会中心的一个部分时,学术自由就有可能受到比在其他情况下要更少的侵犯。

学术自由的历史变迁

学术自由在大学发展史上并非一成不变,它经历了盛衰沉浮。尽管今天它在自由—民主社会中被视为当然,但在世界范围内和别的一些极权独裁国家,它基本上被废除了。在不同社会、不同历史时期和不同学科领域之间,学术自由的状况各不相同。在一些现代社会,像在纳粹德国、法西斯统治时期的意大利以及苏联,学术自由受到高度限制。教授们被禁止表达某些在学术上得到认可的信念，要求他们信奉某些学术上不被认可的信念。他们没有一般公民意义上的学术自由，即对具有公共意义的问题以口头或书面的形式表达个人看法的自由。（当然，在这一方面，他们与自己的同胞没有什么两样。）他们不能组织自己的学术社团，也不能自由参加国际学术社团的活动。更有甚者，同事之间的非正式交流也受到限制，因为担心他们当中——常常是他们的同事——有告密者，即使在那些与占统治地位的学说不沾边的领域也不例外。

1789年法国大革命之后，基督教会失去了大部分对欧洲大学的控制权。但在美国，许多小型学院依然隶属于基督教的各种教派和宗派，并在经费上得到它们的支持，这些教派和宗派一如既往地反对非正统、反对在性问题上不守常规、反对各种支持政府干预
241 经济生活的公开声明、反对对私人企业的批评。即使在宪法规定政教分离的社会——尤其是在美国——被大学任用的学者们的学术自由，在本世纪的美国也受到宗教组织的侵犯，或者说他们的学术自由更经常地受到某些坚定地忠实于所属教会或教派的人士的侵犯。

只是伴随着教会在社会中的势力逐渐衰落，学者才被赋予以前从来没有的某种程度的学术自由。

在对国家的自由主义认识中，私人企业被赋予自主权。欧洲大陆的大学并不是私人机构，但它们也受益于多元主义社会模式的确立。

由于应该让大学处理自己的事务——冯·洪堡的学术自治，即学术上的自我管理的思想对此是最好的表述——这一信念的增强，在一定限度内的学术自由的思想牢固地建立起来，即使在君主制政府还保留了很大权力的国家也是如此。自由主义思想促进了

对学术自由的正当性的认识。伴随着大学自治、自我管理思想的形成，大学对于学术自由作为学术生活的一个组成部分所具有的绝对的价值，产生了一种相当强烈的自我意识。

民主—自由社会出现了各种侵犯学术自由的事情。美国的大学和学院尤其受制于这些偶尔出现的对学术自由的限制。那些蛊惑民心的美国政客和政策评论家们，时不时地要求与他们的接近意识形态的观点更大程度地保持一致。容易冲动的企业家们采取行动反对那些赞同政府干预私有经济的运转或那些他们认为主张废除资本主义经济的学者。极端民族主义者、宗教狂热分子，有时还包括地位稳固的教会，对于针对他们的正统思想的批评态度非常敏感，想方设法限制某些学者或所有大学的学术自由。从 20 世纪 20 到 50 年代，美国大学一再受到保守分子的责难，说它们“包庇”激进分子或宣传对现存美国社会的不忠。共产主义分子想操纵学术舆论的努力尽管遭到了彻底的失败，但导致在少数大学形成了一些规模很小的大多由青年教师参加的共产主义组织，这就为那些事实上完全是无的放矢的激烈指责，提供了一个虚假的基础。这些指控即使不总是毫无根据，也是很大程度的言过其实。它们使那些不是很勇敢的学者感到害怕，给许多人留下了不快的 242
回忆，并且在有些地方导致教师被解职。

然而，尽管有这些断断续续的骚动，正是在自由—民主社会，比如在过去世纪里自由—民主盛行的西欧、北欧、北美以及南半球的英语国家，学术自由也是最广泛盛行的。

学术自由与学术标准

学术自由的权利不能扩展到那些吹牛者、造假者、剽窃者和思想古怪者。它可以扩展到那些诚实但天赋欠佳的科学家和学者。拒绝对后一种人的续聘、晋升和著作出版并不是侵犯他们的学术自由，只要这种拒绝只是基于对他们的著作所做的严格学术意义上的评价，而不是基于对他们的政治态度、宗教或种族关系、血统或性别的考虑。

通过外部力量侵犯学术自由的禁止和规定行为与强制要求必须达到最低学术标准的行为有明显的相似性：两者都采用惩戒。然而，这些惩戒的理由截然不同。大学是以真理的发现和交流为导向的机构，它们的成员必须恪守这一责任。这一目标要求在寻求真理和对真理的阐述上有行动的自由，而且很自然地，它也要求拒绝继续支持那些在这一工作中非常不称职和那些故意跟这一工作对着干的人的活动。学术自由必然要求免除惩戒；对学术上的不称职或故意不履行职责，甚至故意设置障碍，就要实施惩戒，但这种惩戒只能基于严格学术意义上的理由。

然而，必须承认完全按照严格的学术标准进行评价是一件困难的事情。如果涉及一位与常规相去甚远的学者或科学家，大学的保守精神可能会危及他正当地行使学术自由。有时，很难将一位思想古怪者与一位正在另辟蹊径、并有可能成果颇丰的真正天才区别开来。有时存在这样的危险，某位学者基于在当时看起来是恰当的学术理由而被剥夺了正当的学术自由。

学术自由的理由

学术自由和所有人享有的人权不是一回事。学术自由是一种
243 范围要小得多的权利。它是一种仅仅针对学者的权利，而且是一种受到责任和条件限制的权利。这是一种有时可能与其他权利相

冲突的权利。

学术自由的权利不等于言论自由的权利。除了要避免直接导致公共秩序的混乱和不能故意不说真话，言论自由的权利很少有别的限制。学术自由是通过可靠的方法发现真理的自由和通过教学和出版著作交流真理的自由。学者关注的真理是通过有条理的方法根据观察得出的命题，它建立在尽可能充分的证据之上，并公正地对待相反的证据。思想古怪的人和煽动家享有言论自由的权利，但即使他们是学者，学术自由也不保护他们不顾经过系统、严格的评价的证据而妄下断言的权利。

不能简单地通过诉诸人权来证明狭义的、专业意义上的学术自由；人权与学者的政治自由之间有更密切的关系。

人权和学术自由并不一定相互冲突，但存在这种可能，因为它们可能应用不同的评价标准。举例来说，地位平等的人权——每个人应受到平等的对待，无论其成就、智力能力、学术成就如何——可能与根据提出的说法的真实性和列举出的证据的适当性标准对学者个人的著作做出评价的学术责任相冲突。所有人，无论其学术成就的水平如何，都享有平等的政治权利、平等的地位、法律面前的平等等等。他们不能由于这些权利而享有平等的学术地位。但是，他们一旦成为学者，他们在与学者相称的责任范围之内就享有平等的学术自由。如果没有尽到学术义务或者越过了正当的学术自由的界限，他们不能免于惩戒。

学术自由不等同于知识自由，学术自由的理由也不等同于知识自由的理由。学术自由当然包括知识自由，但仅限于学术的背景。享有学术自由，就必须履行某些教学责任、与同事合作、维护学术秩序以保证学术活动顺利开展。知识自由传统上不需要承担制度性责任。学术自由确实要承担这些责任。

基于学术自由的理由，通过理性手段和系统方法获得的关于世界、人类及人类活动的真理的价值，被置于中心的地位。这一价
244 值是其他任何价值的源头。它坚信真理对人类的存在具有最根本的价值，拥有真理是人类尊严的首要条件。学术自由首先是去探索、发现和坚持重要真理的自由。

学术自由的理由超出了人权的范围，并且有时与某些人权相抵触。就学术自由是人权原则在学术领域的延伸而言，它必须根据更具体，或许更严格的标准对这些权利中的某些部分进行限定。学术自由的理由源自一种特殊的价值，即作为一种利益的人类生活中真理的价值，它既有自身的利益，也能导致其他的利益，如对世界的更理性的理解（就它能被理性地理解而言）和对生活与社会条件的更理性的安排。

然而，有必要避免以夸张的方式看待学术自由。大多数享有学术自由的人没有从中发现多少重要的东西，而且，很多人的所作所为达不到现有的知识状况所允许的标准。在那些对学术自由谈得最多的人当中——他们通常指的是学者的政治自由——有许多人很少利用它，他们在教学和研究中很是墨守成规。那些因为在教学和研究中做事偏离常规而确实利用它的人，想当然地认为他们享有学术自由并可以从中受益。不管怎样，学术自由对他们来说实在是确有必要。

不能说学术自由就是最高利益，也不能说不可能有学术自由可以受到合情合理的限制的时候。可能会有这样的短暂时期，由于国家的安全、和平和良好的社会秩序的需要使得学术自由有必要受到限制。然而，我们难以想象这样的情形：一位科学家或学者

针对自己在学术上关心的问题与他的同事或他的学生所说的话，会危及社会的团结、安定和良好秩序。

大学的学术成就需要学术自由。对重要问题的富有成效的选择、研究这些问题的最佳方法的选择以及最具有独立性和想象力的阐释和分析，对学术成就都是不可或缺的。观点的自由交流是学术自由的一部分。自由地接触出版物和出版自由都有助于取得学术成就。不是所有的学者都受益于学术自由；他们不需要或不想要学术自由，是因为他们的所作所为与通行的传统完全一致。同时应该记住的是，从 19 世纪早期开始，首先在德国，随后在英国、法国、意大利，最后在美国出现的学术和科学成就的鼎盛时期，是与学术自由在这些国家的扩展并驾齐驱的。 245

这些国家在政治生活和公共制度上也变得更为自由。无论这一自由化是如何的不完全和如何的慢慢吞吞，如果没有它，那么大学就不可能兴盛起来，学术自由就不可能得到扩展，有序而可靠的知识就不可能增长得这么快。

247 # 9. 学术自由与终身任用

问题：终身任用是学术自由的保障吗？

答案：也是，也不是。

一

除了监禁、拷打或谋杀之外，开除或拒绝续聘，是对那些学术与公民活动得罪了学术和行政上的上司与同伴——在某些国家还包括得罪政府当局——的学者个人最严厉的惩罚。如果当事人得到终身任用，开除这一严厉惩罚就很少能做得到。在这一方面和这一范围内，终身任用是对学术自由的一种保护。废除大学在进行一项终身（或无限期）任用时所承诺的契约义务，会将大学置于一种困难的境地；这会使得它面临法律行动和公众的攻击。在美国，甚至有可能招致美国大学教授协会的责难，这是大学行政人员唯恐避之不及的。大学行政人员通常不愿面对这种难堪。

如果开除或拒绝晋升是对那些在学术、宗教或政治问题上的
观点冒犯了他们在学术上和政府部门的上司的人的唯一惩罚，那
么，当事人的学术自由就可以通过终身任用得到有效的保护。（我
248 在这里讨论的不是对女性或非洲裔美国人的歧视，除非涉及他们的
信念和行动。这里不考虑基于性别、民族或种族本身的歧视。）

然而，学术自由受制于除开除或拒绝续聘之外的许多惩罚措施的约束或限制。拒绝晋升职称和拒绝加薪就是这些惩罚的例证；拒绝某个教师提出的教授他（或她）有资格教授、并且系里的课程大纲列出的某些课程的建议或申请也是一个例证。还有其他一些方式可以伤害一个因他（或她）的学术、政治或宗教态度或活动而遭人不满的教师。在社交上联合抵制一个教师，不邀请他（或她）参加"教师聚会"，分配的办公室在地点和面积上差于一般水平，长期坚决不让他（或她）获得某项他（或她）应该而且希望获得的荣誉，而其他水平不比他（她）高、甚至水平更低的人获得了这一荣誉，所有这些都是可能用来限制一个教师的学术自由的惩罚措施。

因此，除了开除，还有许多方式可以伤害到一个因其表达的观点或做出的行动而招致不满的教师，而这些观点和行动是这个国家的法律或学术自由通行的概念所允许的，因而这个教师应该有表达和行动的自由。这就是为什么我说像终身任用所提供的免受开除的保护，的确在某种程度上能够保护得到终身任用的那部分大学教师的学术自由。但是，这种任用不能保证因学术、政治或宗教观点或行动冒犯其上司的教师不会遭到其他的惩罚。

二

"怎么都行"(anything goes)的原则在学术活动中是不能接受的。恰当的教学和恰当的研究是有规则的。这些规则难以完整地表述出来，但当它们遭到违反时可以看得很清楚。

每一个领域或学科都有实质性的和方法论上的传统，这些必须得到遵守，或者，如果偏离这些传统，必须有这样做的合理理由，并且必须有经过认真研究的证据。在传统规则和实质性主张不能得到坚持时，各种不同的方法上的程序和实质性的主张，也还必须符合某些可靠证据和理性批评的规则。偏离正常轨道的教师和研究工作者，在这样做的时候必须对他们所偏离的传统有充分的知识，他们必须能够以一种理性的方式对为什么不接受这些传统做出解释。

合法地进行学术活动，就要求有学术自由。学术自由是进行
249 学术活动的自由。学术活动是教学、研究以及研究与反思结果的出版。

对那些在很大部分教学时间和研究结果与通行的传统所形成的共识一致的教师，学术自由的需要并不迫切。学术自由的需要，产生自那些与人们的共识相左的人的情况。但是，不是任何与共识的相左都有权得到学术自由。

学术自由的权利，是为了保护那些在大学的教学和研究中希望说出他们所理解的真理的学者的职称和档案。这也是为了保护那些为了某种完全合法的政治或宗教事业想到校外演讲或活动的人，即使这些演讲或活动为他们的行政长官、学术同行、外部记者和政治家所厌恶。

学术自由的理由是它能保护教师在道德和学术上的正直。它能保护教师在追求和阐释真理方面发挥他（或她）的学术能力。即使他只是重新发现了已知的真理，并且由于他自己的研究对这些真理有了更好的理解，他也是在对学术天职做出响应，他应该有自由去这样做。如果说终身任用有助于诚实地追求和阐释真理，这

就是它的首要目的，但不是它的唯一理由。

以学术自由的名义、并进而以终身任用的名义提出的某些主张是不合理或与此不相干的。例如，一个常见的说法是在没有学术自由时，研究与分析的创见性受到了压制或阻止，终身任用强化了研究与分析的创见性。我认为这种说法不够坦诚。大多数侵犯学术自由的案例，与有创见的思想或发现没有关系。大多数学者不具备进行有创见的思想或发现的能力，但只要是关注真理，他们还是被赋予了学术自由。

真正的独创性，其实不需要学术自由的保护。它极少受到抑制。真正有独创性的思想是压制不住的。学术职位终身任用的真正理由，不是保护有创见的思想的学术自由。独创性确实已经超越了学术自由能够保护或加强的能力范围。这并不是说应该拒绝终身任用具有独创思想的人。

本世纪的形势不同于 19 世纪。那时在圣经研究领域真正具有独创性的学者确实因其独立的学术工作而受到惩罚。

在 19 世纪的欧洲，有著名学者的学术自由受到侵犯的例子， 250
譬如像欧内斯特·勒南，他因为说过耶稣基督是个“了不起的人”而被从法兰西学院的教授席位上开除——这是一个终身任用的席位。近代最伟大的学者之一威廉·罗伯逊·史密斯，被阿伯丁自由教会学院开除——这是一个长老派教会的神学院。另一位是尤利乌斯·韦尔豪森。他在 1882 年辞去格雷夫斯瓦尔德大学《旧约》研究的教授职位，成为哈勒(Halle)大学的副教授，因为他感觉到自己对《旧约》的研究受到责难。韦尔豪森不是被开除；他因学术自由受到侵犯而受到的惩罚要轻一些。

目前在美国，有的学院和大学要求学生和教师遵守某种宗教教义。在这些学校接受任用的教师，要放弃必须接受的教义所影响的学科的学术自由。

无论是学术还是非学术人员，有独创思想的人为数不多。尽管独创性非常值得向往，不能期望大多数学者会有独创性。但是，他们能够并且必须做到诚实，也就是说，他们必须在教学中追求并说出真理，并且在他们的研究中试图发现真理。学术自由应该保护学者们在他们的教学和研究中做到诚实的努力。这就是它的理由。

学者做出（或没有做出）的某些活动，没有资格享有学术自由的权利。这包括未经批准多次不能按照排定的时间上课、没有做好充分准备就上课、篡改研究结果、在教学中讲授谬误的东西、剽窃、声称做过观察而实际上没有做、与学生相处中不适当的举止、试题判分中有意的曲解和偏袒、教授自己没有资格或没有得到批准的课程——例如，一位社会学教师在一门名义上是关于家庭的课上，将多次上课时间用于讲授数理遗传学、埃及学或宇宙论。与学生发生经过证明的性关系、经营全职时间的私人公司而这些工作与他被任用来教授的课程内容没有任何联系、组织学生抵制所有的或某些教师的课等等，显然不在一个学者应该自由进行的活动之列。当一个教师明显地或经过证明有这些有违学术职责的过失时，他（或她）理应受到惩罚，即使他（或她）得到终身任用。法律所禁止的犯罪活动、革命活动也不受学术自由权利的保护。

坚持人们认为可以接受的水平上准确度、研究观察的可靠性
251 以及分析的合理性，不受学术自由权利的保护。一个因表现非常低劣而受到责难的教师、学者或科学家，不能以声称自己有保护学

术自由权利来合理地反击批评者。

三

到目前为止我讨论的主要是学术自由的权利以保护异于通行的学术共识的诚实的学术活动。现在我要来讨论学者的公民自由意义上的学术自由。这一不同形式的学术自由的合理性，可以通过学者是公民这一绝对明显的观点得到证明。他们在政治领域与一般公民具有同样的权利和义务。他们必须有其他公民具有的表达政治信念和其他信念的完全自由。他们必须能自由参加其他公民可以自由参加的政治团体。他们没有一般公民没有的任何义务，一个例外是来自于他们的学术职位的义务，这就是要说真话，不能蛊惑人心。但这一点没有强制性。

公民学术自由的权利，不能扩展到宣传法律禁止的政治团体，加入违禁的政治团体，或为别的国家从事间谍活动。换言之，一个学者必须在政治上与其他公民有一样的自由，既不比他们多，也不比他们少。只有禁止其他公民的行为也禁止学者。

在美国，大多数对学术自由权利的侵犯，都针对在大学之外、但在法律允许范围内的表达政治观点和从事政治的活动。那些侵犯学者公民自由的人，通常关注的是学术之外的信念和活动。

我所了解到的大多数对学术自由的侵犯，是对学者的公民自由的侵犯，而不是针对他们的学术自由自身。我想不起任何人由于作为一个科学家或学者在一份学术刊物或著作中发表任何东西而被开除或对他（或她）设置障碍。教师在小型福音派教会学院讲授进化论时，情况会稍有不同。

大学教师由于其政治活动而受到骚扰以及占据高位的人——学术上的行政领导，包括系主任、新闻记者、政治家以及政府当局和教会组织——对他们行使严厉的惩罚，在自由—民主国家已很少见。

但是，并不是因为存在终身任用这种骚扰或束缚才在自由—
252 民主社会变得如此少见。更重要的原因是大学和科学知识在这些社会中得到高度尊重，而且知识上的独创性得到了如此高度和广泛的尊重，不那么具有独创性的，以及完全没有独创性的思想的自由也被赋予了学者们。这是应该如此的事情。

四

终身任用的理由是保护学者履行在大学里和大学之外的活动。后面会谈到终身任用的其他理由。

在国会对共产主义团体和活动进行调查期间，少数——人数多于应该有的——学者被指控或怀疑参加共产主义团体和活动，他们被任教的学院和大学开除。他们主要是年轻人，大部分人可能还没有得到终身任用。或许有几个人得到终身任用。但是，他们在有些时候被各自学校的校长草率地开除了。据我的回忆，他们中没有人坚持说学校违反了合同。从这些例子中无法得出确凿无疑的证据证明终身任用是否能保护当事人的学术自由。我自己持怀疑的态度。

保护学术自由不是终身任用的唯一理由。还有一些终身任用的合理论点与学术自由没有多大关系。

其中一个有关终身任用的论点是它给了学者一种安全感，这能使他在较少地分散精力的情况下专心于他的恰当的学术活动，即教学与研究。它能使学者比较容易地行使学术上的义务，如服务于各种行政管理委员会，而不致因为忽视其他同样要履行的学术义务而感到不安。在其他成员在事实上(*de facto*)或法律上(*de jure*)获得终身任用的系，它能使一个教师对他作为一个大学教师的角色更有自信心和自尊感。

终身任用淡化了人们溜须拍马的念头。一个教师的终身任用可以使他懦弱的天性得到保护。但是，在这一方面不能高估终身任用的益处。它不能使平庸之辈成为有创造力的人才，正如猪耳朵做不成丝钱包*。

一个令人遗憾的真实情况是，终身任用常常为一个学者的不 253
当行为提供保护，而根据学术自由的权利，他无权做出这些行为。大学的行政管理者可能有、也可能没有充分的理由惩戒——甚至是非常严厉的惩戒，比如解职——这样一个教师。不管怎样，他们不受学术自由权利的保护。教师的这种行为和行政人员的容忍使终身任用和学术自由背上恶名。

终身任用不是绝对的。那些被授予终身任用的人是在某些条件下得到终身任用的。它的授予是以相应的责任为前提的。就像许多学院和大学的聘书上规定的，它可以根据某些"原因"而被撤消。撤消终身任用的情况不常见，因为尽管有许多玩忽职守或违背学术责任的行为，但它们难以说清楚和加以证明。结果，许多玩忽职守的行为得到许可。它们不应该得到许可；在有充分的理由

---

* 猪耳朵做不成丝钱包(it does not make a silk purse out of a sow's ear)这是英语中的一个谚语，意思类似中文里的"巧妇难为无米之炊"。——译注

怀疑有这种玩忽职守或违背学术责任的事情发生的情况下，应该对其进行认真的调查和评价。如果查清确有其事并且当事人没有做出改正，就可以合情合理地撤消终身任用。

有理由断言终身任用确实带来负面结果。

反对终身任用的一个理由，是它会使它的受益者“工作懈怠”，也就是对学术义务敷衍了事。在这一观点看来，如果取消终身任用，整个大学和各个系将在争取使教育和研究达到更高的水准的努力上和在对新的兴趣点、新的领域和新的预算紧张的适应上有更大的灵活性。还有，如果没有终身任用，很多教师就不会那么随意地疏于教学工作、很少做或根本不做研究，教师们将不得不表现出他们的毅力，学院和大学就会去掉这种无所事事的作风。

这些说法有些道理。那些认为他们的教学正在受到严格的检查、并且他们的续聘将取决于他们能为人所见得到的表现的教师，可能确实会为更充分地履行他们的责任而努力；他们可能会更有意愿追踪本学科的文献；他们可能会对自己和学生提出更多的要求。

按照同样的思路，有人认为取消终身任用会迫使那些不做或很少做研究的教师做更多的研究，进而出版更多的东西。我认为取消终身任用的这一论点可能确实如此。如果取消终身任用，所做的研究在量上确实可能会增加。但是，我认为这一论点考虑得
254 不妥。它一点也不理解需要的是研究的高质量，不是只要“忙碌的工作”。一个人要是因为外部的强制而去做研究，就不可能做出好的研究工作。在我看来，如果有人没有多少做研究的心思和天分，强迫他们去做没有什么意义。在没有强烈好奇心的驱动和没有学术激情的情况下做出的研究，不大可能是好的研究。这些人如果

能通过更好地备课、通过“追踪本学科的文献”、通过每年修订一次他们的课程等等来改进他们的教学，将会能更好地发挥他们的聪明才智。但是，如果他们对教学也没有兴趣，而且也没有投身于改进他们的教学，那么他们的同事或所在的大学最好还是别要他们了。可以这样认为，如果他们已经得到终身任用，就应该取消它。他们应该被取消终身任用，不是因为他们做不出独创性研究或对他们的学生提不出独创性思想，而是因为他们没有就他们应负责的知识体系对学生做充分的阐述。

这显然与学术自由没有任何关系。就像我在前面说过的，一个教师不能就他疏于学术责任的行为要求学术自由权利的保护。

从经济学的角度反对终身任用的观点也值得考虑。一个没有得到终身任用的教师队伍会花费更少，因为如此一来仅仅由于执教时间长和工资的自动增长而工资等级比较高的老教师就会很少。那些想要在教师队伍中取消终身任用的行政管理者通常不提这一点。他们谈的是“预算的更大灵活性”。然而，尽管我怀疑这些行政管理者的虚伪，他们的主张也还是有些道理。

五

那么，如果取消终身任用，从某一天起不再为新进教师提供终身任用资格，经过一段时间后，就不会有获得终身任用的教师了。这将与某些人的理想相一致，他们想把大学变成像自由市场一样，成者获利、败者认输。可是，这样的事真的会发生吗？假如它真的发生，它会是人们所期望的吗？

短期任用制，如果能像它的倡导者所期望的那样运转，其结果将是带来一个比较年轻、鲜活的系，其中最新的思想会有热情的代言人，有时他们的热情胜过睿智。这将会有无数的年轻人“雄心勃勃”，急于出人头地，四处出击寻找新的和更好的机会以能跻身“大
255 联盟”，就像少数顶尖大学被胸有大志、不满足于待在“小联盟”的人所称呼的那样。

这对可能发生这些事情的系会有好处吗？人们对最新的发展无疑会有更大的兴趣，而这些最新发展常常（但不总是如此）只不过是些流行一时的新名词。人们对研究会投入更多的热情和更多的精力，会有更多的研究成果。这对学生可能不会有同样的好处，他们既要学习“最新的方法”，也要学习自身学科的基本知识。

这个问题还有一个应该考虑的方面。大多数学院和大学都有少部分作为中坚力量的教师，他们尤其关心的是整个学校、它的声誉和它的水准。他们发挥着重要的作用，而这一作用难以明确表述出来。它有很多组成部分。其中之一是关注整个学校的健康发展。另一个是维系学校的传统，让人们记住学校发展历史上的重要时刻和人物。这些传统对学校适应新的形势常常可能是一种拖后腿的力量，但如果学校在过去有一些值得注意的历史时刻和某些杰出学者，这种传统对追求更高水平的成就可以是一种激励。

在美国的大学——或许还有英国和西欧的大学——最近的发展中，这些机构性传统受到很大程度的削弱。在这一发展过程中各个学校失去了自己的特色。这是在每个国家内部和在国际范围内把大学变得更具有同质性的结果。如果学术世界由大量或多或少同样的大学构成，所有大学追求同样的思想或被同样的思想主宰，这对教学或科学与学术研究没有好处。（但是，这可能促进了由于不同大学和不同国家的科学家的合作而带来的突出成就。）

六

根据我在前面所说的，应该取消终身任用吗？

我对这一问题的回答是否定的。如果每次任用时间为年，每个系有十五到二十名成员，那么每个学期就要做三到五次评估。如果每次评估由五人组成的小组彻底、认真地来做，并且系里的教师每年轮流做小组成员，那么每个小组成员一学期就要做三到五
次重大评估，这还不算对新申请者的评估。如果小组向全系提出 256
建议，而且系的某些成员希望对小组的建议做出自己的判断——他们应该这样做——那么，续聘评价将会构成每个系的很大一部分工作。

如果评价要做得严肃、负责，就必须大量阅读申请人出版和未出版的著作，与学生座谈，阅读同一领域其他教师的著作以好有个比较的基础。换言之，对任何一个申请人的评估需要两到三个星期的辛苦工作——假定要做得圆满、认真。

同时，在当学期被评估的教师会惶恐不安地等待着评估小组和系里的决定。这种焦虑不利于形成从事学术工作所需要的平静心态。处于焦虑状态的不仅是被评估的教师，还有评估小组的成员——他们自然想避免伤害他们个人喜欢的同事和在未来几年有可能要评判他们的某些人。

鉴于每五年评价一次的制度会给评价者和被评价者带来工作量和紧张压力，这种制度将难以在一个高水平上年复一年地保持下去，没有中断之虞。对五年制评价过程所产生的压力的一种应对，将会是任其退化为敷衍了事，只是偶尔严肃对待一下。大多数

评估将会导致几乎是自动续聘。只有在发现申请人极差的少数情况下,他(或她)才会被打发走人。

如果这一假定成立,这种新制度将不会在很大程度上改善各个系。由此而节省下来的经费以及行政管理者所说的五年制评价的其中一个好处即灵活性或其他方面,将不会很大。终身任用这一老办法中为人所诟病的缺陷会依然存在,并且会生出新的缺陷。

七

所有这些杂七杂八的看法得出的一个结论,是无条件地保留终身任用制不完全是一件好事。这些看法得出的另一个结论,是不分青红皂白地将终身任用制全部废掉也有其弊端。

257 因此,我建议保留终身任用制,同时规定在为了学校的健康发展看来有此必要时对少数个人进行评估。如果有教师长期完全逃避责任,专业彻底荒废,并且即使有时间和实验室、设备和图书馆等条件也不求学上进,就算有成果出版也数量极少、质量极差,那么,就应该有可能成立一个特别委员会,对涉及的教师的业绩做出评估,就解除还是保留他们的职位以及在两极之间的措施,如警告、留用察看等提出建议。需要这种评估的情况可能不会太多,但肯定会有一些。然而,只有行政管理者、系主任、院长、教务长、主管学术的正副校长有采取这种必要行动的魄力,针对这种情况的评估才有可能进行。

因此,应该在进行前面提出的某些改变的前提下保留终身任用制。终身任用的保留确实为学术自由的最严重侵犯,即解职设置了一层障碍。但是,终身任用制的保留,并不能保障学术自由可以保护学者不受严重程度次于解职，但依然具有伤害性的惩罚。

学者们必须能自由表达经过理性阐述并基于合理证据的观点，即使这些观点偏离了通行的传统。不仅如此，在大学之外，他们应该与自由民主社会的任何其他公民一样，能够自由地以口头和书面形式表达自己的观点，加入社会组织和参加集会。

我认为无论是维持还是取消终身任用制，都不能保护大学及其学者不受具有政治动机的惩戒，今天美国学院和大学人文系科里激进的教师将这种惩戒强加于比较传统的同事。保留终身任用，可能会保护传统的学者免于被解职——我不知道有这种情况——但它不能保护他们不受骚扰。取消终身任用制可能会使他们更容易受到伤害。

取消终身任用制，将必然给学者带来评价别人和接受别人评价这种不受欢迎的负担。因此，那种五年制评价有可能沦为敷衍了事，接受评估的大多数教师会把得到续聘视为理所当然。基于这个理由，我看不出教师的教学效益和责任心会有明显的提高或重要的研究在数量上会增加等这些据说取消终身任用会带来的结果。

美国的学术职业所需要的，是在遵守学术道德上做得更好一 258
些。但这是一个不同的问题——它更具有根本性，也更难以做到。通过取消终身任用制不大可能做到这一点。保留和扩大终身任用制也不大可能做到这一点。

任何的这种变化会对学术自由有可能产生什么影响？终身任用对学术自由的影响，我们多少有些了解。在原则上、但只是以有限的方式，它保护严肃的教师、学者和科学家在具体的学术活动中的学术自由。它也保护不履行职责的懒散教师。它在四十年前也保护了一些学者的公民自由，这些人几乎全是共产主义的支持者或共产党员，他们的行为依然在法律许可的范围内。

取消终身任用制并代之以五年一聘、连续续聘的做法，会对学术自由产生影响吗？就西方自由一民主国家而言，我认为可能不会有显著的影响。在做定期评价的系里，教师可能会有更大的压力要与系里的主流学术和政治观点保持一致。在这一点上，终身任用制的拥护者对它的偏爱有一定的道理。

目前，除了在大学的某些系，有一种普遍的容忍精神。系主任、院长、教务长、校长和校董们曾经恣意烦扰那些利用其他公民也享有的公民自由走向极端的教师。他们在今天对此种表现即使不支持，也是漠不关心。他们即使不是漠不关心或持支持的态度，也是过于胆小怕事，不敢采取他们觉得会招致教师以及地方与全国媒体抗议风暴的压制性措施。鉴于这种普遍蔓延的容忍，也许学术自由不需要从终身任用制得到的很有限的支持。

从一个方面来说，像目前存在的容忍气氛可能长不了。一些最近“获得解放”的群体，如解放主义激进主义者、非洲裔美国人、同性恋者、解构主义者、准马克思主义者等等，有可能会再次失宠。他们有可能感到要被迫遵从所在领域更为传统的思想。他们的学术自由——就他们从事严肃的学术之事而言——有可能在目前还无法预知的新形势下有些被削弱。但就目前的情况、并且就不远的
259 将来的情况来看，他们在教学、出版和决定学术任用中做现在正在做的那些事情的自由，不大可能受到阻止。我认为这有害于大学。

在美国大学、至少是一流大学的某些人文学科的系里，学术自由更有可能受到侵犯的受害者——不予续聘或骚扰等方式的侵犯——是对人文学科适当的目的与方法问题持传统观点的人。在

当前的情况下，这些人主要来自年长的一辈。新任用的教师很少属于这一辈人。如果他们得到任用，他们就受到强大的压力要遵从现在主流的解放主义观点。如果他们不遵从这一观点，他们也同样更不大可能得到晋升和终身任用，也就利用不上通过终身任用体现的对学术自由的保护。

八

保留终身任用制有充分的理由，但它们的论点还须加强，以应对承认终身任用制具有两面性所提出的挑战。终身任用制的两个方面都要承担代价昂贵和重要的责任。

在美国和欧洲，传统上对学术自由的讨论，集中于大学行政管理者和大学之外的某些社会构成部分——宗教领导人、实业家、政府官员、报纸编辑或出版商——对学术自由的威胁。从历史的角度来看，这些说法有很大的真实性。但是，在最近若干年，对学术自由的威胁，基本上来自大学自身的学术人员。我指的是在有关留任和晋升评价中应用政治标准。（有关任用的决定也受到了影响。）现在，有人声称要用新的标准，即支持某些有关第三世界、阶级冲突、种族关系、性差异的观点，并对西欧—北美"经典著作"的传统持批判的态度。学者们认为在对著作的价值、著作的作者和评论者的评价上适合应用政治标准的，尤其是当代文学与语言系、在较小的程度上还有历史和社会科学，如社会学、政治学和人类学等。申请留职和晋升的教师，要用今天在美国社会中所称的"政治正确"的标准做出评价。（这些政治标准在任用中的引入，与应用政治标准限制学术自由有密切的关系。在这两种情况下，学术标准都被搁置一边。）

260 如果目前占支配地位的群体必须接受定期评价以作为续聘的条件，他们可能还是会像在终身任用制的条件下一样冒犯学术自由。既然他们在宣称自己的观点和表明自己的敌视态度上最不遗余力，敢作敢为，他们就有可能控制评价小组，保护他们的同类。他们可能会侵害学术自由的基本条件，其中最根本的是关注教学和研究中的诚实性。

与他们观点不一致的学者的学术自由会怎么样呢？在被解职这一最严重的惩罚方面，我不知道有任何他们不喜欢的观点的倡导者被解职。但是，他们不一定不会做严重程度在解职以下的侵犯学术自由的事情。说到底，他们坚决主张真实性的标准没有合理性，因此他们否定了全部范畴的学术自由。知道他们自己每五年也要接受评估这一事实，也不会使他们的骚扰行为有所收敛。他们同事中的同道中人会设法让他们受到保护。他们的比较传统的同事如果能从他们目前的表现中看出端倪，就不会有坚持让激进分子遵守传统的学术道德的勇气。再者，大学行政管理者——大多数人是班尼托·西兰诺*式的人物——将不会有勇气取缔被政治化的评估小组的活动。

在这种有些接近"教授自治"的学校里，我怀疑取消终身任用制是不是就会对学术自由产生很大影响。就行政管理者来说，在重要的大学里，他们是如此地屈从于教学人员的欲望，如此害怕有攻击性的批评，不能指望他们会抵制教学人员的愿望。因此，取消终身任用制不会限制占支配地位的群体的学术自由。但在另一方

---

* 班尼托·西兰诺(Benito Cereno)美国小说家麦尔维尔小说中的人物。——译注

面,这可能会降低英语、德语、历史等学科的少数传统型教师的学术自由。

261 10. 社会科学研究与教学自由的局限

一

本文的中心兴趣点，是对那些其科学和教学工作与所在学校或更大范围的学术界占支配地位的评价背道而驰的美国学院和大学的社会科学家所行使的惩罚。对社会科学家的**公共**言论与活动的限制，无论其如何严重，不是本文所直接关注的，并且只有在它们对教学和研究活动产生影响时才予以考虑。我们也不讨论由于终身任用、晋升、教师之间的竞争与管理上的冲突等问题而引起的多种争执，除非它们与研究与教学的自由有直接的关系。沉重的教学负担、人员与设备的不足、财政上的困难等，尽管作为社会科学研究的阻碍因素无疑很有意义，也不会在本文中加以讨论，除非它们看起来是用来作为一项目的在于阻止某些学科内容与问题的研究与教学的政策的工具。

简言之，这里我们将只探讨被称作学术自由的这一广泛、复杂的形势中的一个部分，即对高等学校中社会科学研究与教学自由的限制，基于研究与教学的自由理解在本学科一般能力水平上探讨学科内容、命题或问题的人有多大可能不会招致惩罚①。

二 262

在一个缺乏某种包容性共识的社会中，多种群体就会努力争取建立一种共识，这一共识将以一种与这些群体的价值相一致的方式指导这个社会中的其他成员。他们用来试图说服群体之外的成员的几乎所有与政治、经济和文化相关的价值的合理性的，不仅仅是基于某些终极价值，还基于某些关于社会世界的事实结构的假定。正是由于各种社会科学的独特情况，它们的研究对象就是每一个群体的方案中的核心部分以多种方式在价值上所指向的那些条件和关系。无论这个群体是已经“成功”并正在寻求维系或巩固它的地位，还是它还没有取得它所期望的地位或利益，在这一点上都是如此。用现有最好的手段确定的和以最公正的意图坚持的纯粹事实性的观点，容易受到某些相关人士的攻击，他们会觉得其中某些主张已经表明不如他们到目前为止所主张的那样能行得通或有合理性，因为事实并不是像他们所说的那样。

每一个对实际问题有影响的科学观点，往往会成为“某人”的观点。对一个政党的结构的科学分析很快就会进入到公共传播领域。这或者是通过该党自身的渠道，如果它正好在发现和提供将有利于该党的评价这种事实；或者是通过它的反对党的渠道，如果它提供的事实有可能使各党争取支持的公众对作为分析对象的这个党做出负面的判断。能够揭示出某些规范的不现实(impracticability)的分析，如果没有受到反对就是幸运了。

与关于历史人物或事件的某些观点相左的科学分析以及与某些群体相信的、其道德价值和经济地位的保障都来源于此的一种身份相左的科学分析也是如此。“事实”的确变得更为重要，这是由于随着快乐主义的人道主义价值体系多多少少得到普遍接受作为合法化的终极源头，互相冲突的群体（只要他们不诉诸武力）必须求助于“事实”来证明他们不同的直接目的的合法性。

正是由于这些原因，各种群体对社会科学作为美国学院和大学的学术学科而存在的整个过程中的报复、阻碍和批评，绝不完全是针对许多社会科学家认为涵盖在他们的教学与公民义务中的对
263 价值判断的坚持。它们同样针对的是对某些情况的事实性分析，其中的某些特定观念被有关群体认为对他们的优先权的确认和实现他们的“事实性”期望或计划至关重要。当然，对社会科学教授的邪恶学说和它们所做的令人讨厌的研究的断言，事实上常常是在学术范围之外的公共场合所提出的反对声明中所煽动起来的。

三

对任何一个社会科学领域都可能采取限制性行动，但在最近若干年里，这种事例最集中地发生在诸如家庭社会学、社会解体、社会心理学、劳动经济学、种族关系以及社会起源（社会进化）等研究领域。由牵扯到诸如宗教信仰、对性与种族的态度的教条主义价值观引发的限制，有可能不仅针对具体的观点，而且针对整个学科。另一方面，由实用主义的价值观引发的限制，往往不理会学科问题，而留意的是学科领域内的具体观点和这些观点的确立方式。根据社会背景的不同，在某时某地对一些问题基于实用主义的反应，在另一时间和地点可能得到教条主义的对待。②

某一科学工作领域所涉及的价值观所坚持的方式愈教条，则

受到干预的可能性愈大。此外,一个可能保险的说法是社会环境愈是教条主义,则学术生产过程中的干预来得愈早。因此,譬如说在探讨性态度受到干预的例子中,一经发现就会采取限制行动;而在人们通常对此保持着实用主义态度的经济学领域,限制行动基本上出现在几年之后或在成果发表的时候(像在下面讨论到的莱文一蒙大拿案例)。

经济学

得益于该领域提高了其伦理上中立的明确性以及有影响的实业家与教条主义相反的工具主义思维能力的提高,在人们应对社会共同道德观受到威胁而提出的抨击中,经济学所占的比例已经在下降。对经济学教学的实用主义兴趣,导致了我们的社会中占优势的群体在其地位受到如此的威胁以至于他们认为有必要采取强有力的自卫措施的任何时候,都会试图采取限制行动。经济学中对学术自由的限制经历了三个关键点:(1)上个世纪末和本世纪初对财阀政治的第一次猛烈抨击(民粹主义和揭发丑闻);(2)世界大战*之后对共产主义的恐惧达到顶峰的时期;(3)1929年后经 264
济萧条最严重的时期和紧随其后的财阀组织反对新政改革的若干年。

由于劳工状况一直以来是人们关注的中心点,因此专门研究劳工问题的社会科学家,最经常受到各种不同程度的惩罚。

然而,金融或其他问题经常是争论的中心。在公众关注复本位制问题时期,自由银制货币的支持者逃脱不了人们的攻击。发

---

* 这里指的是第一次世界大战。——译注

生在斯坦福大学的爱德华·A. 罗斯教授、布朗大学 E. B. 安德鲁斯校长以及锡拉丘兹大学的约翰·康芒斯身上的事件，证明了统治阶层应对这一挑战的严重程度。

类似地，那些以一种对占统治地位的价值观容易做出不利判断的方式研究公用事业的经济学家，常常会发现自己处境不妙。芝加哥大学建立头十年中的 E. W. 比米斯教授和上世纪末宾夕法尼亚大学的列奥·S. 罗唯和 E. J. 詹姆斯教授，就是那些对公共事业问题的研究结论引起激烈反对的人的代表。（已故的 J. L. 劳夫林教授否认比米斯事件是对他在主要的胜任领域的言论的一种报复，而且其他的资料提供者同意这不仅仅是一个干预研究与教学自由的事件。这里的要害问题是，如果比米斯没有坚持他对芝加哥公共交通特许经营权的看法，个人问题就不会浮出水面。）最近对关于这类问题的意见采取报复的事例还没有引起研究者的注意。③

以政府的财政政策作为研究对象，在研究所暗示的政策被认为是有危险的时候也曾遭到抵制。刘易斯·莱文教授和蒙大拿大学 1919 年的案例可以说明这类问题。莱文教授完成了关于州税收政策的一系列研究，表明采矿企业对州的纳税不成比例地少。尽管得到大学管理层的支持和大学对出版提供帮助的许诺，他还是被告知出版他的研究结果是不明智的。④虽然没有证据能够说明这类事件的准确数字，但毫无疑问对财政问题的探讨相对来说没有科学之外的控制。

社会学

或许是因为在全国作为一个整体来说，在社会学分析方面对

于什么是事实上正确的与政治上可行的，在学术专业人员中间和 265
学者与一般人之间存在着多种的看法，这一领域受到干预的例子比经济学要多。社会学尚未成为这样一个学科，其中专业的共识受到相当的限制，并且在这一领域内部普遍得到认可的与外行人士所坚持的有很大的分歧，这些外行人士对社会的看法来源于对形势的传统定义或来源于依然考虑过于简单的兴趣。

因此，经济学家通常受到实业家、得到实业家支持的社会群体、或那些站在实业家一边的人如政治家和大学行政管理者的攻击(出于实用主义的原因)，而与此相对的，社会学家则可能受到任何憎恶社会学所教内容、担心它会导致偏离业已确立的思想与行为方式的人士的攻击(出于实用主义和教条主义的考虑)。

更进一步，由于城市和乡村、大都市和小城镇、南方与北方之间存在着巨大的差异，那些在著名的私立和州立大学的处于前沿的社会学系接受教育的社会学家，在不那么开明的地方执教时会遇到困难就一点也不奇怪了。霍华德·K. 比尔教授注意到"在许多社区，无论是宗教的、经济学的还是政治学的保守主义是如此之顽固，毕业于一所自由大学的人没有谁能在这里谋得一个职位。长期以来，芝加哥大学在南方信奉正统派基督教的地方就是如此，因为据称它破坏了它的学生的宗教"。⑤

与上述相关联，我们可以引述一位在南方任教的社会学家的怨言，说一本在北方完全能接受的书受到他的上司的反对。像 W. I. 托马斯的《不适应生活的女孩》(*The Unadjusted Girl*)和肖的《少年违法历程的自然史》(*The Natural History of a Delinquent Career*)及其他一些社会学的经典之作，都一时令某些社会学家神经紧张。教学机构在能不能提及性的问题上受到严格的社会习俗的控制。

当代最优秀的社会学家所教授的有关黑人和种族关系的内容,不是在南方学院的任何一个地区都能得到接受,至少有一位社会学教师因为宣称没有证据可以证明黑人与白人通婚会导致生物学意义上的退化"而受到训斥"。在教学过程中为了进行社会学考察让学生参观城市的各个部分这一做法,影响了至少两位知名社会学家最终被解职,并使其他人陷入窘迫。

266 **性**

有关性态度的调查,经常成为压制性措施的实施对象。两名教师因为使用包含了被 W. W. 费兰校长斥之为"一系列关于性生活的污秽问题"⑥的问卷而被俄克拉荷马浸会大学除名。密苏里大学对参加发放一项性习俗调查问卷的教师也采取了类似的措施。⑦一位家庭问题专家在从事一项离婚问题的研究时,因为与离婚者做访谈而招致同事的不快。另一位社会学家任教于一所规模很大的、靠私人捐赠建立的学校,他发现自己由于从事一项同性恋问题的研究而陷入困境。他最终在一份国外的刊物上发表了他的研究,这更加使他招致憎恨。一本声誉很好的关于卖淫问题著作的作者,令他所执教的一所著名南方大学的长官们感到不自在,校长坚持要检查他为所教的社会混乱这门课程列出的阅读书目。一本学养极高的关于离婚问题的著作,其作者成为西部一所规模很大的大学的怀疑目标。

> 院长反对我在"社会病理学"和"家庭"课上讨论任何性问题。例如,他问我是否能从奎恩(Queen)和曼(Mann)编的教科书

> 《社会病理学》中略去“卖淫”和“私生”两章。去年，院长从学校图书馆抽出了有我的借阅申请的几本书，这几本书是我配合这两门课的教学用的，院长这样做是因为他认为这几本书不适合于学生，尤其是女生。

南方一所小型学院的一位社会学教授这样写道。[8]这样的例子还能翻上几倍。

社会进化

有些社会科学家的研究活动涉及现代信仰与制度的相对化，像研究社会进化就需要这样，这些社会科学家不时受到激烈的攻击。在南方，在行政管理者、校董和大多数人依然笃信圣经有关人类社会早期历史的描述的小型教派学校，明显地存在这种情况。

拉法耶特学院的 J. M. 梅克林教授的例子尤其能证明这一点。梅克林教授因为在宗教历史中应用“遗传与功能的方法”而被这所长老会教会学院解职。[9]一位校董指出，反对梅克林教授的教学的理由，是他在宗教发展的讨论中使用了进化的学说或理论。[10] 267
一位与此事有关的人说院长宣称，“梅克林教授选用的某些教科书，即安吉尔的心理学著作、杜威和塔夫茨的伦理学著作、麦独孤的社会心理学著作以及詹姆斯的宗教经验心理学的著作，其观点背离了该学院所教授的学说”。[11]

这种文化上的与众不同所带来的后果，没有比在明确或暗含着要求所有人必须遵从某种神学教义的情况下看得更清楚了。有关早期社会发展上的冲突，尤其可能发生在教派学校，[12]尽管应该承认，许多教派学校并不要求教师刻板地信奉它们的神学信条。

然而，对人类早期状况的研究以及对非基督教社会道德准则的道德相对化分析，经常使教师招致斥责。人们有这样一种印象，迟至20世纪20年代，学院教师们还在受到警告要丢掉这些观点。在南方以及在中西部的非教派学院，出现这种情况的可能尤其大。

看来可以有把握地说，大规模大学已经超越了这一在19世纪普遍存在的看法，因此现在基于这种理由的干涉可能性极小。同时，大都市地区形成的公共舆论中心的日益世俗化，使得这一方面的外部干涉几乎微不足道。

四

我们在前面讨论了出于道德、宗教、政治、经济或"个人"的考虑而设置的各种禁忌。在特点上与此截然不同的是那些基于学术—学说而通行的禁忌。在一所想控制一切的行政长官信奉形而上学的首要原则的大学，像在过去二十年中在社会科学领域所做的经验研究会招致不满。在从事历史或一般性思辨研究的社会科学类学院里，限于某一相当专门的当代问题的精确的统计调查，不会讨人喜欢，而在其他权威人士偏爱精确的定量研究的学院，并非完全依赖于统计程序的泛泛的研究是不受欢迎的。

在一些学科，各种研究方法与手段都有机会以该领域公认的领军人物所取得的共识来证明其成果的丰硕。在这些学科，上述情况或许一般来说不经常出现，也最不大可能出现。在一些发展
268 不完善的学科，在方法论上存在各行其道的混乱状态，这些学科更有可能出现这种情况，还可能存在个人对抗的情况。维系这些"禁忌"所实施的惩戒，不会最终导致解职、解职的威胁或威

吓，而是制造一种“氛围”和树立一种想要获得发展的学者必须遵守的范式。

在一类学校里的禁忌，就像人们已经看到的那样，在所有其他类型的学校里就不一定是禁忌。并且，同一类型的研究、教学或出版物，在某一学校的所有系里也不总是受到同样的禁止。各个学校设置的禁止门槛的高低不一。一所大型的具有自由传统的州立或私立大学，如芝加哥、哈佛或明尼苏达，对教师的惩戒极其罕见。可是，在危机状态下，像一些势单力薄的人在战争期间惹恼了行政部门，或在和平时期惹恼了某些民间团体，就会以出现紧急情况为由而遭到起诉。教学的层次也是一个有关的因素。禁止行为几乎总是限于本科生层次的教学，因此社会科学教师在研究生教学中感到的压力和担心要小一些。

一个大城市，尤其是一个大都市，比一个小地方更有利于社会科学的自由。相比于一个大多数人都以这样或那样的方式与学校有联系或熟悉学校情况的小城镇，在一个大城市里，不会人人都盯着学院或大学，社会科学家的研究活动较少成为校外人士说三道四的话题。城市越大，教师与校外接触的机会就越多，对不受欢迎的学科的研究与教学具有抑制影响的那种特殊形式的教师内部的监视和说三道四的机会就越少。但在另一方面，大城市也有媒体制造轰动新闻或给人乱扣赤色分子帽子的威胁，就像有些人在1935年受到赫斯特报业(Hearst)的如此对待那样。

在是否对某一言论实施惩戒的问题上，一个相关的决定因素是它的阐述方式。索尔斯坦·凡勃伦似乎在追求一种特殊形式的晦涩，这使他可以阐述某些观点，而要是没有这种晦涩这些观点就要引起人们的惊愕。另外一些人通过小心翼翼地避免流露激情得以逃避限制。在某些学校，就事论事的态度和避免夸张的辞藻，看来是保持教学和研究自由的一个不可或缺的条件。

269

五

对实际会遭到禁止的各种不同条件的讨论，不能忽视"混合型例证"的情况。前面已经提到一些仅仅是研究或教学活动自身不会导致惩罚性行为的例子。只是在一个方面有越轨行为、而在任何其他活动领域名声完好的人，相对还是比较安全的。一个教社会学、而且是一个"好同事"的马克思主义者，比一个具有同样的学术水平、但在人际交往方面不怎么讨人喜欢的马克思主义者处境要更安全一些。一个参与外部组织活动的马克思主义者，没有一个只关注学术问题的马克思主义者那么安全。一个研究禁忌问题的人，比那些不做这种研究的人有更少的资本可以漠视学校内部的道德或社会习俗。

南方一所大学的一位副教授参与了一项 20 年代酒类消费的研究。他在当初被任用时就有一些反对意见，后来由于这项研究又面临被解职的威胁，但是后来有关人士达成一种共识在书面报告中不出现他作为这所大学的教师的名字，这一威胁被暂时搁置起来。一些想逃避他的课程的学生开始散布有关他的一些传闻，又再度引起被解职的威胁。一位同事对此做了如下的概括：

> 我也认为大学的官员对研究禁酒项目存在很大成见，并且他们在某种程度上在等待机会处理 X 先生……既然没有出现明显的行动，他们就决定利用制造出来的学生的不安定，并以

不"适合"教学来表达出来。我个人还认为X先生的夫人不"适合"女性的圈子也是一个不利因素。X夫人任教于当地的一所黑人学校,她明显缺乏做教授夫人所要求具有的某些社交素质。[13]

E. A. 罗斯教授对有独立思想的学者的提醒,似乎对这种情况提供了很好的描述:

你必须比你那些温顺的同事要活得严肃得多。你必须及时付清你的账单,要满意于你的妻子,要回避"粗野"的聚会,要教给学生你具有的最好的东西,每次上课时间要分秒不差,要避免与同事发生口角,要遵守大学的所有规矩,要讲好的故事,要能够自嘲,要能忍受富有幽默感的"戏弄"。[14]

简言之,一个人在多大程度上可以偏离被普遍接受的观点或兴趣,会由于其身份的不同而不同。一个人的科学地位、个人地位或"社会"地位越高,在具体的学术活动中享有自由的范围就越大。
对那些得不到同事和公众的必要尊重的人来说,得到更广泛认可 270
的人不会引人注意的一些言论就有可能给他们带来灾难。

六

在"混合型例证"中,当摆明本来的和核心的意图被认为非明智之举时,促成性因素也为惩戒提供了必要的公开理由。在教派学校或行政管理者不是完全专心于研究与教学自由的其他学校,行政人员觉得没有必要通过声称当事人背离了任何人都认可的约束标准来掩盖他们的动机。

在行政人员的确感到有义务不干涉非正统的研究或教学，或者他们感觉到在公众中具有影响力的阶层存在这种态度时，他们就设法避免不过是针对学术上的非正统性的指责。在这种情况下，惩戒的实施可能包括指责当事人“不称职”、是“捣乱者”、表现为有“品格问题”、不具有“学者的态度”、“不忠”以及“基本上不合群”。预算的短缺也可能是打发那些不能完全令人愉快的教师走人的一个理由。

但是，整体来说，好像价值观坚持的方式越教条，就越有可能用这些价值观本身来证明限制性行动的合理性。另一方面，当以实用主义或工具主义的目的坚持价值观、并且科学论断被认为其有害性不在它自身、而在于它产生的影响时，就有更大可能用其他价值观来证明限制性行动的合理性（掩饰）。

在一项科学研究或课堂上的某个说法可能引起某一特殊群体、但不是全部公众的反感时，尤其有可能出现掩饰行为。在这种情况下，那些感到自己的利益受到威胁并因此试图对研究者或教师诉诸惩戒的人，尤其倾向于通过在能激起公众情绪的其他问题上发动攻击以掩盖他们的动机。他们所找的实际上占次要地位的托辞，可能属于相关的公众阶层广泛具有学术宽容态度的问题，因此针对学术活动的限制性行动可能引起某些抵制并最终失去支持。

另一个对在多大可能性上掩饰、而不是公开表明限制性行动的理由产生影响的因素，是在相关领域道德中立性的程度。如果
271 一个教师在课堂上明确表明价值判断，行政管理者就会感到这比

纯粹分析性的教学(尽管这也让他们感到讨厌)有更大的理由采取措施处理他。在宽容的社会中,人们往往对惩罚严谨的分析工作特别厌恶,行政管理者想采取行动就必须找到一个公众更能接受的理由。因此,像"不称职"这样的指责和"行政管理上的必要"等能够得到普遍接受的理由,最有可能为人所用。

当需要掩饰时,如果在相关领域内学术共识的程度较低,"不称职"的指责就成为首选,而如果学术共识度很高、不称职的指责立即会遭到专业内部重要人士的否认,人们就选择"行政管理上的必要性"这一理由。

七

每一个禁止性行为都包含着惩戒。本报告的这一部分将分析各种类型的惩戒(方法)和提出与实施惩戒的机构。针对社会科学家的行动可以分为:(1)一级惩戒,它直接针对个人,代表学校管理部门或全体教师对"有过失"的教师采取的官方或非官方的惩戒措施;(2)二级惩戒,它由某些群体、而不是管理部门或全体教师提出,但它通过威吓直接实施惩戒,并通过将其转化为一级惩戒来间接地实施惩戒。二级惩戒包括在报纸上的鼓动、校友个人、家长和学生的不满以及民间、宗教、政治与立法机构的活动,它们通常目的在于引发一级惩戒。

解职

在一级惩戒中,最有决定性的是解职。当来自外部的压力很大时,尤其有可能发生解职现象。来自学校外部的对惩戒的鼓动几乎总是要求采取解职措施。从做出解聘一个教师的决定到他与学校的联系完全终止，这中间经过的时间从几天到几年不等。一个比较常见的程序，是通知将要被解职的教师，他的教学职责将在当学年末终止，但他的工资将延续到下一年。

272 这种做法似乎通常只是针对有讲师以上的职称、因而已经从教若干年的人。还有一个很大的可能是，这种经费上的体贴，对比较穷的学校来说是做不到的，因此它们只是通知当事人当学年结束后就不再需要他的服务了。

在学期中间突然解聘一个人这种事，只有那些在做事谨慎、开明方面没有什么好名声的行政管理者才能做得出来。因此，在学术成就和行政管理上的克制方面已经确立其中心地位的大型、富裕的学校，这种解职最不常见。

最后，在一些学校有一个被认为是威胁整个社会的严重问题，就是它们一般不仓促地解聘，但真要解聘时，在几天之内就打发教师走人。

开除的威胁

开除的威胁也被用来作为压制某一观点的手段。已经发现的此类案例，限于在教学和研究上都不突出的小型学院。通常只有缺乏经验、做事不老练的行政管理者才会用这套办法。它通常涉及教学，因为采取这种行动的学校不会给教师很多的时间和机会从事研究。在任何一所以社会研究著称的比较重要的大学，都没有碰到这个障碍。一所大型大学曾经表示对同性恋和离婚问题的某些方面进行研究不是明智之举，但除了一般交往上不愉快，它没有采取进一步的惩戒措施。

有一些学校，像匹兹堡大学，保持着一种将年度续聘推后的制度。学校用它作为一种控制教师的手段。“正如可以预料到的，有证据表明它（通行的续聘制度）给男女教师的生活带来严重的焦虑、担心和恐惧”。⑮有时续聘通知会附加一条很有威胁而又含糊不清的说明，它没有具体说什么，但有这样的威胁之意，来年你就可能是在匹兹堡大学的最后一年了。⑯这一事实更加剧了教师的不安全感。

不予晋升 273

通过不给晋升职称和提高经济待遇的机会来阻挡教师和研究人员正常的职业生涯进程，也是一种惩戒手段。有的学校在对待学术分歧问题上不是全然没有容忍态度，或者对通常由解聘教师带来的不好的名声非常反感。在这种学校里，不予晋升这一手段的使用要优先于解职。要是这两个前提条件都不存在，如果不予晋升是比解职更优先考虑的惩戒措施，那么违反正统的程度就不能太离谱。

职称晋升可能完全被拒绝，也可能比在正常情况下推迟很长一段时间再给予晋升。在任何一种情况，尤其是在第一种情况下，不予晋升被视为一种心照不宣的通知，告诫某人要改正自己的学术行为，更好地遵守正统，否则就要到别处另谋出路。不予晋升或让人感觉到存在不予晋升的可能，是扩大正统所统辖的学术领地的重要因素，但它也不是一种绝对可靠的办法，因为如果一位教员或助理教授觉得他的分析工作或他感兴趣的问题比一次晋升或某个更高的职位对他来说更有价值，如果聘用他的学校尽管明显的不宽容，但还没有不宽容到因为他的顽固不化而解聘他的程度，他就可能继续阐述他的观点，研究不为传统所认可的问题。

选择

决定什么思想能够表达、什么思想不能表达出来的过程，在获得教职之前就开始发挥作用了。从研究生阶段第一年的学习到第一次获得做教师任用及后来的晋升，这中间提供的鼓励和认可是一个选择过程，在其他条件相同的情况下，这一过程为那些思想与上司一致的人提供了最好的得到擢升的机会。在选拔优秀研究生和分配研究生做助理的过程中，总是有可能排除那些偏离社会科学的学术传统的学生。[17] 在需要做出一项新的任用决定时，唯一可以预料的是会对申请人做仔细的审查，那些保证会让学校陷入难堪的申请人将不会受到同样热情的对待。[18] 因此，美国学院的许多教师能够感到他们的自由没有受到限制，这只是因为他们及其同
274 事在获得目前地位的过程中，那些学术行为有可能导致惩戒的人已经被剔除了。

惩戒的暗示

威胁要进行惩戒、而不是真正实施惩戒，也是一种常能使人就范的方法。它的表现形式或是警告、或是劝告，为了保证有更大程度的顺从，经常是提醒一下越轨者在他目前的情况下所存在的危险就足够了。要做到这一点，有时是通过开一次会，行政管理者在会上宣布一道禁止令，或者只是由行政管理者阐述这个问题，指出令他担心的一些方面，并建议做出某种改正。但是，暗示惩戒的正式程度可以比这要低得多而惩戒效果一点不差。来自系主任或某

位在学术界有长期经历、但绝不是受了校方鼓动的年长同事的一席话,有时就足以奏效,并且,为了提高教师的顺从程度,可能需要的只不过是教师中的一位朋友的一句提醒,指出本校或另一所学校的某位更不听话的人有什么下场。路易斯·莱文博士有关不让他出版他的税收政策研究成果的下面这段话,可以说明这种方法。

> 埃利奥特校长没有说他的新政策给了他禁止我个人出版专著的权力。他跟我说不出版那本专著对我更有利。他告诉我"那些既得利益者"决意要摧毁所有的自由思想,如果我要出版那本专著,我就会受到普遍的攻击:本州的报纸不会给我公平说话的机会……单单是我会被带到法庭受审这一事实就会毁了我的专业声誉,让我在这个国家的任何地方都不会得到另一个职位……校长说他想把我留在大学,而且为了保护我他建议我不要出版我的专著。⑲

冷落

对那些触犯禁忌的人普遍表示出"交往上的不友好",偶尔也是获得顺从的一种手段。在一所大学,社会学系的教师被建议回避一位研究中闯了禁区的同事。在这个系,有一个人拒绝接受这一建议,结果危及他自己的地位。当同事们觉得某人不遵循大家共同的价值观的做法已经将学校置于难堪的境地、并使他们在面对外部攻击时自己的地位不那么稳固,这种缺乏友好会表现为公 275
开、但非正式的敌对。抵制不大可能应用于那些在同事中地位很高的人。自然,这种冷落能在多大程度上制服越轨者,在很大程度上取决于当事人的精神依赖性(psychic dependence)、取决于他周围的环境、取决于他对其科学观点的忠诚度。[20]因此,对抵制能够奏效的可能性大小有影响的,是这个共同体的大小和当事人有多大机会在全体教师之外还有一个可以悠然自得的交往的圈子。

阻挠

在一级惩戒中比较正式、同样在性质上也比较有实质意义的一种,是那些可以归入阻挠一类的行动。在研究中,这主要表现为拒绝给予经费。但凑巧的是,那些社会科学研究有经费的学校,可能在这个国家是最开明的。在本报告所可能进行的有限的调查中,只发现了一例基于学术之外的理由试图拒绝给予申请人经费的情况。[21]委员会中的一位有影响力的成员的决定性行动很快就使这一企图破灭了。在这里,同样存在着基于教条的或科学—理论的考虑而采取压制性措施的可能,[22]这种拒绝给予经费的情况,最有可能发生在专业的共识程度最低的领域或学科。个人或系对某些学科问题研究的垄断态度,危及年轻的同事或相近学科的人对这些问题的研究自由。

沉重的教学负担在平常的讨论中也被提及作为一种阻挠来干涉对禁忌问题的研究。这一点没有发现证据,并且根据推测也不会如此,因为在从事相当多的研究的大规模大学里,很少出现阻挠研究的现象,而在很少做研究的小型学院里,教学负担重通常有别的原因。

在有的情况下,教授"不健康的学说"的课程被安排在学生不方便的时间,或者恰恰与所有学生必修的某些课程安排在同一时间。这样做的结果当然正好是所想要的:学生们免受"传染",教师也明白了他不是学校里的一个宠儿。

通过激起学院或大学正式管理机构的行动，或者通过发动比较非正式的“协调”程序，如劝告、提醒、回避、威吓和“自我—协调”等，二级惩戒也很有威力。

爱国组织 276

在二级惩戒中最强有力的形式是民间、宗教、企业和爱国组织所发动的运动。这些运动并不鲜见。其中爱国组织可能最势头强劲和精力旺盛。这些组织甚至会在一所小型教派学院的董事们都觉得没有理由担心的情况下作出反应。这些组织受到想制造轰动新闻的媒体的刺激，也刺激了媒体。它们试图将权威者——不论他们是州立法者、校董还是大学行政管理层自身——的注意力，集中到他们认为的学校的失职行为上。

忠诚宣誓运动，尽管绝不完全针对、甚至主要不是针对研究活动，只是“美国革命妇女会”(Daughters of American Revolution)、美国军团(American Legion)、美国海外战争退伍军人协会(Veterans of Foreign Wars Foundation)和其他一些爱国组织的压制性活动的一个方面。[23]美国革命之子(Sons of American Revolution)对特纳教授的抗议，是导致鲍曼校长决定将他解职[24]的一个促成因素。公共安全委员会(Public Safety Commission)是一个战时的爱国社团。就是根据它的一个告密者提供的信息，威廉·沙佩尔教授被明尼苏达大学解职。[25]凡勃伦的《和平的本质》受到全国战备联盟委员会主席(conference committee on national preparedness)亨利·A. 怀斯·伍德的攻击，他宣称“像凡勃伦这样的教授必须逐出学院”。[26]

其他外部力量

其他重要的外部干预来自学生家长、校友、实业家和不属于学校的牧师。匹兹堡大学的鲍曼校长指责道，导致他解聘特纳教授的抱怨主要来自家长和牧师。[27] H. A. 米勒教授被俄亥俄州立大学解职，家长和其他人的不断抱怨是采取这一行动的其中部分原因。“从他在这里的第一年开始，就有他课上的学生家长和其他人对他在教学中讲各个阶级之间的关系和各种国内关系提出抱怨”。[28]

伊利诺伊州立法机构在 1935 年对芝加哥大学的调查，是由一位著名实业家与赫斯特报业的狂热促成的。感到他们存在的基础受到大学质疑的实业家和被社会发展与社会组织的自然主义分析所激怒的牧师，尤其是信奉正统派基督教的牧师，对强化传统社会
277 思想上的任何懈怠是最敏感的。他们在将他们的担忧引起学校权威人士的注意和从校外鼓动方面反应非常迅速。在学生时代学习的客观公正的科学观点已经不完善的校友，有时也加入到要求压制社会科学领域的教师和研究人员的行列。有一所学校是美国最著名的大学之一，它在企业界的校友对学校本科生的经济学教学内容是如此担忧，他们自己组织了一个委员会来编写一部为学校本科生教学用的经济学教科书。但该校的经济系还是坚持管理自己的事情。

在大城市的学校，有更大比例的校友在毕业后离学校很近，而在“学院城”的规模比较小的学校，校友通常离得比较远，但他们被基本的集体纽带与学校紧密联系在一起。没有证据表明，是大学校的校友对学校背离正统的行为更敏感，还是小学校的校友对学

校更敏感。

八

学院或大学以外发动的惩戒运动，达到目的的程度不一。偶尔有些能够导致有教师被解职。其他一些则对立法或行政机构做出调查教师教学内容的决定起了作用。1935 年伊利诺伊参议员沃尔格林－赫斯特对芝加哥大学的调查就属于这种性质。在这一案例中，芝加哥大学的校长和一些教授发表明确的声明为学校的教学辩护，断然否认对他们的指控。学校最后被证明是无辜的，但有两位教授受到谴责。在这个例子中有意义的是校长和行政管理者为保护本校教师所采取的行动。与此形成鲜明对比的是密苏里大学，在该校的几位教师受到新闻界和民间团体攻击时，不论是校长还是行政部门都没有试图保护他们。

在对待来自个人的投诉方面也有类似的不同。有的学校对此照单全收，并将其作为谴责教师甚至是学校当局采取更大行动的依据。在新英格兰地区的一所小型学院，董事会成员收到一封匿名信，指责几位经济学教师有激进主义倾向。一位董事会成员将这封信转给了院长，建议要封杀信中提到的这几个人中的一位。
院长建议那位教师以后不要发表那样的言论。在另一所大学，来 278
自校外的一个投诉立即成为采取行动的依据，既没有对被指控的教师提供充分的听取意见的机会，也没有对投诉的可靠性做任何严肃的调查。

与上述情况形成对照的是，一些学校对来自外部的投诉会做细致的调查，[29] 并且，在认为值得做出答复时，会提醒被投诉人注意，让他们有机会证明自己的清白。在其他一些案例中，系主任本人准备一份声明以应对指责。系主任为自己的年轻同事辩护声明的一个很好的例证，可以从下面摘自一封信的几段话中体现出来。这封信是一位系主任为答复校长要求提供与他办公室收到的一份投诉相关的信息而写的。

> 您提到“某位教师时常受到批评，说他思想随便、说话不负责任，有时甚至是伤风败俗”。这些话当然都是相对的，并且，在没有准确地引述这位教师的原话这种确切指责的情况下，只能权且当作是不负责任的公民的“随便的议论”。没有哪一位思想有判断力和情绪上没有偏见的公民会做出这种含混不清的指责，因为他知道或者他应该知道这两点：他们可能不公平，或者，如果缺乏具体的证据，他们说的话就无法证实。
>
> 我非常希望，在您收到对一位经济学教师的投诉、或对一次经济学课上教了什么、说了什么有投诉时，您能将投诉转给院长或直接转给我……如果他们知道他们的投诉要直接给相关的院长和系主任才能奏效，就可能会在某种程度上抑制不负责任和无凭无据的投诉。我相信，在大多数情况下，与投诉者的一次安排妥当的座谈会有助于他明白：任何教师都不是完人；除非无论是教师还是学生——还有学生的家长——要宽容和“讲理”，否则他就根本不可能受到社会科学的任何一点教育；在社会科学中，我们不“教授”、即不灌输任何具体的学说，而是要尽量让学生自己思考，并尽我们的所能给学生提供客观、不带偏见的信息让他们去思考；我们的根本目的是提供给学生机会让他们选择自己的价值观。

关于课堂上的得体表现以及“外部”对这个或那个教师在教学中有“过激”行为的投诉这一整个问题的可悲方面在于，学院和大学的学生中压倒性多数的人所来自的中产阶级，对一所学院和大学是为了什么有明智的看法的人是如此之少。[30]

敏感性的影响因素

从个人或民间团体采取的所有这些行动来看，似乎他们的影响力在很大程度上取决于他们与学校行政管理者在交往上的密切程度。大学或学院当局与那些关注教学内容或研究问题的人有密切的熟人关系，就会使投诉更有力。市立学院和设在州府所在地 279
的州立大学尤其可能出现这种情况，在这些地方，学校行政管理部门与控制学校经费的人之间高度频繁的个人交往，使得学校对投诉高度敏感。

另一个有助于确定一项投诉能否引起注意的因素，是投诉者的地位和被投诉的学校的地位。因而，来自一个小企业家个人的投诉可能没人理会，而来自当地经济界的一个领袖人物的投诉可能就会引起注意。相应地，对一所规模较小、不甚富裕的学院的投诉可能会赢得人们的尊敬，而来自地位相同的某人对一所更富裕学校的投诉，很可能被人忽略，顶多是有礼貌地表示一下认可。

学校董事在实施惩戒的很多方法上的重要性，值得将其从其他机构中单独挑出来予以特别注意。首先，他们是学校里唯一的主要活动基本不具有学术性的权威，而且，由于其经济地位，他们很可能在学院或大学的各种委员会中被看作是占支配地位的社会阶层的代表。不仅如此，正如我们已经看到的，他们不仅是他们的社会阶层的代表，还是一个连续不断的渠道，通过他们这个渠道，各种反对意见可以从社会中的各种有影响的中心转达给学校本身的行政管理部门。

但是，尽管学校董事在社会阶层上存在广泛的同质性，他们的态度有相当程度的差异。产生这些差异的原因可能是教育经历、家庭传统和城市化进程。规模比较大、比较富裕和名气比较大的学校，从地位比较高的富豪和与富豪阶层关系密切的专业部门中聘用董事。在财富和声望上次一等的学校则吸收富裕阶层中次一级的人士做董事，它们在很大程度上要依赖当地的企业领导人。

从第一次获得一笔客观的财富到做校董之间的时间越长，就越有可能对知识上的价值观持宽容与支持的态度。因而，能够成功地聘到已持续几代家道殷实的人做董事的学校，董事会采取限制性措施的可能性就比较小。在难以聘到这种董事的地方，也相应地有更大的可能出现上述干预行为。[31]

但是，不论董事的特点如何，学校自身作为一个科学与学术中
280 心的传统和对知识上的多样化宽容的传统，对于约束在其他角色上更为保守的董事的行为，具有第一位的重要性。

九

在来自外部的投诉引起的压制性行为上，另一个值得注意的方面是大学行政人员在筹集经费时的过分敏感。因为教师们不合正统的教学而可能疏远了潜在的捐助者，总是令大学的校长们惶惶不安，而且，在财政状况窘迫的阶段这种担忧尤其厉害，因此遵

从臆想的外部要求的倾向也更严重。在这种情况下，任何强加的惩戒不一定是对知识和学说的不宽容所致，而更是对学校财政利益的担心所致。

这种担心本身也不总是必要的，因为至少在某些情况下，事情看来可能是行政人员将自己的不宽容投射到了周围的环境。

> 没有必要坚持认为富有的教育机构的资助者会对他们的赠与附加条件。一个值得注意的事实是这种情况很少。更为常见的情况是，正是教师和管理机构对直率的言论会减少学校的赠与收入这种担心，实实在在地损害了教学的自由。㉜

一位有多年筹款经验的杰出的自由派美国教育家说出了自己的看法，他认为很多大笔款项的捐助者如果知道学校的行政管理者为了自己能保证取悦于捐款者而采取限制性措施，他们不会感到高兴。学校越富有、并因此越不会依赖于任何单个的捐款者，也就在越小的程度上会假定有外部要求需要屈从。这样就在很大程度上提高了自由的可能性。

十

维系对教师的约束，靠的不仅是惩罚那些已经越轨的人。自我威吓或自我调节，也能对那些还没有越轨的人产生防范作用。所谓自我威吓或自我调节，我们指的是或多或少有意识地放弃要研究或教授违禁的或被认为是违禁的问题㉝的任何想法。

一个具有决定性意义的行动，如解职或州立法机构针对本校或另一所学校的某位同事的调查，常常会使那些在情况没有如此危险的条件下会表达出自己真实观点的人顺从正统。此外，在很多情况下教师有一种想法，认为有必要对某些问题作“低调”处理。
281 在学生对公共问题有强烈而明确看法的学校，那些不愿意招致正面对立的教师可能存在着附和在学生中盛行的观点的倾向，而且，有时教师会发现自己仅仅是出于对学生流行的观点的考虑而表达出自己以前没有的观点。这尤其表现在比较小的学校和城市化程度比较低的社区，在这些地方，有一句话不小心说出来或被人误解，就可能引起让人讨厌的流言蜚语，并可能最终招致直接的惩戒。不断地回避可能使人难堪的问题就使得自我克制比较容易忍受了。经过一段时间，必须压制的见识和兴趣就消失了，教师也就会觉得自己的处境完全不受限制了。

没有迹象显示自我调节在研究方面有广泛的应用，因为规模足够大、足够富有能提供研究的时间与经费的学校，也可能有足够丰富的经验，不至于去干预教师的研究。教师在申请经费资助时，为了更有可能得到资助偶尔会对研究兴趣做自我调节。博士研究生在选择研究课题时也会自我调节，尽管同样也没有证据可以说明它达到了什么程度。与教师相比，研究生的政治观点通常范围更为广泛，因此他们有这样一种想法：必须选一个教师会乐于接受的论文课题，他们的学术生涯可是经常要仰仗这些教师。

十一

我们现在简要考察一下对教学与研究自由的限制可能会带来什么结果。就对教学的影响而言，它们显然限制了可以提供给学生的知识和可能的阐释的范围，而且无论一个人相信大学或学院的功能是培养“全人”、公民、专业技术人员，还是有人文思想的学者，这只能被看做是一种严重的缺陷。本科生阶段和比较小的学校所特有的限制，当学生在一所更大和更杰出的学校继续研究生阶段的学习时，会在某种程度上消失。

在研究方面，对自由的限制好像没有产生任何有意义的影响，因为那些重要的研究中心整体说来相当自由。但是，吓唬住教师在课堂上不去涉及“危险”问题的惩戒，也把它的威慑力带到了研究领域，它使教师以这样一种方式来集中学生和未来研究工作者的注意力以及引导他们的兴趣：在他们开始其研究生涯时，他们将
由于“培养出来的缺陷”而略过一些需要研究的重要问题，而如果 282
他们愿意选择的话，这些问题他们本来可以很自由地去研究。大致可以这么说，美国的很多社会科学家的狭隘性，有相当大的一部分不是任何明确的限制或惧怕可能的惩戒的结果，而是他们（在不那么先进的学校）从教师那里接受的狭隘的本科生培养的结果，这些教师自身在接受培养的时候，即使是最优秀的美国大学的自由也比它们在今天要差得相当远。[34]

注释

① 编者按：这里应该知道这篇文章写于第二次世界大战之前。在文章所涉及的这一时期，社会科学，包括经济学，在大学或在整个美国社会中不像后来那么样有声望。校长专横跋扈这一旧的美国传统、教会和俗世政府机构的干预、正统学说的尚不成熟以及商人对现存秩序的尊严的过分敏感等因素综合起来，使得社会科学学者处于弱势的地位。

② 应该注意到的是，来源于高度感情色彩和“最终”价值（像在性与宗教问题的例子中）的反对态度，可能以非常实用主义的术语来表达和论证其合理性。但是，我们应该将其视为对教学和研究的教条主义、而更是实用主义

的阻碍。当然,这并不排除应该承认这种反对有时也还有实用主义的动机。

③ 在20年代,公共事业代理机构已经将它们的策略从大学的权威人士一有令它们不快的言论就表示反对,改变为更强硬的防御性行动。全国用电照明协会(National Electric Light Association)征集那些呈现它们喜欢让人看到的“事实”的教科书。在这些教科书中,威斯康星大学的M.G. 格雷瑟(Glaeser)教授的一本“提交给了全国用电照明协会,该协会建议进行大幅度的修改。格雷瑟作证说他在受到该公用机构的批评后做了某些‘论证上的修正和改变’,但只是一些被认为是有根据的修改。他否认曾将原稿提交给全国用电照明协会,并指控埃利(Ely)教授或麦克米兰(Macmillan)教授曾经这样做。”参见H. K. Beale, *Are American Teachers Free*? pp. 556—563; cf. also Jack Levin, *Power Ethics* (New York, 1931), pp. 81—86.

④ American Association of University Professors, *Bulletin*, vol. 5 (1919); *New Northwest*, March 14, 1919. Cf. also Louis Levine, *Taxation of Mines in Montana* (New York, 1919).

⑤ *Are American Teachers Free*? pp. 518.

⑥ *New York Evening World*, April 25, 1929.

⑦ American Association of University Professors, *Bulletin*, vol. 6 (1930), pp. 142 ff.

⑧ Letter to L. B. Milner, March 28, 1933.

⑨ *Journal of Philosophy, Psychology and Scientific Method*, vol. II, no. 3 (Jan. 29, 1914), pp. 76—77.

283 ⑩ Ibid., p. 77.

⑪ Ibid., pp. 75—76.

⑫ 俄亥俄卫理公会大学是比较开明的教派学校之一。该校校长E. D. 索柏(Soper)说过,这种学校的教师“应该是基督徒(Christian)这个词所表达的实质意义上的一个基督徒……一个基督徒是一个具有极其虔诚之心的人,他的上帝是宇宙中心具有个人创造力的圣灵,是一个个人通过祈祷可以与之进行有意义的联系的上帝。他是一个领会了耶稣基督的意义的人,一个在他自身和他的生活方式中看到公正和个人的解放的保证的人”。参见《学校与社会》(*Schools and Society*), vol. 30 (Oct 19, 1929)。索柏校长主张,当一个教师不再接受这些观点,他就应该离开学校。

⑬ Letter in A. C. L. U. files.

⑭ E. A. Ross, *Seventy Years of It* (New York, 1936), p. 86.

⑮ American Association of University Professors, *Bulletin*, vol. 21 (1935), p. 256.

⑯ 这些任用通知有时会带着一个不祥的附言,它用相当模糊的语言实际向收到通知的人表达出这样一种信息:当前的任期期满后,他不会再得到续聘。有证据表明,很多教授在他们的年度续聘书中发现了这种把他们搞得心神不宁的附言。许多教授作证说,这些附言的遣词用句模棱两可,根本看不出到底要说什么。

这里有一个C教授的例子。C教授曾得到定期的续聘和晋升……后来有一年他收到的续聘合同有这样一段附言:"再者,鉴于上课人数有可能下降,可能必须减少教师的数量。因此,管理部门想现在通知你,在这一任期结束后,你不会再得到续聘。"同上,pp. 257—258。

⑰ 应该注意到,研究生培养的主要中心也是主要的研究中心,而且一般来说也是这个国家能够找到的宽容程度最高的地方,这一事实降低了前面提到的这种可能性。因此,在优秀研究生奖的选拔中,具有决定权的人比一般人更能够做出公正的判断。

⑱ "有一个很难归入学术自由的更为重要的问题。这指的是这样一个事实:一个人一旦在某所一流大学获得终身职位,就能够得到很好的保护,但很有可能出现的一个情况是,那些观点不合常规的人在这种职位的获得上遭遇为他们设置的障碍。如果说大学教学一般来说具有保守主义的偏见——但我不认为是这样——那是因为选择人、而不是淘汰人的方式在起作用"。摘自已故的阿林·扬(Allyn Young)教授致罗杰·T. 鲍德温(Roger T. Baldwin)的信,1924年4月25日。同时参见诺曼·福斯特(Norman Foerster),《美国州立大学》(*The American State University*),(Chapel Hill, 1937), pp. 166—167。

⑲ *New Northwest*, March 14, 1919.

⑳ 一位在第一次世界大战期间被明尼苏达大学解职的教授对恐吓做了如下的概括:"通常对一位教授的恐吓是如此隐蔽、含糊,他根本就不知道问题出在什么地方。在适当的时机说出的一番意味深长的话、某种态度上的冷淡、在某些社交活动中不被接纳、对完全应当的加薪在某种程度上的推迟、对其他人的偏爱、许多其他的小暗示说他的观点不招某些人的喜欢,都可以束缚住很多有妻儿需要供养的人。例如,在我之前已经有二十个或更多的人受 284

到校董会的质询……他们当中有些人告诉我他们不得不说谎，要不他们的妻儿就要挨饿，结果他们挑了一条容易的路走”。引自厄普顿·辛克莱(Upton Sinclair)的《鹅步》(*Goosestep*)，(Pasadena，1923)的一封信，pp. 214—215。

㉑ 这个申请人写过几本很有权威性的研究专著，其结论可能被视为会促使人们做出对占统治地位的经济组织制度不利的判断。

㉒ 要确定在多大程度上对“危险”问题的研究拒绝给予经费，就需要分析向研究委员会提出的每一项经费资助申请的最后结论。这一报告不可能做如此详尽的调查。

㉓ Cf. *The Gag on Teaching* (2d rev. ed., New York: American Civil Liberties Union, May 1937), pp. 22—26; *Depression, Recovery and Higher Education* (New York, 1937), pp. 445—446.

㉔ American Association of University Professors, *Bulletin*, 1935, p. 228.

㉕ Letter from Governor Elmer Benson of Minnesota to Mr. Lewis Lohman.

㉖ *New York Tribune*, February 25, 1918.

㉗ American Association of University Professors, *Bulletin*, 1935, p. 233.

㉘ From a statement by President Rightmire in *Columbus Evening Dispatch*, May 27, 1931.

㉙ 一所规模很大的大学的校长针对外界流传的传闻与批评这样写道，“当我煞费苦心要从某人得到实质性证据时，抱怨消失了，没有人曾经给过我他愿意为此负责的确切声明。随便的议论还在外界继续，但能说出实实在在的东西的情况却是少之又少”。“大学的经济学与社会学”，《学校与社会》(*School and Society*)，第42卷，第1096期(1935年12月28日)，第893页。

㉚ 同上，第893—895页。在教师任用、解职和其他学术政策上及行政管理上由校长或院长集权的学校，或许要比在系一级高度分权的学校更屈从于外部的压力。

㉛ 没有证据证明从已故的查尔斯·W. 艾略特(Charles W. Eliot)校长写了下面这段话以来已经取得了很大的进步：“在我们国家的一些新开发的地方，当然不可能在很短的时间内就能找到确实有准备的人来履行艰难的教育董事的职责；要使这些地方在这一方面达到一些老的州和城市的水平，将会需要几代人的时间”。C. W. 艾略特，《学术自由》(*Academic Freedom*, Ithaca,1908)，第 7 页。

㉜ Elmer C. Brown，“Academic Freedom”，*Educational Review*，March 1900，p. 230.

㉝ 当然,这里有必要区分出在学术信念的基础上对学术标准的遵从和出于保住工作的考虑而做出的遵从或自我调节。这里关注的只是后一种情况。

㉞ 这些评论不敢妄称是对今天在美国社会科学中通行的研究问题选择范围的全面阐释。

第 四 篇

政　　策

285 11. 学术聘任的标准

一

由于大学教师退休或辞职，或在退休、辞职前过世，假定他们所在的系不缩小规模的话，就要有人接替他们。任何一个补充教师的决定，都是大学的学术方向与质量的一个决定因素。每一个晋升一位已经聘任的教师的决定，也同样是未来方向与质量的一个决定因素。对那些保证在未来几十年作为大学里从事教学与研究的学术成员的聘任或晋升决定，比任何的大学管理改革或任何的教学大纲与课程计划的修订，更能保证未来一代的学术质量。聘任或晋升的决定，不能带来不合理的预算增加。大学预算的下降，使得聘任决定尤其意义重大。

在大多数自由国家，这些事情的决定权主要掌握在现有教师手中。一些欧洲大陆国家希望赶上“时代的需要”，也就是说它们希望满足那些转瞬即逝而又为自己的要求大声喧闹的一代学生的愿望。在这些国家，这一权力在不同程度上由大学的学生、秘书和其他保管、服务与行政管理人员分享。在大多数自由国家，最终的决定权在法律上属于教育部、外行的董事会或管理委员会或代表它们的校长、院长或教务长。只有在牛津和剑桥，没有比全体教

师，有时是其他专家更高的权威机构。在有些大学这一权力在法 286
律上完全属于由学术上构成的聘任委员会，而在有些大学这一权力在法律上掌握在一个外行机构手中，无论他们是政府官员还是代表个人。但不论这些大学之间在形式上的区别如何，实际是由聘任委员会中的教师在学生的阻碍下、在较少的情况下是在学生的帮助下做出决定。偶尔会有这样的情况，一位部长或一位由他授权负责这一事宜的官员拒绝批准某一学院或系提出的聘任提议。有时，他聘任的人不是学术机构向他呈送的名单上的第一个。但总体说来，做出决定的是学院、系或委员会中的学者。即使在法律赋予学生一部分权力的地方，他们的倾向性通常受到聘任委员会中某一教学人员的影响。美国的情况在过去有所不同。但在最近几十年中，董事会除了批准代表一个由学者组成的聘任委员会的学术人员向他们提交的建议之外，很少做别的事情。

因而，尽管有所有这些由于经费掌控的外部性、专业机构的要求、中学的教育标准以及许多其他大学必须注意的外部条件等带来的局限性，作为对大学未来的学术质量和有效性最具有决定性的几个因素之一，他们的学校、学科和专业的未来命运，掌握在大学教师自己手中。他们具有聘任他们的同事和继任者的实际权力。

二

这一权力并不是没有争议。大约十年前，学生开始要求在教师聘任或晋升问题上的发言权，并且他们的要求在一些国家得到了满足。在美国，联邦政府在过去已经通过将女性、黑人与拉美裔人士的聘任情况作为财政支持的条件来插手聘任过程。[1]这引起了很多争论，但联邦政府还是成功地做到了阻挠对欧洲血统的白人男性基于其学术资格的聘任，以支持对黑人、拉美裔人和女性基于其种族或性别资格的聘任。美国高等教育中各种教师工会的建立，部分来说也是对聘任过程，尤其是续聘和晋升问题上应用学术标准的约束或限制。教师工会特别关心终身聘任的保障和以论资
287 排辈作为晋升权利的标准，这与学术聘任的恰当标准格格不入。

在西德且实际上在几乎所有西方国家，在学术聘任中引入政治标准已很普遍。在社会科学和某些诸如哲学、文学研究等人文学科尤其如此。还没有人对将政治引入学术聘任的问题做过全面的研究，而且这样一个研究将会非常难做。但是，我们能想到很多在聘任中应用政治标准的事例；它们几乎总是为了有利于政治上激进的应聘者而搁置学术标准。这种情况尤其出现在较低职称职位的聘任中，但也出现在正教授的聘任上。在正教授这一层次上这种情况比较不常见，这只是因为年长的学者中表现出政治激进主义的几率和程度都比较低。然而，在任何职称水平上，都免不了要在学术聘任的提议中引入某种激进政治上的考虑。这不是政府干预的结果，不是“学生权力”的结果；这是大学教师自己的所为。

聘任过程中最严重的危害来自大学的教学人员。在自由国家这比学生带来的危害、政府和政治家带来的危害都要大。这不是说这些人一点可以指责的也没有。

自从大学的预算和学生规模开始迅速增加以来，教学人员的数量也相应地急剧增加。对大学教师的需求必须以相应的速度得到满足。要找到这样的人做教师并不总是一件容易的事情：他们

要为新设立的这些初级、中级和高级职位受过良好训练，或者他们具备能使他们具有学术和制度上的责任感的性情，而自从19世纪最后四分之一的阶段以来，在大学规模较小、地位不那么突出、在成为西方大学特点的世俗和半宗教的方式上比较孤立和比较严肃的时候，这种责任感比较普遍。学生规模的扩大带来了新的类型的学生，他们有新的志向和背景，这使得教师有点不那么严格认真，对于教他们也不那么热心。聘任上的草率变得有点比较普遍。学生人数、财政资源和教学职位的不断增加，意味着即使有更多的学术水平差强人意的人被吸收进学术职业，也总有机会吸收水平确实一流的人才。资深学者有时弥补了在这些方面的疏忽行为。

导致这种疏忽的数量的增加，也引发了20世纪后半期政治情 288
绪的喧闹。这一趋势从那时起已慢慢消退，但它留下了沉重的积淀。大学里充斥着这样一批教师：他们认为他们在大学的首要责任不是倾其所能、尽职尽责地教好学生，不是全力倾注于他们的研究，而是宣传他们的政治信仰，致力于“破坏”现存的社会秩序。对他们来说，规范“仅仅是一种意识形态”，它们只不过是某一代人的“观点”，没有内在的正当性。在很多人看来，科学“只是一种意识形态”。政治上激进的学者声称社会科学与科学相比更是一种“意识形态”。大学的自治和科学的自由至少被他们其中的某些人视为不过是“冷战”的口号，提出这一口号的主要意图是将共产主义国家置于错误的一面。这些人不理解大学过去怎么样和未来应该怎么样。

然而，尽管他们蔑视作为一种制度的大学，不忠实于大学的精神，他们坚持要求他们应在大学占有一席之地。一旦这种要求受挫，就会立刻被指责为是对他们的学术自由和自由表达权利的侵犯。

他们思想中的学术自由，不是做学术之事的自由，而是学术人员做非学术之事的自由。他们捍卫学者坚持自己的政治见解的权利是完全正确的。然而这与遵守学术规范和义务是非常不同的问题。大学里的激进分子很少关心这些事情，他们确实对这些事情是如此的很少关心，当他们的一位志同道合者由于研究和教学上的缺陷受到非难时，他们立刻就会叫嚷这是“侵犯学术自由”。如果他们由于这些缺陷受到压力，他们就会辩解说应该存在“方法论上的多元主义”，这就是说，不存在不论其政治倾向如何所有学者都必须恪守的、得到普遍尊重的学术规范。这种看法被这样一种观点进一步强化：既然“资产阶级方法”已经得到很好的体现，就应该给予“批判性的方法”一席之地。因而，他们在一次次的聘任中变本加厉。

如果不是各个聘任委员会其他成员的温良敦厚和麻痹大意以及他们的宽容而思想迟钝的自由主义起了庇护作用，他们就不会在所有这些事情上如此一帆风顺。

三

日内瓦大学由于让·皮亚杰教授以及围绕他一个人建立起来的具有独创性和意义深远的学派的存在而在很长时间里在所有大学里占有突出的地位。在各个地方学者们的思想中，它因其正直
289 诚实、冷静严肃、勤勉与稳健分享着瑞士的大学和更普遍的瑞士高等教育机构的美誉。

但对日内瓦大学的这一看法与实际的情形并不相符；起码这一看法与现实在经济学与社会科学学院大相径庭。自 1976 年以来，该学院已成为昭示当代学术界不祥之兆的一个缩影。事情的起因始于一位社会学副教授让・齐格勒(Jean Ziegler)博士②。尽管他的成就很小，他是一个激进政治家——现在叫作“行动主义者”——而且除了他是瑞士联邦议会的议员这一事实，他的活动很像瑞士周围的德国与法国的同类人。他的分析能力低下，研究没有深度。尽管如此，他还是先被聘为副教授，然后得到续聘，并在作为副教授的第二个任期结束之前，被提名、建议，最后——在经过了围绕他的职位的是是非非的激烈争论后——被日内瓦当局根据日内瓦大学合法构成的聘任机构的建议聘任为正教授。这个问题现在还没有了结。考察一下现在在瑞士所称的“齐格勒事件”可以得到一些启示，因为它是在今日西方国家许多大学可以发现的某种形势的一个例证。

四

大学当局坚持认为遵守法律要求的程序并没有错。它们对他的晋升建议是在它们的权力范围之内似乎也是毫无疑问的。但同时，人们很难相信它们认真考虑了齐格勒的学术成就和前景。我很难相信看过齐格勒主要的社会学著作并将其与该领域的其他著作做过比较的任何一位学者会得出赞同他的结论。没有迹象表明燕尼・赫尔施教授对齐格勒学术造诣的微词得到过足够严肃的对待并进行过严肃的调查。公正地说，聘任委员会并没有说他是一位杰出的社会学家，甚至在他专门从事的不发达国家研究领域也没有这样说。但是如果它自身没有专家，本来可以征求无论是在瑞士它处还是国外的称职学者的意见。它在这一点上起码是什么都没有说；齐格勒的支持者中有些人显然能够看到保密的文件，甚
290 至参加过没有留下文字记录的秘密讨论，而且并不反对将这些秘密透露给媒体，但他们当中也没有任何人提及该领域权威人士的意见。在行政法院做出决定之后，校长对齐格勒的学术成就也是不置一词。

的确。最后的决定权落在了行政法院这一政府机构身上，并且情况看来是它基本上没有考虑学术造诣就做出了这一决定。这一点从两位基督教—民主评议员(councilor)所作的声明也回避提及学术造诣就相当明显了。

事情为什么会是这个样子？当然不是瑞士的大学有一种在教师聘任中漠视学术上的优异性的传统。瑞士科学与学术历史上出现的许多著名人物，清楚地表明在决定聘任、晋升和解聘谁的问题上漠视学术造诣不是瑞士的传统。赫尔施、吕西和特拉佩几位教授的信显示出不是所有的瑞士大学教师都对学术造诣漠不关心。这些信说明，不是所有教师认为一项聘任建议一经提出，所做出的决定主要是由于应聘者支持一种或另一种政治观点，或者是由于如果某人支持他的聘任将有利于自己的政党或政治派别。的确，在这一事例中，大学聘任委员会知道根据其学术造诣之外的理由聘任某人是错误的。这就是为什么他们要强调他们的程序的正当性，证明他们没有让自己受到齐格勒的政治资格的影响。校长的声明没有表明学术标准是聘任机构成员考虑的最要害问题，或者他们曾经征求过有资格判断齐格勒的工作是否达到这些标准的人的看法。

五

我明白让一个聘任委员会的成员就某一应聘者的学术造诣的任何一个方面都达成一致同意的意见是何等困难。一个聘任委员会的成员要把自己对应聘者的同情或反感搁置一边，或在自己的判断中抹去对政治或宗教观点的同情或怀疑的任何痕迹、抹去自己对当代文化的看法，或抹去任何对此形成了自己的党派观点与情感的东西，是非常困难的。对应聘者的学术造诣做出判断是一件困难的事情。对他的教学基本上可以说除了间接的了解什么都无法知道。聘任委员会的成员很少曾经是所要考虑的应聘者的学生。有时他们听过他在学术团体会议上的演讲；有时他们参加了他曾经做过发言的讨论会。但他们在考虑他的教学成就时，就只 291
能依靠传闻了。这就是为什么研究上的成就在大学里受到如此高度重视的原因之一。年轻的学者和科学家，除了他们的学术热情之外，还明白在考虑他们在一所大学的某一职位的聘任时，对他们的研究要比对教学或作为学者的公民义务做细致得多的审查。研究是一件比教学成就能够做严格得多的评价的事情。但即使是研究的评价也不是一件轻而易举的事情。

为什么对某一大学职位应聘者的研究不能做出严格、可靠的评价？毕竟，研究最重要的方面就摆在委员会成员面前。聘任委员会成员可以看到科学和学术论文与著作，就像在自己的研究中利用它们的科学家和学者能够看到一样。事情看起来是如此。或许这两种情况不一样。一个科学家或学者在阅读自己的研究领域内的某人的著作时，能够就他感兴趣、曾经做过研究以及有大量了解的某些方面对其价值做出评价。一个科学家或学者在阅读研究结果时很少有兴趣对全部著作做出评价，除非他在写一篇关于这份著作的评论；他感兴趣的是它有什么东西可以用于他自己的研究与思考。他基本上没有兴趣对某人的全部著作做出评价，除非他在写一份讣告或推荐书，或担任某一聘任委员会的成员。一个人在写讣告时，不必评价死去的科学家或学者的预期成就。即使讣告撰写者推测死者生前如果不是做了什么事就有可能做成什么事，他也可以这么做而不致带来害处。这是一种不会有严重后果的推测。

推荐书是另一回事。在这里我们进入到了聘任过程的核心所在。对一个科学家或学者必须在他过去所为的基础上做出全面而简要的评价，并对未来取得成就的能力做出判断。尽管对过去的成就做出公正的概括不容易，但这要比判断将来取得成就的可能性容易些。一个人怎么能够有十足的把握说一个刚近中年就成果丰富、且有创造力的学者还没有“江郎才尽”，或将会不再成果多产，或将不会有新的思想？推荐人有相当的责任，但他毕竟只是一个顾问；最终的责任在于组成聘任委员会的个人。分担决定权多少降低了个人的责任，但它也有可能减低个人的责任感。

在对某一论文或著作的评价上，同样非常称职的科学家与学者之间会存在着值得尊重的分歧。他们有可能对某领域某人的研
292 究工作的独创性程度的判断有不同意见，或者他们有可能对他在某一观点上的论证程度有分歧。更有可能的是，他们出于诚实、无私和友善的考虑对某人的整体工作有不同看法。

尽管在对将要得到聘任的某人做出令人信服的判断上存在这些障碍，这件事还是能够做到的。它已经被做到了。一所大学的

某些系在许多年里保持着突出的地位并非偶然。确实,一个地位突出的系的新来者必须正视的传统,会迫使他竭尽全力满足同事对他的高度期望。这不仅是教学和研究工作的传统,还包括严格对待系里的未来成员的评价的传统。如果一个系里的成员不会聘任某个人,除非他们确信他在自己领域的那一代人中是最好的之一,如果在大学的工资水平、图书馆和其他资源上存在差别的国家里,聘任的应聘者是学校的学术和经济资源所能吸引到的最好的,那么就有部分的胜算了。

在对某一应聘者的造诣做出合理判断上存在的这些障碍对于良好的聘任决策的妨害,还不如对于要根据严格的学术标准做出良好的聘任决策这件事情上的无所谓的态度。对自己的学校自甘于不如人的想法、满足于聘任将会做例行公事的教学、从事某些平庸的研究并与自己意气相投的人,不仅损害接受这标准的大学,也损害一个国家整个的大学系统。

所有这些对大学要想通过学术成就证明自己就必须遵循的学术标准无所谓、随便和漠不关心的态度,必须得摒弃。由这种摒弃所产生的空白地带,可以由重视友谊、忠诚、学术门徒制、时尚的标准和其他一些可能被误认为是大学所必不可少的品质所填充。"使学校能办下去的需要"是另一种标准,它会助长平庸,尤其是在已经设立的职位不能出现空缺的大学。

六

期望平庸不会阻止政治激进主义涌入大学。在动乱年代里教师鼓动学生;激进的学生鼓动他们的老师也变得激进。他们都要

求一个更“能保证”或更“真诚”的大学，他们的意思是由此可以在研究方向和教师聘任方面将政治上的考虑提升到首要位置。政治
293 标准必须得到正面和公开的应用。

政治标准以前就时断时续地存在并主要是负面的。在威廉时期的德国不喜欢社会主义者，并为他们取得“大学执教资格”设置障碍，但他们中没什么人试图以学术为业，因而大学省却了正面拒绝社会主义者的应聘者的问题。美国的情况有一点不同；在19世纪80年代至20世纪30年代这一时期，社会主义和民粹主义者的确能获得初级职位的聘任，但他们在晋升上存在阻力，而且他们有时遭到开除。然而，有相当数量的进步主义和集体主义的自由主义者确实在美国大学得到聘任，但他们之所以能够如此，是因为政治标准没有得到使用。在法国和英国，政治标准被完全搁置，意大利的情况与此大致一样。

种族与宗教标准对于维系针对犹太人的限制起了某些作用。它们在20世纪30年代的德国严重到了灾难性的程度，随后意大利也仿效德国，将犹太人逐出大学，而在美国、法国和英国，宗教标准退到了无足轻重的地步。20世纪30年代的美国大学也较少注重种族标准。但是，只是在第二次世界大战之后，少数黑人才在重要大学得到聘任。在20世纪30年代，看似称职的黑人应聘者当然为数不多，但他们都被忽视了。

美国大学的急剧扩展实际上消除了负面的种族、宗教与政治标准。普遍的富足助长了做事的马虎。一流大学试图聘任非常杰出的人，但是，出于方便的原因和由于粗心大意而聘任了水平低劣的应聘者时，它们也就情愿对此视而不见。对教师的需求和能够支付他们工资的经费助长了对严格标准的漠视。要是遵循这些标

准，就聘不到足够的教师了。这种聘任上的“开放性”的一个结果，是几乎任何人都可能得到聘任，即使是一流大学也会向他们点头。

这一要求上的放松，恰恰与社会科学领域人数的增加和政治、尤其是激进政治的首要性这一信念更加广泛的传播在时间上相一致。

七

在存在高标准、能对政治、宗教和社会观点与学科领域内普遍接受的事实与理论做出明确区分的领域，对一位应聘者做出合理的评价这一工作，需要相应的能力和小心翼翼的做事态度。在像
社会学等一些领域，标准不是很高或者没有明确界定，并且政治、 294
宗教和社会观点在其目的上与各种阐释、看法和理论相互重叠，在评价中排除政治要素，看来要比在固体物理学、经典考古学或微生物学等领域更加困难。

尽管有这些困难——对此我并不低估——这件事当然没有超出人类的能力范围。对于一个你不同意其政治观点的应聘者，当然有可能判断其学术水平的高下。这正如一个人可能不同意另一位学者得出的结论但觉得他学识的渊博和分析的微妙之处仍然值得尊重，因此将自己政治上的偏好与对另一个人学术造诣的判断区别开来同样也是可能的。这需要一个人对自己的大学和系的关心、对自己学科的关心、有耐心去仔细研究应聘者的著作并严格管束自己卑劣的冲动。这还需要花费以牺牲自己的研究为代价的时间，学术上活跃的学者常常不愿意这样做。即使在有利的条件下，也总有困难的情况。

但是，比这些困难的情况更糟糕的是这样一些学者，他们只关心所要评价的应聘者的政治观点，极力劝说其他同事应聘者中与他们有相同政治信仰的那个人就是最佳的聘用人选。这种学者常常通过为他们看好的应聘者在志趣相投的同事中组成同盟，试图在事先把一切都安排好。这种做法已经成为学术生活中的一个破坏性因素。社会科学和人文学科尤其容易受害于它。

聘任委员会中的这些有政治意图的成员，如果不是有自愿的帮助者，也走不了多远。自愿的帮助者就是那些行为随便、专注自我并胆小怕事的自由主义者。即使一个领域像物理学这样具有高度的和清晰的成就标准，这些学科的聘任委员会成员也可能不在乎这些标准，尽管他们知道这些标准是什么，而且他们绝不会主动说出任何反对它们的话。他们可能不关心进行聘任的大学或系的未来；他们可能想要聘任一个他们喜欢的人，或一个他们认为对自己有用且学术上平庸、与任何其他应聘者相比更没有什么值得称道的人。对于大学未来的这些行为随便的保护者，其兴趣可能主要在于让一个朋友或弟子(protégé)得到聘任，或者在更少的情况
295 下是让一个与他们具有相同的政治、宗教和社会观点的人得到聘任。他们承认正确的标准，而且他们可能知道要考虑的应聘者与这一标准差距相当大。他们对此没有足够的关注。一所好大学足以经得起一次随便做出的聘任——他们是这样认为的——如果他们认为他们的大学很差，那么聘任一个平庸的人又能产生多大影响呢？

学术专业在聘任问题上引人注目的缺陷就是这一种。一个科学家或学者不论在自己的工作上如何一丝不苟，他可能不愿意找麻烦去阅读一个将要对其做出某项决定的人的著述。那些对保持

或提高将要做出某项聘任的学科与系的质量不负责任的聘任委员会成员，成了那些倾心于宣传某种特定的观点或意识形态的人的同谋。后者对于抓住这给他们带来的机会绝不怠慢。

八

日内瓦大学最近的事件可以为前面的分析提供一个文本。显然聘任委员会和评价者在对齐格勒学术成就的评价上行为随便，或者他们不在乎将要聘任齐格勒的大学的教学和研究质量。他在学术生涯的大部分时间里致力于研究的领域的主要著作是《新非洲社会学》(*La Sociologie de l'Afrique nouvell*)。它刚刚出版时，我也在从事这一领域的研究，并完全了解这一领域的文献动态。读完此书，我立刻强烈地感到齐格勒对这一学科的贡献毫无价值可言。那本书是对未经严加选择的少数著作的肤浅概括，并饰以政治和哲学的陈词滥调。它既没有描述上的严谨，也没有阐释上的想象力。当时，我对齐格勒一无所知，并且得出结论认为他是自诩为马克思主义者的业余爱好者中的一员，这种人在20世纪60年代初的法国非常普遍；他当然不是那些博学的马克思主义者之一，他们掌握本学科的文献，并对此有些直接的了解。若干年后当知道他在瑞十的一所大学执教时，我感到吃惊。

无论在瑞士还是在全世界，社会学当然不是一个一般标准很高的学科。它也是一个人们对最好的方法有不同看法的学科。然而，即使是在社会学领域，即使有所有这些不确定性，在优异与平庸、平庸与根本没有资格之间也还是有明确的区别。为什么日内
瓦大学的院校长委员会在面对严肃学者批评的情况下，还要如此 296

意见一致地坚持提议齐格勒做正教授呢？在这件事情上，漠不关心的态度、息事宁人的愿望、不想看起来狭隘的愿望以及政治上公开的党派性，肯定起了各自的作用。

九

不应该过分悲观地看待齐格勒事件。毕竟他只是遍及西方国家大学的许多这类人中的一个。日内瓦大学只是瑞士的十来所大学和高级技术学院之一。瑞士只是一个小国家，而且社会学在几乎任何一个国家都有许多煽动者和不学无术、学识浅薄的教师。老天不会因为齐格勒当上了正教授就塌下来。

然而，它作为这个时代的一个征兆非常令人遗憾。现在大学里有强大的力量想要摧毁作为从事学问和公正无私的科学与学术的机构的大学。任其胡来，无忧无虑而没有思想的、本意良好的学者就让自己被挤入学术上的无法无天和居心叵测的党派之见。

宗教已经变得更有党派之见和更多地卷入当前的社会冲突。议会和政党从本质上就是党派冲突的所在。然而所有的社会都需要在某种程度上脱离日常的利害关系，脱离对某种利益或意识形态在党派上的拥护。司法机构是这些中心之一；大学应该成为另一个中心。大学的崇高地位取决于对真理的无私关注，不论真理是如何的普遍和如何的专业化。如果大学不能树立一个无私、耐心、诚实并时而是技艺高超地从事严肃的教学和审慎的发现的典范、不能树立一个致力于高于短暂的时尚的事务、致力于高于一个政党或宗派利益的事务、不仅仅是为了保住一个舒适而报酬颇丰的职位的典范，它们就会失去尽管遇到近年来所有的麻烦、依然没有完全丧失的尊重。一所大学每一次或随随便便，或任人唯亲，或有蓄意的政治倾向的聘任，都会在很大程度上损害这所大学未来的学术能力和名望。一所大学每一次随随便便地，或蓄意地不顾过去的学术成就和未来学术成就的前途而使一位教授得到聘任，这所大学在差不多未来二十五年里保证会出现学术上的更加平庸和专业上的更不负责任。这是在损耗它的未来。一所大学每一次仅仅因为某人热衷于政治活动、热衷于利用他的学术职位来达到政治目的而聘任他做讲师或助理教授，那么这所大学在未来差不多三分之一个世纪的时间里保证会更加平庸和不负责任。

注　释

① See Reports and Documents，“Academic Appointment，University Au- 297
tonomy and the Federal Government”，*Minerva*，IX，2（April 1974），pp. 161－170；and “The Criteria of Academic Appointments in American Universities and Colleges：Some Documents of Affirmative Action at Work，” *Minerva*，XIV，1（Spring 1976），pp. 97－117.

② See “ Reports and Documents”，“Criteria of Academic Appointment，I：Switzerland”，*Minerva*，XIV，3（winter 1976），pp. 530－569.

299 12．召唤恺撒

一

学术与科学自由的传统观念，是以假定学术和科学机构能够管理自己为前提的。对这一自由的论证，是说有一个领域，恺撒的权威——外部的国家权力——不能染指其中，尽管，对国立大学而言，国家本身界定学术自由可以通行的界限。在大学里，学术自由事实上包括任用新人、根据知识信念从事教学、按照科学标准选择和开展研究项目的自由。在英美学术界，学术自由所涉及的范围要比欧洲大陆广泛，在欧洲大陆，在人员任用和预算事项以及在考试的组织安排上，政府部门依然保留着最终的决定权。就学术自由的范围而言，美国的私立大学要比州立大学广泛。尽管如此，无论是在欧洲还是英美，无论是私立还是公立，主要的西方大学在原则上和实际上已经建立起广泛的学术自由。它永远是一种免受外部权力试图插手大学事务的自由。

在科学的自由中，尽管以这种或那种方式指定应用研究或技术研究的课题或问题得到普遍认可，但对于所要开展的基础研究的决定权，则被认为是没有任何妥协余地地属于科学家个人和科
300 学界。对结果的评价，加之研究程序的选择，甚至更为重要并更得

到坚持。这就是即使像J. B. S. 霍尔丹这样对苏联的忠实支持者 300
也不能接受“米丘林生物学”的专断的原因之一。因此，科学界要求并取得了确定个人成就的价值和赋予他们认可和荣誉的权力。这在科学界可是要比决定将这种荣誉授予何人更加意义重大。科学界之外授予的荣誉，只有在肯定科学界的评价的情况下才能被接受；否则，它们的接受者就会被认为只不过是朝廷的宠儿，在科学界没有高尚的地位。

对这一自由的威胁，人们相信源自学术和科学界外部，通常也的确如此。国家、私人企业、宗教和新闻界，被认为是侵犯学术自由的潜在煽动者和主要力量，它们在不同的国家有不同的表现形式和程度，这一看法是正确的。

二

要在这些如此接近教学和研究核心地带的活动领域与外部力量保持一定的距离，必要的一点是那些在学术和科学界具有决定性影响的人，应该处事公正，并且他们应被那些在各自领域还没有达到巅峰的成员认为是处事公正。无论是等级体制的还是平等主义的自我管理，内部的一致意见都是一个前提条件。尤其重要的是，这些群体中最有声望的人和那些占据权位的人要因其诚实和友好而受到普遍尊重。

鉴于在具体情况下应用的标准、尤其是在任用和评价上的标准不可避免的模糊性，这一点就更为必要。在学术和科学机构对履行义务和行使权利的管理上，没有一套民事侵权和合同法这样的东西。人员任用的条款有必要具有某种松散性；对科学成就的价值判断在很大程度上属于迈克尔·波兰尼教授所说的“默会的知识”的范畴。对学术和科学成就的评价,不能应用像确定的成绩、如确定百米冲刺的冠军那样精确的标准。对教学成就的评价,甚至比对研究成就的评价还要难做。一方面是一丝不苟的良好愿望,另一方面是对一丝不苟和愿望良好的自信,两
301 者缺一不可。一方面的缺陷必须由另一个方面的过剩来补偿。

有大量的证据表明,涉及处事公平的一致意见已出现裂痕——起码在边缘领域,但并不仅仅是在这些地方。学生动乱就是大学里这种裂痕的第一个、也是最引人注目的例证;辅助人员、教学助理、初级讲师和助理教授在这些动乱中的作用,为互信机制的分裂提供了进一步的例证。在西德、法国、意大利和日本的大学里,这种裂痕已从边缘扩展到靠近中心的地带。它在英语国家的大学扩展得最慢——印度的大学除外,如果它们还能被认为是属于以英语作为教学和出版媒介的话。(这个问题在共产主义国家的大学体系中没有出现,是因为在这些地方通常没有学术自由的传统。)

在英语国家,它在美国要比英国扩展得更多。然而,在英国,恺撒也受到召唤来处理学术活动方方面面的问题,而这些问题他先前并无兴趣,并且如果不是有人要争取他的注意和干预的话,他可能依然不会有兴趣。我在这里尤其指的是,在过去的几年里,好几所大学实际上已申请禁令或威胁要向法院申请禁令以帮助它们恢复内部秩序。

在美国,这个问题表现得有些更甚。一个引人注目的例子是大卫·罗斯事件。他是奥什科什城威斯康星大学的政治学助理教授。该大学给了罗斯教授一年的任用期,在他的任用通知中没有任何地方提到期满继续任用的问题。威斯康星州的州立大学

法——威斯康星大学是一所州立大学——有非常明确的条文规定，那些没有获得终身教职的州立大学教师是在试用期。① 它同样明确地指出“对在试用期间的教师，不需要给出任何不继续留用的理由。对此种情况不对申诉做出评估”。② 但是，罗斯教授还是向一家联邦地区法院提起诉讼

> 声称第二年不重新任用他的决定侵犯了他第四修正案的权利……首先，他声称这一决定的真正原因是对他批评大学管理层言论的惩罚，因此这侵犯了的言论自由权。其次，他声称大学官员对不继续任用他事先没有给出任何理由，也没有给他一个听证的机会，这侵犯了他应有的法律程序权力。③

地区法院判令大学向他出具理由并举行一次听证会；上诉法 302
院肯定了这一判决。董事会就这一决定上诉到美国最高法院。在回应罗斯教授是否“对大学第二年不继续任用他有要求出具理由声明和举行听证会的宪法权力”④ 这一问题时，最高法院认定他没有这样的权力。

我提到罗斯教授的诉讼，意图不在于对他指控董事会的法律权力做出判断，只是想说明我的一个观点，即内部裁定争端的双方互愿基础正在被弱化。这就弱化了学术自我管理的一个必要条件。这种弱化有很多原因，但最直接的是学术界各个阶层和各个部门之间的不信任和敌对态度。这比大学在法律上的规章制度不健全更严重。正像人们经常指出的，大学是靠一套虽然明确地不被公认、但为人接受的惯例来维持和管理自己的。⑤ 一般而言，在第二次世界大战之后的四分之一个世纪里，大学在这套制度下做

得不错。尽管与财政和日常办公相联系的文牍工作大大增加了，它们还是避免将明确的规章制度强加于学术人员。但即使在所引用的例子中，董事会的规章制度非常明确，但其明确性不足以消解罗斯教授的不满，因此他要求助于恺撒。⑥

发生在科学界的另一事件，正在美国到处传播。它绝不像罗斯教授的案子那样平淡无奇。这一次触及的可是科学界的顶尖人物。

1959 年，伯克利加州大学劳伦斯实验室的埃米利奥·塞格雷和欧文·张伯伦教授，因 1955 年对反质子的发现而获得诺贝尔物理学奖。1972 年 6 月 14 日，圣迭戈加州大学的奥雷斯特·皮乔尼教授，向阿拉迈达县高等法院对塞格雷和张伯伦教授提起诉讼。他在控词中称是他“对[他们的]研究引发了最初的动因，并提供了后来用于实际操作的基本实验思想”。他声称在 1954 年，他曾与塞格雷和张伯伦教授交流过用磁铁集中亚原子粒子束的思想，这两位同事同意将他的想法用于实验。根据他的说法，他们这样做了，并在 1956 年 10 月在没有公开承认他的贡献的情况下发表了研究结果。作为对他所指控的不当行为的代价，皮乔尼教授提出 12.5 万美元的赔偿金和对他的贡献的公开承认。

303 这不是本世纪在科学发现的荣誉归属问题上第一次出现争议。就我所知，这是第一次在民事法庭辩论这种问题。因此，这是恺撒第一次被请到科学界的核心地带，来解决一个迄今为止被认为是完全由科学界专断的问题。

三

风刮起来，空中就有稻草。我们生活的世界充满了权利受到侵害的人。对世界运转的方式，人们总有忿忿不平的理由。稀缺性是它的根源，但更加的充裕也无济于事，因为稀缺性是无法从人类存在中消除的。即使是最公正的秩序，也必定有不公正的时候。总能令科学界感到自豪的是，在世界的不公正中，在它承担责任的狭窄活动范围内——不论其知识目标是如何广泛——它尽可能地接近人类能够达到的公正。知识界总有权利受到侵害的人。但他们遇到不平之事过去愿意默默忍受，或是指望同事和上司最终能还他们一个公道。这种情况已不复存在了。

尤其是在遇到不平之事往往要更大声嚷叫的美国，权利受到侵害的人，要竭尽所能使他们认为遭受的冤屈得到昭雪。他们对知识界和对他们当中的权威的忠诚，不足以让他们罢手。那些对卫生、教育和福利部施加影响的女性和其他许多相信自己受到压制的人的“示范效应”，必定会渗透到学术和科学界。在世界上知识分子可以批评统治者的地方所表现出来的对“大人物”的猛烈攻击，能够引起极大的共鸣。

政府是傲慢的——它们什么时候不傲慢？——并且它们在不断地扩大着他们的权限。他们自作主张地如此行事，在认为自己无所不能的官僚和不会反省可行性的局限性的政客的主张下如此行事。他们在全体选民或某些阶层的选民要求的压力下如此行事。在被请求进一步扩大其权限时，政府不大可能拒绝这种请求。当它们这样做时，它们就理所当然地认为继续这样做是正当的。

如果学术和科学界的自治要避免只有在墓穴中才能生存下来
的局面，它们就应该停止去召唤恺撒，也停止去诱惑他。要做到这 304
一点，它们一方面必须在属于它们的责任的问题上行事公正。它们必须更明确地规定权利和义务并严格遵循这些规定。另一方面，它们必须对他们之间复权后取得一致意见的条件予以更多的考虑。这些都是必须做的，这一任务绝非轻而易举，而能够利用的时间也不是无限的。

注 释

① “任何州立大学的所有教师开始都在试用期。如果工作有效率、品行良好，连续在州立大学工作四年后，对其聘用应该是终身的”（威斯康星法令1967，C. 37.31(1))，引自对州学院董事会诉大卫·F. 罗斯一案对美国联邦第七巡回上诉法院的调卷令，美国最高法院。No. 71－162 (June 29，1972).

② Rule II，promulgated by the Board of Regents in 1967.

③ *Board of Regents of State Colleges v. Roth* (—U. S. —，33 L. Ed. 2*d* 548，92 S. Ct. 227).

④ Ibid.

⑤ 参见斯坦福大学咨询委员会的报告对布鲁斯·富兰克林（Bruce Franklin）教授事件的明智的反思。*Minerva*，X，3 (July，1972)，pp. 452－483。

⑥ 另一个表明这同一趋势、即求助于恺撒来改正声称在学术机构遭受到的不公正对待的事件，也在同一天由美国最高法院做出裁决。这是查尔斯·派瑞等人诉罗伯特·辛德曼（*Charles Perry et al.*）（*v. Robert Sindermann*）案。辛德曼先生在得克萨斯州公立学院和大学系统的几所学校从教十年。他聘用的方式是每年签订合同。他声称他已经通过十年的服务期，获得了永久任用资格。他所在学院的《教员指南》（*Faculty Guide*）指出“奥德萨（Odessa）学院没有终身任用制度。学院的管理层希望教员感到，只要他的教学工作令人满意，只要他对同事和上司表现出合作的态度，只要他对自己的工作感到高兴，他就有永久的任用期”（引自 *Perry v. Sindermann*[—U. S. —，33 L. ed. 2d 570. 92 S. Ct. 267]）。得克萨斯州学院和大学系统协调委员会1967年10月16日公布的《政策文件》（*Policy Paper*），提到该系统内试用期最长为全日制工作七年。上诉法院判定应该给原告一次“听证，在听证会上他可以被告之其不被任用的理由，可以对理由的充分性提出质疑”，美国最高法院肯定了这一裁决。

13. 评价的秘密性与匿名性 305

一

在过去几年中，对于把评价看成秘密以及评价某人的成就时隐去名字的做法，时常有人表达出不满。有人断言，在保密和匿名的掩饰下，会出现损害被评价者的不实之辞，有碍于科学和学术的进步。有的批评，指向对投到科学和学术刊物上准备发表的论文由审稿人进行秘密评价的做法。[1]对向分配经费支持某些研究项目的机构提交的研究方案的评价，也提出了类似的批评。[2]还有的认为大学的保密文件中也隐藏着不当之处。有人要求对保密和匿名的做法进行改革，要求对有关人员公开书面评价意见和评价者的名字。在各种高等教育机构中，学生和其他一些人已经强行占有了这些文件，因此已经打破了这些惯例。[3]最近，美国国会匆忙颁布了取消人学的秘密评价的立法。

二

对科学中的保密行为不满的其中某些人指责道，来自重要大学的具有显赫名声和职位的一个小圈子里的人，控制着评价并只 306

允许发表圈子内部人和与他们的观点一致者的论文。与这些声名显赫者联系不密切或者观点相左的胸有大志的投稿者的论文和科学家的研究方案处于不利的地位——批评者如是说。他们说祸根主要在于评价者的匿名制。书面评价意见的要点常常透露给作者和申请者,但这在现行制度的批评者看来还似乎不足以作为一种保障。在意识到他们的所作所为会为同行所知时,审阅人就要考虑他们运用的标准,而如果允许审阅人继续匿名,他们就会在不考虑这些标准的情况下评价论文和研究方案。其结果,匿名评价的批评者相信,一些值得发表的论文和值得支持的研究方案被不加区别地和不公正地予以拒绝,而一些不会更好、甚至是更次的论文和方案则被建议接纳。人们提出的消除匿名评价有害影响的补救办法,还没有走到建议废除将评价作为发表论文和支持研究的一个条件那样远。

在科学和学术界,根据严格的标准做出评价的传统非常牢固,现有的不满还不足以将其完全搁置一边。批评者只是说,匿名和保密的结果,使得这些严格标准应用不稳定和带有偏见。一项不那么激进的措施被提出作为补救办法。这就是向被评价的论文作者和研究课题申请者透露审阅人和评价者的名字。这里的假定是,如果要对他们做出的评价公开负责,审阅人就会更加公正。④他们会更慎重些;如果知道要对他们所说的话负责,他们就不致如此随意。通常,批评者是就事论事地讨论这一问题。但是,有时也引入了一些当代政治辩论术的惯用语言。⑤科学职业的公正无私受到了质疑。⑥当前的局面,被解释成被评价的论文作者和研究经费申请者与审阅人和提出建议者形成敌对关系。有时评价似乎相当于一场指控。那些“核心人物”是原告;被告有权与他的原告对质和反驳对他的指控。从这一观点来看,反对评价的保密和匿名制的意见是有些道理的。

三

在发表之前发布论文的普遍做法,无异于是一种绕过评价的
做法。那些实施和建议这种做法的人,以这种研究结果的发布方
式的快速和低成本,来论证发布“预印本”的合理性。这并不必然
否定“审定制度”在道德上的诚实性。在某些研究领域,确定对发 307
现的优先权存在激烈的竞争,等着要发表的论文排起长队,散发论
文的“预印本”是一种有效的做法,并且这与值得科学界关注的任
何主张的前提条件是须得到一个专业上权威的、有资格和公正无
私的机构的预先评价这一原则并不抵触。一篇论文从提交到被刊
物接受后正式发表之间耽误的时间,是正式发表之前独立地广泛
散发的唯一理由,也是一个相当正当的理由。⑦

与这些对惯常的研究结果发布方式的偏离形成对照,对透露书面评价意见和评价者名字的要求,意味着目前的评价做法存在着道德上的不当之处。它意味着有建树的科学家受到轻率和不公正的对待,同时有价值的科学知识被埋没,不为适当的人士所知。⑧有时,对提交发表的论文和申请支持的研究方案的价值做出评价的这种判断,是对整体上的、某些领域的和各种给予他们承认和影响的机构的占支配地位的科学和学术权威的广泛不信任的一部分。权威的匿名看起来令人不能容忍。权威本身让人反感;这种反感是当代“反精英主义”的动机之一。匿名只能使权威更令人生厌。

匿名制与任何事情都应该公开，只有不可告人的利益才是匿名制的受益者这一信念是相抵触的。还有一个更根本的感觉是匿名制不合常理；它使人们产生担心。与它的实际效果大为不同的是，本来意义上的匿名制受到人们的厌恶。人们的一个看法是，恶意的行为被匿名制所掩饰。匿名制是一种操控；匿名制对人的尊严的损毁，使这些人受控于令人困惑的境地。能够看到的事情就可以控制或能够做得不偏不倚。那些人们看不到的事情就会产生危害。

在属于经验知识和理性批评王国的科学界，为什么要有匿名制？一个科学命题只有通过得到其他够资格的科学家的认可才能得到确立。科学知识，正如约翰·齐曼教授所说，是“公共知识”。
308 书评有评论者的署名；对科学和学术各个领域文献的批评性评论有评论者的署名。“科学文献”可以公开查阅，并且其中很大一部分是由他人的研究结果所做的公开评价构成的，这种评价既有正面的，也有负面的。在社会生活的各个方面，仲裁人是为人可见可知的。譬如，在体育比赛中和在法庭上，人们知道谁是裁判和法官。学术刊物上学术著作的评论者和报纸、期刊上艺术作品的批评者，都会对所写的东西署上自己的名字。人们不禁问道，为什么对提交到科学和学术刊物上的论文的审阅者希望沿用匿名制甚至是保密制？

四

在高等教育中，也曾经有一场类似的反对匿名制的运动。从20世纪60年代的学生动乱以来，激进的学生中就时而有这样一种看法，认为他们在大学和学院中的教师在秘密收集他们的档案材料，将来用于没有特定目的、但对他们有危害的方面。这是那些占领行政办公室并盗取文件的学生为自己的不端行为辩护的理由之一。他们希望证明，除了少数支持他们的人之外，教师和行政人员是他们的敌人，而且在背后企图加害于他们。他们相信这就是为什么资料收集和评价会秘密进行的原因。

“秘密档案”的想法，吸引了、有时甚至迷惑了一部分大学以外和大学内部的人士。自己被某人所知——不是有名，只是被人知道——而不知道那个人对自己知道些什么这一想法使人忧虑不安。尽管激进的学生经常批评大学冷漠、官僚，对他们漠不关心，对“他们作为人不了解、不赏识”，同是提出这些批评的激进学生，有时又会对自己为老师所知的想法感到不安。他们好像觉得为人所知使他们面临危险；当他们不知道他们为人所知的是什么时，这种危险就更大了。

在英国和美国，还存在着对学生有个人关心的传统；这是现在已经基本摒弃的一种信念的遗风，即大学和学院教师对学生应该站在代理父母的立场。作为这一延续下来的传统的结果，美国和英国大学的许多教师确实关心他们的学生，并对其中的一些人有一定的了解。他们对学生的了解并不止于知道他们的考试结果。院长的各个下属部门、大学的各个部门关心帮助学生找工作、找导师、找辅导老师、找顾问，期望获得对一个学生在考试成绩记录所 309
展现的之外的学术倾向与成就的评价。教师们要秘密地向导师和顾问报告他们的评价，以使后者有尽可能全面的看法。这样就产生了档案。大多数学生没有怎么考虑就接受了。比较持怀疑态度的学生相信教师肯定对他们不怀好意，有关他们的报告必然有害于他们。

评价、考试、分数和等级，所有这些在大学动乱的年代都曾激起了人们的情绪和不快。评价关乎决定命运的问题；考试过不了和很低的及格分数使人丢脸，并预示着通向未来的道路会更加艰难。这就是为什么在过去的十年评价和考试会受到激进学生的如此攻击。考试所带来的忧虑以及对等级评定中体现的平等主义的信念的轻蔑，可以部分地说明在大多数发生学生动乱的国家对考试的憎恶。但除此之外还有某种对为人所知和被单方面评价的反感。

欧洲大陆学生在最坏的情况下造反精神和对考试的批评不亚于美国和英国学生，但他们对“秘密档案”和“秘密报告”没有多少关注。这是英美的特点。这是代理父母的立场这一遗留下来的传统附带产生的结果。在沃里克大学[9]、兰开斯特大学[10]和北伦敦综合技术学院[11]发生的事件，就是在英国大学对“秘密档案”担心的例证。

对“秘密”档案的关注程度，在英国已经或多或少地减退了。它会不时地突然爆发，但现在得不到任何比较深刻的公众舆论趋势的支持，甚至得不到学生的支持。[12]在英国，新闻界一直批评政府的保密做法，并且在某种程度上人们担心在计算机中对有关个人信息的储存。但就总体而言，还没有针对当局的秘密性的广泛的公共动乱。

美国的情况有很大的不同。在过去三十年中，以一种或另一种方式对政府秘密的担心一直是一个突出现象。这一直比在英国要强烈得多。在战后的十年中，美国政府和很大一部分政治人物表现出如此的在乎秘密，任何无论出于何种原因有泄露政府秘密倾向的人都会被拒绝在政府部门工作；据称支持共产主义的外国人进入美国的签证被拒绝，理由是他们有可能获得美国的秘密并带着这些秘密潜逃。自20世纪60年代后半期以来，“秘密”继续是一个争议中的问题。但是，从那时起的趋势转到了相反的方向 310
上。在战后时期的第一个阶段，“秘密”是不可侵犯的。在不久前，“秘密”成了只有魔鬼才干的事情。

“知情权”已经被推崇为最神圣的美国价值之一；政府的保密做法被颠覆。⑬丹尼尔·埃尔斯伯格博士由于将大量的各种“机密”文件透露给新闻界而成为美国学术界的英雄。联邦政府已逐渐要求从公民中得到越来越多的信息；新闻界和一些学者已逐渐要求，他们要能看到有关公民和政府自身的越来越多的信息。新闻界没有收敛长期以来插手个人私事的做法，无论这些个人有名还是无名。

与所有这些后来的动向在时间上巧合的，是广泛传播的各种忠实于隐私原则的声明。其中有些声明针对的是不可侵犯的范围内真正的隐私问题，在这一范围内，个人免于他人的监视和控制。

“隐私权”界定得非常宽泛。它包括保护人在生物—医学实验中的权力、保护罪犯在释放后被人认出是先前的罪犯的权利、保护有可能在智力和别的心理测验中表现差的学童的这些测验结果不被公开的权利、保护同性恋者在就业方面不受歧视的权利。保护个人不会使有关他的各种以前是分散的信息片段被集中起来从而构成一种此前不存在的对他单一、合成的描述，也曾经是这类受到关注的问题之一。这意味着没有任何人应知道关于某个人的任何事情，除非那个人自己知道并授权这些事情可以为人所知。“隐私权”被理解为包括对别人知道有关自己的任何事情的“知情权”。

坚持“隐私权”，就必须否定在有关某人的某事上“别人的知情权”；然而，坚持“隐私权”，的确必须让某个人有权知道这些别人对他都知道些什么。“知情权”包括有权知道别人对自己都知道些什么。它不包括别人有权知道关于自己的事情，或者如果他们对自己确实知道些什么，也不包括他们有权将此作为秘密。

五

所有的这一切，都发生在一个政府、医院、精神病医师、心理学家、社会学家、教师、记者、电视采访节目主持人、信用评级机构、缺乏想象力的小说家和私人侦探都在越来越多地收集个人信息的年代。其中有些信息对政府行使职能是必要的；有些信息对恢复或
311 保护心理与生理健康是必要的；有些信息对促进知识上的理解是必要的；有些信息的搜集是因为它们有作为娱乐或“人的趣味性故事”的价值；有些信息的搜集是为了商家的经营，有些信息的搜集是为了让被调查者陷入困境。许多这些信息的收集活动是合法的，而且有些活动为了有价值的目的是必要的，但一个依然存在的事实是，它们只有在侵入相关人士的私人活动范围内时才可能做到。

“知情权”与“隐私权”是相互对立的。知情权是知道另一个人的行动或思想状态的权力。隐私权包括很多方面，其中包括不让自己的行动或思想状态为他人所知的权力。知情权是侵犯他人隐

私或秘密的权力。

六

免于成为另一个人的知识对象这一意义上的隐私权,不可能得到完全实现。根据这一对为人所知道和评价的敏感而提出的原则,评价另一个人的行动并记录和保存这一评价,是对被理解为免于为他人所知和免于这些他人就所知道的事情与更大范围的人分享的隐私权的侵犯。有些行动和思想状态,如果不是有意的,也不可避免地要被生活在社会中这一直接的事实所公开。要加入到某一事业或某种关系中,一个人就要由此接受他将会得到认识和评价。在某些情况下,承担某种职责的一个条件就是要公开自己的某些信息。尤其是,当一个人宣称自己有权要求某种被认为应该根据成就来分配的利益时,他必须同意对其成就的价值做出评价。确实,在这种情况下,他必须对评价者提供有关他自己的信息。评价是公正的一个前提。

评价者和被评价者都与信息和根据信息做出的评价有兴趣。被评价的个人感兴趣的是有一个尽量对自己有利的评价;其他的个人或机构,如将来可能的雇主、高一级的培养机构、别的科学家以及"更广大的公众",感兴趣的是有一个真实的评价。这几种兴趣并不总是一致的。当以牺牲真实为代价作出对被评价者有利的评价时,社会、或更大范围的公众、或科学界的某个特定领域——即其他的个人或机构——就要不可避免地受到损害。当评价做得真实时,社会会受益,但被评价者个人有可能在志向上 312
受到挫折。

七

任何活动领域要保持高水平的成就，评价就不可或缺。这不仅仅是一个报偿分配上的公正问题，还是一个这一领域保持和提升高成就水平的问题。当然，这不意味着所有的隐私都要放弃，只是要放弃某些隐私。评价是大学教育不可缺少的一部分，正如它是科学界活动中不可缺少的一部分。在这两个方面，为了对个人的公正和为了专业和整个社会的工作质量，评价都是必要的。

一个从事某项实验和准备一篇论文的科学家，在做这些事情的时候是期望将论文放到科学界的其他成员面前，并期待着他们能对它的科学价值做出评价。从事某项科学工作这一行为本身就是对发表和评价的承诺。刊物——或出版社——的审阅人对原稿的评价，是一种初步的筛选，是为了保证更大范围的公众看到的起码要达到最低的标准。由于不是所有提交的原稿都能得到出版，就有必要进行评价以保证那些出版的要好于那些没有出版的。如果这件事做得不恰当，就会牺牲掉有造诣的作者，而使造诣较差的作者占了便宜。错误和不负责任的评价会使科学界受到损害，而社会由于要依赖科学界的成果也要因此受到损害。

学生上大学是为了学习，获得学位或文凭。他们来的时候就有这样的预期：如果他们的学业成就在广度和深度上达到适当的标准，他们就有资格从事某些职业或继续深造。因此，他们进来的时候就带着被监督和评价的预期；这是接受大学的录取就自然包括在内的。为了躲避评价，他们就不得不放弃考试，而这与他们待在大学的理由是矛盾的。他们就不得不背弃他们在大学所做的将会使他们合格地进入到人生后面的阶段这一预期。(这不是说没有学生和教师认为某些人由另外一些人做出评价是一种精英主义,因此应该尽早废除。)

考试结果有时会公布——尽管这种做法最近受到批评——有时会保密,只对学生和他希望告之其学业成就的机构提供这些信息。对学生的素质做出考试分数所体现的评价之外的补充性评价,在大学尤其是在英国和美国以及那些与此有相同大学传统的国家的大学和学院里已经进行了很长一段时间。这些补充性评 313
价,总是被那些学生想要进入或求职,或想从那里得到某个奖励的机构视为必要。补充性评价针对的是这样一些素质特点,它们对学生的令人满意的量化描述无法轻易地就起到帮助作用。补充性评价具有"默会知识"的特性。它们无法以科学命题得到证明的方式来证明。然而它们被恰当地认为对教育与科学机构的运转以及对于高等教育和其他机构之间的有效合作是必不可少的。自从大学和教育与进入专业生涯被联系起来,这些评价的必要性就得到学生和教师的接受。

评价者和学生要求提交给的机构,如学生在完成医学预科课程后想进的一所医学院,一直认为这些评价——包括证明书——是保密的。这种保密性也普遍被学生认为可以接受。直到最近,对学术生活中的这一特点很少有批评。学生没有提出质疑,教师尽管有可能对他们每年必须写的证明书的数量有所抱怨,但他们承认这项任务是他们对学生的责任之一。

由教师做出的一类评价,旨在向院长、顾问和导师们提供信息并提醒他们自己对某些谈话和讨论的判断,这样的评价有类似保密性的长期传统。这种评价主要是为了内部使用,也要用于那些应学生的要求秘密送交外部机构的评价。交流的保密性限制了这些评价的接受者,未经评价当事人和评价撰写者的同意,他们不能向任何他人透露。直到最近,这种评价模式得到普遍接受。人们听到的唯一批评是与后来的实际情况所证明的相比,这种评价往往有溢美之嫌。偶尔——但非常少见——能看到带有贬义的证明书,通常都是要打折扣的。

314 ## 八

保密的原因,与匿名的原因一样,都不是原则问题。这属于从实际考虑为了所有有关各方的利益的问题。秘密性和匿名制的作用,是为了有可能得到尽量真实的评价,并因而对个人更加公正和更好地服务于社会。

保密的必要性,来自于在某些特殊场合下有必要做出陈述,而这些陈述不管是如何的老练和谨慎,如果要尽到对当事人和相关机构说真话的义务,就有可能伤害被评价者的自尊心。有些教师觉得难以以同样的坦率和诚实,跟学生说出这些针对他们的陈述。这不是说这些秘密信件常见的都是毫不客气的贬低之辞,而是说一个有所鉴别的评价有可能伤害一个敏感的年轻人的自尊。一个谨慎而尽责的教师会试图引领他的学生克服潜在的缺陷而不去明确表达出来。可是,在向潜在的雇主、奖励授予机构或专业学院写证明书时,一个教师如果没有写出他看到的真实情况,就是没有尽到职责。如果他没有这样做,就会为了一个比较不符合条件的人得到好处而损害了一个更符合条件的人的利益。

一个学生要是可以看到我写的推荐信和其他评价,会从中得到好处吗？在有的情况下可能会出现纯粹的事实性错误，如写错了分数等级，漏掉了某项荣誉等。既然考试成绩和成绩报告单用不着向学生本人隐瞒，改正这些错误的需要不会产生违反保密原则的问题。对于学生学习的课程及其成绩的记录，出现的错误是明确的、实实在在的，因而也容易修正，但这不同于描述学生的优点和不足的一系列信件和记录。这种评价与一项记录可以很明确的修正性质不同。要做出这种评价，需要丰富的阅历，敏锐的观察力和把从许多不同场合得到的印象系统表达出来的能力。

学生看了这种评价和证明书，不论它们如何真实，都可能产生伤害感，如果他碰巧认为他的优点没有得到足够的重视，而他的不足之处根本就不应该提。如果人，尤其是年轻人是没有感觉的机器，完全理性而没有自负、没有自尊和为他人赏识的需要，好好看一下这些文件就不会带来伤害。但他们不是这样的机器，而且向他们透露对他们的评价可能带来的一个后果，就是本来可以避免 315
的伤害感。这是保密原则的另外一个、同时也是同样重要的理由。

再者，除了评价的可修正程度和透露出去会伤害学生的感情之外，保密对于评价的真实性、进而对于报偿和价值应该对等这一意义上的公正也是必要的。

如果这个世界不存在稀缺性，如果每一所法学院和医学院对所有想进来的人都有位子，如果每个申请奖研金和奖学金的人都能得到，如果最受推崇的机构中人们高度向往和报偿颇丰的职位没有名额限制，就没有必要写真实的证明书了。但这些受到重视的东西存在着稀缺性，我们的公正感要求它们根据过去的成就和对未来成就的预期来分配。没有真实的证明书或者干脆什么证明书都没有，这些有价值的东西在分配上就会比目前的制度更武断和更不公正,尽管目前的制度也存在着缺陷。

九

但是,美国大学和学院里评价的保密原则,刚刚被美国国会废止了。1974 年 8 月 21 日,一项称作《1974 年家庭教育权利与隐私法》的《1969 年初等与中等教育法》修正案,规定超过十八岁的学生——和他们的父母,如果学生不满十八岁——有权查看他们注册的大学或学院里的文件和档案中与他们有关或涉及他们的记录与文件。在遭到这个国家的大学和学院的激烈批评之后,最初提出 8 月 21 日修正案[14]的巴克利(Buckley)参议员,又在 12 月 13 日与派尔(Pell)参议员一起提出另一份修正案,对前面的修正案做出了若干修改。与前面的修正案一样,它还是要求过去的和现在的学生,“有权查看和检阅”涉及他们的“教育记录”[15],必须为学生提供“听证的机会……以对[他们的]教育记录的内容提出质疑,以保证记录不会不准确、使人误解或侵犯隐私权或学生的其他权利,并提供机会以改正或删除其中存在的任何这些不准确、使人误解或不适当的信息……”。[16]

大学或学院不遵守这些要求,美国卫生、教育与福利部将会拒
316 绝拨付本来可以给这些学校的经费。考虑到这种用于研究、教育计划和奖学金的经费在无论是公立还是私立的重要大学的预算中占有重要的成分,遵守这些要求的压力是很大的。

就大学和学院的记录而言,重要的文件是学生申请入学时的评价材料和他作为某一高校的学生在学习期间的表现的评价材料。这些评价材料,就像对提交给科学和学术刊物准备发表的论

文的评价一样，几乎总是在对保密性有心照不宣的理解或明确保证的情况下写成的。[17]

最初的修正案对它有没有追溯效力是不明确的。新的修正案规定，1975 年 1 月 1 日之前根据对保密原则的理解或保证放入一个学生的档案中的任何文件，不得根据这个学生保证享有的权利向他公开。但是，在这个日期之后，先前的学生与当前注册的学生有同样的接触这些材料的机会。

将来，就像在过去一样，学生的档案中会包括有中学的教师、校长和顾问的证明书，这是学生在申请入学时提交的。将来会有教师和顾问写的有关学生在大学或学院的表现的秘密报告。将来还会有写给预期的雇主的证明书；这些材料中有许多放在教师个人的档案中，但有许多保存在大学的就业或聘任办公室的档案中。

一位教师直接送交给预期雇主的证明书和保留在他自己房间里教师档案中的证明书，是否在学生可以接触的权利范围内，第二份修正案含糊不清。要求教师私人和预期雇主私人档案中的文件，也必须让任何想知道对他写了些什么的学生看到，只是这一法律规定的一个合乎逻辑的延伸。

一位教师或导师写给本校一位院长、顾问或系主任的有关一个学生的报告，是否可以让这个学生公开查看，第二份修正案也含糊不清。它明确赋予教师权利可以在不用征得这个学生明确同意的情况下，在本校其他成员中传阅这类报告，但它没有说学生是否可以看到这些仅供内部传播和使用的报告。考虑到这一法律的要旨，看来这类文件有可能将被视为要让学生公开查看。

新的修正案规定了学生的放弃权。一个学生可以声明他将放弃查看大学档案中有关于他的证明材料。不明确的是这种弃权是 317

否会是普遍和全面的、针对他在大学的所有年份，或者他是否可以在某个时间放弃查看的权力而在以后的某个日期又收回这一弃权，或者这种弃权是否只是在他要求某些特定的证明材料才能做出。

十

取消保密性和教师的隐私权，没有在评价依然有必要性上提出问题。这一法律似乎承认评价依然有必要性。在这些方面，这一美国新法律与大多数对提交给科学和学术刊物准备发表的论文的评价和对申请研究支持的评价的批评很相似。它们都承认评价的必要性；它们只是希望通过取消保密让评价做得更真实。

只要有资源的稀缺性和对公正的需要，只要科学和学术以及整个社会要求坚持学术标准，评价就确实将会依然有必要。但是，如果对这些伟大的目的能够发挥作用的评价不真实，它们会实现吗？因此，问题在于，在论文原稿和经费申请材料的评价上取消匿名制，在对学生的评价上取消保密性，是否会使评价更为真实还是更为不真实、更为可靠还是更为不可靠。

有可能审阅人会拒绝担任刊物编辑的顾问，他们不愿因陷入与他们否定的论文作者的言辞激烈的文字来往而浪费时间和精力。毕竟，做审阅人是一种不付报酬的服务，而在自己的研究上做得足够好可以被邀请作为审阅人的那些人，即使不花时间看没有发表的论文，也常常有做不完的事情。[18]

大学教师可能决定为了不惹上官司，他们从此在写证明书时就敷衍了事，只重复考试结果，或者他们干脆决定拒绝写任何证明书。（即使一个学生为了说服教师写一份证明书而放弃他或她的"知情权"，也不能保证这个学生将来不会改变想法。如果有这种改变想法的事，学生的弃权有什么样的法律地位？）

拒绝对论文和学生做出严肃的评价或者拒绝做出任何评价，可能会带来什么后果？

十一 318

现在已经有太多的价值不大的论文得到发表，如果没有严格的评价标准，将会有更大比例的价值不大、甚至更差的论文得到发表。当太多的浅薄、谬误的东西涌入公共论坛，科学和学术界就会搞得更加污七八糟。学术的一般标准会每况愈下。发生这些情况的科学和学术领域的成就会日趋衰微，未来的几代人就没有了据以确立其抱负的明确标准。如果未来几代人不能坚持严格、要求很高的标准，如果人们觉得可以凭侥幸做成任何事情，那么论文作者在基本规矩和分析上就会更加草率和随意。根据严格的标准区分好坏的评价这一预期所产生的道德约束就会放松。

如果学院和大学以及它们其中的某些系根据"谁先到，谁先得"的原则或其他与学术成就和前途没有任何关系的标准来录取学生、聘任教师和分配研究经费，它们就不可能维持高的标准。

由于评价中的观点常常属于那种对一个不熟悉该学科的人难以证明的一类，终结保密性可能带来的一个结果，是人们会更小心翼翼地避免写出可能解释为负面的、据此会要求作出修改、在某些情况下导致当事人的诉讼和声称受到了伤害、或使大学得不到政府经费的任何意见。忿忿不平的学生、申请者或作者的少数诉讼案例就会人人皆知。它们会对那些要做出区分的判断提出警告：书面评价不要那么细微或显出区别。

如果评价变成敷衍，这种事情很可能出现。装模作样的评价可能得到维持，但诚实的评价会受到阻碍。如果一个评价者认为他可能陷入长期的“申诉程序”、甚至有可能对簿公堂，诚实的评价就会受到阻碍。评价就是写出什么东西也会写得闪烁其词。

当然，那些希望终结评价的保密性的人，没有说他们希望出现这些局面。对他们的改革会使选拔和奖励比目前更为武断、会助长比现在已经发表的标准更低的论文得到发表这一说法，他们深恶痛绝。

那些想改革对提交给学术刊物准备发表的论文和对申请研究
319 支持的评价的人和那些在美国制定法律废除保密性的立法者，认为他们的改革只会使评价更真实。

评价服务是做超出职务要求以外的工作。如果评价花了时间却有可能带来令人不愉快、甚至是言辞激烈的反应——并且有卷入“申诉程序”、成为法律行动中的被告、或大学在经费上受损失这一同样令人不愉快的可能，那么解决这一问题最简单的办法就是拒绝做评价者或在写评价时不说可能带来任何后果的话。这样，书面评价就会在某种程度上失去可信性。书面评价的接受者就会更加怀疑其真实性。已经在很大程度上毁掉了书信艺术的电话，又会排起一个长队。伴随着温和而言之无物的正式评价市场，会出现一种真实评价的黑市。那些试图行使其“知情权”的人，会发现大学的档案或鉴定人的报告没什么意思，但可能依然会有决定他们生活的下一个阶段的评价。由口头做出的评价，将更可能产生不同的解释，由一个人传给另一个人时可能会走样。聘任委员会、经费授予机构和科学与学术刊物编辑的工作会变得更加困难，尤其是当申请者没有以前发表的东西可以提供有关他的造诣的独立证明。

评价将不再是公正决策的基础。废除评价的保密性将损害评价。改革者要是真正相信评价的必要性，他们的改革目的将会落空。

十二

在所有机构和所有社会的运转中，都有一个不可削弱的信任要素。在某种程度上愿意接受同事、伙伴、合作者、教师、学生和反馈者的诚意，并不比评价本身更可有可无。科学和学术的进步，依赖于相信其他科学家和学者不是说谎者或作假者。科学和学术的传统精神，减少了说谎和做假的可能性，而尚未发表的著作的评价机制和已发表的著作的批评机制又维系了这一传统精神。大学的传统精神，尤其是在英语世界，一直包含着对学生的关心和帮助他们在世界上干出一番自己的事业的愿望，同时又恪守着科学和学
术上的诚实和维系着保持学术的专业水准的责任。这得到了学生 320
和雇主的接受。

这一信任要素是不可或缺的。不是任何事情和任何人在任何情况下都能被核实和控制。担心被揭露是有用的，但这还不够。这种信任必须通过对真理的忠实和相信其他人也忠实于真理才能得到维系。

当然，有理由相信在经费、入学或聘任申请人的评价上会时不时出现错误。人类的任何事业都不能完全保证不出错。但就总体

来说，这一体系运转得相当好。评价会避免用那些大家都知道的“动辄就判绞刑的法官”(hanging judges)式的鉴定人，对那些有报复心的人也是如此。再者，学生也不会请这些人给他们预期的雇主写推荐信。进一步说，只要有不止一个刊物、经费授予机构、教师和雇主，错误评价的受害者就有适当的机会来避免被一个错误毁掉。多样化是对被评价者的一种保护；它也能提高评价过程本身的诚实性。多样化有利于使评价者更值得拥有这种保密性。

最近对评价的匿名制和保密性的批评，是以这种信任要素的过多或不足为假定的。“知情权”原则试图以某种更好的东西取代这一信任要素。这将不会改善评价过程，而更有可能损害它。

当人们开始相信，将政治制度中的统治者的行动置于公众的监督和批评时，他们的行动就更符合公共利益，“知情权”就开始发挥作用了。“公众的眼睛就是政治家的操守”这一边沁学说的箴言，是对政治文明的巨大贡献。它在今天依然有巨大的价值。但它没有普适的价值。它不能取代某些讨论和议事记录的保密性。它在科学、学术和教育领域所能做的，不能超出政治领域。公开性、废除保密性和“知情权”不能取代诚实和对严格评价标准的不折不扣、有识别力的执行。

保密性以及保密性得以做到的匿名制，本身并不是目的。它们是对得到真实评价这一任务的一种现实的办法以使社会能够从大学培养人的专业实践的高质量中受益。与其他生活领域相比，
321 比如商业和政府，科学与学术界丑闻很少。这一良好的记录，部分来说是保密性和匿名制在其中以不同方式发挥了非常重要作用的评价传统的结果。

注 释

① 《自然》(*Nature*),CCXLIX 5458 ,(1974 年 7 月 14 日)第 801 页上的一篇社论性文章,对科学论文秘密评价的某些不断的批评作了讨论。

② See, for example, Horrobin, D. F. , "Referees and Research Administrators: Barriers to Scientific Research?", *British Medical Journal*, II, 5912 (April 27, 1974), pp. 216—218, and the ensuing correspondence in , *British Medical Journal*, II, 5915 (May 18, 1974), pp. 381—382.

③ See, for example, the Campell, Frank, "Letters to the Editor," *Time Higher Education Supplement*, 155, (October 4, 1974), p. 10.

④ 最近对这一观点的主张可以在下列文章中看到:Fraenkel-Conrat, Heinz, "letter," *Nature* CCXLIXIII 5443 (March, 1, 1974), p. 8; Reid, George C. , "letter," *Nature* CCXIX 5454 (March, 17, 1974), p. 206; and Horrobin, "Referees and Research Administrators"。弗雷恩科尔一康拉特(Fraenkel-Conrat)教授任教于伯克利加州大学分子生物学系。雷德(Reid)博士是《地球物理学(空间物理学)研究杂志》(*Journal of Geophysical Research* [*Space Physics*])的编辑。豪若宾(Horrobin)博士是纽卡斯尔大学(University of Newcastle upon Tyne)的生理学高级讲师。这三位最近对匿名制提出批评的学者的观点表明,对匿名制的不满是由于某些人在科学事业上不成功这种说法,是解释不了这种批评的。

⑤ 例如,豪若宾博士说它是"一个封闭的体系,由一些姓名不详的对现状有既得利益的人来操作"。Horrobin, "Referees and Research Administrators",第 218 页。

⑥ 豪若宾博士宣称,"支撑着科学团体的神话——即所有的科学家都是可敬的,他们只对科学进步有兴趣——必须被抛弃"。同上,第 218 页。

⑦ 米歇尔·莫拉维西克(Michael Moravcsik)教授提出在高能物理学领域的另一种发布方式。莫拉维西克教授主张,论文完成后应该立即发布,不用等编辑的接受。但他主要考虑的还是快速和低成本,秘密评价的道德方面,在他对这一计划的论证上不起任何作用。参见 Michael Moravcsik, "Some Modest Proposals", *Minerva*, IX, 1 (January, 1971), pp. 58—59。

⑧ 这方面的现有证据表明,不存在科学界的"核心人物"垄断评价的现象。证据还表明"核心人物"没有利用其评价上的权力谋取私利。参见 Zukerman，Harriet and Merton，Robert K.，“Institutionalized Patterns of Evaluation in Science,” *Minerva* ,IX 1 (January，1971)，pp. 66－100，reprinted in Merton，Robert K.，*The Sociology of Science*：*Theoretical and Empirical Investigations* (Chicago：University of Chicago Press，1973)，pp. 461－496。

⑨ 汤普森(Thompson)，E. P. (ed) 的《沃里克大学有限公司：管理、工
322 业与大学》(*Warwick University Ltd.*：*Management*，*Industry*，*and the Universities*)(Harmondsworth：Penguin books，1970)对 1970 年沃里克大学对秘密档案的开放、复制和散布做了详细介绍。

⑩ 兰开斯特大学的克莱格(Craig)事件部分来说是由克莱格博士的支持者通过公开“秘密”文件而展开的。《泰晤士报高等教育副刊》对这一事件有详细报道。

⑪《最高指挥部：寡头政治在北伦敦综合技术学院的形成，1970—1974》(*High Command*：*The Making of an Oligarchy at the Polytechnic of North London*，*1970－1974*)一书的作者弗兰克·坎贝尔(Frank Cambell)先生，在《泰晤士报高等教育副刊》(155 [1974 年 10 月 4 日]，p. 12)上发表的一封信中说他在书中使用的某些文件证据来自“学生从一些行政人员办公室拿到的函件和其他一些材料”。在致同一刊物的一封信中，北伦敦综合技术学院的院长泰伦斯·米勒(Terence Miller)先生写道：“在 1973 年 10 月的‘占领’时期，我办公室的一个文件柜被打开，许多函件、备忘录和其他文件被盗。有些后来在复印后又被送了回来”。参见《泰晤士报高等教育副刊》157 (1974 年 10 月 18 日)，p. 12。

⑫ 尽管如此，还是有可能突然激发起对“秘密档案”的担忧。在谈到沃里克大学的事件及其在其他英国大学的反响时，E. P. 汤普森先生写道：“鼓动‘开放档案’的运动传播到别的英国大学的速度不禁使人想起大恐慌(grande peur)时代。像所有那些容易传播的社会恐慌一样，它也没有揭示出多少确凿的证据说明没有安全感和缺乏信任的一般状况。(我自己不相信沃里克档案中更非常不快的文件具有“典型性”，尽管有可能在少数其他地方发现这种文件。)参见汤普森《沃里克大学有限公司》，p. 152。

⑬ See the Freedom of Information Act，Public Law 89—487，July 4，1966，An Act to Amend Section 3 of the Administrative Procedure Act，Chap. 324，of the Act of June 11，1946 (60 Stat. 238) “to Clarify and Protect the right of the public to information and for other purposes." United States Senate 1160, 5 United States Code 1002, *United States Statutes at Large*, Vol. 80 (Washington, D. C.: U. S. Government Printing Office, 1966), pp. 250－251; Public Law 90—123, June 5, 1967, United States House of Representatives 5357, *United States Statutes at Large*, Vol. 81 (Washington, D. C.: U. S. Government Printing Office, 1967), pp. 54－56; and Executive Order 11652, March 8, 1972, "Classification and Dcclassification of National Security Information and Material".

⑭ 美国国会,1974 年教育修正案,"保护家长与学生的权利与隐私",公法 93—380,第 93 届国会,美国众议院 69,1974 年 8 月 21 日,《美国法典》第 20 编第 821 款,《美国法律汇编》第 88 编(华盛顿特区,美国政府出版署,1974 年),pp. 88－91. 第二份修正案于 1974 年 12 月 13 日颁布,与前者名称一样。我的评论是根据卫生、教育与福利部部长办公室出版的最后版本,"家长与学生的权利与隐私",《联邦公报》,40,3(1975 年 1 月 6 日),第 1208 页。据传闻,由保守的共和党参议员、纽约州的詹姆斯·巴克利先生最初提出的修正案,没有受到通常的审查或非议。它由巴克利先生的立法助理起草,由他提出,是一项旨在保护学校儿童免于成为得不到保护的心理学和社会学测验与调查的对象的措施向大学和学院的延伸。所有这些可能都是真实的,但这一修正案的内容与美国舆论的某些趋势非常一致。换言之,它不是与过去和未来都没有关系的偶然事件。

⑮ Ibid., section 438 (a) (1), p. 1208. 323

⑯ Ibid., section 438 (a) (2), p. 1208.

⑰ 在写这篇评论时,我的一个学生也请我提供一份证明书来支持他从美国卫生、教育与福利部(USHEW)申请一项基金。证明书要以 USHEW 提供的印制表格形式提交;表格上明确保证我的证明书将保密。如果我把一份证明信放到我的大学的注册办公室或这个学生注册的系的办公室的学生档案里,我的证明信会有什么样的身份呢?是不是我的证明信在 USHEW 的档案中是保密的,而同一封信在我的大学里就被剥夺了 USHEW 向我保证的保密性?

⑱ 偶尔会听说审阅人有时盗用请他们评价的手稿或申请材料中的数据或思想。我本人只听到一次真正的这种情况:经费授予机构要求不诚实的审阅人在其后的一份出版物上公开承认他从中受到的启发。但是,取消保密和

匿名并不能保证没有剽窃。就像对没有出版的著作一样,对已经出版的著作也可能存在剽窃。

第五篇

反思

14. 大学追忆

五十年的大学时光！这差不多是我生活在大学的时间。我在宾夕法尼亚大学上学时，除了秋季的周六下午，大学是一个安静的地方，与外部世界分离开来。教师们的教学工作严谨认真，好像这是他们的天性使然；他们在讲课时不苟言笑。他们中有些人已有著述和编辑的著作出版；只有一人写过一本教科书，一人编过一本文选，但没有人编过“读本”之类的书。他们在我看来像是牧师，成就不等，但举止如一；他们绝口不谈任何个人私事。有些教师拿着旧的讲课笔记照本宣科——其中一位常常要展开大开本手稿下方的摺角，慢慢吞吞地破解着被手指磨坏的最后几行。其他一些教师用卡片讲课，从卡片边缘被磨得破烂不堪来判断，它们已经用了好多年，像我这样坐在讲堂前排的学生可以看得清清楚楚。教师们准点上课，准点下课，然后离开教室，对学生不多说一个字，也很少被提问者留住走不了。有三两个讲师因其讲课妙语连珠，或口才雄辩，或提到他们自己的经历，成了成绩中下等学生崇拜的偶像。他们可是大学里的“人物”。

有些学生不间断地学习；有些不间断地博览群书，但并不总是如此；有些人无所事事；大多数人多多少少完成最低要求，尽可能认真地上好每一门课，但前提是不至于太多地影响他们作为年轻人的娱乐消遣，当然在考试之前的几周或几天例外。几乎所有的男生穿西服，所有人都打着领结。商学院的学生穿着笔挺的西装，他们在教室坐下后，要把裤腿提起，为的是不让锋利的褶缝变钝了。

更严肃的学生——我把自己和我的几个朋友也算在内——认为凭着一时的良知来做好工作是教师的义务。他们看来都做到了。我从来没有听说某某老师没有备好课。有一次，一位老师把课上错了——就是说，他上的是那一学期他教的另一门课程的一节课；课上到四分之三的时候他意识到了这一点，脸上露出亲切、腼腆的微笑，然后接着上讲错了的课。可是，那无疑是一节经过恰当准备的课。那些做研究、著书、撰写学术或科学论文的教师受到钦佩，然而是以一种疏远、超然的方式。没有哪个学生期望和老师建立起亲切的关系，教师们对他们的学生也很少有个人兴趣。我和我几乎所有的朋友都定时到校；我们早晨八点到九点之间到，一直待到晚上十点半到十一点；大部分时间在大学图书馆，要不就是在校园中心街对面的豪恩与哈达特自助餐馆。偶尔在图书馆与我们的老师碰面，也仅仅是彼此点一头而已。

班级人数不多，但是没有讨论。课堂里没有提问，也没有到办公室找老师的时间。老师跟学生讲话时——如果说还跟他们说过的话——称呼学生的姓；被问到叫什么名字时，没有学生会回答叫"比尔"、"杰克"或者任何他们的熟人对他们的称呼。很少有教师有自己的办公室，可以在此做他们的研究；那些确实有办公室的教师也不会安排在这里与学生见面。我想不起听说过有哪个学生被一位老师请到家里。教师们住在很远的市郊，我想大多数人是在门兰(Main Line)一带。

一切都相安无事。学生们对彼此之间和他们与教师之间的疏远没有抱怨。老师们只是管好自己的事，学生们也是如此。我们当中肯定有神经不正常和中途退学的，但是我没有听说过。大学里有图书馆，有实验室，有博物馆。这是那些对自己的学科有兴趣的学生进行自我教育的地方。他们阅读期刊，知晓或者在某些情况下熟悉广泛范围的文献，做大量的笔记，并准备写作几乎所有课程都要求的论文。像我自己这样的怪人，文章写得很长，或许太没有节制了——而且，有时是自己主动这样做的——教师对文章的打分没有一个字的评价，甚至在文章的得分出奇之高的时候，亦不例外。

我们从来没有想到哈佛、哥伦比亚或是普林斯顿。我们也没有感到不如它们。我们没有为自己的大学感到骄傲，也没有因为我们的学校而感到丢人。当然，我们也不是对别的大学一无所知。

我们，起码我自己知道别处教授的著作。我曾读过欧文·白璧德的作品，我当然是把他与哈佛联系在一起的。我们知道哈佛的怀特海、哥伦比亚的杜威、去了耶鲁的罗斯托夫采夫、约翰·霍
327 普金斯的兰卡斯特等等。我们宾夕法尼亚大学没有这么有名的学者这一事实，从来没有让我们感到低人一等。每一所大学都是独一无二的。我们没有任何大学之间竞争的意识，并且，我猜想教师们也没有。

我们这些住在校外的人——大多数是犹太人——从来没有感觉自己是局外人。我的朋友中也没有谁认为教师与我们之间的疏远，与反犹太主义有任何的关系。这个问题没有出现过。教师们与基督教学生似乎同样疏远。

二

当我来到芝加哥大学时，情况就大不一样了。这里的教师

很少照着旧笔记讲课，虽然有一次奥格本教授从一个用了很多 328
次的卡片上读错了一个统计公式的上标。讲课时可以问问题。学习兴趣比较浓厚的学生下课后会围住老师；那些兴趣最浓厚、或者胸怀大志、或者会讨好老师的学生，可能会陪老师走回办公室，没准儿老师还能请他们坐一会儿，他们的周围是满架的书籍，桌椅上堆着高高的一摞手稿和笔记。许多教师不仅整个白天待在学校里，在晚间、甚至在星期天也能找到他们。各系的学生有自己的社团，教师们有时和他们一起吃晚餐或者参加他们的会议。

芝加哥大学是一个安静的地方，也是一个沉闷的地方。那时国家已深深陷入经济萧条，这更加有使人冷静的作用。学生和研究助理——我就是其中的一员——时常讨论政治问题，这是我们在宾夕法尼亚大学从来没有过的，尽管我们对政治和社会哲学以及欧洲思想史和文学很有兴趣。但是，对政治问题的讨论从来没有过激之处。

与我们在宾夕法尼亚时相比，芝加哥大学的学生们更有作为芝大人的自觉意识。哈佛、哥伦比亚、加州（伯克利）和耶鲁更多地出现在我们的脑海中。我们非常注意学校的社会声誉；并且，由于与教师处得更近，我们也能感觉到他们了解他们各自的系在全国的地位。

当我是宾夕法尼亚大学的一名学生时，除了与体育运动有关的新闻，学校的名字从来没有在报纸上出现过。那时的宾大有一些非常优秀的科学家，至少有一位著名的经济学家，但是我不记得在报纸上见过他们的名字。甚至像《国家》（*Nation*）和《新共和》（*New Public*）这样的杂志也很少提到大学。在芝加哥，情况就很不一样。首先，当时学校的校长罗伯特·梅纳德·哈钦斯，以机智敏捷和言辞辛辣著称，他相貌堂堂，当时三十出头，能够挑起——也喜欢挑起——论战。

芝大的教学较之宾大更为不正式，有时更为反常。课程的名称和内容经常更换；老师们讲的，都来自他们的研究和反思。尽管课上得不正式，学生对老师恭恭敬敬，鲜有抱怨。即使那些值得对他们抱怨的老师也很少受到非难。他们中的大多数人已建立起学者的声誉，但即便那些还没有声望的教师也得到学生的尊重，把他们看成大有前途的年轻人，一旦到他们事业的某个时刻，就会如日中天。很少有必读材料的清单，但有大量的建议阅读的材料清单。对学生提出的问题，教师们的回答常常是："我对此也经常想弄明白"或者"我回答不了这个问题"。

在我从一名研究助理升到讲师之前和之后，都没有听到同事们谈到终身教职。"获得终身教职"这个动词(to tenure)和"有终身教职的"(tenured)这个形容词还没有被普遍使用，其中部分原因是老一代的社会科学家对它改善英语的潜力没有把握，部分原因是大学对他们负有恒定、永久的责任这一思想还没有出现。我在芝大的同事，即便想到过它，也从来没有谈论过。我们每个人对能被任用就很高兴了。首先，我们觉得能在大学，尤其是芝加哥大学执教，已经是一种荣耀。我们不觉得我们注定成名，能被任用——不论在学术层级中多么低微，但与这个世界通常看起来能够赐予的相比却是很高——对我们已足以是一种恩惠。我对未来没有太多的打算；我在芝大的同事也是如此。

当时对大学的层级有朦朦胧胧的意识，但没有强烈的感觉。某人从芝大获得博士学位到范德比尔特(Vanderbilt)或犹他大学任教,不会认为是从艾丽西安花园*(Elysian fields)被放逐。对大学排行的过度敏感,是我们现在生活在"反精英主义"时代的特点,那时还没有出现这种情况。五十年前,我们的国家和我们的大学都是非常"精英主义"的,照这一坚定的信念看来,在最近的二十年中,这个国家的知识分子已被"精英主义"所控制。可是,在五十年前,到一所"不在前沿"——用平等主义的反精英主义者的另一个词语——的大学任教,不会被认为是一件丢人的事情。

三

宾大的教授给本科生上综合课,给大四的学生和研究生上更
为专业化的课。前一种课程每年都有,后一类课程通常隔年开设。329
专业化课程,由这些课程领域的专家来上,他们熟知最近若干年的所有文献。我不记得有任何的新课程,除了那些新聘的教授和副教授所带来的课程,学校要求他们要在各自的学科领域站稳脚跟。当时对革新也没有要求。

现在有要求了。结果,新课程大量涌现,出现了新的科目,尤其是在社会和人文科学,在这些领域,没有多少使这些新课程成为必要或为之提供实质内容的知识的增长。这些新课没有什么错。思想不再像存储的知识那样静止不动了,学生应该受益于这些新的发展也在情理之中。人们希望时常对名家名作进行修订,以反

* 在希腊神话中,艾丽西安花园(Elysian fields)是人死后所去的极乐世界。——译注

映学术学科的真正成就，并在很少的情况下建立新的学科。人们也希望应该有一个名家名作体系，因为确实存在着一个作品及风格流派的层级，因为学生不应该成为把新东西不分青红皂白全部引进的受害者。然而，名家名作体系与当今的学术文化是相抵触的。

四

美国大学在上个世纪末的一个成就，是引入了系的组织模式。每个系覆盖一个学科——或者两个，如果它们彼此接近，或者，其中一个或者两个的吸引力或学术实力不足以单独设系。每个系有一位主任。做系主任是一种殊荣；对于被选拔到那个位置的人来说，这是一种荣誉。它的任期常常没有限制。一个人可以因作为系主任而变得知名，受人爱戴和尊敬，或者让人憎恨和惧怕。我从来没有碰到过让某人做系主任但被本人拒绝的例子——尽管实际情况是，初任教师和研究助理不在被圈定的秘密的人选名单上。系主任由院长或校长任命，他往往是一位比较知名的学者，虽然并不总是如此。他有很大的权威——别人要听他的，照他的话去做。有些系主任专横跋扈，有些为人温和、处事周全。在大多数大学，系主任在与院长和校长协商的情况下提出本系的人员任用方案并具体落实。有时他会征求所有其他教授的意见，有时只征求与他私交甚密的人的意见。有时候，他会就某项任用问题交由全系讨论。这都由他说了算。这种情况并不总能在系内创造出一种令人
330 愉快的人际关系，但是，在宾大、在总体上也包括在芝大，学生们对此一无所知。学者们往往把这些问题视为秘密，不会不明智地或

者别有用心地将系内教学人员秘密讨论的问题透露给研究生或新闻记者。

系主任有很大的权力。有时他的偏袒、甚至排除异己的做法给系里造成危害。除了偶尔有点恶行，系主任通常还是能维持系里的稳定，保证系里的教学能反映正当的观点和思想方式，使他所在系的传统能够得到充分的尊重，并且只有在有恰当理由的情况下才可以偏离传统。一个好的系主任懂得如何在多大范围内让他的某些教授就范，有什么样的理由可以容忍违规。

这两方面的事情都已发生了变化。系主任不再是系的统治者；有时他甚至算不上是同伴之首(primus inter pares)。他已经变成一个有很少或没有自由决定权的执行秘书。行政管理工作大大增加了，大家对系主任没有多少敬意。他的主要工作之一，就是倾听他的同事的抱怨——听他们气愤地要求更高工资和晋升，听他们试图说服他任用一个他们要庇护的人(protégé)或政治同伴是多么恰当不过。系主任能够掌控的东西很少；他以前的权力已经分散到系里的所有阶层。在有些系，要找一位愿意担当此任的资深教师并不总是一件容易的事情。这可是有在五年的时间里不能做自己的研究的危险。这意味着要放弃几乎全部的自由，在系里同事和学校管理层之间，充当一个没有实权的旁观者和听差的角色。

五

大学之间比过去更有竞争性了。它们“排行榜”的担心已经变得有些狂躁。由卡特和由罗斯与安德森所做的两次调查经常被提及;这些对系和大学排名的调查,更加重了人们的心态。1957 年至 1969 年之间的十二年中公布了三次这类排名,而在此之前的半个世纪里只公布过一次,这一点并非偶然。保证一所大学"大榜单"有其名的办法之一就是要让它"在全国性媒体上露面"。

五十年前新闻界很少关注大学,这就是那时大学给人以安静
331 和严肃的印象的原因之一。当时,报纸上的确有大学体育比赛,或偶有科学成就的报道,但总的来说,大学不是新闻。大学教师不是自命不凡之辈;他们不上无线广播,报纸也不采访他们。大学教师不卷入反对他们的大学的论争。一所大学的公共关系办公室所主要关心的,是把报纸挡在门外,而不是把它们请进来。那时根本没有《高等教育记事报》和《变革》这类的东西。

学院派科学家在制造原子弹方面的工作,可能与搭建扩大大学宣传的舞台有极大的关系。学院派人士在麦卡锡时代对共产党间谍的告发运动中也几乎同样抢眼。原子弹和麦卡锡主义使记者们开始相信,大学是报纸不错的故事对象。20 世纪 60 年代和 70 年代初的学生动乱,使大学的曝光率骤然猛增。社会科学领域的大学教师,比半个世纪之前更多地研究当前的事件;他们中有更多的人愿意表达对这些事件的观点;有些出版物也迫不及待地刊登他们的观点。许多教师希望抛头露面,并为此互相较量;那些露脸机会少的人对那些得到更多机会的人心生妒意。

另一个没有那么引人注目、但或许同样重要的方面,是联邦政府通过提供科学研究的大部分经费已经卷入大学事务这一事实。随着政府更多地介入大学事务,这种介入的比较重大的事例出现在新闻上。对这种宣传的其中很大一部分,大学相当喜欢。这似

乎成了一件正常的事情，就连那些自己不追求抛头露面的老脑筋学者，也相信大学必须得到公众的赏识，这能为它们的继续存在提供经费。在这一片喧嚣之中，大学已丧失了很大一部分必要的自我封闭(self-enclosure)。

六

在本世纪初，大学研究过去的和永恒的事情。它们研究历史、古典学科、文学、东方问题以及物理和生物科学。它们在研究过去时，在研究到最近事件之前就止步了。它们不研究当代文学或当代历史。五十年前，大学刚刚要把研究推进到当前。芝大的情况尤其是这样，这里的社会学和政治学关注当前。在比较老式的大学，这种情况的程度要低一些，这些大学在不合时宜的情况下依然固守着只研究过去。

社会科学是大学对当代世界的第一个介入点。大学社会科学家的报告和观点经常出现在新闻报道中。它们是"新闻"，因为它
们所关注的事情，同样也是报纸和电视所关注的。大学的社会科 332
学家，通过对当代问题的研究和他们的观点，陷入为媒体制造新闻而不能自拔。

学者的政治化，加剧了大学的内部世界与外部世界的时下论争之间的互相渗透。学者们更加专注于当代政治，并且在政治问题上采取有倾向性的立场，已经达到知识目的让位于政治目的的地步——有时是打着教学和学术研究的幌子而这样做的。政治化不是对当代政治的研究，尽管它受此驱使；它是当代政治的倾向性对大学的渗透。

当然,20 世纪 20 年代后期的社会科学家,往往有自己的政治主张和组织关系。但在大多数情况下,他们对这些观点是有约束的,并且学术的语言风格要求表达要适度。他们就算是有倾向性,他们所期望的组织方式不要求基本的社会构造有广泛的改变,他们对政治观点的表达也不要求有耸人听闻的言辞。还有一个约定俗成的惯例,是教学要限制在事实的范围内。这导致教学单调乏味,但同时也有助于维持课堂和大学里普遍盛行的冷静气氛。半个世纪之后的今天,年轻一代的社会科学家广泛相信,"客观性"和"评价的中立性"是无稽之谈或故意骗人,既不可能,也不受欢迎。中青年一代所极力否认的,老一代人又缺乏服人的实力或人格力量来加以肯定。这可能招致课堂上的党派性鼓动;虽然许多社会科学教师,尤其是那些更有数学头脑的人,不会利用这种放纵所带来的特权,但事实上也有很多人这样做了。无论如何,很少有人愿意直截了当地说出将陈述事实与评价性陈述分离开来的可能性。

在我们这个时代刚刚开始时,大多数学者是共和党和民主党;有很少一部分是社会主义者;还有少数是世界产业工人联盟(Industrial Workers of the World)的支持者(我不知道在学术界是不是有哪怕一名它的成员)。在 20 世纪 20 年代,有少数人(肯定不会比一个小扫帚柜所能挤下的多出很多)是共产党员。在占大多数的自认为是民主党或共和党的人当中,很少人积极参与政治。当时的学术职业,即便是在中西部这样到处是粗野的屠夫的地方,
333 也是一个斯文的职业——或许是一个寒酸的斯文职业——而那时的美国政坛不是斯文者待的地方。进入国家政界主要方式是服务于地方和州的政治机器。后者充满了巴思豪斯·约翰斯和欣基·

丁克斯*这样的人,他们活泼、聪明,但不太谨慎,欠缺教养。

然而,这不是说学者对政治就漠不关心。经济学教授往往倾向于共和党,尽管他们从内心极力反对贸易保护主义。社会学家和政治学家支持改革派的运动。

在20世纪30年代,大部分的美国学者——尤其是在人文和社会科学领域,但也包括专业学院之外的其他领域——对新政报以热烈的欢迎。大约从1932年起,大学里长期以来的政治沉寂开始让位于喧闹的政治。共产党开始非常认真地吸收学生和教师入党,并吸收他们参加半政党组织或政治上的同路人组织。他们在哈佛、纽约城市学院、伯克利加州大学,或许还包括威斯康星大学,取得了一些进展。

我们经历的五十年,是学者充满政治上的热心、热情、狂热、警觉和激动的五十年。这种热心开始集中在少数一些大学,但在我们这个时代的最后十五年中它传播到了整个大学系统,尽管情况不平衡。

七

在过去的五十年,美国学者强化的政治兴趣和活动发生的背景,是大学的行政管理人员和外行管理机构,放弃了很大一部

* 这是美国历史上两个有名的政治丑闻人物。"澡堂的约翰"本名约翰·库格林(John Coughlin,1860-1938),因最初在公共浴室打工而得此绰号。"欣基·丁克"(Hinky Dink)本名迈克尔·肯纳(Michael Kenna,1858-1946),最初经营一家酒吧,因身材短小而得此绰号。两人通过政治投机钻营,获得了芝加哥第一区市议员的身份。第一区位于芝加哥靠近湖区的地带,是芝加哥的经济中心。两人通过向妓女、皮条客、窃贼、赌徒和业主收取保护费而大发横财。——译注

分过去行使的对教学人员的惩戒权。在过去五十年之前的五十年，对大学教师行使他们的公民自由，经常有一些强制性的约束。

当大学和学院的教师站在被称之为“社会主义”、“工团主义”或共产主义的立场上对公众讲话时，董事会的成员们在过去会迅疾做出反应，公开侮辱他们。这种事没有在芝加哥、哈佛或哥伦比亚发生过，或者即使发生过，被侮辱者会受到同事的安抚或校长的压制。在名气差一些的私立大学和州立大学的确发生过这种事。那时，某些州立法者对此类事情会兴奋不已。没有多少事情可以让他们兴奋了：这个国家没有那种有危险性的革命了——在大学里是肯定没有——但是，俄国革命过了刚刚十来年，从汉堡到上海还有共产主义暴动。

在这个时代，小城镇上的精英分子受到第一次世界大战带来
334 的文化变革的极大冲击。清教徒的、虔诚的、世俗平凡的、雄心勃勃的和爱国的美国似乎在受到攻击。此时出现的对布尔什维克主义的同情，把这些不谙世故的人搞得眼花缭乱。他们差不多是最后一代按照最狭隘和最照字面意义承担托管责任的托管人。结果，当地报纸的编辑、牙医、商人和权位低微的地方政治家互相鼓动对欧洲、对东海岸以及对玩世不恭思想和不可知论的怀疑。

在 20 世纪 30 年代后期，我看过《美国大学教授联合会会刊》对侵犯学术自由的所有报告。（我曾被拒绝查阅其档案，几年前再次被拒绝。）我也看过美国公民自由同盟（American Civil Liberties Union）档案中有关学术事件的材料。大部分都与大学的校长和董事会限制教师参与校外政治活动有关。这些政治活动大多数有相当温和的社会主义倾向。基本上没有与在大学内部的讲座和课

堂上进行政治煽动有关的事件。没有导致学院或大学不能正常运转的事件。没有煽动学生罢校，或罢课，或在校内静坐的事件。没有对教师忽视课堂的指责；研究不是个问题，因为这些事件都发生在不指望研究的学校。至少有一个关于某个社会主义者的事件，当事人在教授有关家庭的内容时，对性问题讲得过于直截了当，也可能对一夫一妻制家庭的价值持怀疑的看法；这种事情不多，确实发生过的，也主要是在常常由各教派办的不起眼的本科学院。

大多数事件都与学者们的公民权有关，也就是他们在法律框架内和在大学之外能以与其他公民同样的方式表达政治观点的权利。容易惹麻烦的是学者们的政治自由——不是学术自由，那是另外一回事。美国大学教授联合会试图保护学者作为公民的权利不受限制，当然是对的。它将这些权利称为"学术自由"并且就到此为止；它实际上从来不关注学者们要完成某些任务的学术责任和开展这些工作的自由。在查尔斯·弗兰克尔*被暗杀之前不久，他曾告诉我说，他记得杜威跟他说过，在美国大学教授联合会成立时，建立了两个委员会：一个负责学术自由和终身教职，另一个负责学术责任。杜威告诉他后一个委员会大概三十年没有开会了，而前一个差不多持续地很活跃。

八 335

在我经历的半个世纪的美国学术生活的头十年，在有做学术

---

* 查尔斯·弗兰克尔(Charles Frankel，1917－1979)，美国著名哲学家，哥伦比亚大学教授，1979 年在家中遭窃贼枪击身亡。——译注

事情的自由这个意义上，是一个非同寻常的学术自由时期。那时研究花钱不多；系的制度给了年轻教师从事研究的机会。在同事的选择上系开始变得自治。系的行政人员和主任，尤其是在比较有名的大学，让每个教师自由地去做自己认为应该做的事情。研究中的想象力和主动性受到赞赏和奖励的程度，使得在资源有限的情况下也能做研究。联邦政府还没有开始试图规范研究行为或监督人员的任用。

第二次世界大战一结束，大学即以更大的热情(作为战时鼓舞人心的经历所带来的结果)，重新投入到以前的工作，而且，由充足的财源带来的更为富足，扩大了系的规模，并能开展更多和更大的研究项目。麦卡锡时期的骚扰，无疑对与左翼分子有来往的学者造成恐惧和威胁，并且他们的公民权利也似乎受到限制；但我怀疑这对教学和研究中学术自由有大的限制性影响。第五修正案中关于祈祷的规定，的确导致了摩西·芬利被解职，他后来在英国成为有名的人物；但他拒绝作证的活动不是他的研究和教学。在美国学术界这样的事例很少。没准儿有过这样的学者，他们受到威胁，让他们不要再更深入地研究或不让他们教授他们希望教授的内容，或者他们所声称的信念与他们的真实想法不一致。我本人从来没有遇到过什么人说自己碰上了这种事情。在美国过去的五十年里，无论是学术自由还是学者的公民自由都是一个繁荣时期——前者没有出现波折，后者是在麦卡锡主义的威胁停止以后。

然而，从20世纪60年代中期开始，对学术自由的侵犯变得至少与早期对学者的政治自由的侵犯同样常见，或许更甚——在没有办法收集可靠的统计数据的情况下，就能对这种事情做出的估计来看是这样。在公众中带头的是具有攻击性、不是很勇敢的学生，他们受到新闻和电视铺天盖地的正面宣传的鼓励，他们知道比他们年长的人赞扬他们表现出高尚的道德，而这对他们是一种激励。给我印象最深刻的——在经历了经济萧条和麦卡锡时期，并且尽可能近距离地观察了德国教授在纳粹面前的所作所为之后——是美国学术职业的懦弱，以及它对学术自由的理解和关心是何等之少。

九 336

美国学生差不多是一向讨人喜欢和恭顺的年轻人，他们在过去总是全盘接受大学的现状。因此，当学生们反对他们的学校，他们的批评不论多么稀奇古怪，他们说出的话都带着没有经过思考的“真心诚意”，这种冲击使他们的老师不知所措。当造反的学生要求重组课程时，自由派学者发现自己在这一挑战面前无言以对。当学生要求参与“聘用和解聘的决定”，这看起来也是对的。当学生要求在教学中允许“观点的多元性”——意思是教学人员中必须任用激进分子——这个主张看来也不可否认。慎重和怯懦助长支持了应该基于其政治信仰任用某些新人的观点。几年之后，当联邦政府开始介入、在肯定行动的名义下坚持学术人员的任用要先搁置学术标准时，可以用以捍卫学术标准的阵地已经被架空。联邦政府不是坚持要任用激进分子，而是要求任用黑人、波多黎各人、墨西哥人、美国印第安人和女性。除了平等、公正和对过去不公正的纠正，“观点的多元性”再一次出现；社会学提出了“角色榜样”(role models)的思想。黑人和其他人将会带来新的观点；他们也会成为同类人的角色榜样。

只有少数学者抵制这些十分荒谬的说法。他们中的大多数人接受了应用与学术不相干的标准的要求，因为他们觉得这不会影响他们自己的工作，或者是因为他们不敢不这样做，他们从来没有真正想过这个问题。在州的立法者、董事会和专横的校长放弃这块阵地时，麦卡锡、学生激进分子和联邦政府都很快发现，他们可以同样轻而易举地威胁学者。

大多数大学的行政管理人员，支持了联邦政府的这些要损毁大学的要求，他们不想惹麻烦；并且最主要的是，他们不想殃及来自联邦政府的以拨款和合同金形式的大笔研究经费。他们中的大多数人没有表现出什么公开的不满，就屈从了在人员任用上要进一步放弃学术标准的要求。生物医学和物理科学家没有对激进学生的要求做出让步，因为他们的这种学生不多。他们不担心会被迫从少数族裔和女性中任用不称职的成员。他们关心的首先是继续他们的研究；他们对自己的研究的重要性很自信，他们也很自信联邦政府不会强迫他们在他们的标准中搀杂水分。他们不同情那
337 些例外地对联邦政府的霸道进行抵制的行政人员和极少数人文系科的教师。这些科学家，尤其是那些医学院的科学家的态度，表明了他们在专业上的自我中心主义和在承担对大学的整体责任上的漠不关心。

十

对一个在1930年进入到另一个世界并在五十年之后经历了一次过早的复苏的教授来说，这一切何等的奇怪。他言辞温和而

有节制，在政治兴趣和立场上稳健，习惯于过一种安静、平和的学者生活，现代大学的喧哗和忙乱可能让他惶恐不已。他的同事不良的行为方式可能搞得他心烦意乱。大量的保安人员、大学自己的警察力量在校园内和大学建筑物周围巡逻，会让他害怕、而不是给他安全感。在课堂和研讨班上吃东西、喝饮料会让他吃惊。他的同事和学生说话的方式让他不知所措。申请和批准的研究经费总量，会像大大小小的行政人员及其秘书的数量一样让他惊奇不已。但是，最让他不能理解的，还是联邦政府的势力充斥着学校的每一个角落。

在 20 世纪 30 年代末，财政上面临严重困难的美国一流大学的校长们达成一致意见，他们不应该寻求和接受来自联邦政府的财政支持——联邦政府没有向谁主动提供——因为他们担心这种提供会紧跟着政府插手严格的学术问题。在既没有诱惑也没有威胁的时候这是多么大胆的言辞！第二次世界大战之后，联邦政府提供了大量的经费，而大学的校长们欣然接受——或许他们已不是那些对没有被提供的经费不予理会的如此骄傲和体面的校长。其结果，恰恰被他们的那些身无分文的前任说中。

接受大量的研究经费，已经极大地改变了大学。大学规模的扩大，部分来说就是这样做的一个结果；还有一个结果是本科生教学沦落到由一些不做研究的初级教师、研究生和自命不凡之辈来做的地步。大家都整天想着申请经费。即使在没有多少钱也还可以做研究的人文学科，申请、有时并得到研究经费也成了常事。表面上看起来变得更科学的政治学和社会学，需要更多的钱做取样调查和处理更大量的数据。首先被经费套住的自然科学，不屑说 338
需要更多的钱用于购置精致和功能更强大的仪器、为更多的助手和技术人员支付报酬让他们伺候这些工具、分析从这些仪器得到的数据。所有这些活动和所有这些装备都依赖于联邦政府的经费。学生的数量,也取决于联邦政府提供的用于支付学费、生活费和其他费用的拨款和贷款以及用于雇用学生做研究助理的经费。

但是,事情到这里还不算完。与中西部的州立法者和州教育部不同的是,联邦政府从来没有形成理解大学为何物的传统。它在第二次世界大战期间发现大学可以用于军事目的,并从此将大学看成服务于政策目的的工具和对象,而不考虑大学自身的目的。联邦政府通过要求并监督大学遵守"肯定行动"、"人类和动物的权力"、"为残疾者提供入学机会"、"问责制"和其他政策,将大学当成了要大把花钱的熨衣侍女(iron maiden)。这些合同金和拨款以及由此带来的大学对侵入的政府官僚的归顺,逼迫大学扩大了自己的官僚机构以满足保存和上报记录要求;联邦政府如此要求,是为了好监督大学的"顺从"和强制推行"问责制"。大学比从前有更多的行政人员、更多的文牍工作、更多的报告、更多的委员会、更多的事务性会议以及对政府政策更加敏感。

十一

其1810年的备忘录开启了近代大学进程的威廉·冯·洪堡说过,大学需要与世隔绝(Einsamkeit)和自由(Freiheit)。与世隔绝——在一个小的空间中的寂寞、孤立和独善其身——在《美国学者》庆祝它的五十周年时,这是美国大学主要的缺席者。在五十年前该刊的创刊典礼上,它可能是一个羞怯的客人,但现在很难找到它了。能够使个人从其与世隔绝中受益的自由(Freiheit),也比过去设置了更多的障碍,但它还存在着,并且无论是在与学术活动的最佳利益相一致的方式上,还是在对这些利益有害的方式上,它在某些方面比以前有过之而无不及。

在学术活动的某些领域,尤其是在那些重要的大学,教授们很 339
自由。校长和董事会对他们敬畏有加。他们中有些人将他们的自由充分地利用在学术上,取得了重大的发现,写出了充满学问和洞察力的著作。他们中的许多人则由于缺乏学术上的谦恭滥用他们的自由。

对学术自由的滥用,是大学主要是达到学术之外的目的的工具这一信念的结果。欧文·白璧德和亚伯拉罕·弗莱克斯纳所抱怨的对大学的实用主义看法,依然在我们中间有市场,但它已经与学术相调和,也不是无孔不入。对大学更有害的,是过去五十年已经固定的对大学在政治上和有关解放观点的看法。

直到二十五年之前,人们还是认为应该不带偏见地、并怀着对真理的内在价值和追求的赞赏开展学术研究。科学哲学家、历史编纂的理论家和社会科学家现在得出结论说,所有的学术活动都有“意识形态性”,客观性既不是一个有价值的、也不是一个可行的理想。因而,在人文学科没有公认的重要著作;政治论争与社会科学没有区别。在这些理论家中有些人还用这些方法论和社会学的分析来破坏自然科学,但他们在这些领域的工作无法奏效。他们在社会科学和人文学科领域也没有大获全胜,因为许多赞同这些反智和反学术理论的人并没有真正为其所同化。

然而,大学各种形式的政治化、玩世不恭的思想对大学侵入和自诩博学者对客观性知识的蔑视,对大学的核心构成了极大的压力。这一压力源自学术职业自身。五十年之前的学术职业是一个相对较小的圈子，这个圈子里的人自认为服务于一种学术的传统是他们存在的基本条件，无论他们的服务是多么无效。学术职业这个圈子里的人或许是不假思考地、但是很忠实地接受制度和学术上的传统。五十年前的学术职业在很多方面胆小如鼠；它不想招致对抗。除了希望不受干扰可以行使它们的职责，它很少有其他的要求。它的许多成员学问平庸，以一种例行公事和不想苛求自己的方式做着他们的工作；他们过着孤独的生活，不想去主宰社会；它的某些成员是了不起的学者和科学家；别的一些人行为固执、古怪，其中有些人取得了杰出的成就，有些人成就微不足道。有些人工作上磨洋工，但他们做得不声不响，不想用大套的理论为他们的懒惰和逃避开脱。

340 今天的学术职业是一个非常不同的实体。首先，它比过去大得多。在文化和社会渊源上它更具有异质性。它更有活力、更容易激动、更善言辞、更没有礼貌、也更有政治性。今天的学术职业对社会要求更多。它想要更多的资源。它的成员中有数量上足以造成很大影响的人，想要更多的自由来做任何想做的事情，虽然他们想做的既非学术、也非知识上的事情。今天的学术职业想要更多的社会影响；它想要更多的政治影响，并希望利用其被任用的学术职位——任用他们从事教学、研究和保持大学的有效运转的职位——达到政治上的目的。当然，许多学者并不认同这些没有约束的抱负和这种表现欲以及意识形态上的政治欲望。

五十年前的大学俱往矣。不可能再让它重现于今世了，并且即使能，人们也不希望以我作为一个年轻人时对它了解的那样把它带回今世。但它有一个非常健全的核心；它有科学和学问的传统与学术精神,加之很多偶然和没有必要的东西。这些传统设法抵挡住了对其有害的实用主义观点的力量。

今天在大学里发生的很多事情有害于这些传统,但传统是顽强的物种。它们甚至逐步而巧妙地渗透到那些被改造成与学术活动为敌的学者的头脑中。以一种不同的形式在延续着先前的实用观点的解放主义者的反律法主义和平等主义,对当代大学已产生了很大影响——几乎所有的影响都是有害的。然而,它们的根基要浅于科学和学术传统与学术精神,科学和学术传统与学术精神无论如何会抵制这些影响。

爱德华·希尔斯教授著作目录

克里斯蒂娜·C. 施努森伯格、戈登·B.尼维尔

爱德华·希尔斯教授的著作反映出极其广泛的学术兴趣、国际的视野和六十年时间内的巨大成果。他的著作已经在世界各地出版,并得到广泛的重印和翻译。我们试图使这份著作目录尽量全面和准确,但无疑我们没有能够实现这一目标。有些著作还有待于确认,有些重印和翻译的著作已经遗失,有些手稿可能以后会出版。这份著作按照时间顺序编排。在每一年份,书籍排在最前面。然后是期刊上的文章,按照期刊名称的字母顺序排列。接下来是合著书籍中的章节。少量已经得到确认的演讲和专题讨论的录音材料放在最后。几份无法核实的材料没有收录,其中的大多数可能是打算发表但还没有发表。

这份目录的汇编历经数年,反映了若干人的贡献。第一部分,即到 1983 年之前的部分,由希尔斯教授的助手克里斯蒂娜·C.施努森伯格完成初编,并得到了下列学生的帮助:里阿·格林菲尔德(Liah Greenfeld)、米彻尔·马丁(Michel Martin)、约翰·穆霍兰德(John Mulholand)、佩吉·拉姆颇赛德(Peggy Rampersad)和亨瑞克·沃瑞斯特(Henrik Verest)。1985 年 7 月 1 日,恰逢希尔斯教授七十五岁寿辰,这天在芝加哥湖南会馆举行的一次晚宴上,这份目录呈献给了他,以后又分发给学生和同事以作为一份备查材料。1993 年,希尔斯教授表示想把一些新近的内容编入这份目

录，施努森伯格博士答应在他八十五岁寿辰时将这份目录做好。1995年1月23日希尔斯教授逝世后，他以前的学生、现在执教于韦恩(Wayne)州立大学图书馆与信息科学学院的戈登·B.尼维尔对这份目录的完稿和出版准备工作提供了帮助。在施努森伯格博士提供的草稿的基础上，他增加了少数篇目，并提供了一些在初稿和后来的草稿中缺失的细节。尼维尔的工作得到了他在韦恩州立大学的研究生助手查尔斯·巴尼·桑德斯(Charles Barney Sands)的帮助，桑德斯在工作中表现出了非凡的专心致志和坚持不懈的精神。克里斯蒂娜·C. 施努森伯格、戈登·B.尼维尔对其中尚存在的错误和疏忽之处承担全部责任。

1936

(tr. with Louis Wirth) Mannheim, Karl. *Ideology and Utopia: An Introduction to the Sociology of Knowledge*. International Library of Psychology, Philosophy and Scientific Method. London: Kegan Paul, Trench, Trubner & Co.; New York: Harcourt, Brace & Co., 1936. 318pp.

1938

"Limitations on the Freedom of Research and Teaching in the Social Sciences." *Annals of the American Academy of Political and Social Science* 200 (November 1938): 144–64. Reprinted in *The Intellectuals and the Powers and Other Essays* (1972), pp. 307–32.

1939

(with Herbert Goldhamer) "Types of Power and Status." *American Journal of Sociology* 45, no. 2 (September 1939): 171–82. Reprinted as "Power and Status" in *Center and Periphery. Essays in Macrosociology* (1975), pp. 239–48.

1940

(tr.) Mannheim, Karl. *Man and Society in an Age of Reconstruction: Studies in Modern Social Structure*. London: Kegan Paul, Trench, Trubner & Co.; New York: Harcourt, Brace & Co., 1940. 469pp.

"The Bases of Social Stratification in Negro Society: A Research Memorandum." Prepared for the Carnegie-Myrdal study, "The Negro in America." New York: Carnegie Corp, 1940. Typescript. 69 leaves. Available in the Schomburg Collection, New York Public Library, and on microfilm.

1941

(tr. with Edith Lowenstein and Klaus Knorr) Fraenkel, Ernst. *The Dual State: A Contribution to the Theory of Dictatorship*. New York; London: Oxford University Press, 1941. 248pp.

"A Note on Governmental Research on Attitudes and Morale." *American Journal of Sociology* 47, no 3 (September 1941): 472–80.

1945

"Britain and the World: The Position of the Labour Party in Foreign Policy." *Review of Politics* 7, no. 4 (October 1945): 505–24.

1946

"Some Political Implications of the State Department Report." *Bulletin of the Atomic Scientists* 1, no. 9 (April 15, 1946): 7–9, 19.

"Atomic Energy in the House of Commons." *Bulletin of the Atomic Scientists* 1, no. 10 (May 1, 1946): 13–15.

"A Soviet Comment on American Atomic Policy." *Bulletin of the Atomic Scientists* 1, no. 12 (June 1, 1946): 16.

"Social and Psychological Aspects of Displacement and Repatriation." *Journal of Social Issues* 2, no. 3 (August 1946): 3–18.

(with Thomas Finletter and Harold Urey) "The United Nations and the Bomb: A Radio Discussion." University of Chicago Round Table (Radio Program). Chicago: University of Chicago, 1946. Transcript. 28pp.

1947

(with Bruno Bettelheim and Morris Janowitz) "A Study of the Social, Economic, and Psychological Correlates of Intolerance among Urban Veterans of Enlisted Rank" [abstract]. *American Psychologist* 2, no. 8 (August 1947): 323.

"British Atomic Energy Debate." *Bulletin of the Atomic Scientists* 3, no. 2 (February 1947): 52–54.

"The Atomic Bomb and the Veto on Sanctions." *Bulletin of the Atomic Scientists* 3, no. 2 (February 1947): 62–63.

"A Critique of Planning in Science: The Society for Freedom in Science." *Bulletin of the Atomic Scientists* 3, no. 3 (March 1947): 80–82.

"American Policy and the Soviet Ruling Group." *Bulletin of the Atomic Scientists* 3, no. 9 (September 1947): 237–41, 246.

"Atomic Energy Control." *Discovery* 8, no. 4 (April 1947): 114–17.

"Karl Mannheim." *Erasmus* 1, no. 4 (February 15, 1947): 193–96.

"Political Science and Sociology." Review of *Democracy and Industry*, by Constance Reaveley and John Winnington (London: Chatto and Windus, 1947). *Erasmus* 1, nos. 13–14 (August 1947): 693–97.

"Displacement and Repatriation: A Sociological Analysis." *Left News*, no. 127 (January 1947): 3755–61.

"Human Nature in Industrial Societies." *Listener* 37, no. 961 (June 26, 1947): 1005–7.

"European Letter: 1." *University Observer: A Journal of Politics* 1, no. 1 (Winter 1947): 37–41.

"Socialism in America." *University Observer: A Journal of Politics* 1, no. 2 (Summer 1947): 96–102.

"The Present Situation in American Sociology." *Pilot Papers* 2, no. 2 (June 1947): 8–36.

1948

The Atomic Bomb in World Politics. Peace Aims Pamphlet. London: National Peace Council, 1948. 79pp.

The Present State of American Sociology. Glencoe, Ill.: Free Press, 1948. 64pp.

"The House of Lords Debates International Control." *Bulletin of the Atomic Scientists* 4, no. 4 (April 1948): 122–24.

"The Failure of the U.N. Atomic Energy Commission: An Interpretation." *Bulletin of the Atomic Scientists* 4, no. 7 (July 1948): 205–10.

"The Next Phase of International Control Discussions." *Bulletin of the Atomic Scientists* 4, no. 12 (December 1948): 359–62.

"Some Remarks on the Theory of Social and Economic Organization." *Economica*, n.s., 15, no. 57 (February 1948): 36–50.

"The Failure of Atomic Control, Part 1: Russia's Responsibility." *Manchester Guardian*, no. 31,764 (August 3, 1948): 4. Reprinted in *Manchester Guardian Weekly* 59, no. 7 (August 12, 1948): 5.

"The Failure of Atomic Control, Part 2: The American Responsibility." *Manchester Guardian*, no. 31,765 (August 4, 1948): 4. Reprinted in ." *Manchester Guardian Weekly* 59, no. 8 (August 19, 1948): 13.

"The Atomic Problem: Professor Blackett's Book." *Manchester Guardian*, no. 31,845 (November 5, 1948): 4. Reprinted in *Manchester Guardian Weekly* 59, no. 20 (November 11, 1948): 12.

"Russia and the Atom." *New Commonwealth* (London) 9, no. 7 (December 1948): 150–52.

(with Morris Janowitz) "Cohesion and Disintegration in the Wehrmacht in World War II." *Public Opinion Quarterly* 12, no. 2 (Summer 1948): 280–315. Reprinted in *Center and Periphery: Essays in Macrosociology* (1975), pp. 345–83.

1949

(tr. and ed. with Henry A. Finch, with a foreword) *Max Weber on the Methodology of the Social Sciences*. Glencoe, Ill.: Free Press, 1949. 188pp. Later printings as: Weber, Max. *The Methodology of the Social Sciences*.

"Blackett's Apologia for the Soviet Position." Review of *Fear, War, and the Bomb*, by P. M. S. Blackett (New York: Whittlesey, 1949). *Bulletin of the Atomic Scientists* 5, no. 2 (February 1949): 33–47.

"Social Science and Social Policy." *Philosophy of Science* 16, no. 3 (July 1949): 219–42. Reprinted in *The Calling of Sociology and Other Essays on the Pursuit of Learning* (1980), pp. 259–88.

"The Relevance of Sociology." *Universities Quarterly* 3, no. 2 (February 1949): 584–92.

(sound recording with Martin Avrams and Alan Simpson) "The British Welfare State: What Is It?" Radio discussion on University of Chicago Round Table (Radio Program), August 28, 1949. 1 sound tape reel (30 min.). Copy in Michigan State University Library.

1950

"Primary Groups in the American Army." In *Continuities of Social Research: Studies in the Scope and Method of "The American Soldier"*, ed. Robert K. Merton and Paul F. Lazarsfeld (Glencoe, Ill.: Free Press, 1950), pp. 19–39. Reprinted in *Center and Periphery: Essays in Macrosociology* (1975), pp. 384–402.

"Georges Sorel: Introduction to the American Edition." In Georges Sorel, *Reflections on Violence*, translated by T.E. Hulme and J. Roth (Glencoe, Ill.: Free Press, 1950), pp. 13–29.

"Society." In *Chambers's Encyclopædia* (London: George Newnes; New York: Oxford University Press, 1950) 12:670–71.

1951

(with Henry Dicks) *The Soviet Army*. Santa Monica, Calif.: Rand Corporation, 1951.

(ed. with Talcott Parsons) *Toward a General Theory of Action*. Cambridge, Mass.: Harvard University Press, 1951. 506pp. Reprinted as *Toward a General Theory of Action: Theoretical Foundations for the Social Sciences*. New York: Harper Torchbooks, Harper & Row, 1962.

"The Soviet Elite: Analysis of a Legend." *Bulletin of the Atomic Scientists* 7, no. 3 (March 1951): 77–80.

"Congressional Investigations: The Legislator and His Environment." *University of Chicago Law Review* 18, no. 3 (Spring 1951): 571–84.

"Informal Organization and Formal Organization." In *Human Relations in Administration: The Sociology of Organization, with Readings and Cases*, ed. Robert Dubin (Englewood Cliffs, N.J.: Prentice-Hall, 1951), pp. 49–51.

(with Herbert Goldhamer) "Types of Power." In *Human Relations in Administration: The Sociology of Organization, with Readings and Cases*, ed. Robert Dubin (Englewood Cliffs, N.J.: Prentice-Hall, 1951), pp. 182–87.

"The Study of the Primary Group." In *The Policy Sciences: Recent Developments in Scope and Methods*, ed. Harold D. Lasswell and Daniel Lerner (Palo Alto, Calif.: Stanford University Press, 1951), pp. 44–69.

"L'etude du groupe elementaire." In *Les "Sciences de la Politique" aux Etats Unis*, ed. Harold D. Lasswell and Daniel Lerner (Paris: Librairie Armand Colin, 1951), pp. 65–104.

1952

"America's Paper Curtain." *Bulletin of the Atomic Scientists* 8, no. 7 (October 1952): 210–17.

"Lo stato attuale della sociologia americano" (translation of *The Present State of American Sociology*). Parts 1–4. *Quaderni di Sociologia*, no. 4 (Spring 1952): 179–90; no. 5 (Summer 1952): 3–10; no. 6 (Autumn 1952): 90–108; no. 7 (Winter 1953): 155–67.

1953

(with Talcott Parsons and Robert F. Bales) *Working Papers on the Theory of Action.* Glencoe, Ill.: Free Press, 1953. 269pp. Reprinted, Westport, Conn.: Greenwood Press, 1981.

(with Michael Young) "The Meaning of the Coronation." *Sociological Review*, n.s., 1, no. 2 (December 1953): 63–81. Reprinted in *Center and Periphery: Essays in Macrosociology* (1975), pp. 135–52.

1954

(tr. with Max Rheinstein) *Max Weber on Law in Economy and Society*, ed. by Max Rheinstein. Cambridge, Mass.: Harvard University Press, 1954. 363pp.

"Conspiratorial Hallucinations." Review of *The Secret War for the A-Bomb*, by Medford Evans (Chicago: H. Regnery, 1953). *Bulletin of the Atomic Scientists* 10, no. 2 (February 1954): 51–54.

"The Scientific Community: Thoughts after Hamburg." *Bulletin of the Atomic Scientists* 10, no. 5 (May 1954): 151–55. Reprinted in *The Intellectuals and the Powers and Other Essays* (1972), pp. 204–12.

"Scientists Affirm Faith in Oppenheimer" [statement]. *Bulletin on the Atomic Scientists* 10, no. 5 (May 1954): 189.

"The Slippery Slope." *Bulletin of the Atomic Scientists* 10, no. 6 (June 1954): 242, 256.

"Scientists, Administrators and Politicians: The Report of the Riehlman Committee." *Bulletin of the Atomic Scientists* 10, no. 10 (December 1954): 371–74.

"Populism and the Rule of Law." In *Conference on Jurisprudence and Politics* (1954), ed. Scott Buchanan et al. (Chicago: University of Chicago Law School, 1955), pp. 91–107.

"Authoritarianism 'Right' and 'Left'." In *Studies in the Scope and Method of 'The Authoritarian Personality'*, ed. Richard Christie and Marie Jahoda (Glencoe, Ill.: Free Press, 1954), pp. 24–49.

1955

(ed.) "Secrecy, Security and Loyalty" [collection of articles on this theme]. *Bulletin of the Atomic Scientists* 11, no. 4 (April 1955): 106–69.

"Security and Science Sacrificed to Loyalty." *Bulletin of the Atomic Scientists* 11, no. 4 (April 1955): 106–9, 130.

"The Intellectuals: Great Britain." *Encounter* 4, no. 4 (April 1955): 5–16. Reprinted as "British Intellectuals in the Twentieth Century" in *The Intellectuals and the Powers and Other Essays* (1972), pp. 135–53.

(contributor) *Science and Freedom: The Proceedings of a Conference Convened by the Congress for Cultural Freedom and Held in Hamburg on July 23rd-26th, 1953* (London: Martin Secker & Warburg, 1955), pp. 48–49, 174–175, 180.

1956

The Torment of Secrecy: The Background and Consequences of American Security

Policies. Glencoe, Ill.: Free Press; London: Heinemann, 1956. 238pp. Reprinted, Carbondale: Southern Illinois University Press (Arcturus Paperbacks); London: Feffer & Simons, 1974. Reprinted with an introduction by Daniel P. Moynihan, Chicago: Ivan R. Dee (Elephant Paperbacks), 1996.

"Milan Conference." *Bulletin of the Atomic Scientists* 12, no. 2 (February 1956): 38–40.

"Two Patterns of Publicity, Privacy, and Secrecy." *Bulletin of the Atomic Scientists* 12, no. 6 (June 1956): 215–20.

1957

"Primordial, Personal, Sacred, and Civil Ties: Some Particular Observations on the Relationship of Sociological Research and Theory." *British Journal of Sociology* 8, no. 2 (June 1957): 130–45. Reprinted in *Selected Essays* (1970), pp. 37–52; *Center and Periphery: Essays in Macrosociology* (1975), pp. 111–26.

"Freedom and Influence: Observations on the Scientists' Movement in the United States." *Bulletin of the Atomic Scientists* 13, no. 1 (January 1957): 13–18. Reprinted in *The Intellectuals and the Powers and Other Essays* (1972), pp. 196–203.

"The Intellectuals, Public Opinion, and Economic Development." *Economic Development and Cultural Change* 6, no. 1 (October 1957): 55–62.

"Daydreams and Nightmares: Reflections on the Criticism of Mass Culture." *Sewanee Review* 65, no. 4 (October-December 1957): 586–608. Reprinted in *The Intellectuals and the Powers and Other Essays* (1972), pp. 248–64.

1958

"The Intellectuals and the Powers: Some Perspectives for Comparative Analysis." *Comparative Studies in Society and History* 1, no. 1 (October 1958): 5–22. Reprinted in *The Intellectuals and the Powers and Other Essays* (1972), pp. 3–22; *The Constitution of Society* (1982), pp. 179–201.

"Tradition and Liberty: Antinomy and Interdependence." *Ethics* 68, no. 3 (April 1958): 153–65.

"Ideology and Civility: On the Politics of the Intellectual." *Sewanee Review* 66, no. 3 (July-September 1958): 450–80. Reprinted in *The Intellectuals and the Powers and Other Essays* (1972), pp. 42–70.

"Intellectuals, Public Opinion, and Economic Development." *World Politics* 10, no. 2 (January 1958): 232–55. Reprinted in *The Intellectuals and the Powers and Other Essays* (1972), pp. 424–44.

"The Concentration and Dispersion of Charisma: Their Bearing on Economic Policy in Underdeveloped Countries." *World Politics* 11, no. 1 (October 1958): 1–19. Reprinted in *Selected Essays* (1970), pp. 53–71; *Center and Periphery: Essays in Macrosociology* (1975), pp. 405–21.

1959

"Old Societies, New States: A Dialogue at Rhodes." *Encounter* 12, no. 3 (March 1959): 32–41.

"La Metropolis y la Provincia en la Comunidad Intellectual." *Revista de Ciencias Sociales* 3, no. 4 (December 1959): 493–508.
"The Culture of the Indian Intellectual." *Sewanee Review* 67, no. 2 (April-June 1959): 239–61.
"The Prospects for Intellectuals: Reflections of a Sociologist." *Soviet Survey*, no. 29 (July-September 1959): 81–89.
"Ideology and Civility." *Twentieth Century* 166, no. 989 (July 1959): 3–12.
"Social Inquiry and the Autonomy of the Individual." In *The Human Meaning of the Social Sciences*, ed. Daniel Lerner (Cleveland, Ohio: Meridian Books, World Publishing Co., 1959), pp. 114–57. Reprinted in expanded form as "Social Inquiry and the Autonomy of the Private Sphere" in *The Calling of Sociology and Other Essays on the Pursuit of Learning* (1980), pp. 421–51.
"Resentments and Hostilities of Legislators: Sources, Objects, Consequences." In *Legislative Behavior*, ed. John C. Wahlke and Heinz Eulau (Glencoe, Ill.: Free Press, 1959), pp. 347–54.

1960

(ed. with Talcott Parsons) *Koi no Sogo Riron o Mezashite* (translation of *Toward a General Theory of Action*, pts. 1–2). Translated by Nagai Michio, Sakuta Keiichi, Hashimoto Makoto Kyoyaku. Tokyo: Nihon Hyoron Shinsha, 1960. 445pp.
"The Moral Relationship between the Investigator and His 'Data'." *Bollettino del Centro per la Ricerca operativa* 2, no. 1 (1960): 15–23.
"Political Development in the New States." Parts 1 and 2. *Comparative Studies in Sociology and History* 2, no. 3 (April 1960): 265–92; 2, no. 4 (July 1960): 379–411.
"Mass Society and Its Culture." *Daedalus* 89, no. 2 (Spring 1960): 288–314. Reprinted in *Culture for the Millions? Mass Media in Modern Society*, ed. Norman Jacobs (New York: D. Van Nostrand, 1961; Boston: Beacon Press, 1964), pp. 1–27. Reprinted in expanded form in *The Intellectuals and the Powers and Other Essays* (1972), pp. 229–47.
"The Traditions of Intellectual Life: Their Conditions of Existence and Growth in Contemporary Societies." *International Journal of Comparative Sociology* 1, no 2 (September 1960): 177–94. Reprinted in *The Intellectuals and the Powers and Other Essays* (1972), pp. 71–94.
"On the Eve." *Twentieth Century* 167, no. 999 (May 1960): 445–59.
"The Intellectual in the Political Development of the New States." *World Politics* 12, no. 3 (April 1960): 329–68. Reprinted in *The Intellectuals and the Powers and Other Essays* (1972), pp. 386–423.
"The Traditions of Intellectuals." In *The Intellectuals: A Controversial Portrait*, ed. George B. de Huszar (Glencoe, Ill.: Free Press, 1960), pp. 55–61.
"The Prospects for Lebanese Civility." In *Politics in Lebanon*, ed. Leonard Binder (New York: John Wiley & Sons, 1960), pp. 1–11.

1961

The Intellectual between Tradition and Modernity: The Indian Situation. Comparative Studies in Society and History; Supplement 1. The Hague: Mouton, 1961. 120pp.
(ed. with Talcott Parsons, Kasper D. Naegele and Jesse R. Pitts) *Theories of Society:*

Foundations of Modern Sociological Theory. New York: Free Press of Glencoe, 1961. 2 v. (1479pp.)

"Scientific Development in the New States." *Bulletin of the Atomic Scientists* 17, no. 2 (February 1961): 48–52.

"The False Prospero: Observations on Mrs. Elspeth Huxley." *Encounter* 17, no. 1 (July 1961): 82–87.

"Indian Students: Rather Sadhus Than Philistines." *Encounter* 17, no. 3 (September 1961): 12–20.

"Further Observations on Mrs. Huxley." *Encounter* 17, no. 4 (October 1961): 44–49.

"Definitions of Culture." *New Statesman* 61, no. 6 (June 2, 1961): 812.

"Society: The Idea and Its Sources". *Revue internationale de philosophie* 15, no. 55 (1961): 93–114. Reprinted in *Center and Periphery: Essays in Macrosociology* (1975), pp. 17–33.

"The Need for Disciplined Inquiry." *Universities Quarterly* 16, no. 1 (December 1961): 14–18.

"Professor Mills on the Calling of Sociology." Review of *The Sociological Imagination*, by C. Wright Mills (New York: Oxford University Press, 1959). *World Politics* 13, no. 4 (July 1961): 600–21.

"Metropolis and Province in the Intellectual Community." In *Changing India: Essays in Honour of Professor D. R. Gadgil*, ed. N. V. Sovani V. M. Dandekar (Bombay and London: Asia Publishing House, 1961), pp. 275–94. Reprinted in *The Intellectuals and the Powers and Other Essays* (1972), pp. 355–71.

"Mass Society and Its Culture." In *Culture for the Millions? Mass Media in Modern Society*, ed. Norman Jacobs (New York: D. Van Nostrand, 1961), pp. 1–27; also contributions to panel discussion on pp. 155–200. Paperback reprint, Boston: Beacon Press, 1964.

"Social Sciences and Law." In *The Great Ideas Today, 1961* (Chicago: William Benton, 1961).

"Organizational Goals and Primary Groups." In *Human Relations in Administration, with Readings and Cases*, ed. Robert Dubin (2nd ed., Englewood Cliffs, N.J.: Prentice-Hall, 1961), pp. 81–83.

(with Herbert Goldhamer) "Types of Power." In *Human Relations in Administration, with Readings and Cases*, ed. Robert Dubin (2nd ed., Englewood Cliffs, N.J.: Prentice-Hall, 1961), pp. 247–52

"Centre and Periphery." In *The Logic of Personal Knowledge: Essays Presented to Professor Michael Polanyi* (London: Routledge and Kegan Paul; New York: Free Press of Glencoe, 1961), pp. 117–30. Reprinted in *Selected Essays* (1970), pp. 1–14; *Center and Periphery: Essays in Macrosociology* (1975), pp. 3–16; *The Constitution of Society* (1982), pp. 93–109.

"Influence and Withdrawal: The Intellectuals in Indian Political Development." In *Political Decision Makers*, ed. Dwaine Marvick (New York: Free Press of Glencoe, 1961), pp. 29–56.

"Scientific Development in the New States." In *Science and the New Nations: The Proceedings of the International Conference on Science in the Advancement of New States at Rehovoth, Israel*, ed. Ruth Gruber (New York: Basic Books, 1961), pp. 217–26. Reprinted in *The Intellectuals and the Powers and Other Essays* (1972), pp. 457–66.

"The Calling of Sociology." In *Theories of Society: Foundations of Modern Sociological Theory*, ed. Edward Shils, Talcott Parsons, Kasper D. Naegele and Jesse

R. Pitts (New York: Free Press of Glencoe, 1961), pp. 1405–48. Reprinted in *Selected Essays* (1970), pp. 99–142; reprinted in expanded form in *The Calling of Sociology and Other Essays in the Pursuit of Learning* (1980), pp. 3–92.

"The Macrosociological Problem: Consensus and Dissensus in the Larger Society." In *Trends in Social Science*, ed. Donald P. Ray (New York: Philosophical Library, 1961), pp. 60–83.

"Class." In *Encyclopædia Britannica* (Chicago: Encyclopædia Britannica, 1961): 5:766–68. Reprinted in *Center and Periphery: Essays in Macrosociology* (1975), pp. 249–55.

1962

(ed.) *Minerva: A Review of Science, Learning and Policy* 1 (1962)-32 (1994).

Political Development in the New States. The Hague: Mouton, 1962. 91pp.

"The Theory of Mass Society." *Diogenes*, no. 39 (July-September 1962): 45–66. Reprinted in *Selected Essays* (1970), pp. 15–36; *Center and Periphery: Essays in Macrosociology* (1975), pp. 91–107; *The Constitution of Society* (1982), pp. 69–89.

"Politicians and Scientists." *Encounter* 18, no. 1 (January 1962): 103–6.

"Indian Students: Rather Sadhus Than Philistines." *Journal of Sociology* (Jabalpur, India) (1962): 33–52.

"Minerva" [editorial]. *Minerva* 1, no. 1 (Autumn 1962): 5–17.

"The Military in the Political Development of the New States." In *The Role of the Military in Underdeveloped Countries*, ed. John J. Johnson (Princeton, N.J.: Princeton University Press, 1962), pp. 7–67. Reprinted in *Center and Periphery: Essays in Macrosociology* (1975), pp. 483–516.

"The Autonomy of Science." In *The Sociology of Science*, ed. Bernard Barber and Walter Hirsch (New York: Free Press of Glencoe, 1962), pp. 610–22.

1963

"The Bookshop in America." *Daedalus* 92, no. 1 (Winter 1963): 92–104.

"Observations on the American University." *Universities Quarterly* 17, no. 2 (March 1963): pp. 182–93. Reprinted in *The Intellectuals and the Powers and Other Essays* (1972), pp. 298–306.

"The Theory of Mass Society." In *America as a Mass Society*, ed. Phillip Olson (New York: Free Press of Glencoe, 1963), pp. 30–47.

"The Bookshop in America." In *The American Reading Public: What It Reads, Why It Reads*, ed. Roger H. Smith (New York: R. R. Bowker, 1963), pp. 138–50.

"The Asian Intellectual." In *Asia: A Handbook*, ed. Guy Wint (New York: Frederick A. Praeger, 1963), pp. 596–607. Reprinted as "Asian Intellectuals" in *The Intellectuals and the Powers and Other Essays* (1972), pp. 372–85.

"Why the Failure." In *The Atomic Age: Scientists and World Affairs*, ed. Morton Grodzins and Eugene Rabinowitch (New York: Basic Books, 1963), pp. 76–91.

"America's Paper Curtain." In *The Atomic Age: Scientists and World Affairs*, ed. Morton Grodzins and Eugene Rabinowitch (New York: Basic Books, 1963), pp. 414–27.

"Demagogues and Cadres in the Political Development of the New States." In *Communications and Political Development*, ed. Lucian W. Pye (Princeton, N.J.: Princeton University Press, 1963), pp. 64–77. Reprinted in *The Intellectuals and the Powers and Other Essays* (1972), pp. 445–56.

"British Intellectuals." In *Encounters: An Anthology from the First Ten Years of Encounter Magazine*, editors: Stephen Spender, Irving Kristol, Melvin J. Lasky; selected by Melvin J. Lasky (London: Weidenfeld & Nicolson; New York: Basic Books, 1963), pp. 177–94.

"The Contemplation of Society in America." In *Paths of American Thought*, ed. Arthur M. Schlesinger, Jr., and Morton White (Boston: Houghton Mifflin, 1963), pp. 392–410. Reprinted in *The Calling of Sociology and Other Essays on the Pursuit of Learning* (1980), pp. 95–133.

1964

"Leo Szilard, A Memoir." *Encounter* 23, no. 6 (December 1964): 35–41.

"Know-Nothings and Eggheads." *Spectator* 212, no. 7077 (February 14, 1964): 217.

"The Charismatic Center." *Spectator* 213, no. 7115 (November 6, 1964): 608.

"The High Culture of the Age." In *The Arts and Society*, ed. Robert N. Wilson (Englewood Cliffs, N.J.: Prentice-Hall, 1964), pp. 315–62. Reprinted in *The Intellectuals and the Powers and Other Essays* (1972), pp. 97–134.

"The Military in the Political Development of the New States." In *Development and Society: The Dynamics of Economic Change*, ed. David E. Novak and Robert Lekachman (New York: St. Martin's Press, 1964), pp. 393–405.

"The Fortunes of Constitutional Government in the Political Development of the New States." In *Development: For What?*, ed. John J. Hallowell (Durham, N.C.: Published for the Lilly Endowment Research Program in Christianity and Politics by Duke University Press, 1964), pp. 103–43. Reprinted in *Center and Periphery: Essays in Macrosociology* (1975), pp. 456–82.

1965

"Charisma, Order and Status." *American Sociological Review* 30, no. 2 (April 1965): 199–213. Reprinted in *Center and Periphery: Essays in Macrosociology* (1975), pp. 256–75; *The Constitution of Society* (1982), pp. 119–42.

"Toward a Modern Intellectual Community in the New States." In *Education and Political Development*, ed. James S. Coleman (Princeton, N.J.: Princeton University Press, 1965), pp. 498–518. Reprinted in *The Intellectuals and the Powers and Other Essays* (1972), pp. 335–54.

1966

"Opposition in the New States of Asia and Africa." *Government and Opposition* 1, no. 2 (February 1966): 175–204.

"Privacy: Its Constitution and Vicissitudes." *Law and Contemporary Problems* 31, no. 2 (Spring 1966): 281–306. Reprinted in *Selected Essays* (1970), pp. 73–98.

"The African Intellectuals." In *Christianity and African Education: The Papers of a Conference at the University of Chicago*, ed. R. Pierce Beaver (Grand Rapids, Mich.: William B. Eardmans Publishing Co., 1966), pp. 123–38.

"Modernization and Higher Education." In *Modernization: The Dynamics of Growth*, ed. Myron Weiner (Washington, D.C.: Voice of America Forum Lectures, 1966), pp. 87–103; also published: (New York: Basic Books, 1966), pp. 81–97.

(with Morris Janowitz) "Cohesion and Disintegration in the Wehrmacht in World War II." In *Reader in Public Opinion*, ed. Bernard Berelson and Morris Janowitz (2nd ed., New York: Free Press, 1966), pp. 402–17.

"Mass Society and Its Culture." In *Reader in Public Opinion*, ed. Bernard Berelson and Morris Janowitz (2nd ed., New York: Free Press, 1966), pp. 505–28.

"Society." In *Chambers's Encyclopedia* (Oxford: Pergamon Press, 1966) 12:667–68.

1967

"The Intellectuals and the Future." *Bulletin of the Atomic Scientists* 23, no. 8 (October 1967): 7–14. Reprinted in *The Intellectuals and the Powers and Other Essays* (1972), pp. 213–28.

"Color, the Universal Intellectual Community, and the Afro-Asian Intellectual." *Daedalus* 96, no. 2 (Spring 1967), pp. 279–95. Reprinted in *The Intellectuals and the Powers and Other Essays* (1972), pp. 467–81.

"The Sanctity of Life." *Encounter* 28, no. 1 (January 1967), pp. 39–49. Reprinted in *Center and Periphery: Essays in Macrosociology* (1975), pp. 219–35.

"The Ways of Sociology." *Encounter* 28, no. 6 (June 1967): 85–91.

"Tendenza della Ricerca Sociologica." *Quaderni di Sociologia* 16, no. 1 (January-March 1967): 3–37.

"Privacy and Power." In *Contemporary Political Science: Toward Empirical Theory*, ed. Ithiel de Sola Pool (New York: McGraw-Hill, 1967). Reprinted in *Center and Periphery: Essays in Macrosociology* (1975), pp. 317–44.

"The Stratification System of Mass Society." In *Social and Economic Change: Essays in Honour of Prof. D. P. Mukerji*, ed. Balgit Singh and V. B. Singh (Bombay; New York: Allied Publishers, 1967), pp. 163–77. Reprinted in *Center and Periphery: Essays in Macrosociology* (1975), pp. 304–14.

1968

(ed.) *Criteria for Scientific Development: Public Policy and National Goals: A Selection of Articles from Minerva.* Cambridge, Mass.: M.I.T Press, 1968. 207pp.

(ed. with Talcott Parsons) *Hacia una teoría general de la acción* (translation of *Toward a General Theory of Action*). Buenos Aires: Editorial Kapelusz, 1968. 555pp.

"The Profession of Science." *Advancement of Science* 24, no. 122 (June 1968): 469–79.

"The Intellectual in Developing Nations." *Dialogue* 1, no. 2 (1968): 31–36.

"Consenso e Dissenso." *Rassegna Italiana de Sociologia* 9, no. 1 (January-March 1968): 23–48.

"The Implantation of Universities: Reflections on a Theme of Ashby." *Universities Quarterly* 22, no. 2 (March 1968): 142–66.

"Society and Societies: The Macro-Sociological View." In *American Sociology: Perspectives, Problems, Methods*, ed. Talcott Parsons (New York: Basic Books, 1968), pp. 287–303. Reprinted in *Center and Periphery: Essays in Macrosociology* (1975), pp. 34–47; *The Constitution of Society* (1982), pp. 53–68.

"Charisma." In *International Encyclopedia of the Social Sciences* (New York: Macmillan Co. & Free Press, 1968), 2:386–90. Reprinted in *Center and Periphery: Essays in Macrosociology* (1975), pp. 127–34; *The Constitution of Society*

(1982), pp. 110–18.

"The Concept of Consensus." In *International Encyclopedia of the Social Sciences* (New York: Macmillan Co. & Free Press, 1968), 3:260–66.

"The Concept and Function of Ideology." In *International Encyclopedia of the Social Sciences* (New York: Macmillan Co. & Free Press, 1968), 7:66–76. Reprinted as "Ideology" in *The Intellectuals and the Powers and Other Essays* (1972), pp. 23–41; *The Constitution of Society* (1982), pp. 202–223.

"Intellectuals." In *International Encyclopedia of the Social Sciences* (New York: Macmillan Co. & Free Press, 1968), 7:399–415.

"Karl Mannheim." In *International Encyclopedia of the Social Sciences* (New York: Macmillan Co. & Free Press, 1968), 9:557–62.

"The Sanctity of Life." In *Life or Death: Ethics and Options: Six Essays* (Portland, Ore.: Reed College, 1968), pp. 2–38. Reprinted, Seattle: University of Washington Press, 1970.

"Ritual and Crisis." In *The Religious Situation*, ed. Donald R. Cutler (Boston: Beacon Press, 1968), pp. 733–48. Reprinted in *Center and Periphery: Essays in Macrosociology* (1975), pp. 153–63.

"Deference." In *Social Stratification*, ed. John A. Jackson (Cambridge: Cambridge University Press, 1968), pp. 104–32. Reprinted in *Center and Periphery: Essays in Macrosociology* (1975), pp. 276–303; *The Constitution of Society* (1982), pp. 143–75.

1969

"Plenitude and Scarcity: The Anatomy of an International Cultural Crisis." *Encounter* 32, no. 5 (May 1969): 37–48. Reprinted in *The Intellectuals and the Powers and Other Essays* (1972), pp. 265–97.

"The Academic Profession in India." *Minerva* 7, no. 3 (Spring 1969): 345–72.

"The Intellectuals and the Powers: Some Perspectives for Comparative Analysis." In *On Intellectuals: Theoretical Studies, Case Studies*, ed. Philip Rieff (Garden City, N.Y.: Doubleday, 1969), pp. 25–48.

"Reflections on Deference." In *Politics, Personality, and Social Science in the Twentieth Century: Essays in Honor of Harold D. Lasswell*, ed. Arnold A. Rogow (Chicago: University of Chicago Press, 1969), pp. 297–345.

1970

Selected Essays. Chicago: Center for Social Organization Studies, Department of Sociology, University of Chicago, 1970. 142pp.

"Tradition, Ecology, and Institution in the History of Sociology." *Daedalus* 99, no. 4 (Autumn 1970): 760–825. Reprinted in *The Calling of Sociology and Other Essays on the Pursuit of Learning* (1980), pp. 165–256; *The Constitution of Society* (1982), pp. 275–383.

"Aspects of Sociology: The Tyranny of Tradition, Some Prefatory Remarks." *Encounter* 34, no. 3 (March 1970): 57–61.

"The Hole in the Centre: University Government in the United States" [editorial]. *Minerva* 8, no. 1 (January 1970): 1–7.

"How Many Scientists and Technologists?" [editorial]. *Minerva* 8, no. 2 (April 1970): 155–59.

"Are Academics Fit for Self-Government?" Review of *The American University: How It Runs, Where It Is Going*, by Jacques Barzun (London: Oxford University Press, 1969). *Minerva* 8, no. 2 (April 1970): 308–13.

"A Neglected Problem of Science Policy" [editorial]. *Minerva* 8, no. 3 (July 1970): 321–24.

Introduction to Reports and Documents: "Presidents and Professors in American University Government." *Minerva* 8, no. 3 (July 1970): 440.

"The Political University and Academic Freedom" [editorial]. *Minerva* 8, no. 4 (October 1970): 479–91.

"Student Participation: Consultation or Voting Power." Review of *The Rise of the Student Estate in Britain*, by Eric Ashby and Mary Anderson (London: Macmillan, 1970). *Minerva* 8, no. 4 (October 1970): 611–23.

"Report of the Committee on the Criteria of Academic Appointment." *University of Chicago Record* 4, no. 6 (December 17, 1970): 1–15.

1971

Génesis de la sociología contemporánea (translation of "Tradition, Ecology, and Institution in the History of Sociology"). Madrid: Seminarios y Ediciones, 1971. 169pp.

"Tradition." *Comparative Studies in Society and History* 13, no. 2 (April 1971): 122–59. Reprinted in *Center and Periphery: Essays in Macrosociology* (1975), pp. 182–218.

"The Disestablishment of Science." *Encounter* 37, no. 5 (November 1971): 88–93.

"Of Pride and Men of Little Faith" [editorial]. *Minerva* 9, no. 1 (January 1971): 1–6.

"Academic Appointment, University Autonomy and the Federal Government" [editorial]. *Minerva* 9, no. 2 (April 1971): 161–70.

"The Criteria of Academic Appointment" [report of the Committee on the Criteria of Academic Appointment, University of Chicago]. *Minerva* 9, no. 2 (April 1971): 272–90.

"No Salvation Outside Higher Education" [editorial]. *Minerva* 9, no. 3 (July 1971): 313–21.

Introduction to Reports and Documents: "Consultation or Voting Power," by Eric Ashby and Mary Anderson. *Minerva* 9, no. 3 (July 1971): 400.

"Anti-Science" [editorial]. *Minerva* 9, no. 4 (October 1971): 441–50.

"Deferencia." In *Estratificación social* (translation of *Social Stratification*), by John A. Jackson, Edward Shils, Mark Abrams and others (Barcelona: Ediciones Peninsula, 1971). pp. 125–59.

"From Periphery to Center: The Changing Place of Intellectuals in American Society." In *Stability and Social Change*, ed. Bernard Barber and Alex Inkels (Boston: Little, Brown, 1971): 211–43.

1972

The Intellectuals and the Powers and Other Essays. Selected Papers of Edward Shils 1. Chicago: University of Chicago Press, 1972. 481pp. Includes the following previously unpublished essay: "Intellectuals and the Center of Society in the United States."

"Lo sviluppo politico degli stati nuovi: la volontà di essere moderni." *Centro Sociale* 19 (December 1972): 49–78.

"Intellectuals, Tradition, and Traditions of Intellectuals: Some Preliminary Considerations." *Daedalus* 101, no. 2 (Spring 1972): 21–34.

"The Prospect of Civility." *Encounter* 39, no. 5 (November 1972): 32–37.

"*Minerva*: The Past Decade and the Next" [editorial]. *Minerva* 10, no. 1 (January 1972): 1–9.

Introduction to Reports and Documents: "The Obligations of Scientists as Counsellors." *Minerva* 10, no. 1 (January 1972): 107–10.

Introduction to Reports and Documents: "Universities in Danger: The United States Office for Civil Rights contra Columbia University." *Minerva* 10, no. 2 (April 1972): 319.

"Stanford and Berlin: The Spheres of Politics and Intellect" [editorial]. *Minerva* 10, no. 3 (July 1972): 351–61.

"The Invitation to Caesar" [editorial]. *Minerva* 10, no. 4 (October 1972): 513–18.

1973

"The American Private University." *Minerva* 11, no 1 (January 1973): 6–29.

"The Redemptive Power of Science" [editorial]. *Minerva* 11, no. 1 (January 1973): 1–5.

Introduction to Reports and Documents: "The Sociological and Psychological Study of Scientific Activity," by D. M. Gvishiani, S .R. Mikulinsky, and M. G. Yaroshevsky. *Minerva* 11, no. 1 (January 1973): 121.

"Trojan Horses" [editorial]. *Minerva* 11, no. 3 (July 1973): 285–89.

"Muting the Social Sciences at Berkeley" [editorial]. *Minerva* 11, no. 3 (July 1973): 290–95.

"The Freedom of Teaching and Research" [editorial]. *Minerva* 11, no. 4 (October 1973): 433–41.

(ed. and tr. with introductory note) "The Power of the State and the Dignity of the Academic Calling in Imperial Germany: The Writings of Max Weber on University Problems." *Minerva* 11, no. 4 (October 1973): 571–632.

1974

(ed. and tr. with introductory note) *Max Weber on Universities: The Power of the State and the Dignity of the Academic Calling in Imperial Germany*. Chicago: University of Chicago Press, 1974. 62pp.

"Twentieth-Century Classics Revisited: *Ideology and Utopia* by Karl Mannheim." *Daedalus* 103, no. 1 (Winter 1974): 83–89.

"Faith, Utility and the Legitimacy of Science." *Daedalus* 103, no. 3 (Summer 1974): 1–15.

"'Elitism'" [editorial]. *Minerva* 12, no. 1 (January 1974): 1–7.

Introduction to Reports and Documents: "The Reorganization of Higher Education in Sweden." *Minerva* 12, no. 1 (January 1974): 83–114.

"The Public Understanding of Science" [editorial]. *Minerva* 12, no. 2 (April 1974): 153–58.

Introduction to Reports and Documents: "Identity and Openness in Higher Education." *Minerva* 12, no. 2 (April 1974): 258.

"An Unresolved Dilemma" [editorial]. *Minerva* 12, no. 3 (July 1974): 295–302.

Introduction to Reports and Documents: "Social Science Policy in a New State: A Programme for the Stimulation of the Social Sciences in Indonesia," by Clifford Geertz. *Minerva* 12, no. 3 (July 1974): 365.

"The Enemies of Academic Freedom" [editorial]. *Minerva* 12, no. 4 (October 1974): 405–15.

"Sources of Charge in Character and Functions of Universities." *Universities Quarterly* 28, no. 3 (Summer 1974): 310–17.

"Memorial Tribute: Lloyd A. Fallers, 1925–1974." *University of Chicago Record* 8, no. 7 (November 1974): 214–17.

(sound recording with Hal Walker, moderator; Edward E. David, Jr.; and Herbert Goldhamer) *The Role of the Scientist in a Democracy*. Conversations from Wingspread; R-116. Racine, Wis.: Johnson Foundation, 1974. On 1 side of 1 sound cassette (28 min., 29 sec.). Copies in Michigan State University Library; University of Wisconsin, Parkside Library.

1975

Center and Periphery: Essays in Macrosociology. Selected Papers of Edward Shils 2. Chicago: University of Chicago Press, 1975. 516pp. Includes the following previously unpublished essays: "The Integration of Society," "Consensus," and "Opposition in the New States of Asia and Africa."

(with Talcott Parsons and Paul F. Lazarsfeld) *Soziologie, autobiographisch: Drei kritische Berichte zur Entwicklung einer Wissenschaft*. Stuttgart: Ferdinand Enke, 1975. 232pp.

"The Academic Ethos Under Strain." *Minerva* 13, no. 1 (Spring 1975): 1–37.

Introduction to Reports and Documents. "The Intellectual Situation in German Higher Education," by Walter Rüegg. *Minerva* 13, no. 1 (Spring 1975): 103.

"The Confidentiality and Anonymity of Assessment" [editorial]. *Minerva* 13, no. 2 (Summer 1975): 135–51.

Introduction to Reports and Documents: "The Right to Speak in American Universities: The University of Chicago; Yale University." *Minerva* 13, no. 2 (Summer 1975): 303, 305.

"Alternatives to Judgement by Peers" [editorial]. *Minerva* 13, no 3 (Autumn 1975): 341–48.

"Social Science as Centrality." *Society* 12, no. 5 (July-August 1975): 6–9.

"The Academic Ethos Under Strain." In *Universities in the Western World*, ed. Paul Seabury (New York: Free Press, 1975), pp. 16–46.

1976

Los intelectuales en los países en desarrollo (translation of *The Intellectuals and the Powers*). Buenos Aires: Ediciones Tres Tiempos, 1976. 214pp.

Los intelectuales en las sociedades modernas (translation of *The Intellectuals and the Powers*). Translated by Flora Setaro. México: DIMELISA, 1976. 327pp. Reprinted, Buenos Aires: Ediciones Tres Tiempos, 1981.

"Intellectuals and Their Discontents." *American Scholar* 45, no. 2 (Spring 1976): 181–203.

"What is a Liberal—Who is a Conservative? A Symposium" [contributor]. *Commentary* 62, no. 3 (September 1976): 95–97.

"A Great Citizen of the Republic of Science: Michael Polanyi, 1892–1976" [editorial]. *Minerva* 14, no. 1 (Spring 1976): 1–5.

Introduction to Reports and Documents: "The Criteria of Academic Appointment in American Universities and Colleges: Some Documents of Affirmative Action at Work." *Minerva* 14, no. 1 (Spring 1976): 97.

"The Criteria of Academic Appointment" [editorial]. *Minerva* 14, no. 4 (Winter 1976/77): 407–18.

Introduction to Reports and Documents: "Criteria of Academic Appointment: Switzerland: The University of Geneva: A Controversy About M. Jean Ziegler." *Minerva* 14, no. 4 (Winter 1976/77): 530.

"The Burden of 1917." *Survey* 22, no. 3–4 (Summer-Autumn 1976): 139–46.

"Legitimizing the Social Sciences: Meeting the Challenges to Objectivity and Integrity." In *Controversies and Decisions: The Social Sciences and Public Policy*, ed. Charles Frankel (New York: Russell Sage Foundation, 1976), pp. 273–90. Reprinted in expanded form as "The Pursuit of Knowledge and the Concern for the Common Good." in *The Calling of Sociology and Other Essays on the Pursuit of Learning* (1980), pp. 356–417.

1977

"A Profile of a Military Deserter." *Armed Forces and Society* 3, no. 3 (Spring 1977): 427–32.

Introduction to Reports and Documents: "The Soil and Air of Academic Life." *Minerva* 15, no. 2 (Summer 1977): 200–201.

"Social Science as Public Opinion" [editorial]. *Minerva* 15, no. 3–4 (Autumn-Winter 1977): 273–85. Reprinted in *The Calling of Sociology and Other Essays on the Pursuit of Learning* (1980), pp. 452–64.

Introduction to Reports and Documents: "The Military Potential of Civilian Nuclear Energy: Moving Towards Life in a Nuclear Armed Crowd?" by Albert Wohlstetter, Thomas A. Brown, Gregory Jones, David McGarvey, Henry Rowan, Vincent Taylor and Roberta Wohlstetter. *Minerva* 15, no. 3–4 (Autumn-Winter 1977): 387–88.

"Government and Universities." *Newsletter of the International Council on the Future of the University* 4, no. 1 (November 1977).

"The Academic Ethos." In *The Future of the University in Southern Africa*, ed. Hendrik W. van der Merwe and David Walsh (Cape Town: D. Philip, 1977; New York: St. Martin's Press, 1978), pp. 5–22.

1978

(ed. with Peter Davison and Rolf Meyersohn) *Literary Taste, Culture, and Mass Communication*. Cambridge: Chadwyck-Healey; Teaneck, N.J.: Somerset House, 1978–80. 14 vols.

"The Academic Ethos." *American Scholar* 47, no. 2 (Spring 1978): 165–90.

"The Order of Learning in the United States from 1865–1920: The Ascendancy of Universities." *Minerva* 16, no. 2 (Summer 1978): 159–95.

Introduction to Reports and Documents: "A Life-time in Soviet Science Reconsidered: The Adventure of Cybernetics in the Soviet Union," by Arnost Kolman. *Minerva* 16, no. 3 (Autumn 1978): 416.

Introduction to Reports and Documents: "The Study of Political Science in the Universities of Bangladesh," by W. H. Morris-Jones. *Minerva* 16, no. 3 (Autumn 1978): 425.

"Mass Society and Its Culture." In *Literary Taste, Culture, and Mass Communication*, vol. 1, *Culture and Mass Culture* (Cambridge: Chadwyck-Healey; Teaneck, N.J.: Somerset House, 1978), pp. 201–9.

"On the Eve." In *Literary Taste, Culture, and Mass Communication*, vol. 6, *The Sociology of Literature* (Cambridge: Chadwyck-Healey; Teaneck, N.J.: Somerset House, 1978), pp. 237–53.

"Daydreams & Nightmares: Reflections on the Criticism of Mass Culture." In *Literary Taste, Culture, and Mass Communication*, vol. 13, *The Cultural Debate*, pt. 1 (Cambridge: Chadwyck-Healey; Teaneck, N.J.: Somerset House, 1978), pp. 17–38.

"The Antinomies of Liberalism." In *The Relevance of Liberalism*, ed. Staff of the Research Institute on International Change, Columbia University (Boulder, Colo.: Westview Press, 1978), pp. 135–200.

"Government and Universities." In *The University and the State: What Role for Government in Higher Education?*, ed. Sidney Hook, Paul Kurtz and Miro Todorovich (Buffalo: Prometheus Books, 1978), pp. 177–204.

1979

"Who Reads Novels? A Symposium" [contributor]. *American Scholar* 48, no. 2 (Spring 1979): 187–90.

"Government and Universities in the United States: The Eighth Jefferson Lecture in the Humanities: 'Render unto Caesar . . .': Government, Society and the Universities in Their Reciprocal Rights and Duties." *Minerva* 17, no. 1 (Spring 1979): 129–77.

Introduction to Reports and Documents: "Governments, Foundations and the Bias of Research: Distortions of Economic Research," by Theodore W. Schultz. *Minerva* 17, no. 3 (Autumn 1979): 459.

"The Order of Learning in the United States: The Ascendancy of the University." In *The Organization of Knowledge in America, 1860–1920*, ed. Alexandra Oleson and John Voss (Baltimore: Johns Hopkins University Press, 1979), pp. 19–47.

(sound recording) "A New Declaration of Rights and Duties" (Eighth Jefferson Lecture in the Humanities; lecture no. 3 recorded at the University of Texas at Austin, 3 May 1979). Washington, D.C.: National Public Radio, 1979. 1 sound tape reel (59 min.). Copy in Brigham Young University Library.

1980

The Calling of Sociology and Other Essays on the Pursuit of Learning. Selected Papers of Edward Shils 3. Chicago: University of Chicago Press, 1980. 498pp. Includes the following previously unpublished essays: "The Confluence of Sociological Traditions," "Learning and Liberalism," and "The Legitimacy of Social Inquiry."

"Liberalism and the Jews: A Symposium" [contributor]. *Commentary* 69, no. 1 (January 1980): 66–69.

"Observations on Some Tribulations of Civility." *Government and Opposition* 15, no. 3–4 (Summer-Autumn 1980): 528–45.

Introduction to Reports and Documents: "The Zipfel Affair at the Free University of

Berlin: Autonomy, Publicity and the Disruption of Universities." *Minerva* 18, no. 1 (Spring 1980): 132–35.

Introduction to Reports and Documents: "Academic Freedom Then and Now: The Dismissal of Leo Arons from the University of Berlin." *Minerva* 18, no. 3 (Autumn 1980): 499–505.

"The Order of Science and Its Self-Understanding." Review of *A Guide to the Culture of Science, Technology, and Medicine*, ed. Paul T. Durbin (New York: Free Press, 1980). *Minerva* 18, no. 2 (Summer 1980): 354–60.

"Social Ownership and the Means of Production." *Survey* 25, no. 4 (Autumn 1980): 127–42.

1981

Tradition. Chicago: University of Chicago Press; London: Faber & Faber, 1981. 334pp.

"Some Academics, Mainly in Chicago." *American Scholar* 50, no. 2 (Spring 1981): 179–96.

Introduction to Reports and Documents: "The Education of Talented Students." *Minerva* 19, no. 3 (Autumn 1981): 480–81.

1982

The Constitution of Society. With a new introduction by the author. Heritage of Sociology series. Chicago: University of Chicago Press, 1982. 383pp. Essays reprinted from *The Intellectuals and the Powers and Other Essays* (1972), *Center and Periphery: Essays in Macrosociology* (1975), and *The Calling of Sociology and Other Essays on the Pursuit of Learning* (1980).

(ed. with Hans Daalder). *Universities, Politicians, and Bureaucrats: Europe and the United States.* Cambridge; New York: Cambridge University Press, 1982. 511pp.

"The University: A Backward Glance." *American Scholar* 51, no. 2 (Spring 1982): 163–79.

"Reflections on the Future of Our Learned Institutions." *Cambridge Review* 103 (January 29, 1982): 111–19.

"Knowledge and the Sociology of Knowledge." *Knowledge: Creation, Diffusion, Utilization* 4, no. 1 (September 1982): 7–32.

"The Academic Ethic." *Minerva* 20, no. 1–2 (Spring-Summer 1982): 105–208.

Introduction to Reports and Documents: "An Innovation in German Higher Education: The Private University." *Minerva* 20, no. 1–2 (Spring-Summer 1982): 213.

Introduction to Reports and Documents: "Academic Trade Unions and the Criteria of Academic Appointments at the University of Massachusetts." *Minerva* 20, no. 3–4 (Autumn-Winter 1982): 339–43.

"Great Britain and the United States: Legislators, Bureaucrats, and the Universities." In *Universities, Politicians, and Bureaucrats: Europe and the United States*, ed. Hans Daalder and Edward Shils (Cambridge; New York: Cambridge University Press, 1982), pp. 437–87.

1983

"Tradition and the Generations: On the Difficulties of Transmission." *American Scholar* 53, no. 1 (Winter 1983/84): 27–40.

Introduction to Reports and Documents: "An Achievement of Academic Citizenship: Professors, Government and the People of the Canton of Berne." *Minerva* 21, no. 1 (Spring 1983): 101–2.

Introduction to Reports and Documents: "The Constitution, Academic Self-Government and Academic Trade Unions in American State Universities and Colleges: A Decision of the United States Supreme Court." *Minerva* 21, no. 2–3 (Summer-Autumn, 1983): 296–97.

Introduction to Reports and Documents: "On the Criteria of Academic Appointment." *Minerva* 21, no. 4 (Winter 1983): 410–14.

"Lewis Mumford: On the Way to the New Jerusalem." *New Criterion* 1, no. 9 (May 1983): 38–44.

"The Academic Ethic." *Newsletter of the International Council on the Future of the University* (1983).

"Foreword: The Constitution of Nationality." In Dominique Schnapper, *Jewish Identities in France: An Analysis of Contemporary French Jewry*, translated by Arthur Goldhammer (Chicago: University of Chicago Press, 1983), pp. ix-xvi.

"Das Zentrum des Kosmos und das Zentrum der Gesellschaft." In *Sehnsucht nach dem Ursprung: zu Mircea Eliade*, ed. Hans Peter Duerr (Frankfurt am Main: Syndikat Autoren- und Verlagsgezellschaft, 1983), pp. 538–57.

"Academic Freedom and Academic Obligations." In *Sidney Hook: Philosopher of Democracy and Humanism*, ed. Paul Kurtz (Buffalo: Prometheus Books, 1983), pp. 113–38.

1984

The Academic Ethic: The Report of a Study Group of the International Council on the Future of the University. Chicago: University of Chicago Press, 1984. 104pp.

Introduction to Discussion: "The Condition of Humanistic Education in the United States: Malign Neglect," by Hugh Lloyd-Jones. *Minerva* 22, no. 3–4 (Autumn-Winter 1984): 404.

Introduction to Reports and Documents: "Secrecy and Freedom of Communication in American Science." *Minerva* 22, no. 3–4 (Autumn-Winter 1984): 421–23.

"The Governability of Modern Societies." *Notes et Documents: Institut International J. Maritain* 9, no. 7 (July-September 1984): 39–59.

"S. N. Eisenstadt: Some Personal Observations." In *Comparative Social Dynamics: Essays in Honor of S. N. Eisenstadt*, ed. Eric Cohen, Moshe Lissak and Uri Almagor (Boulder, Col.: Westview Press, 1984), pp. 1–8.

1985

"Raymond Aron." *American Scholar* 54, no. 2 (Spring 1985): pp. 161–78.

"En souvenir de Raymond Aron." *Commentaire* 8, no. 32 (Winter 1985/86): 1022–33.

"How Has the United States Met Its Major Challenges since 1945." *Commentary* 80, no. 5 (November 1985): 92–95.

Introduction to Reports and Documents: "Academic Freedom and Permanent Tenure in Academic Appointments." *Minerva* 23, no. 1 (Spring 1985): 96–100.

Introduction to Reports and Documents: "The Morality of Scientists." *Minerva* 23, no. 2 (Summer 1985): 272–75.

"On The Eve: A Prospect In Retrospect." In *The History of Empirical Sociology in*

Great Britain, ed. Martin Bulmer (Cambridge: Cambridge University Press, 1985), pp. 165–78.

"Raymond Aron, 1905–1983: A Memoir." In *History, Truth, Liberty: Selected Writings of Raymond Aron*, ed. Franciszek Draus (Chicago: University of Chicago Press, 1985), pp. 1–19.

"Sociology." In *The Social Science Encyclopedia*, ed. Adam Kuper and Jessica Kuper (London: Routledge and Kegan Paul, 1985), pp. 799–811.

1986

"The Universality of Science." In *Zeugen des Wissens*, ed. Heinz Maier-Leibnitz (Mainz: Hase and Koehler, 1986), pp. 819–36.

Introduction to Reports and Documents: "Some Reflections on the Universities after the Disturbances at the End of the 1960s." *Minerva* 24, no. 1 (Winter 1986): 98–99.

Introduction to Reports and Documents: "Universities in the New States of Africa and Asia: The Idea of the Developmental University," by James S. Coleman. *Minerva* 24, no. 4 (Winter 1986): 476.

"Wissenschaft und Wissenschaftler." *Der Monat.*

"Some Observations on the Place of Intellectuals in Max Weber's Sociology, with Special Reference to Hinduism." In *The Origins and Diversity of Axial Age Civilizations*, ed. S. N. Eisenstadt (New York: State University of New York Press, 1986), pp. 427–52.

1987

"Science and Scientists in the Public Arena." *American Scholar* 56, no. 2 (Spring 1987): 185–202.

"More at Home Than Out of Step." Review of *Out of Step: An Unquiet Life in the Twentieth Century*, by Sidney Hook (New York: Harper & Row, 1987). *American Scholar* 56, no. 4 (Autumn 1987): 577–86.

"Problematic Prophets." *Encounter* 69, no. 5 (December 1987): 20–22.

"Joseph Ben-David, 1920–1986" [foreword to commemorative issue]. *Minerva* 25, no. 1–2 (Spring-Summer 1987): 1–2.

"Joseph Ben-David: A Memoir." *Minerva* 25, no. 1–2 (Spring-Summer 1987): 201–5.

"Intellectuals." In *Encyclopedia of Religion*, ed. Mircea Eliade (New York: Macmillan, 1987): 7:259–63.

"Max Weber and the World since 1920." In *Max Weber and His Contemporaries*, ed. Wolfgang Mommsen and Jurgen Osterhammel (London: Allen and Unwin, 1987), pp. 547–73.

(with Morris Janowitz) "Cohesion and Disintegration in the Wehrmacht in World War II." In Morris Janowitz, *Social Research and Armed Forces* (Alexandria, Va.: United States Army Research Institute for the Behavioral and Social Sciences, 1987), pp. 1–48.

1988

"Arnaldo Momigliano, 5 September 1908–1 September 1987." *American Philosophical Society Year Book* (1988): 215–29.

"Citizen of the World: Nirad C. Chaudhuri." *American Scholar* 57, no. 4 (Autumn 1988): 549–73.

"The Unknown Indian." *Encounter* 71, no. 4 (November 1988): 64–67.

"The Community of Learning: Arnaldo Dante Momigliano, 1908–1987." *Encounter* 71, no. 5 (December 1988): 66–71.

Introduction to Reports and Documents: "The Hierarchy of Universities: The Ranking of Universities in the United States and Its Effects on Their Achievement," by Norman M. Bradburn. *Minerva* 26, no. 1 (Spring 1988): 89–90.

Introduction to Discussion: "The Academic Profession and Contemporary Politics." *Minerva* 26, no. 4 (Winter 1988): 575.

Introduction to Reports and Documents: "Affirmative Action Reaffirmed." *Minerva* 26, no. 4 (Winter 1988): 598.

"Totalitarians and Antinomians: Remembering the 30s and 60s." *New Criterion* 6, no. 9 (May 1988): 6–24.

"The Limits of Knowledge: An Ideal and Its Diffusion." In *Absolute Values and the Reassessment of the Contemporary World* (New York: Paragon Publishers, 1988), pp. 25–38.

"Center and Periphery: An Idea and Its Career, 1935–1987." In *Center: Ideas and Institutions*, ed. Liah Greenfeld and Michel Martin (Chicago: University of Chicago Press, 1988), pp. 250–82.

"Die Ausbreitung des europäischen organisierten Wissens." In *Europa und die Folgen: Castelgandolfo-Gespräche, 1987*, ed. Krzysztof Michalski (Stuttgart: Klett-Cotta, 1988), pp. 185–229.

"Max Weber und die Welt seit 1920." In *Max Weber und Seine Zeitgenossen*, ed. Wolfgang J. Mommsen and Wolfgang Schwentker (Gottingen; Zurich: Vandenhoek & Ruprecht, 1988), pp. 743–76.

"The University of Chicago and the City of Chicago." In *The University and the City: From Medieval Origins to the Present*, ed. Thomas Bender (New York: Oxford University Press, 1988), pp. 219–30.

"Values and Tradition." In *Values. A Symposium*, ed. Brenda Almond and Bryan Wilson (Atlantic Highlands, N.J.: Humanities Press International, 1988), pp. 47–55.

1989

(ed. with biographical note) *Arnaldo Dante Momigliano, 1908–1987*. Chicago: University of Chicago, [1989].

"Morris Janowitz, October 22, 1919–November 7, 1988." *American Philosophical Society Year Book* (1989): 201–7.

"Liberalism: Collectivism and Conservatism." *Chronicle of Culture* (Spring 1989): 12–15.

"The Limits on the Capacities of Government." *Government and Opposition* 24, no. 4 (Autumn 1989): 441–57.

Introduction to Reports and Documents: "The Discussion about Proposals to Change the Western Culture Program at Stanford University." *Minerva* 27, no. 2–3 (Summer-Autumn 1989): 223.

"The Modern University and Liberal Democracy." *Minerva* 27, no. 4 (Winter 1989): 425–60.

Introduction to Reports and Documents: "Reflections on the Obligations of Honesty in the University," by Sidney Hook. *Minerva* 27, no. 4 (Winter 1989): 505–6.

"Arnaldo Momigliano and Max Weber." *Storia della Storiografia*, no. 16 (1989): 54–64.

"The Sad State of Humanities in America." Review of *The Culture We Deserve*, by Jacques Barzun. *Wall Street Journal* (July 3, 1989), p. 5.

Memoir of Arnaldo Dante Momigliano. In *Arnaldo Dante Momigliano, 1908–1987* (Chicago: University of Chicago, [1989]), pp. 14–17.

1990

(ed. with Hans Daalder, with a postscript to the Japanese edition). *Daigaku Funsou no Shakaigaku* (translation of *Universities, Politicians, and Bureaucrats: Europe and the United States*). Translated by Fujisaki Chieko and others. Tokyo: Gendai Shokan, 1990.

"Robert Maynard Hutchins." *American Scholar* 59, no. 2 (Spring 1990): 211–35.

"Le buone maniere e il bene commune." *Biblioteca della Liberta* 25, no. 111 (October-December 1990): 1–36.

"Remembering the Congress for Cultural Freedom." *Encounter* 75, no. 2 (September 1990): 53–65.

"The Limits on the Capacities of Governments." *Government and Opposition* 24, no. 4 (Autumn 1989): 441–57.

Introduction to Reports and Documents: "Freedom of Expression and Disruptions at Meetings of Student Societies in University Buildings." *Minerva* 28, no. 1 (Spring 1990): 91.

Introduction to Reports and Documents: "The Progress of 'Affirmative Action': Yale Declares Itself." *Minerva* 28, no. 2 (Summer 1990): 217–20.

Introduction to Reports and Documents: "The University World Turned Upside Down: Does Confidentiality of Assessment by Peers Guarantee the Quality of Academic Appointment?" *Minerva* 28, no. 3 (Autumn 1990): 324–34.

"John Ulric Nef." In *John Ulric Nef, 1899–1988* (Washington, D.C., 1990), pp. 65–70.

1991

Lun Chuan Tung (translation of *Tradition*). Translated by Fu Keng. Shanghai: Shanghai Peoples Press, 1991. 448pp.

(ed. with Ernst W. Böckenförde, with an introduction) *Jews and Christians in a Pluralistic Society*. London: Weidenfeld & Nicolson in association with the Institute für Wissenschaften vom Menschen, Vienna, 1991.

(ed. with a foreword) *Remembering the University of Chicago: Teachers, Scientists, and Scholars*. Chicago: University of Chicago Press, 1991. 593pp.

"Robert E. Park, 1864–1944." *American Scholar* 60, no. 1 (Winter 1991): 120–27.

"The Virtue of Civil Society." *Government and Opposition* 26, no. 1 (Winter 1991): 3–20.

Introduction to Reports and Documents: "Academic Freedom at the University of Stockholm." *Minerva* 29, no. 3 (Autumn 1991): 321–30.

"Reflections on Tradition, Center and Periphery and the Universal Validity of Science: The Significance of the Life of S. Ramanujan." *Minerva* 29, no. 4 (Winter 1991): 393–419.

"Was ist eine *Civil Society*." In *Europa und die Civil Society: Castelgandolfo-*

Gespräche, 1989, ed. Krzysztof Michalski (Stuttgart: Klett-Cotta, 1991), pp. 13–51.

"Academic Freedom." In *International Higher Education: An Encyclopedia*, ed. Philip G. Altbach (New York: Garland Publishing, 1991) 1:1–22.

"Reflections on Religious Pluralism in Civil Societies." In *Jews and Christians in a Pluralistic Society*, ed. Edward Shils and Ernst W. Böckenförde (London: Weidenfeld & Nicolson in association with the Institute für Wissenschaften vom Menschen, Vienna, 1991), pp. 147–65.

"Intellectuals and Responsibility." In *The Political Responsibility of Intellectuals*, ed. Ian Maclean, Alan Montefiore and Peter Winch (Cambridge: Cambridge University Press, 1991), pp. 257–306.

"Ernest W. Burgess." In *Remembering the University of Chicago*, ed. Edward Shils (Chicago: University of Chicago Press, 1991), pp. 3–14.

"Robert Maynard Hutchins." In *Remembering the University of Chicago*, ed. Edward Shils (Chicago: University of Chicago Press, 1991), pp. 185–96.

"Harry G. Johnson." In *Remembering the University of Chicago*, ed. Edward Shils (Chicago: University of Chicago Press, 1991), pp. 197–209.

"Robert E. Park." In *Remembering the University of Chicago*, ed. Edward Shils (Chicago: University of Chicago Press, 1991), pp. 383–98.

"Concluding Remarks on Max Weber and East Asia." In *The Triad Chord: Confucian Ethics, Industrial East Asia and Max Weber*, ed. Tu Wei Ming (Singapore: Institute of East Asian Philosophies, 1991), pp. 414–26.

"Die doppelte Last der Universitäten." In *Die ungewisse Zukunft die Universität: Folgen und Auswege aus der Bildungskatastrophe*, ed. Hardy Bouillon and Gerard Radnitzky (Berlin: Duncker & Humblot, 1991), pp. 77–89.

"The Double Burden of the Universities as Institutions of Learning." In *Universities in the Service of Truth and Utility*, ed. Hardy Bouillon and Gerard Radnitzky (Frankfurt am Main; New York: Peter Lang, 1991), pp. 35–48.

"Henry Sumner Maine in the Tradition of the Analysis of Society." In *The Victorian Achievement of Sir Henry Maine*, ed. Alan Diamond (Cambridge: Cambridge University Press, 1991), pp. 143–78.

"A Link in the Apostolic Succession." In *Wie kommt Man auf einfaches Neues? Der Forscher, Lehrer, Wissenschaftspolitiker und Hobbyknoch Heinz Maier-Leibnitz*, ed. Paul Kienle (Zürich: Edition Interfrom, 1991), pp. 54–56.

1992

"Citoyen et sociologue: François Bourricaud, 1923–1991." *Commentaire* 15, no. 58 (Summer 1992): 434–36.

"The Universities, the Social Sciences and Liberal Democracy." *Interchange* (Toronto) 23, no. 1–2 (1992): 183–223.

Introduction to Reports and Documents: "Science in the Indian Universities." *Minerva* 30, no. 1 (Spring 1992): 51–52.

"The University of the Twenty-First Century: A Symposium to Celebrate the Centenary of the University of Chicago" [introductory note to issue containing papers from the symposium]. *Minerva* 30, no. 2 (Summer 1992): 129.

"The Service of Society and the Advancement of Learning in the Twenty-First Century." *Minerva* 30, no. 2 (Summer 1992): 242–68.

"The Situation of the Universities in the Twenty-First Century." *Minerva* 30, no. 2 (Summer 1992): 296–301.

"The Idea of the University: Obstacles and Opportunities in Contemporary Societies." *Minerva* 30, no. 2 (Summer 1992): 301–13.

Introduction to Reports and Documents: "Old Strains and New Initiatives in the Universities of the Federal German Republic." *Minerva* 30, no. 3 (Autumn 1992): 422–23.

Introduction to Reports and Documents: "The Progress of Affirmative Action: Accreditation and Diversity." *Minerva* 30, no. 4 (Winter 1992): 531–34.

"Thirty Years of *Minerva*." *Minerva: Index to Volumes 1–30 (1962–1992)*, pp. iii-viii.

(with Roger Michener) "Series Editors' Foreword." In *Civility and Citizenship in Liberal Democratic Societies*, ed. Edward C. Banfield (New York: Paragon House, 1992), pp. vii-viii. The "Series Editors' Foreword" also appears in the six subsequent volumes published in the Liberal Democratic Societies series (1992–95).

"Civility and Civil Society." In *Civility and Citizenship in Liberal Democratic Societies*, ed. Edward C. Banfield (New York: Paragon House, 1992), pp. 1–15.

"The Propaganda of the Deed: An Old Device in a New Form and in New Circumstances." In *The Mass Media in Liberal Democratic Societies*, ed. Stanley Rothman (New York: Paragon House, 1992), pp. 19–35.

"Universities since 1900." In *Encyclopedia of Higher Education*, ed. Burton R. Clark and Guy R. Neave (Oxford: Pergamon Press, 1992) 2:1259–75.

"Le Società Liberaldemocratiche del 'Melting Pot': L'Immigrazione Giovanile nell Europa Contemporanea." In *I Giovani non Europe ed il Processo Díntegrazione: Per una Cultura della Tolleranza*, ed. Renzo Gubert (Trento: Reverdito Edizione, 1992), pp. 29–37.

"Liberal Democratic Societies and the Theory of the Melting Pot: European Immigrant Youth of Today." In *Non-European Youth and the Process of Integration: For a Tolerant Society*, ed. Luigi Tomasi (Trento: Reverdito Edizione, 1992), pp. 225–33.

1993

Etika Akademis (translation of *The Academic Ethic*). Translated by A. Nugroho. Jakarta: Yayasan Obor Indonesia, 1993.

"Do We Still Need Academic Freedom?" *American Scholar* 62, no. 2 (Spring 1993): 187–209.

"Nazionalismo, nazionalità e società civile." *Bibloteca della Libertà* 28, no. 123 (Oct.-Dec. 1993): 3–26.

Introduction to Reports and Documents: "The British Universities under Duress: Two Essays by Professor Elie Kedourie." *Minerva* 31, no. 1 (Spring 1993): 56.

"Reflections on the Teachers of Undergraduates." *Minerva* 31, no. 2 (Summer 1993): 211–27.

"Letter to Professor Walter Rüegg: On Being a European." In *Appreciation of Walter Rüegg: On the Occasion of His Seventy-fifth Birthday*, ed. Hinrich Seidel and Alison de Puymege-Browning (Geneva: Standing Conference of Rectors, Presidents and Vice-Chancellors of the European Universities [CRE], 1993), pp. 27–31.

"Die Beziehungen zwischen deutschen und amerikanischen Universitäten." In *Deutschland Weg in die Moderne: Politik, Gesellschaft und Kultur im 19. Jahrhundert. Gedenkschrift für Thomas Nipperdey*, ed. W. Hartwig and H. Brandl (München: C. H. Beck, 1993), pp. 185–200.

"La cultura delle comunitá locali." In *Le diversitá regionali in Europa: il ruolo delle loro culture nella costruzione dell Unione Europea* (Trento: Regione Trentino Alto-Adige, 1993), pp. 123–40.

"Nazionalismo, nazionalità e società civile." In *Le libertà dei contemporanei: conferenze "Fulvio Guerrini" 1884–1993*, ed. Piero Ostellino (Torino: Centro di Ricerca e Documentazione "Luigi Einaudi", 1993), pp. 223–51.

"Max Weber und der russische Liberalismus." In *Weltbürgerkrieg der Ideologien, Antworten an Ernst Nolte: Festschrift zum 70. Geburtstag*, ed. Thomas Nipperdey, Anselm Doering-Manteuffel and Hans-Ulrich Thamer (Berlin: Propyläen, 1993), pp. 73–83.

1994

"Leopold Labedz." *American Scholar* 63, no. 2 (Spring 1994): 239–57.

"Do We still Need Academic Freedom." *Minerva* 32, no. 1 (Spring 1994): 79–98.

Introduction to Discussion: "The Universities Between Their Internal and External Enemies: Thoughts on Professor Conrad Russell's *Academic Freedom*." *Minerva* 32, no. 2 (Summer 1994): 186–87.

"The British Universities in Tribulation." *Minerva* 32, no. 2 (Summer 1994): 200–19.

"The Career of Harold Laski." Review of *Harold Laski: A Life on the Left*, by Isaac Kramnick and Barry Sheerman (New York: Allen Lane The Penguin Press, 1993). *New Criterion* 12, no. 8 (April 1994): 24–30.

"Nationalisme, nationalité et société civile." *La Revue Politique Indépendante* (1994).

"The Sociology of Robert Park." In *Robert E. Park and the "Melting Pot" Theory*, ed. Renzo Gubert and Luigi Tomasi (Trento: Reverdito Edizione, 1994), pp. 15–34.

1995

"Karl Mannheim." *American Scholar* 64, no. 2 (Spring 1995): 221–35.

"Academic Freedom and Permanent Tenure." *Minerva* 33, no. 1 (Spring 1995): 5–17.

"Nationality, Nationalism and the Idea of Civil Society." *Nationality* 1, no. 1 (1995).

"On the Tradition of Intellectuals: Authority and Antinomianism According to Michael Polanyi." *Tradition and Discovery* 22, no. 2 (1995/96): 9–26.

"The Idea and Practice of Liberal Democracy and the Modern University, with Some Comments on the Modern Private University." In *The Balance of Freedom: Political Economy, Law, and Learning*, ed. Roger Michener (New York: Paragon House, 1995), pp. 107–82.

"La teoria della societá della Scoula sociologica di Chicago." In *Teoria sociologica ed investigazione empirca: La tradizione della Scuola sociologica di Chicago e le prospettive della sociologia contemporanea* (Milano: Franko Angeli, 1995), pp. 60–75.

"The Value of Community." In *Values and Post-Soviet Youth: The Problem of Transition*, ed. Luigi Tomasi (Milano: Franko Angeli, 1995), pp. 69–81.

1996

(ed. with Carmen Blacker, with an introduction) *Cambridge Women: Twelve Portraits*. Cambridge; New York: Cambridge University Press, 1996. 292pp.

"The Value of Local Community." In *The Local Community*, ed. Luigi Tomasi (Milano: Franko Angeli, 1996), pp. 3–28.

Forthcoming

Portraits: A Gallery of Intellectuals. Edited with an introduction by Joseph Epstein. Chicago: University of Chicago Press, 1997.

The Virtue of Civility: Selected Essays on Liberalism, Tradition, and Civil Society. With an introduction by Steven Grosby. Indianapolis, Ind.: Liberty Fund, 1997.

"The Main Themes of the History of European Universities, 1800 to 1945," "The Expansion of the European University Model, 1800 to 1945," and "A History of the Social Sciences in European Universities, 1800 to 1939." In *A History of the University in Europe* 3, ed. Walter Rüegg (Cambridge: Cambridge University Press, forthcoming).

索　引

（本索引所标页码为英文版页码，参见中译本边码）

译 后 记

译完希尔斯的《学术的秩序》，本来打算把翻译过程中的酸甜苦辣和对本书的理解跟读者做一番交流，但现在看来似乎不大可能了。一是因为本书的翻译过程拖得太长，出版社已经一催再催；二是自己现在发现实在没有对本书及其作者做出全面评价的能力；最后，阿尔特巴赫为本书所作的导言已经对希尔斯和本书有了一个比较全面的介绍和评价，也用不着再画蛇添足了。不过，作为译者，还是觉得有必要在这里交代几句。

从副标题"当代大学论文集"不难看出，本书探讨的是教育问题。而且，希尔斯的学生中有阿尔特巴赫这样在国际与比较教育界的知名学者。但希尔斯的学术影响，主要在社会学界，不是在教育学界。作为20世纪最具国际影响的社会学家之一，希尔斯非常关注教育，尤其是高等教育。本书就是在希尔斯过世后，由他的几个弟子从他有关论述高等教育的若干论文中选编辑成的。所以从严格意义上说，这还算不上是一部专著，只是一本论文集，希尔斯好像也没有关于高等教育的专著。收录在本书中的文章，最早的发表于1938年，最晚的发表于1995年(希尔斯在这一年辞世)，时间跨度长达半个多世纪。从这个意义上说，它又不仅仅是一本书，它集中体现了作为社会学家的希尔斯对高等教育的看法。

统览全书，一个突出的印象是这些文章前后相距五十多年，讨论的主题也不尽相同，并且作者的观点明显地既不受官方的欢迎，也与大多数主流学者相左，但希尔斯似乎并不在乎，他对高等教育领域诸多重大问题上迥异于他人的看法，在长时期内是如此地一致。从书中看到的希尔斯的形象，使我想到了那个为了心中的理想不惜与任何真实的或虚幻的人或事挑战的堂·吉诃德。这种联想也许有些不敬。毕竟，堂·吉诃德只是塞万提斯虚构出来的一个既可爱、又可笑、还有些不自量力的骑士，而希尔斯则是生活在现实世界尤其是学术世界的一个大师级的严肃学者。对于希尔斯，你可以不同意他的观点，也可以对他的思想提出挑战、质疑、甚至批判；就我自己而言，本书的翻译也是一个充满矛盾的过程，有时禁不住为其中很多老到、深邃的观点击节叫好，有时又对书中表现出的偏执和"迂腐"无法容忍。但是，有一点任何人都无法否认：希尔斯的这种固执，恰恰是一个以追求真理为"天职"的学者身上最令人敬佩的品质。

《学术的秩序》也许有些"不合时宜"。人类今天步入了21世纪，希尔斯的全部生活已经定格在20世纪，但他孜孜以求的现代大学的精神家园，却在19世纪的洪堡时代。洪堡是伟大的，今天依然伟大；19世纪的德国大学是整个世界高等教育的巅峰，今天也依然是一笔宝贵的精神财富。但是，社会总是要往前走的，大学也不例外。在希尔斯生活的时代、特别是第二次世界之后，高等教育的格局发生了巨大变化。美国成为世界高等教育的中心。欧美发达国家的高等教育从"精英"教育进入大众化教育阶段，大学逐渐走出象牙塔，与社会的联系越来越密切。在美国，教学、科研、服务作为高等教育三大支柱的理念已经得到牢固确立。随着联邦政府对大学的资助（以学生贷款和资助科研项目为主要表现形式）越来越成为大学维持正常运转不可或缺的财政来源，这种资助所附带的条件和要求也对大学自治的传统形成了巨大冲击。这一切，在希尔斯看来是不可容忍的，是大学精神的倒退。希尔斯说大学从来就不是一座象牙之塔。这一与大多数人的认识大相径庭的观点自然有发人深省之处，但希尔斯要表达的意思是，如果说"象牙塔"意味着大学的封闭性，那么它做得还远远不够。大学应该"出世"（即洪堡所说的大学需要"孤寂"），与真理为伴，而不应该"入世"，不应该介入尘世间的"实务"。

社会发展到今天，大学要"躲进小楼成一统"的思想已成明日黄花。但是，从希尔斯对大学传统价值多少有些无奈和势单力薄的呐喊中，我们能否听到一些闪光的东西呢？从欧洲最古老的大学诞生算起，到今天已经有八九百年的历史了。这期间跨越了中世纪、宗教改革、文艺复兴、资产阶级革命和资本主义工业革命、两次世界大战以及战后的科学技术革命等重大的历史时期和历史事件。其间大学也在经受着历史的洗礼，经历了一次次蜕变和飞跃。但在历尽多个世纪的沧桑巨变之后，大学之所以还叫大学，就是因为它有一些万变不离其宗的东西，而这些东西，就是希尔斯一再强调的大学的精神与传统。也许有一点会引起我们的注意：当"改革"、"变化"成为当代高等教育发展的一个主题时，国内外的学者们也在热烈地讨论着大学的保守性问题，并有很多学者赋予大学的保守性以某种积极、正面的意义。希尔斯告诫我们，大学的使命是追求真理，教授的天职是以学术为业；社会、政府不应该过分干涉大学的事务，大学不应该在与社会、政府的关系中迷失自己，更不能成为政府的附庸。大学的教授们应该享受学术世界的"孤寂"与"自由"，不应该卷入与学术无关的政治与党派之争，更不能在学术人员的任用上搀杂任何政治因素，应该坚持严格的学术标准。

所有这些，在与大学相比显得更为强势的各种社会和政治力量面前多少有些一厢情愿，但是，在大学已经变得有些“务实”、功利、甚至是浮躁的今天，希尔斯的这些肺腑之言，至少也算忠言逆耳吧。这也正如阿尔特巴赫在本书导言中所说，“对传统大学的辩护，以及应该为学术机构提供最大可能的自治来决定它们自身的目标和组织它们自己的事务这一观点，在今天并不特别受欢迎”，但是，“我们需要更多的希尔斯式的声音——大学的传统思想需要强有力的捍卫者，因为它对现代大学有颇多可资借鉴的地方”。

在本书的翻译过程中，译者感到有颇多遗憾的地方，其中最主要的有两点。

第一，正如前面已经交代过的，收入本书的文章时间前后相距五十多年，讨论的问题以美国为主，也广泛涉及欧洲、亚洲、非洲的许多国家，其中的某些重要人物、事件或概念，作者一笔带过，放在作者当时的背景和读者对象上考虑，这样做也许很自然，但对今天的一部分读者来说，也许会有不知所云的感觉。因此，译者按照自己的理解，对某些部分做了注释，但由于时间的关系，也许这一工作还做得很不完善。

第二，译者参加过不少学术著作（主要在教育方面）的翻译，但还从来没有遇到过像《学术的秩序》这样巨大的挑战。我在翻译过程中，恰好我的朋友、美国新墨西哥州立大学教育学院的 Charles Townley 教授在北师大教育学院访学一年，给我们的研究生开设“美国高等教育管理”的课程。可以说，作为美国高等教育专家，Townley 教授对书中的内容并不陌生。但当我就其中某些把握不准的句子向他请教时，他竟连呼“不可思议”。他的一个解释是，希尔斯在用德语的句式和语法写作，以至于他写出的英文即使对以英语为母语的人来说理解起来也颇费心思。我对德文一窍不通，无法证实 Townley 教授的看法，不过希尔斯的德文具有专家级的水平确是事实。不管怎样，我想看过本书或希尔斯其他著作原文的读者，都能领略到希尔斯的文风之怪异和艰涩。译者在翻译过程中虽然做到了十二分的认真和谨小慎微，但肯定有很多由于对原文的理解不到位而不能准确表达作者原意的地方。我真诚地期待专家和读者的批评与指教。

本书原文除了英文外，还有大量的德语、法语、拉丁语的专业词汇，这一部分的翻译凝聚了很多人的心血。中国社会科学院世界历史研究所资深学者和德文专家、中国国际文化书院副院长杜文棠教授、首都师范大学外国语学院法语系邢克超教授、北京师范大学教育学院国际与比较教育研究所法国教育专家王晓辉教授都是我尊敬的学界前辈和同事，他们对其中的德文和法文词汇的翻译提供了无私的帮助。前已提及的 Townley 教授更是花费了大量时间解答我在翻译过程中的疑惑。在此谨向他们表示我由衷的谢意。

李 家 永

2006 年 8 月于北京师范大学

图书在版编目(CIP)数据

学术的秩序——当代大学论文集/(美)希尔斯著:李家永译.—北京:商务印书馆,2007(2019.10 重印)

ISBN 978-7-100-05033-3

I. ①学… II. ①希…②李… III. 高等教育—文集
IV. G64-53

中国版本图书馆 CIP 数据核字(2006) 第 048955 号

学 术 的 秩 序

——当代大学论文集

〔美〕爱德华·希尔斯 著

李家永 译

商 务 印 书 馆 出 版
(北京王府井大街36号 邮政编码100710)
商 务 印 书 馆 发 行
北京市白帆印务有限公司印刷
ISBN 978-7-100-05033-3

2007 年 1 月第 1 版 开本 850×1168 1/32
2019 年 10 月北京第 2 次印刷 印张 15¾

定价:45.00 元

检